工程结构分析

——ANSYS 应用

苏荣华　梁　冰　编著

东北大学出版社
·沈　阳·

图书在版编目（CIP）数据

工程结构分析：ANSYS 应用/苏荣华，梁冰编著．—沈阳：东北大学出版社，2012.4（2019.7 重印）
ISBN 978-7-5517-0133-4

Ⅰ.①工…　Ⅱ.①苏…　②梁…　Ⅲ.①工程结构—结构分析—应用程序，ANSYS　Ⅳ.①TU31－39

中国版本图书馆 CIP 数据核字（2012）第 069487 号

内容简介

本书分为基础知识篇和实例分析篇两篇。基础知识篇介绍了 ANSYS 软件的基本功能，结合实例对其基本操作方法进行了说明。实例分析篇中，对如何应用 ANSYS 软件对工程结构力学性能进行分析的过程和步骤进行了较为详尽的介绍，包括线性静力分析、非线性分析、动力学分析、热力学分析中结构几何模型创建、有限元模型生成、材料属性的设置、载荷的施加方法和问题求解以及后处理检查分析结果等内容；作为 ANSYS 高级技术应用，结合实例对 ANSYS 结构优化设计和可靠度分析过程进行了简要介绍。

本书可作为理工科院校相关专业的高年级本科生、研究生及教师应用 ANSYS 程序进行工程结构仿真分析的入门教材，也可作为从事机械制造、造船、航天航空、汽车交通、土木工程、水利、日用家电等专业的科研人员和工程技术人员利用 ANSYS 进行仿真分析的参考书。

出 版 者：东北大学出版社
地址：沈阳市和平区文化路 3 号巷 11 号
邮编：110004
电话：024—83680267（社务室）　83687331（市场部）
传真：024—83680265（办公室）　83680178（出版部）
网址：http：//www. neupress. com
E-mail：neuph@ neupress. com
印 刷 者：沈阳航空发动机研究所印刷厂
发 行 者：东北大学出版社
幅面尺寸：185mm×260mm
印　　张：20. 25
字　　数：518 千字
出版时间：2012 年 4 月第 1 版
印刷时间：2019 年 7 月第 3 次印刷
责任编辑：张德喜　刘乃义
责任校对：何　力
封面设计：刘江旸
责任出版：唐敏志

ISBN 978-7-5517-0133-4　　　　定　　价：38. 00 元

前　言

工程结构分析是对工程结构在载荷作用下的响应行为进行分析，从而给出结构性能的评估和预测的理论和方法。工程结构分析应用于现代工业的各个领域中，在工业产品结构设计、制造和建筑结构设计、建造过程中都极大地提高了效率和质量。

ANSYS是一个大型通用的商业有限元分析软件，是世界范围内使用最频繁、应用范围最广的计算机辅助工程（CAE）分析软件之一，能够进行结构、热、流体、电磁以及声学等学科的科学研究，已经广泛应用于核工业、铁道、石油化工、航空航天、机械制造、能源、汽车交通、国防军工、电子、土木工程、造船、生物医学、轻工、地矿、水利以及日用家电等一般工业及科学研究。

本书重点介绍了应用ANSYS软件进行工程结构分析的方法和步骤。为便于初学者在较短时间内掌握应用ANSYS进行工程结构分析的方法，书中的实例分析均给出了详细的GUI操作方式和命令流。

本书内容分为基础知识篇和实例分析篇，共10章。安排如下：

基础知识篇　第1章　ANSYS软件基本介绍
　　第2章　ANSYS前处理
　　第3章　ANSYS加载与求解
　　第4章　ANSYS后处理
实例分析篇　第5章　结构线性静力分析
　　第6章　结构非线性分析
　　第7章　结构动力学分析
　　第8章　结构热力学分析
　　第9章　结构优化设计
　　第10章　结构可靠度分析

本书由苏荣华、梁冰、彭晨宇撰稿。限于篇幅，有关ANSYS软件在工程结构分析中的应用介绍不可能面面俱到。由于作者水平有限，加之时间仓促，疏漏及谬误在所难免，敬请指正。

作　者

2012年3月

目 录

基础知识篇

实例分析篇

基础知识篇

第1章 ANSYS 软件基本介绍

1.1 概 述

ANSYS（ANalysis SYStem）是20世纪70年代由美国ANSYS公司研制开发的工程分析软件。它是一种融结构、热、流体、电磁和声学于一体的大型CAE通用有限元软件，可以广泛应用于核工业、铁道、石油化工、航空航天、机械制造、能源、汽车交通、国防军工、电子、土木工程、造船、生物医学、轻工、地矿、水利以及日用家电等一般工业及科学研究。该软件运行于大多数计算机及操作系统（如Windows、UNIX、Linux、IRIx和HP-UX）。从PC机到工作站，直至巨型计算机，ANSYS文件在其所有的产品系列及工作平台上均兼容。ANSYS是一个包括多物理场分析功能的软件。

1.1.1 ANSYS 软件的特点和组成

（1）软件特点

ANSYS将有限元分析、计算机图形学和优化技术相结合，已经成为解决现代工程问题必不可少的工具。它在功能、性能、易用、可靠性以及对运行环境的适应性方面，满足了用户的当前需求，帮助用户解决了许多工程实际问题，为科研服务。ANSYS软件技术特点体现在如下几点。

◆与CAD软件的无缝集成。可以和CAD软件（例如Pro/ENGINEER、Unigraphics、SolidEdge、SolidWorks、IDEAS、Bentley和AutoCAD等）进行数据交换，用户在用CAD软件完成零部件的造型设计后，能直接将模型传送到ANSYS中进行有限元网格划分并进行分析计算，及时调整设计方案，有效地提高分析效率。

◆强大的多场及多场耦合分析求解功能。用户不但可以利用其进行结构、热、流体流动、电磁等问题的单独研究，还可以进行这些类型的相互影响研究。

◆极为强大的网格处理能力。

◆是实现前后处理、分析求解及多场分析统一数据库的一体化大型有限元分析软件。

◆强大的非线性分析功能。

◆具有多物理场优化功能的有限元分析软件。

◆具有多种求解器，可以适用于不同的问题和配置。

◆支持个人 PC 机、工作站及大型机的所有硬件平台，兼容其平台上的全部数据文件，并具有统一的用户界面。

◆具有多层次多框架的产品系列。产品系列由一整套可扩展的、灵活集成的、具有一定功能的各模块组成，用户只需购买自己需要的模块即可。

◆良好的用户开发环境。ANSYS 综合应用菜单、对话框、工具条、命令行输入、图形化输出等多种方式，应用更加方便。

◆方便的二次开发功能。应用宏、参数设计语言、用户可编程特性、用户自定义界面语言、外部命令等功能，可以开发出适合个人特点的应用程序。

（2）ANSYS 软件组成

ANSYS 软件主要包括三个部分：前处理模块、求解模块、后处理模块。

① 前处理模块。它为用户提供了一个强大的实体建模及网格划分工具，用户可以方便地构造有限元模型，软件提供了 200 多种单元类型，用来模拟工程中的各种材料。前处理模块主要实现 3 种功能：参数定义、实体建模、网格划分。

◆参数定义。ANSYS 程序在进行结构建模的过程中，首先要对所有被建模的材料进行参数定义，包括定义单位制、定义所使用单元的类型、定义单元的实常数、定义材料的特性以及使用材料库文件，等等。

◆实体建模。ANSYS 提供了两种方法：从上到下和从下到上的建模。对于一个有限元模型，图元等级从下到上依次是点、线、面和体。用户可以先定义点、线、面，然后由所定义的图元生成体（由下到上建模）；也可以先建立起实体，程序则自动定义相关的下级图元（由上到下建模）。无论采用何种方法建模，都需要进行布尔操作来组合结构数据，同时还可以采用拖拉、旋转、拷贝、蒙皮、倒角等操作，构建符合用户需要的模型。

◆网格划分。ANSYS 软件的网格划分系统十分强大。从使用选择的角度来说，可分为系统智能划分和人工选择划分两种。从网格划分的功能来讲，则包括延伸划分、映射划分、自由划分和自适应划分 4 种方式。

② 求解模块。求解模块是程序用来完成对已经生成的有限元模型进行力学分析和有限元求解。在此阶段，用户可以定义分析类型、分析选项、载荷数据和载荷步选项。

◆定义分析类型和分析选项。用户可以根据所施加的载荷条件和所要计算的响应来选择分析类型。

◆载荷。所谓的载荷，应该包括边界条件（约束、支承、边界场的参数）和其他外部或内部作用载荷。在 ANSYS 中，载荷分为 6 类：即 DOF 约束、力、表面分布载荷、体积载荷、惯性载荷和耦合场载荷。

同时必须清楚与载荷相关的两个术语：载荷步和子步。载荷步仅仅指可求得解的载荷配置。载荷步对于将一个瞬态载荷历程曲线划分成几段是有用的。子步是指一个载荷步中增加的步长，主要是为了瞬态分析或非线性分析中提高分析精度和收敛。子步也称时间步，代表一段时间。

◆制定载荷步。载荷步选项用于更改载荷步的选项，如子步数、载荷步的结束时间及输出控制。根据所作分析的类型，载荷步选项可有可无。

③ 后处理模块。完成计算后，可通过后处理模块将计算结果以彩色等值线显示、云图显示、梯度显示、矢量显示、粒子流显示、立体切片显示、透明及半透明显示等图形方式显示出来，也可以将结果以图表、曲线形式显示或输出。ANSYS 的后处理模块分为两部

分：通用后处理模块（POST1）和时间历程后处理模块（POST26）。

◆通用后处理模块（POST1）。通用后处理器可以用于查看整个模块或选定的部分模块在某一子步（时间步）的结果。可以通过上述方式显示。POST1 还提供误差估计、载荷工况组合、结果数据的计算和路径操作等功能。

◆时间历程后处理模块（POST26）。POST26 可用于查看模型特定点在所有时间步内的结果。此外，POST26 还可以进行曲线的代数运算，变量之间的加、减、乘、除运算以产生新的曲线；进行绝对值、平方根、对数、指数、最大值及最小值运算；求曲线的微积分运算；从时间历程中生成谱响应等。

1.1.2　ANSYS 软件的功能

（1）ANSYS 的基本功能

① 结构静力分析。用来求解稳态外载荷引起的系统或局部的位移、应变、应力和力。静力分析很适合求解惯性和阻尼对结构的影响并不显著的问题。ANSYS 程序中的静力分析不仅可以进行线性分析，而且还可以进行非线性分析。

② 结构动力学分析。结构动力学分析用来求解随时间变化的载荷对结构或部件的影响。与静力分析不同，动力分析要考虑随时间变化的力载荷以及它对阻尼和惯性的影响。ANSYS 可进行的结构动力学分析类型包括瞬态动力学分析、模态分析、谐波响应分析及随机振动响应分析。

③ 结构非线性分析。结构非线性导致结构或局部的响应随外载荷不成比例变化。ANSYS 程序可求解静态和瞬态非线性问题，包括材料非线性、几何非线性和状态非线性 3 种。

④ 动力学分析。ANSYS 程序可以分析大型三维柔体运动。当运动的积累影响起主要作用时，可使用这些功能分析复杂结构在空间中的运动特性，并确定结构中由此产生的应力、应变和变形。

⑤ 热分析。ANSYS 软件可处理热传递的 3 种基本类型：传导、对流和辐射。热传递的 3 种类型均可进行稳态和瞬态、线性和非线性分析。热分析还具有可以模拟材料固化和溶解过程的相变分析能力以及模拟热与结构应力之间的热 – 结构耦合分析能力。

⑥ 电磁场分析。主要用于电磁场问题的分析，如电感、电容、磁通量密度、涡流、电场分布、磁力线分布、力、运动效应、电路和能量损失等。还可用于螺线管、调节器、发电机、变换器、磁体、加速器、电解槽及无损检测装置等的设计和分析领域。

⑦ 流体动力学分析。ANSYS 流体单元能进行流体动力学分析，分析类型可以分为瞬态或稳态。分析结果可以是每个节点的压力和通过每个单元的流率，并且可以利用后处理功能产生压力、流率和温度分布的图形显示。另外，还可以使用三维表面效应单元和热 – 流管单元模拟结构的流体绕流并包括对流换热效应。

⑧ 声场分析。软件的声学功能用来研究含流体的介质中声波的传播，或分析浸在流体中的固体结构的动态特性。这些功能可用来确定音响话筒的频率响应，研究音乐大厅的声场强度分布，或预测水对振动船体的阻尼效应。

⑨ 压电分析。用于分析二维或三维结构对 AC（交流）、DC（直流）或任意随时间变化的电流或机械载荷的响应。这种分析类型可用于换热器、振荡器、谐振器、麦克风等部件及其他电子设备的结构动态性能分析。可进行 4 种类型的分析：静态分析、模态分析、谐波响应分析和瞬态响应分析。

(2) ANSYS 软件的高级功能

① 多物理场耦合分析（绝大多数的工程分析都要用到耦合场的功能）。考虑两个或多个物理场之间的相互作用。如果两个物理场之间相互影响，单独求解一个物理场是不可能得到正确结果的。例如，在压电分析中，需要同时求解电压分布（电场分析）和应变（结构分析）。耦合场分析适用于下列类型的相互作用：

◆热-应力分析（压力容器）
◆热-结构分析
◆热-电分析
◆热-流体分析
◆磁-热分析（感应加热）
◆磁-结构分析（磁体成形）
◆感应加热分析
◆感应振荡分析
◆电磁-电路分析
◆电-结构分析
◆电-磁分析
◆电-磁-热分析
◆电-磁-热-结构分析
◆压力-结构分析
◆速度-温度-压力分析
◆稳态-流-固分析

② 优化设计。优化设计是一种寻找确定最优方案的技术。设计方案的任何方面都是可以优化的，如尺寸（如厚度）、形状（如过渡圆角的大小）、支撑位置、制造费用、自然频率、材料特性等。实际上，所有可以参数化的 ANSYS 选项都可以作优化设计。

③ 拓扑优化。拓扑优化是指形状优化，有时也称为外形优化。拓扑优化的目标是寻找承受单载荷或多载荷的物体的最佳材料分配方案。这种方案在拓扑优化中表现为“最大刚度”设计。用户只需要给出结构的参数（材料特性、模型、载荷等）和要省去的材料百分比，程序就能自动进行优化。

④ 单元的生死。如果模型中加入（或删除）材料，模型中相应的单元就“存在”（或“消亡”）。单元生死选项就用于在这种情况下杀死或重新激活单元。本功能主要用于钻孔（如开矿和挖隧道等）、建筑物施工过程（如桥梁的建筑过程）、顺序组装（如分层的计算机芯片组装），另外，一些用户可以根据单元位置来方便地激活或不激活它们中的一些应用。

⑤ 用户可扩展功能（UPF）。ANSYS 软件的开放结构允许连接自己的 FORTRAN 程序和子过程。

1.1.3 ANSYS 主要产品系列介绍

ANSYS 产品系列是由一套可自由选配集成的功能模块组成的，用户可以根据自己的实际需要选择集成某些模块以满足行业工程需求。下面对主要产品或模块作以介绍。

① ANSYS/Multiphysics：是最完整、最强大的产品，是一个多物理场耦合的分析程序包。它能够进行结构、热力学、电磁学、流体动力学分析，还可以对这 4 种物理场进行耦合分析，但是不能进行显式动力学分析。

② ANSYS/Mechanical：该产品能够进行所有的结构和热力学分析以及压电和声学分析，但是不能进行电磁学、CFD FLOTRAN 和显式动力学分析。

③ ANSYS/Structural：可以进行完整的结构分析功能，包括几何非线性、材料非线性、单元非线性、屈曲分析以及各种动力学分析。

④ ANSYS/Linear plus：是从 ANSYS/Structural 中派生出来的，仅提供线性结构分析，只能用于线性的静态、动态及屈曲分析，非线性分析仅包括间隙元和板/梁大变形分析。

⑤ ANSYS/Therm：是从 ANSYS/Mechanical 中派生出来的，仅可进行热分析。

⑥ ANSYS/PrepPost：提供前处理阶段的建模功能以及后处理阶段的结果分析处理。

⑦ ANSYS/ED：具有 ANSYS/Multiphysics 的全部功能，但规模限制在极小的级别内，用于教学目的。

⑧ ANSYS/FLOTRAN：进行计算流体动力学分析（CFD），包括层流、可压缩流和不可压缩流等。

⑨ ANSYS/Emag：进行电磁分析。可模拟电磁场、静电学、电路及电流传导分析。

⑩ ANSYS/LS-DYNA：提供显式计算功能，可解决高度非线性结构动力问题，主要进行模拟板料成形、碰撞、爆炸、大变形冲击、材料非线性、多体接触等计算。

⑪ ANSYS/LS-DYNA PrepPost：提供 ANSYS/LS-DYNA 前后处理的功能，涉及实体建模、网格划分、加载、边界条件、等值线显示、计算结果评价及动画。

⑫ ANSYS Workbench 系列：是 ANSYS 公司推出的继承多项新技术的产品系列，具有开放性的开发平台，可实现与 CAD 集成及双向参数化，定制用户化的完整 CAE 解决方案。

⑬ AI * 系列：是分别基于 ICEM CFD 技术和 NASTRAN 技术开发形成的两个独立运行产品，二者相辅相成。

1.2　ANSYS 的启动与退出

1.2.1　ANSYS 的启动

选择【开始】>【程序】>ANSYS 12.1 > Mechanical APDL Product Launcher 选项，将显示如图 1-1 所示的窗口。

在此窗口中，包含启动与管理系统，用户可以对一些参数进行设置和修改，其主要选项如下。

① Simulation Environment：选择启动的产品类型，有以下产品供选择：

ANSYS：经典的 ANSYS 产品；

ANSYS Batch：ANSYS 批处理产品；

LS-DYNA Solver：ANSYS LS-DYNA 求解器。

② License：选择列表产品授权。

在 File Management 选项卡中，包括：

③ Working Directory（工作目录）：设定工作目录。目录一经设定，ANSYS 所有生成的文件都存于该目录下，默认为上次运行时定义的目录。单击 Work Directory 右侧的按钮，可以选择合适的工作目录。

④ Job Name（初始工作文件名）：设定工作文件名，第一次运行 ANSYS 时默认为 file。以后运行时默认为上次运行时定义的文件名。

在 Customization/Preferences 选项卡中，包括：

⑤ Use custom memory settings：默认为程序自动管理内存，如选中后，用户可自己指定内存分配。

⑥ ANSYS Language：选择环境语言，默认为 en - us，即英文环境。

⑦ Grapnics Device Name：选择计算机支持的图形设备即显卡类型。3D 对三维图形的显示有很好的效果，如果机器配置了 3D 显卡，则选择 3D。Win32 适用于大多数的图形显

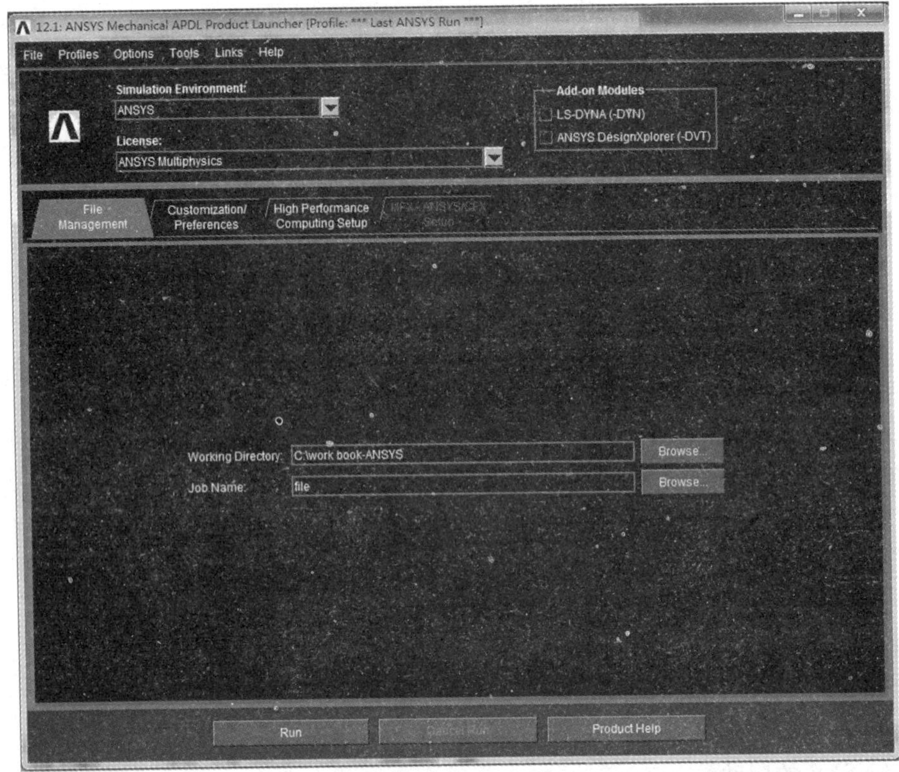

图 1-1　Product Launcher 对话框

示，在后处理中可提供9 种颜色的等值线。Win32c 则能提供 128 种颜色的区别，但对计算机的要求稍高。默认为 Win32。

⑧ Read START ANS file at start up：start121. ans 文件包含大量的运行设置命令，在启动时执行该文件将按照其内容进行设置，否则不读取其包含的设置，默认为“Yes”。

设置完上述各项后，单击“Run”按钮即可进入 ANSYS 运行界面中，完成 ANSYS 的启动。

1. 2. 2　ANSYS 的退出

ANSYS 的退出方法有如下 3 种：

① 从工具条退出，Toolbar > QUIT。

② 从实用菜单退出，Utility Menu > File > Exit。

③ 从命令输入窗口输入“/EXIT”命令。

当执行上述任何一种操作时，系统会弹出如图 1-2 所示的对话框。

图 1-2 中，4 个单选按钮的作用如下：

① Save Geom + Loads：退出后保存工作中的几何模型、载荷及约束。

② Save Geo + Ld + Solu：退出时保存模型、载荷、约束及求解结果。

③ Save Everything：保存所有的修改。

④ Quit-No Save!：不保存所作的修改。

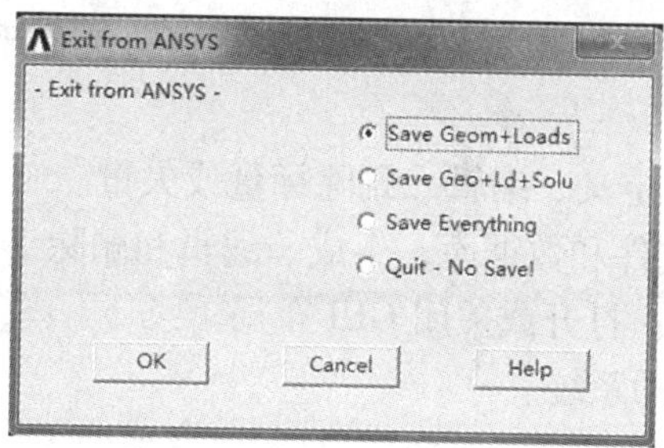

图 1-2 Exit from ANSYS 对话框

1.3 ANSYS 用户界面

启动 ANSYS 以后，就可以进入 ANSYS 用户界面（GUI），会弹出如图 1-3 所示的对话框。此即为 ANSYS 的主窗口。

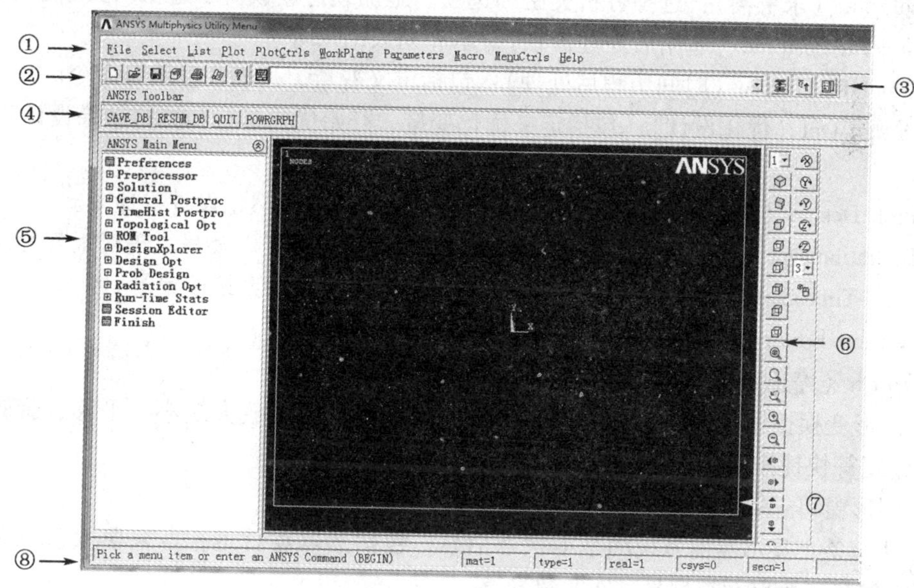

图 1-3 ANSYS 主窗口

主窗口中包含如下 8 个部分。

① Utility Menu（实用菜单）：包含一些在整个分析过程中可能用到的命令。如图 1-4 所示：

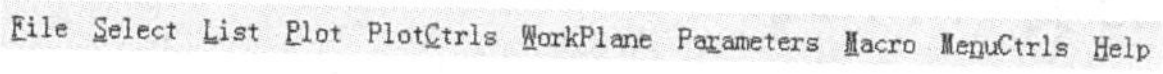

File Select List Plot PlotCtrls WorkPlane Parameters Macro MenuCtrls Help

图 1-4 Utility Menu

File（文件）：包括与操作文件和数据库有关的命令。

Select（选择）：包括允许用户选择数据的某一部分并生成组件的命令。

List（列表）：列出保存在数据库中的数据的命令。

Plot（显示）：显示关键点、线、面、体、节点、单元以及以图形显示其他数据。

PlotCtrls（显示控制）：控制视图、样式和其他图形显示特性。

WorkPlane（工作平面）：打开或关闭、移动、旋转工作平面和对工作平面的其他操作。

Parameters（参数化）：定义、编辑、删除标量或矢量。

Macro（宏）：执行宏文件和数据库，生成、编辑和删除工具栏中的缩写命令。

MenuCtrls（菜单控制）：打开或关闭 GUI 布局。

Help（帮助）：进入帮助系统。

② 标准工具栏：包括文件打开、存储、打印以及帮助等按钮。

③ 输入下拉列表框：用户可以在其中输入命令，是命令流的输入处。

④ Toolbar（工具条）：常用命令制成工具条显示在该窗口，方便随时调用。

⑤ Main menu（主菜单）：主菜单主要包括：

◆Preferences（参数选择）：执行该命令时弹出一个对话框，要求用户选择分析类型，并滤掉未选中的分析类型。

◆Preprocessor（前处理器）：用来建模、划分网格和施加载荷约束。

◆Solution（求解器）：选择分析类型和选项、施加载荷、载荷步选项以及求解结果。

◆General Postproc（通用后处理器）：显示和列表结果等。

◆TimeHist Postpro（时间历程后处理）：包括定义变量、列表和显示等命令。

◆Design Opt（优化设计）：包括定义优化变量、开始优化运行和浏览结果设计集等命令。

◆Prob Design（概然论设计）：进入 PDS 处理器并包含概然论设计等命令。

◆Radiation Opt（辐射优化）：包括定义发射率和其他设置以及写入辐射矩阵等命令。

◆Run-Time Stats（运行时间估计）：统计数据列表和提供系统设置等。

◆Session Editor（文本编辑）：打开文本编辑。

◆Finish（停止）：结束当前处理器操作，返回 ANSYS。

⑥ 图形变换按钮：包括窗口号选择、各方向视图、图形放大缩小、平移、旋转、单次旋转角度等快捷按钮。

⑦ 图形窗口：ANSYS 图形的显示窗口。

⑧ 状态条：显示当前系统的基本状态信息，包括选取运行进程、菜单或命令提示信息及当前材料号、单元类型号、实常数号等。

这里只是初步介绍了 ANSYS 主界面的组成情况，使读者对 ANSYS 软件有个初步的了解，至于其中各项的具体用途和使用方法，在后面会结合具体例子予以详细的介绍。

1.4 ANSYS 的文件形式

ANSYS 在运行过程中会生成许多不同类型的文件，其中有一些是临时文件，在 ANSYS 运行结束前产生，在随后的某一时刻这些临时文件将被删除。而大量的是在 ANSYS 运行结束后仍然保留，用于保存数据的永久性文件。这里介绍常用的永久性的文件，见表 1-1。

表 1-1　　ANSYS 中常用的输出文件

文件后缀	文件说明	类　型
bfin	体积力插值文件	文本
cbdo	位移插值文件	文本
db	数据库文件	二进制
elem	单元定义文件	二进制
emat	单元矩阵文件	二进制
err	错误及警告信息文件	文本
esav	单元数据存储文件	二进制
full	组集的整体刚度矩阵和质量矩阵文件	二进制
iges	由 ANSYS 实体模型产生的 IGES 文件，常用于模型交换	二进制
lnn	载荷工况文件	二进制
log	日志文件	文本
mode	模态矩阵文件	二进制
mp	材料特性定义文件	文本
node	节点定义文件	文本
out	ANSYS 输出文件	文本
rst	结构和耦合场分析的结果文件	二进制
rth	温度场分析的结果文件	二进制
snn	载荷步文件	文本
tri	三角化刚度矩阵文件	二进制

其中，后缀 log 文件是在 ANSYS 中常用的一种，它是在 ANSYS 运行过程中自动生成的（Jobname. log），记录了从 ANSYS 运行以来所执行的一切命令，包括 GUI（图形用户界面）操作和通过 Input Window（输入窗口）直接输入的合法命令。log 文件是文本文件，可以用记事本对其进行编辑。由于 log 文件记录了所有执行的命令，因此可以通过其再现同样的一个分析过程。也可以对其进行简单的编辑后，得到分析过程的命令流，改变一些命令的参数，即可实现简单意义上的参数化分析和建模。这样可以大大提高效率。如果用户对 ANSYS 命令十分熟悉，就可以直接创建命令流文件来提高分析的效率。但一般不推荐这样做，建议使用 GUI 操作与命令流结合，这样可以达到事半功倍的效果。

1.5　典型的 ANSYS 分析过程

一个典型的 ANSYS 分析过程由前处理、加载求解和后处理 3 部分组成，现分别加以介绍，使读者对 ANSYS 的分析过程有个初步了解。

1.5.1　前处理

（1）定义工作文件名和分析标题

该项工作不是必需的，但这里推荐在进行 ANSYS 分析过程定义文件名和分析标题。

① 定义文件名。对于 ANSYS 的文件名，可以有两种方式进行定义：

◆进入 ANSYS 程序时，通过在 Mechanical APDL Product Launcher 弹出对话框中的 Job Name 选项处进行修改定义。

◆进入 ANSYS 后，可通过如下菜单或命令进行定义：

GUI：Utility Menu > File > Change Jobname

Command：/ FILENAME

② 定义分析标题名：

GUI：Utility Menu > File > Change Title

Command：/ TITLE

③ 定义单位制：

Command：/ UNITS

（2）选择分析类型

为待分析的题目选择分析类型。

GUI：Main Menu > Preferences

（3）定义单元类型

ANSYS 单元库中有 200 多种不同的单元类型，可以根据问题的实际情况选择合适的单元类型。具体的单元类型选择，将会在后面的章节中进行介绍。

（4）定义单元实常数

为材料选择了单元类型后，随后应该输入与此单元类型相关的单元常数。单元类型的实常数是根据所选的单元类型而定的。

（5）定义材料特性

大多数单元类型分析时都需要制定材料特性，ANSYS 可以选择的特性有：

◆线性和非线性；

◆各向同性、正交异性或非弹性；

◆不随温度而变化或随着温度变化。

（6）建立模型并划分网格

建立几何模型并进行网格划分，生成物理模型，对实际问题进行模拟。

1.5.2 加载求解

（1）定义分析类型和分析选项

可以根据载荷条件和想要计算的响应选择分析类型。ANSYS 提供的有静态、瞬态、调谐、模态、谱分析、屈曲和子结构分析等。

（2）施加载荷和约束

在 ANSYS 程序中，载荷包括 6 类：DOF 约束、力、表面分布载荷、体积载荷、惯性载荷、耦合场载荷。这些载荷可以加在几何模型（实体模型）上，包括点、线、面；也可以直接加到物理模型（有限元模型）上，包括节点和单元。

（3）指定载荷步选项

它的主要功能是对载荷步进行修改和控制。

（4）计算求解

1.5.3 后处理

ANSYS 计算求解完成后，需要在后处理阶段查看分析结果。包括：

① 从求解结果中读取数据；
② 对计算结果进行各种图形化显示；
③ 可对计算结果进行列表显示；
④ 进行各种后续分析。

1.6　引　例

为了使读者能够更为清楚地了解 ANSYS 程序的有限元分析和计算过程，了解各个模块和菜单的功能与其在使用过程中的操作方法，本节将以一个简单的实例来引导大家一步步进行操作。由于 ANSYS 软件的命令和菜单比较多，分析过程也比较复杂，建议读者在学习的过程中能够亲自动手操作，并且对于每个例子能够多操作两遍，以熟悉 ANSYS 的分析过程。

1.6.1　问题描述

如图 1-5 所示，为一个带有 4 个圆孔的钢板模型，板厚 0.02m，其材料参数为：弹性模量为 200GPa，泊松比为 0.25，钢板的密度为 $7.845\times10^3\mathrm{kg/m^3}$。钢板的几何尺寸如图所示。现在右侧的大圆孔上施加向下的载荷 1000N，在左侧的小圆孔上施加约束。试对此模型进行分析。(图中单位：m)

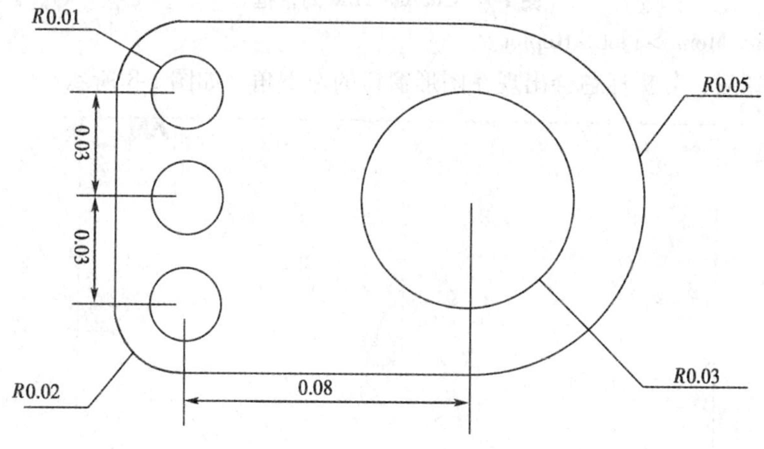

图 1-5　钢板模型图

1.6.2　分析过程

(1) 启动 ANSYS

以交互方式启动 ANSYS 程序，进入 ANSYS 界面。

GUI：【开始】>【程序】>ANSYS Release 12.1 > Mechanical APDL Product Launcher

在界面中的 Work Directory 处设定工作目录。

(2) 定义工作文件名

GUI：Utility Menu > File > Change Jobname

单击 Utility Menu 菜单下 File 中的 Change Jobname 按钮，会弹出如图 1-6 所示的对话

框，输入 example1-6 作为工作文件名，单击 OK，设定的工作文件名会出现在标题栏后面的括号中。

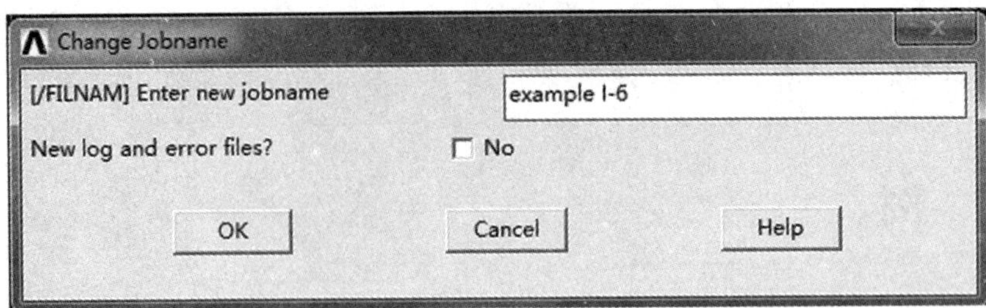

图 1-6 Change Jobname 对话框

（3）定义分析标题

GUI：Utility Menu > File > Change Title

在弹出的对话框中，输入 bracket 作为分析标题，单击 OK。如图 1-7 所示。

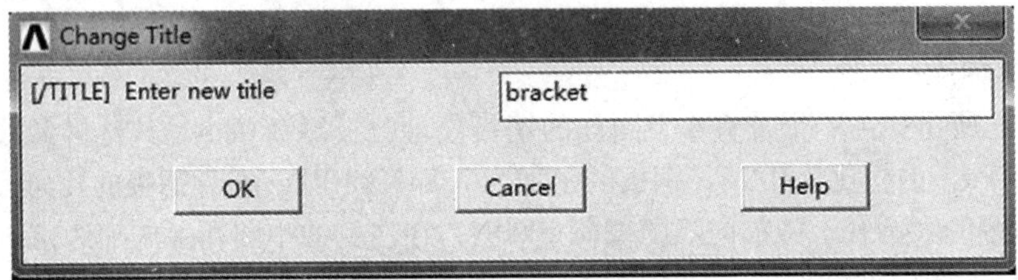

图 1-7 Change Title 对话框

GUI：Utility Menu > Plot > Replot

单击该按钮后，分析标题会出现在图形窗口的左下角，如图 1-8 所示。

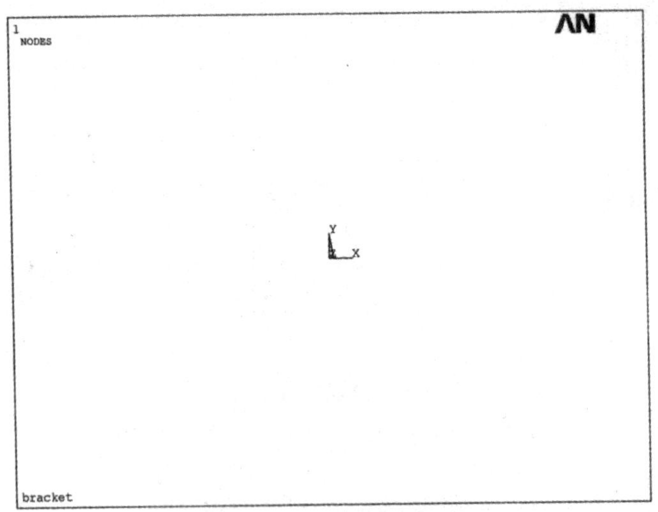

图 1-8 分析标题出现在图形窗口

功能介绍：Replot 命令功能为刷新当前显示，执行该命令后，会在屏幕上刷新显示当前实体。

（4）选择分析类型

GUI：Main Menu > Preferences

在弹出的对话框中，选择分析类型，由于本例属于结构分析，因此选择 Structural 这一项，在程序方法中，选择 h-Method，单击 OK。如图 1-9 所示。

Preferences for GUI Filtering
[KEYW][/PMETH] Preferences for GUI Filtering
Individual discipline(s) to show in the GUI
Structural
Thermal
ANSYS Fluid
FLOTRAN CFD
Electromagnetic:
Magnetic-Nodal
Magnetic-Edge
High Frequency
Electric
Note: If no individual disciplines are selected they will all show.
Discipline options
h-Method
p-Method Struct.
p-Method Electr.
OK
Cancel
Help

图 1-9　Preferences for GUI Filtering 对话框

（5）选择单元类型

GUI：Main Menu > Preprocessor > Element Types > Add/Edit/Delete

单击图 1-10 中的 Add 按钮，弹出如图 1-11 所示的对话框，在材料的单元库中选择 Plane82 单元。即在左侧栏中选取 Solid 单元，在右侧栏中选择 8 节点的 82 单元。然后单击 OK。

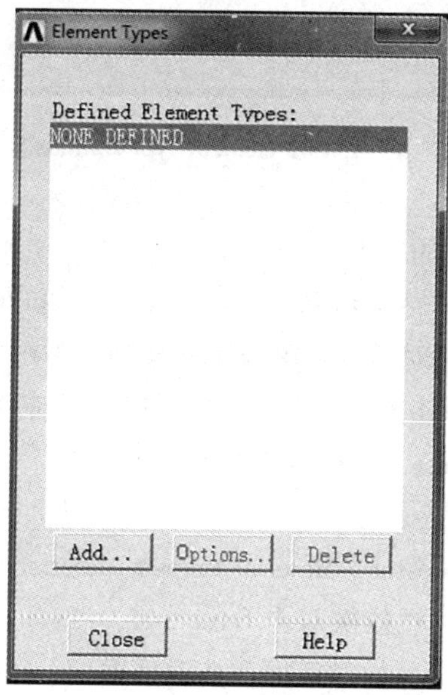

图 1-10　Element Types 对话框

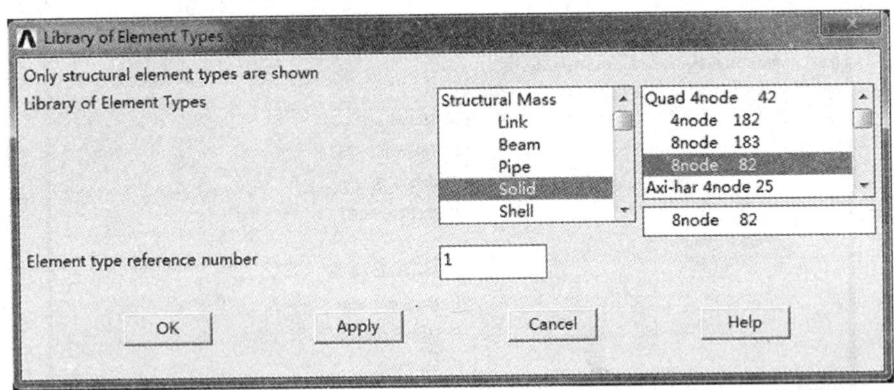

图 1-11 Library of Element Types 对话框

（6）选择分析类型

定义完单元类型后，图 1-10 中的 Options 按钮被激活，单击后，弹出如图 1-12 所示的对话框，在单元分析类型中选择 Plane strs w/thk，在单元输出选项中选择 Nodal stress。单击 OK，最后单击 Close，关闭单元类型对话框。

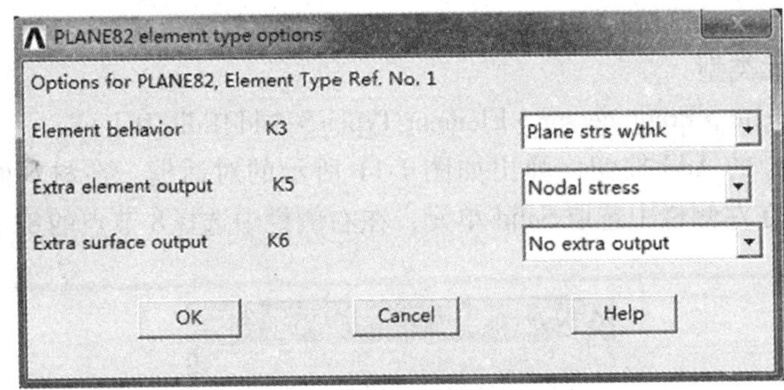

图 1-12 PLANE82 element type options 对话框

（7）定义实常数

在本例中，实常数为模型的厚度。

GUI：Main Menu > Preprocessor > Real Constants > Add/Edit/Delete

在弹出的如图 1-13 所示的对话框中单击 Add 按钮，弹出如图 1-14 所示的对话框。

确定单元类型正确后，单击 OK，弹出如图 1-15 所示的对话框，在 THK 选项中输入 0.02，单击 OK，然后单击 Close，关闭实常数对话框。

（8）定义力学参数

GUI：Main Menu > Preprocessor > Material Props > Material Models

在弹出的对话框中右边一栏依次双击 Structural，Linear，Elastic，Isotropic，如图1-16 所示。此时会弹出如图 1-17 所示的对话框，在对话框中，EX 表示弹性模量，PRXY 代表泊松比。分别输入 2E+011 和 0.25，单击 OK。

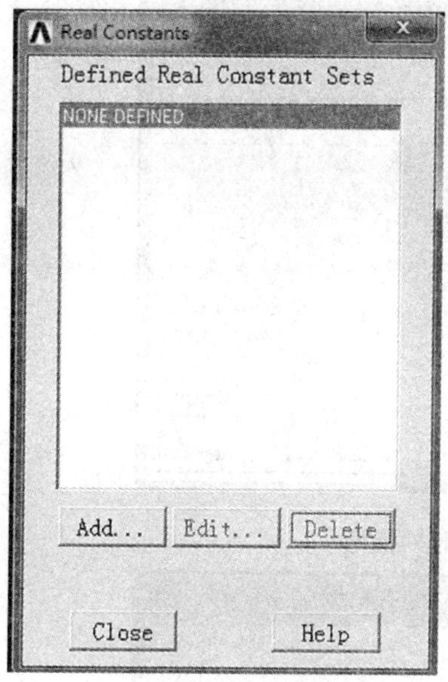

图 1-13　添加实常数对话框

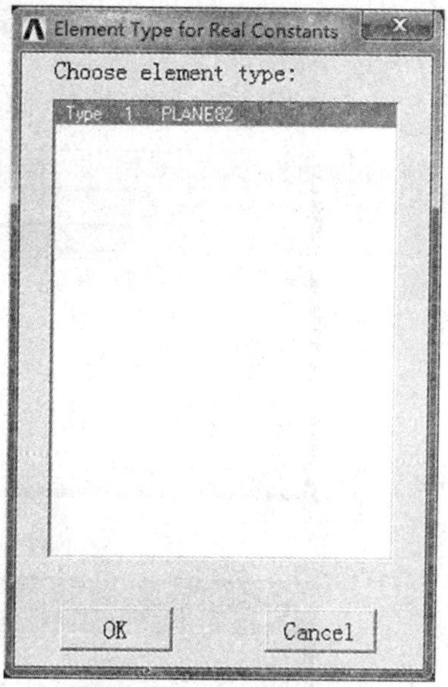

图 1-14　添加单元类型

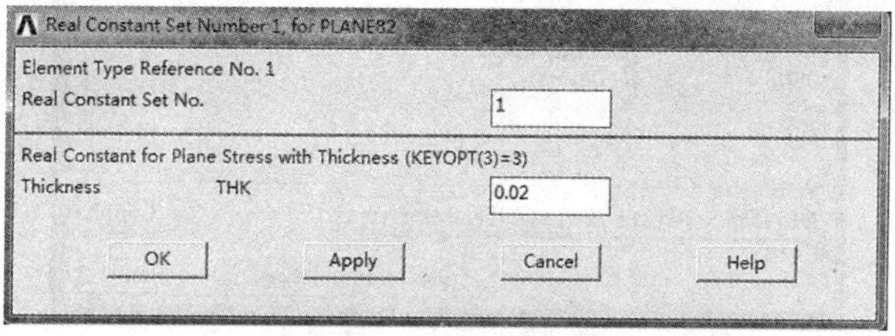

图 1-15　定义厚度对话框

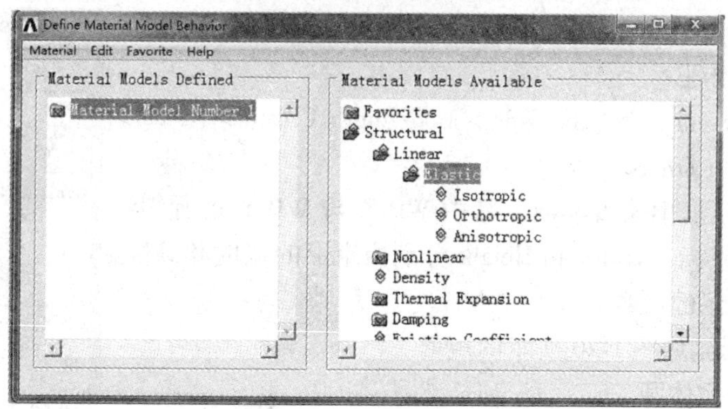

图 1-16　定义材料属性对话框

在图 1-16 的对话框中双击 Density，弹出如图 1-18 所示的对话框，在 DENS 项中输入密度 7.845e3，单击 OK。最后关闭图 1-16 对话框。

特别指出：在定义力学参数步骤中，本书中的双击操作是针对使用 12.0 以下版本的软件而言的；若使用 12.0 以上的版本，只需单击操作即可。

（9）存盘

GUI：ANSYS Toolbar > SAVE_ DB

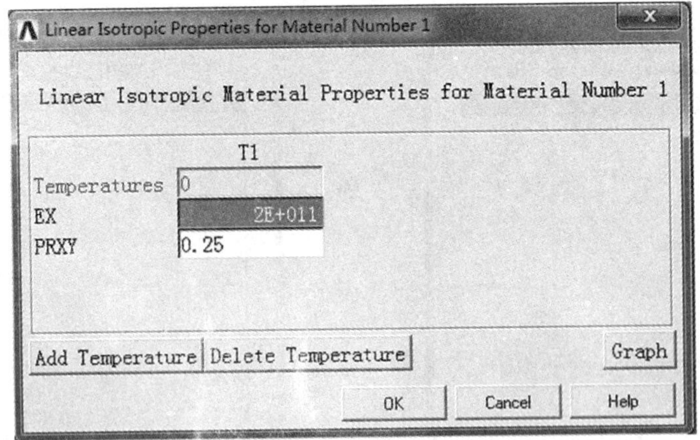

图 1-17 定义材料属性对话框

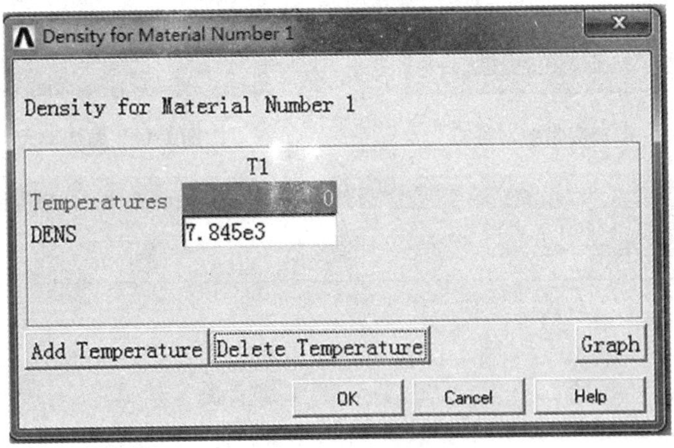

图 1-18 定义材料密度对话框

(10) 建模

① 定义一个矩形。

GUI：Main Menu > Preprocessor > Modeling > Create > Areas > Rectangle > By 2 Corners

在弹出的对话框中输入参数，其中 WP X 与 WP Y 是所创建矩形左下角点的坐标，Width 和 Height 分别为矩形的宽度和高度，输入如图 1-19 所示的参数。

单击 OK，得到如图 1-20 所示的矩形。

② 建立一个实体圆。

在建立圆之前，为了区分各个面积和线段，首先将不同的面积和线段用不同的颜色表示。

GUI：Utility Menu > PlotCtrls > Numbering

在弹出的对话框中，将 Line numbers 和 Area numbers 选中，单击 OK，如图 1-21 所示。

GUI：Main Menu > Preprocessor > Modeling > Create > Areas > Circle > Solid Circle

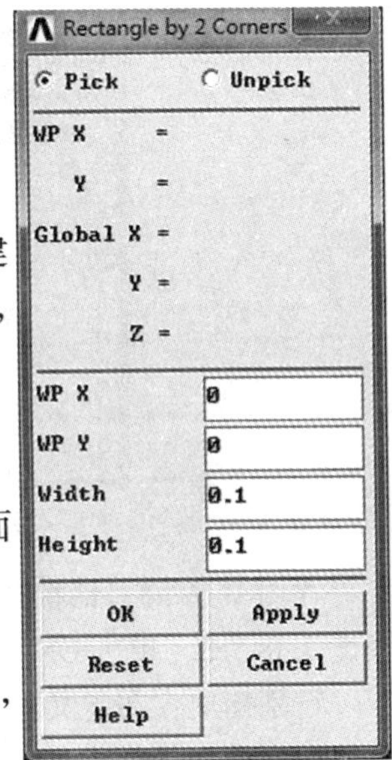

图 1-19 Rectangle by 2 Corners 对话框

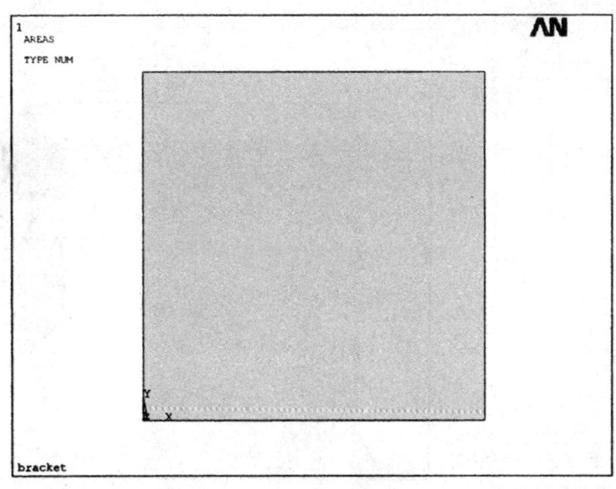

图 1-20　所绘得的矩形

Plot Numbering Controls

[/PNUM] Plot Numbering Controls

KP　Keypoint numbers	Off
LINE　Line numbers	☑ On
AREA　Area numbers	☑ On
VOLU　Volume numbers	Off
NODE　Node numbers	Off
Elem / Attrib numbering	No numbering
TABN　Table Names	Off
SVAL　Numeric contour values	Off
DOMA　Domain numbers	Off
[/NUM]　Numbering shown with	Colors & numbers
[/REPLOT] Replot upon OK/Apply?	Replot

OK　Apply　Cancel　Help

图 1-21　Plot Numbering Controls 对话框

在弹出的对话框中输入参数如图 1-22 所示，其中，WP X、WP Y 为圆心坐标，Radius 为半径。

单击 OK，在绘图区内显示如图 1-23 所示的图形。

③ 创建倒角。

GUI：Main Menu > Preprocessor > Modeling > Create > Lines > Line Fillet

弹出如图 1-24 所示的对话框。这时需要选择要进行倒角的线段，即在绘图区域选择 L3 和 L4 线段，然后单击 Apply，会弹出倒角绘制对话框，如图 1-25 所示，确认所选的线段正确，然后在 Fillet radius 栏中输入倒角半径 0.02。单击 Apply。

此时界面会重新回到如图 1-24 所示的对话框，选择线段 L1 和 L4，重复上述操作，最后单击 OK。回到 ANSYS 主界面，这时倒角已经创建完成。绘制后的图形如图 1-26 所示。为了更清楚地看到所创建的倒角，将所绘的图形以线的方式显示：

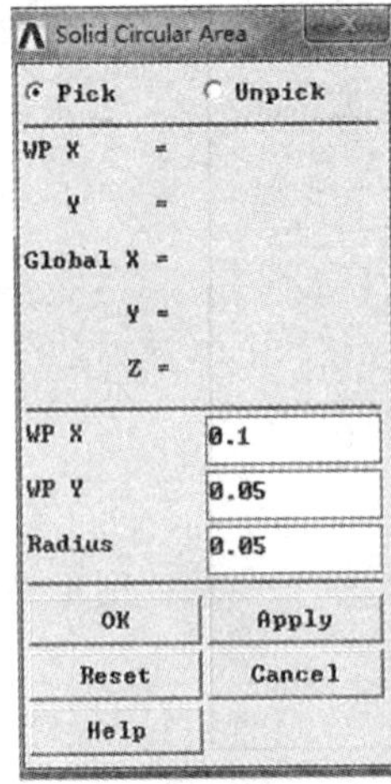

图 1-22 绘制圆对话框

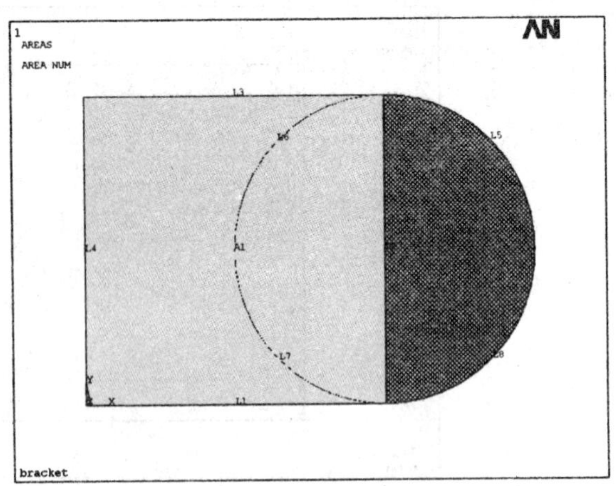

图 1-23 矩形和圆示意图

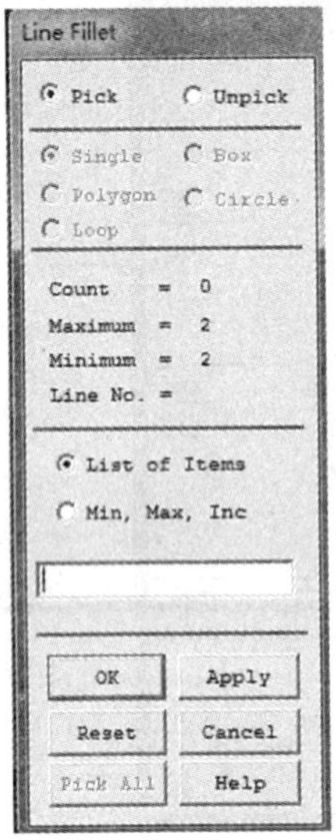

图 1-24 Line Fillet 对话框

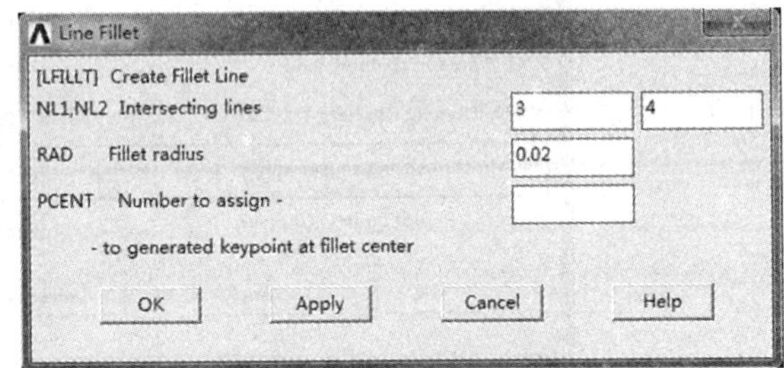

图 1-25 倒角绘制对话框

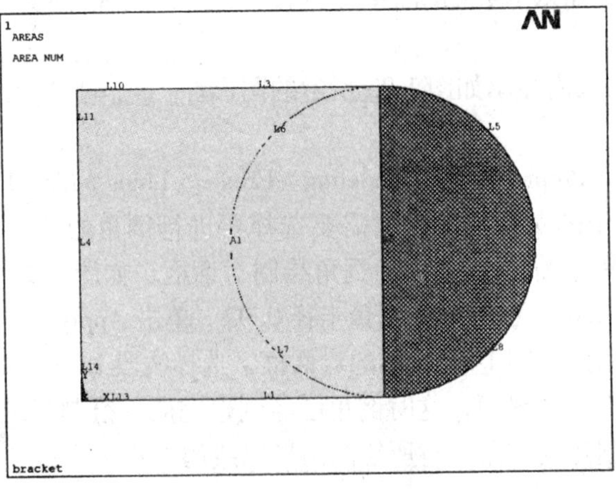

图 1-26 绘制倒角后的图形

GUI：Utility Menu > Plot > Lines

执行该命令后的图形如图 1-27 所示。

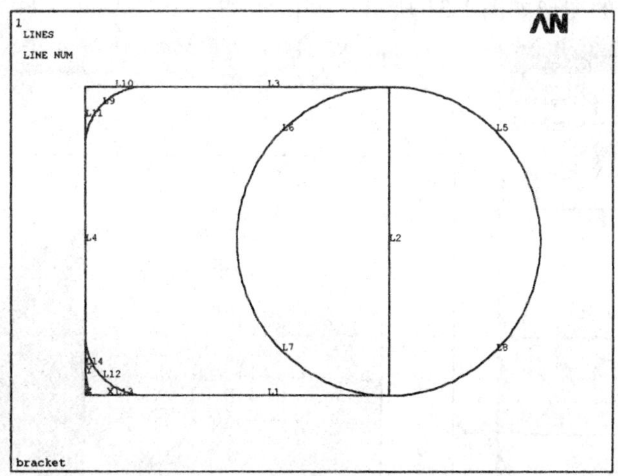

图 1-27　以线的方式显示的图形

④ 生成边角面。

GUI：Main Menu > Preprocessor > Modeling > Create > Areas > Arbitrary > By Lines

弹出如图 1-28 所示的对话框。在绘图窗口中分别选择线段 L9、L10、L11，单击 Apply，创建一个角面 A3。选择 L12、L13、L14，重复上述操作，创建另一个角面 A4。完成后的图形如图 1-29 所示。

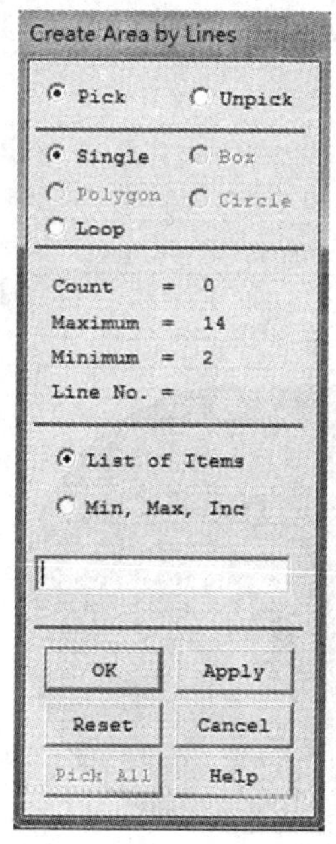

图 1-28　Create Area by Lines 对话框

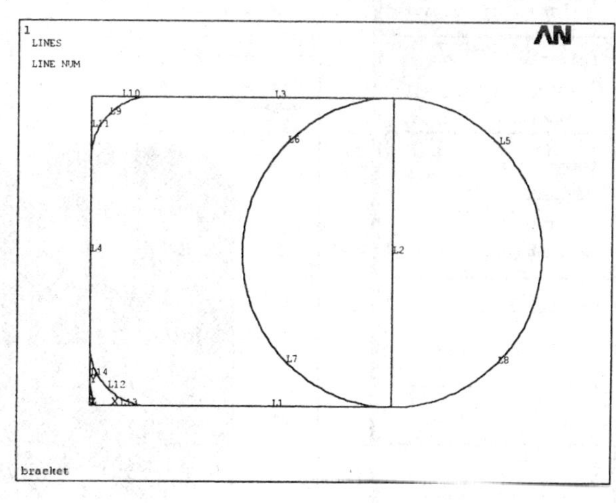

图 1-29　绘制后的图形

⑤ 布尔运算。

GUI：Main Menu > Preprocessor > Modeling > Operate > Booleans > Divide > Area by Area

会弹出如图 1-30 所示的选择对话框。在绘图区域中选择前面绘出的矩形，然后单击 OK，又回到如图 1-30 所示的对话框中。在绘图区域分别选择所绘制的两个角面 A3 和 A4，单击 OK，最后得到的图形如图 1-31 所示。

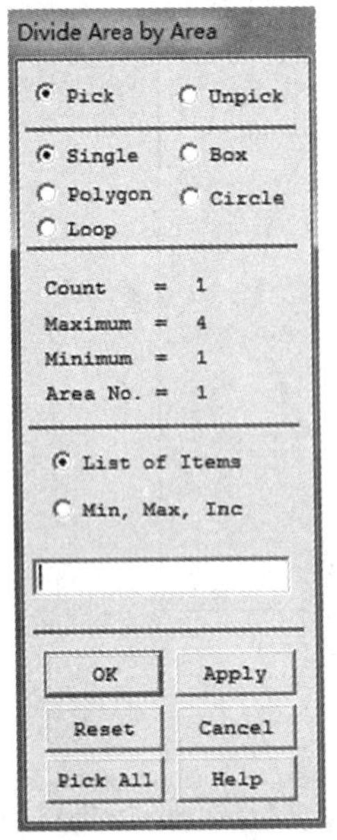

图 1-30　Divide Area by Area 对话框

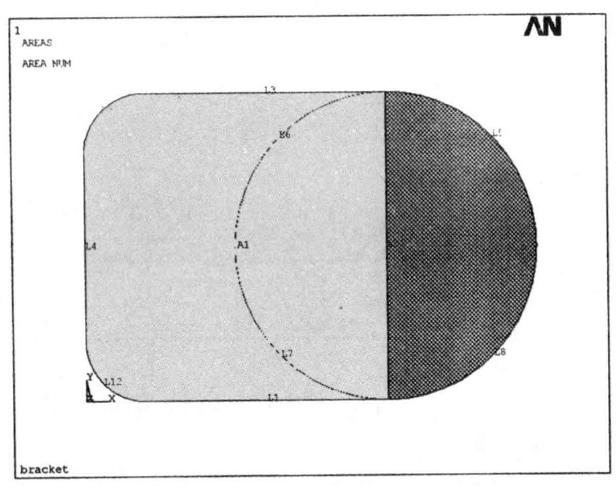

图 1-31　布尔运算后得到的图形

GUI：Main Menu > Preprocessor > Modeling > Operate > Booleans > Add > Areas

弹出如图 1-32 所示的对话框，在绘图区域选择圆和去掉角面的矩形，单击 OK，得到的图形如图 1-33 所示。

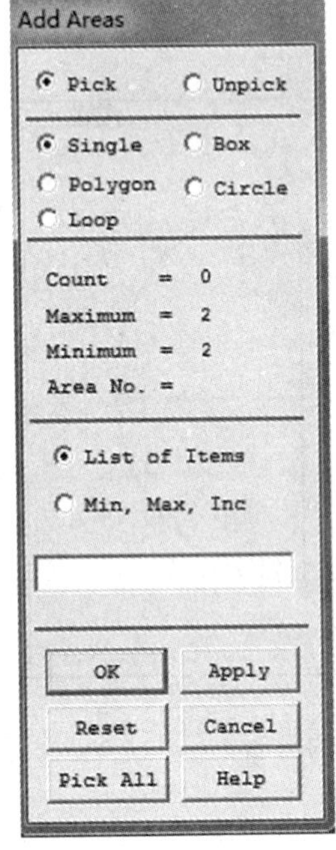

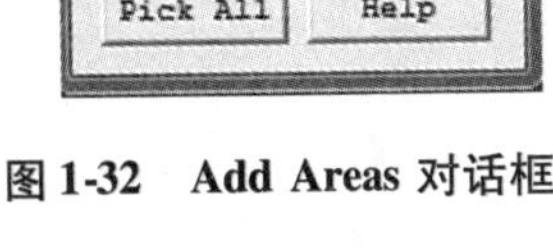

图 1-32　Add Areas 对话框

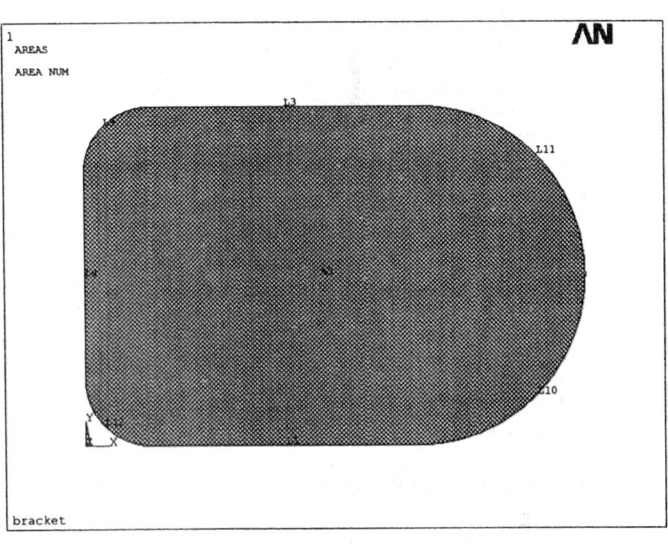

图 1-33　布尔加后得到的图形

⑥ 生成孔洞。

GUI：Main Menu > Preprocessor > Modeling > Create > Areas > Circle > Solid Circle

在弹出的对话框中输入：WP X = 0.1，WP Y = 0.05，Radius = 0.03，单击 Apply。继续输入：WP X = 0.02，WP Y = 0.02，Radius = 0.01，单击 Apply；WP X = 0.02，WP Y = 0.05，Radius = 0.01，单击 Apply；WP X = 0.02，WP Y = 0.08，Radius = 0.01，单击 OK。

所得的结果如图 1-34 所示。

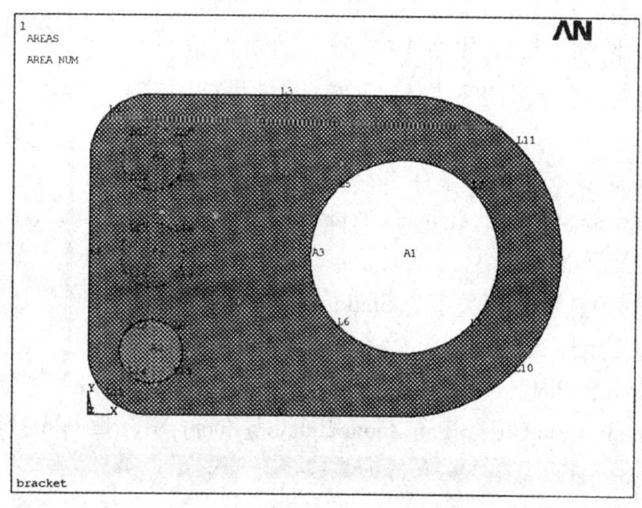

图 1-34 生成孔洞圆

⑦ 布尔运算。

GUI：Main Menu > Preprocessor > Modeling > Operate > Booleans > Subtract > Areas

执行该命令后，在图形区域用鼠标选中平板基体，单击 Apply，然后选择 4 个实体圆，单击 OK，得到的图形如图 1-35 所示。

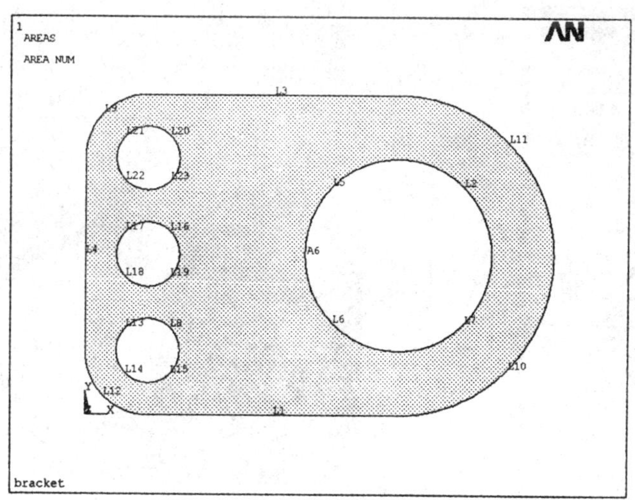

图 1-35 布尔运算后得到的图形

⑧ 存盘。

GUI：ANSYS Toolbar > SAVE_ DB

（11）划分网格

GUI：Main Menu > Preprocessor > Meshing > MeshTool

弹出如图 1-36 所示的对话框。单击 Global 处的 Set 按钮，弹出如图 1-37 所示的对话框，将 Element edge length 设置为 0.005，单击 OK 关闭此窗口。回到如图 1-36 所示的对话框，单击 Mesh 按钮，弹出如图 1-38 所示的对话框，单击 Pick All，便可对几何模型进行网格划分，其结果如图 1-39 所示。

（12）确定分析类型

GUI：Main Menu > Solution > Analysis Type > New Analysis

在弹出的对话框中选择分析类型为 Static，单击 OK。

（13）施加位移约束

GUI：Utility Menu > Plot > Nodes

GUI：Utility Menu > PlotCtrls > Pan Zoom Rotate > Zoom

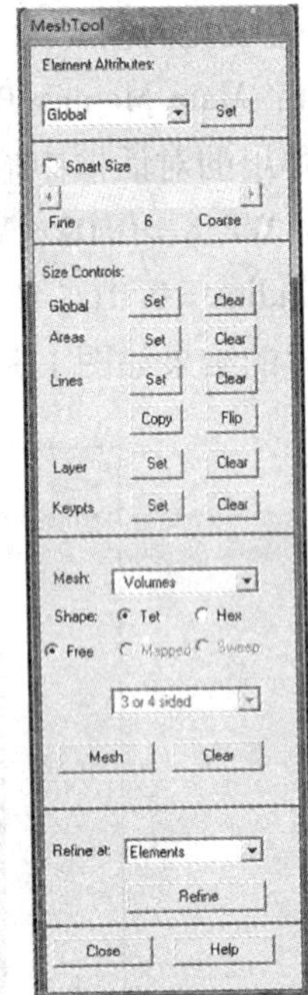

图 1-36　MeshTool 对话框

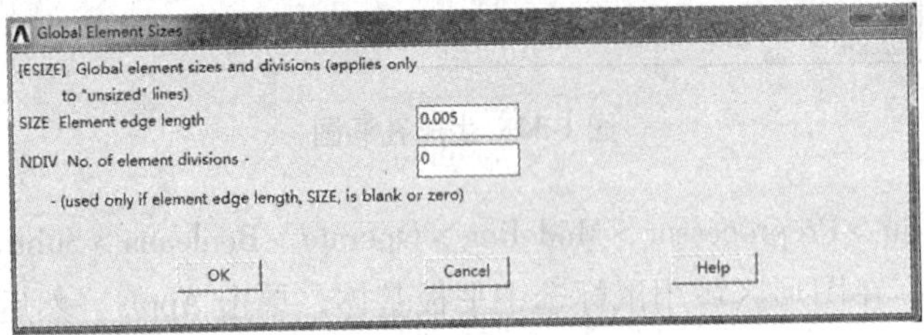

图 1-37　Global Element Sizes 对话框

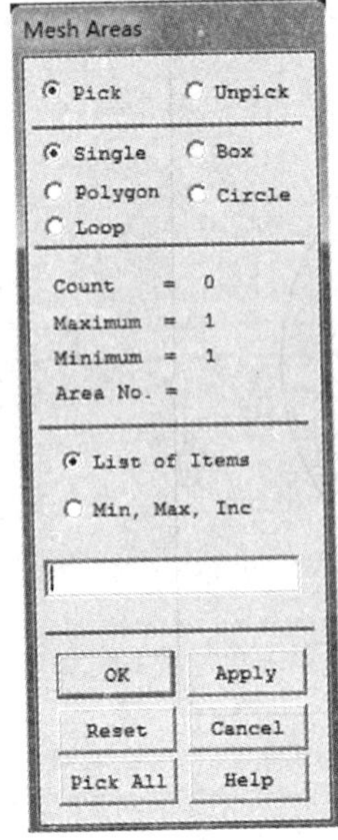

图 1-38　Mesh Areas 对话框

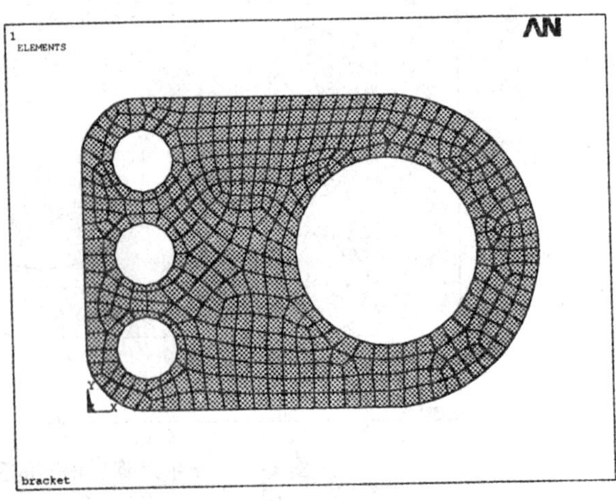

图 1-39　划分网格后的模型

在上述两个命令中，执行第一个命令后将在模型中显示所有的节点；第二个命令的作用是放大显示所建的模型，执行该命令后，在图形区域框选所要放大的部分，得到的图形如图 1-40 所示。

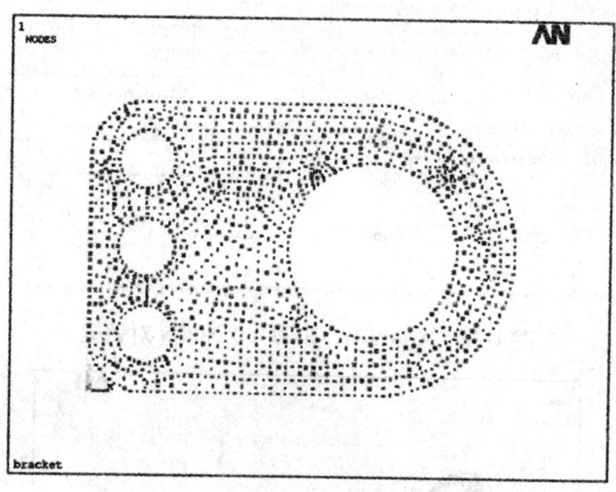

图 1-40 显示计算模型节点

GUI：Main Menu > Solution > Define Loads > Apply > Structural > Displacement > On Nodes

当弹出选择菜单时，可以在节点上施加位移约束，通过鼠标直接在绘图区域点取小圆孔边界上的节点，如图 1-41 所示。单击 OK，在弹出的对话框中选取 All DOF（如图 1-42），然后单击 OK。得到的结果如图 1-43 所示。

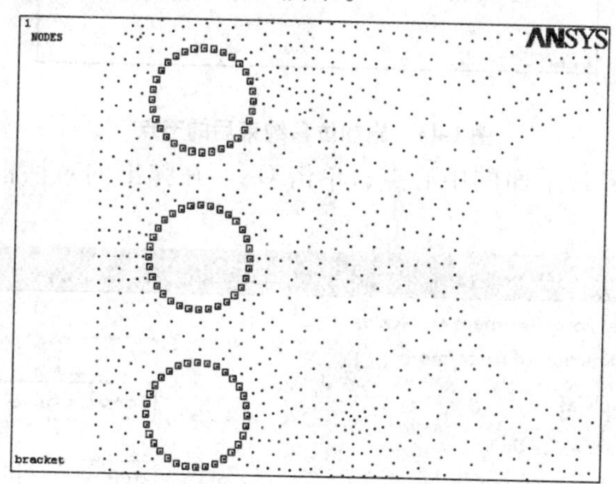

图 1-41 选定施加载荷的节点

GUI：Utility Menu > PlotCtrls > Pan Zoom Rotate > Back Up

将绘图区域还原。

（14）施加载荷

GUI：Utility Menu > PlotCtrls > Pan Zoom Rotate > Zoom

将大孔洞附近区域的节点放大。

GUI：Main Menu > Solution > Define Loads > Apply > Structural > Force/Moment > On Nodes

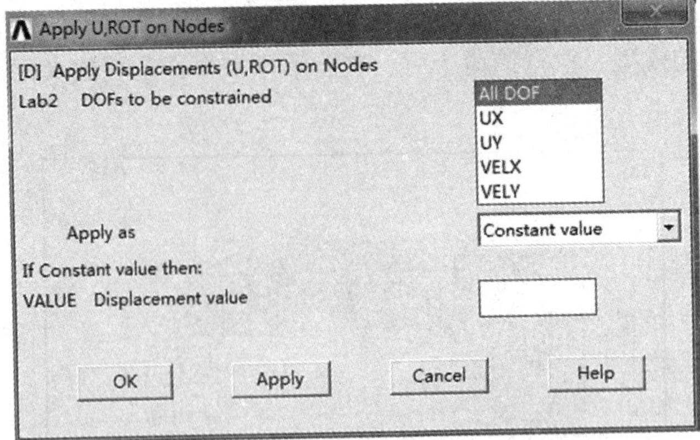

图 1-42 Apply U，ROT on Nodes 对话框

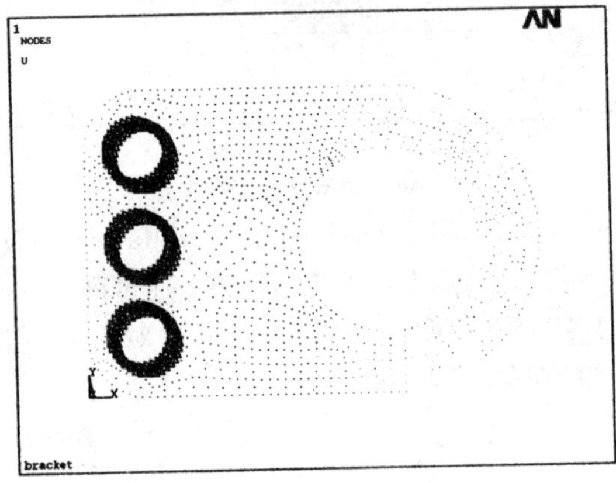

图 1-43 施加位移约束后的节点

选取大圆孔洞边界最下面的中心点，单击 OK。在弹出的对话框中按图 1-44 进行设置。

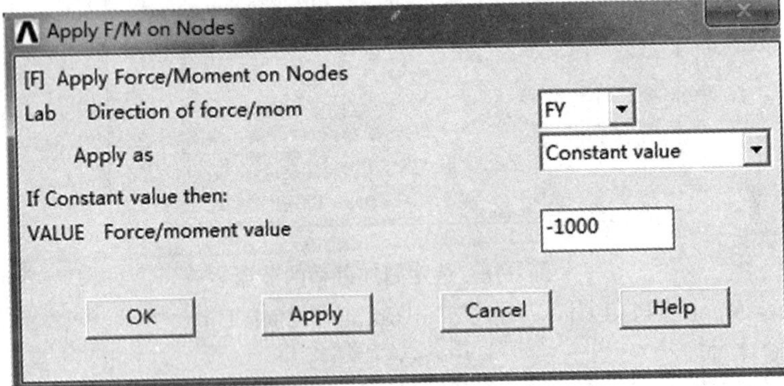

图 1-44 添加集中力对话框

GUI：Utility Menu > PlotCtrls > Pan Zoom Rotate > Back Up

将绘图区域还原。

(15) 求解运算

GUI：Utility Menu > Plot > Elements

显示单元。

GUI：Main Menu > Solution > Solve > Current LS

在弹出的对话框中单击 OK，ANSYS 程序开始进行计算，当计算完成后，程序会弹出一条信息框，提示求解已经完成。单击 Close，关闭该窗口。

（16）查看计算结果

① 确定当前数据为最后的时间步数据。

GUI：Main Menu > General Postproc > Read Results > Last Set

② 查看模型在外力作用下的变形情况。

GUI：Main Menu > General Postproc > Plot Results > Deformed Shape

在弹出的如图 1-45 所示的对话框中选择 Def + undeformed。单击 OK，则变形图如图 1-46 所示。

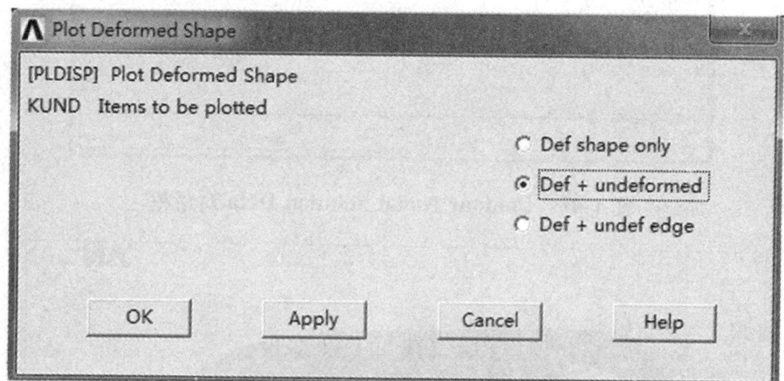

图 1-45　Plot Deformed Shape 对话框

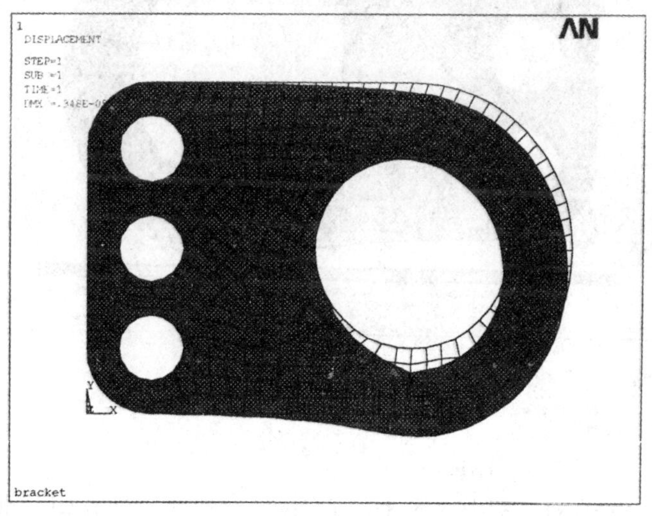

图 1-46　变形图

③ 查看模型的应力分布情况。

GUI：Main Menu > General Postproc > Plot Results > Contour Plot > Nodal Solu

弹出如图 1-47 所示的对话框。

选择 Nodal Solution > Stress > von Mises stress 选项。

在 Undisplaced shape key 选项中，确定选择 Deformed shape only。

单击 OK。所得的等效应力分布结果如图 1-48 所示。

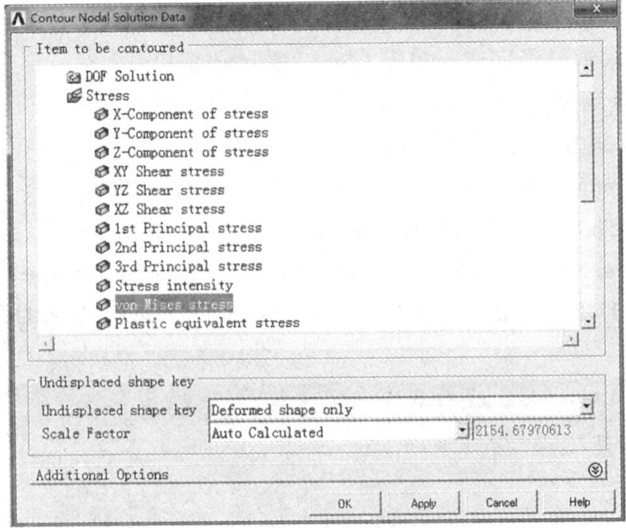

图 1-47　Contour Nodal Solution Data 对话框

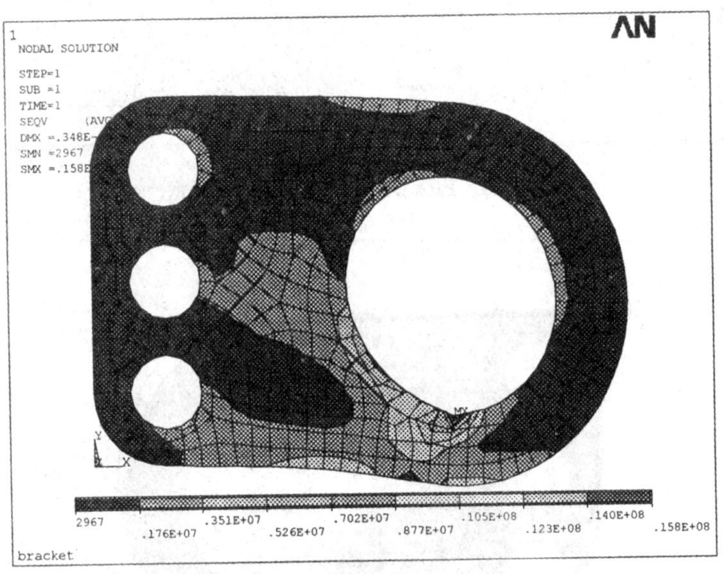

图 1-48　应力分布图

(17) 退出 ANSYS

GUI：Utility Menu > File > Exit

在 Exit from ANSYS 对话框中选择 Save Everything 选项，单击 OK，退出 ANSYS 程序。

下面给出该算例的命令流：

```
/FILNAME, example1-6, 1
/TITLE, bracket
KEYW, PR_ STRUC, 1
/COM, Structural
/PREP7
ET, 1, PLANE82
```

```
KEYOPT, 1, 3, 3
KEYOPT, 1, 5, 2
R, 1, 0.02,
MP, EX, 1, 2e11
MP, PRXY, 1, 0.25
MP, DENS, 1, 7.847e3
BLC4, 0, 0, 0.1, 0.1
CYL4, 0.1, 0.05, 0.05
LFILLT, 3, 4, 0.02,,
LFILLT, 1, 4, 0.02,,
AL, 9, 10, 11
AL, 12, 13, 14
ASBA, 1, 3
ASBA, 5, 4
AADD, 1, 2
CYL4, 0.1, 0.05, 0.03
CYL4, 0.02, 0.02, 0.01
CYL4, 0.02, 0.05, 0.01
CYL4, 0.02, 0.08, 0.01
ASBA, 3, ALL
ESIZE, 0.005, 0,
AMESH, 6
FINISH
/SOL
ANTYPE, 0
LSEL, S, LENGTH,, 0.015708
NSLL, S, 1
D, ALL, ALL
ALLSEL, ALL
NSEL, S, LOC, X, 0.1
NSEL, R, LOC, Y, 0.02
F, ALL, FY, -1000
ALLSEL, ALL
SOLVE
FINISH
/POST1
SET, LAST
PLDISP, 1
PLNSOL, S, EQV, 1, 1.0
FINISH
```

第2章 ANSYS 前处理

2.1 环境设置

2.1.1 设置工作目录

工作目录一旦设定，以后 ANSYS 软件操作所产生的所有文件都将保存在此目录下，因此建议对不同的分析建立不同的工作目录，以保证每次分析所产生的文件不会被覆盖。工作目录的设置方式有两种：

① 在进入 ANSYS 软件之前通过入口选项进行设置（参见 1.2.1 小节）。

② 进入 ANSYS 软件后，可用下列方法实现：

Command：/CWD

GUI：File > Change Directory

在弹出的对话框中输入工作目录即可。如图 2-1 所示。

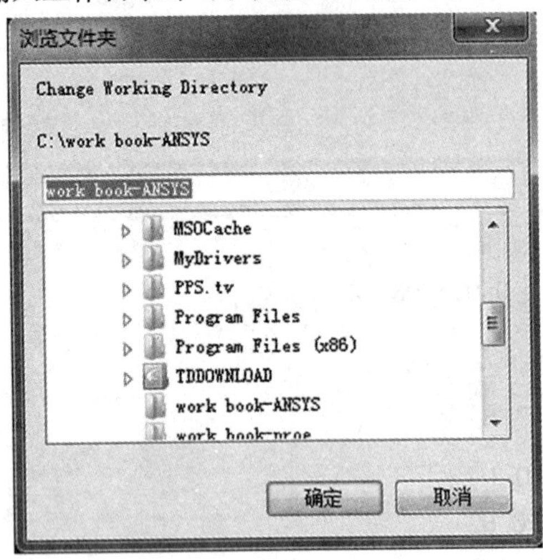

图 2-1　设置工作目录

2.1.2 定义工作文件名和分析标题

关于如何定义工作文件名和分析标题，在 1.6.2 节中已经加以介绍，这里不再赘述。需要指出的是，虽然定义工作文件名和分析标题不是一个 ANSYS 分析过程所必需的，但是这里推荐使用工作文件名和分析标题。

2.2 定义单元类型

2.2.1 单元类型简介

要定义单元类型，首先要对ANSYS的所有单元类型有所了解。读者可以通过表2-1对ANSYS的单元类型有个初步了解，至于各单元的具体用法，可参考《ANSYS单元手册》中的相关内容，在后面的实例章节中结合具体实例对个别单元进行详细介绍。

表2-1　ANSYS单元库

单元类型	维数	单元名称
结构点单元（Structural Mass）	1/2/3-D	MASS21
结构线单元（Structural Link）	2-D	LINK1
	3-D	LINK8，LINK10，LINK11，LINK180
结构梁单元（Structural Beam）	2-D	BEAM3，BEAM23，BEAM54
	3-D	BEAM4，BEAM24，BEAM44，BEAM188，BEAM189
结构实体单元（Structural Solid）	2-D	PLANE25，PLANE42，PLANE82，PLANE83，PLANE145，PLANE146，PLANE182，PLANE183
	3-D	SOLID45，SOLID64，SOLID65，SOLID92，SOLID95，SOLID147，SOLID148，SOLID185，SOLID186，SOLID187
结构壳单元（Structural Shell）	2-D	SHELL61
	3-D	SHELL28，SHELL41，SHELL43，SHELL63，SHELL93，SHELL150，SHELL181
结构管道单元（Structural Pipe）	3-D	PIPE16，PIPE17，PIPE18，PIPE20，PIPE59，PIPE60，PIPE288，PIPE289，PIPE290
结构密封垫单元（Gasket）	3-D	INTER192，INTER193，INTER194，INTER195
结构多点约束单元（Structural Constraint）	3-D	MPC184
结构层复合材料单元（Layered Composite）	3-D	SOLID46，SHELL91，SHELL99，SOLID191
显式动力学单元（Explicit Dynamics，只适用于Dyna）		LINK160，BEAM161，PLANE162，SHELL163，SOLID164、COMBI165，MASS166，LINK167
超弹实体单元（Hyperelastic Solid）	2-D	HYPER182，HYPER183
	3-D	HYPER181，HYPER281，HYPER185，HYPER186，HYPER187
黏性实体单元（Visco Solid）	3-D	VISCO88，VISCO89
热点单元（Thermal Mass）		MASS71
热线单元（Thermal Link）		LINK31，LINK32，LINK33，LINK34
热实体单元（Thermal Solid）	2-D	PLANE35，PLANE55，PLANE75，PLANE77，PLANE78
	3-D	SOLID70，SOLID87，SOLID90
热壳单元（Thermal Shell）		SHELL57，SHELL131，SHELL132

续表 2-1

单元类型	维　数	单元名称
热电单元（Elec Conduction）		PLANE67，LINK68，SOLID69，SHELL157
流体单元（ANSYS Fluit/Flotran CFD）		FLUIT29，FLUIT30，FLUIT38，FLUIT79，FLUIT80，FLUIT81、FLUIT116，FLUIT129，FLUIT130，FLUIT141，FLUIT142
电磁单元（Megnetic Electric）		PLANE53，SOLID96，SOLID97，INTER115，SOLID117，HF118，HF119，HF120，PLANE121，SOLID122，SOLID123，SOLID127，SOLID128
电路单元（Electric Circuit）		SOURCE36，CIRCU94，CIRCU124，CIRCU125
机-电转换单元（Electro-Mechaical）		TRANS109，TRANS126
耦合场单元（Coupled-Field）		SOLID5，PLANE13，SOLID62，SOLID98，ROM144
接触单元（Contact）		CONTAC12，CONTAC26，CONTAC52、CONTA169、CONTA170、CONTA171、CONTA172、CONTA173、CONTA174、CONTA175、CONTA178
连接单元（Combiantion）		COMBIN7，COMBIN14，COMBIN37，COMBIN39，COMBIN40，PRETS179
矩阵单元（User Matrix）		MATRIX27，MATRIX50
无限边界单元（Infinite Boundary）		INFIN9，INFIN47，INFIN110，INFIN111
表面效应单元（Surface Effect）		SURF15，SURF152，SURF153，SURF154
网格辅助单元（仅仅用于生成网格拓扑形状，不参与求解）		MESH200

在 ANSYS 单元库中可获得近 300 种单元，可以从不同的角度来分析它们。

① 从构成的学科领域来分，包括结构单元，流体单元（含声流体单元），热单元，电路、电场和磁场单元，耦合场单元。

② 从单元维数和拓扑形式来分，包括二维或三维、点单元（如质量单元）、线单元（如弹簧、杆、梁等单元）、面单元（如壳单元）、体单元。大多数三维块单元退化成四面体，大多数二维四边形单元退化成三角形。

③ 从节点与节点数目来分，包括线性（不带边中节点）和二次（带边中节点）单元。其中，线性单元可通过附加形函数改变其精度；二次单元对给定单元网格提供了更高的精度，但如果需要可以删掉单元边界上的中间节点。

单元选择中要考虑的一些因素如下。

① 维数。考虑单元的维数要根据下面的原则：

◆ 如果模型中包含了任何三维单元，则模型一定要三维的，如 SOLID65；

◆ 二维单元可以应用到三维模型中；

◆ 一些单元可以是二维的，也可以是三维的，取决于基本选项 KEYOPT 的值，如 COMBIN14；

◆ 有些单元并不影响模型的维数，如 COMBIN40。

② 单元特征形状。单元有 4 种形状：点、线、面和体单元。

◆ 点单元只有一个节点，如质量单元；

◆ 线单元代表直线或者弧线，通常有两或三个节点，如梁单元、杆单元、管单元和轴对称壳单元；

◆ 面单元有三角形单元和四边形单元，如二维实体单元或壳单元；

◆ 体单元是四面体或者六面体的，如三维实体单元。

③ 学科和自由度。单元的自由度决定了分析属于哪一个学科，包括结构、热、电、磁、流体或耦合场。单元类型的自由度应当选择适当，只要能足够描述模型的响应即可，如果自由度过多，会加长运行时间。同样，对单元使用没有必要的基本选项（KEYOPT），也会增加计算时间。

2.2.2　定义单元类型

GUI：Main Menu > Preprocessor > Element Types > Add/Edit/Delete

弹出如图 2-2 所示的对话框。

在 Defined Element Types 中列出了此前已经定义的单元类型，如果此前没有定义，则显示 NONE DEFINED。单击 Add，会弹出 Library of Element Types（单元类型库）对话框，如图 2-3 所示。图 2-3 中，左边的列表中列出单元的类别（有梁、管、壳、实体等），右边的列表框中选择具体的单元类型。选定后单击 OK 即可。如果还想继续添加单元类型，单击 Apply，将又返回到如图 2-2 所示的窗口中，重复操作即可。

如果想改变单元的其他输入选项（即 KEYOPTs），单击图 2-2 中的 Options，弹出单元类型选项对话框进行设置，如图 2-4 所示。

在这个对话框中，各选项的意义如下：

① Element behavior：单元性能，在后面的下拉列表中有 4 个选项：

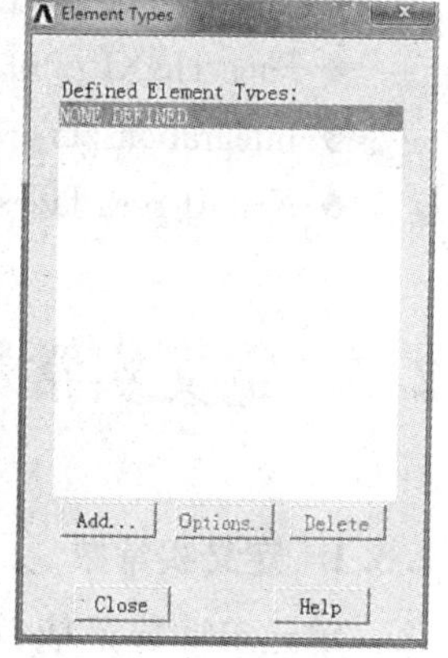

图 2-2　单元类型对话框

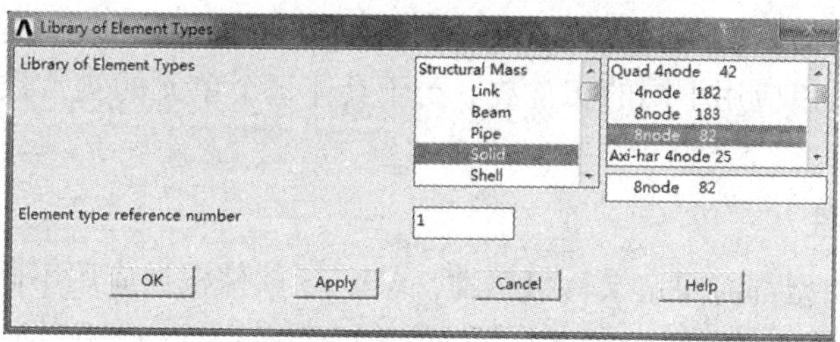

图 2-3　单元类型库对话框

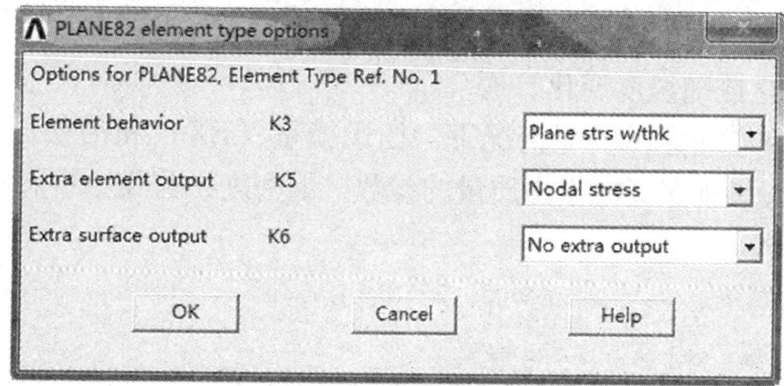

图 2-4　单元类型选项对话框

- Plane stress：若分析问题属于平面应力问题，则要选择该项（默认方式）。
- Axisymmetric：若分析问题属于轴对称问题，则要选择该项。
- Plane strain：若分析问题属于平面应变问题，则要选择该项。
- Plane strs w/thk：若分析问题属于带厚度输入的平面应力问题，则要选择该项。

② Extra element output：特定的单元输出，后面有 3 项：

- No extra output：基本单元解。
- Integration pts：对所有单元的积分点重复求解。
- Nodal stress：节点应力解。

③ Extra surface output：特定面输出，后面有 5 项：

- No extra output：基本单元解。
- Face IJ：对 I-J 面的表面解。
- Face IJ&KL：对 I-J 面和 K-L 面的表面解（仅对线性材料有效）。
- Integration pts：在每个积分点上的非线性解。
- Non-0 pres faces：对没有受压面的表面解。

2.3 定义实常数及材料属性

2.3.1 定义实常数

单元实常数是依赖单元类型的单元特性，如梁单元的截面特性。例如二维梁单元 BEAM3 的实常数：面积（AREA）、惯性矩（IZZ）、高度（HEIGHT）、剪切变形常数（SHERZ）、初始应变（ISTRN）和单位长度质量（ADDMAS）等。但不是所有的单元类型都需要实常数，同一类型的不同单元也可以有不同的实常数值，即在模型中，采用同一单元类型的不同部分可以应用不同的实常数。至于具体每个单元的实常数设置，用户可参考《ANSYS 单元手册》。

2.3.2 定义材料属性

大多数的单元类型都需要定义材料属性，ANSYS 软件根据应用不同，将其属性分为如下几种：

- 线性或者非线性；
- 各向同性、正交异性或非弹性；
- 不随温度变化或随温度变化。

定义材料属性时应注意：一般情况下，杨氏模量（EX）和泊松比（PRXY）必须定义；若加惯性载荷，必须定义能求出质量的参数，如密度；若模型中存在热载荷，则需要定义膨胀系数（ALPX）。

2.4　建立几何模型

2.4.1　建模方法

（1）建模方法比较

在 ANSYS 中，创建几何模型有 3 种方法：实体建模、直接生成、从其他 CAD 软件中导入。这 3 种建模方法各有利弊，具体采用哪种方法要视具体情况而定。

实体建模法需要描述模型的几何边界，以便在生成有限元模型前建立对单元大小和形状的控制，然后 ANSYS 自动生成所有的节点和单元。直接生成法则是直接确定每个节点的位置，以及每个单元的大小、形状、连接关系。二者的优缺点比较列于表 2-2 中。

表 2-2　实体建模和直接生成法优缺点比较

建模方法	优　点	缺　点
实体建模	◆对于庞大而复杂的模型，特别是三维实体模型，一般采用实体建模 ◆相对而言处理数据要少 ◆可以使用 ANSYS 工具建模 ◆便于几何上改进 ◆便于改变单元类型	◆需要大量的时间 ◆对小型、简单的模型有时很烦琐 ◆在某些条件下，可能不能生成有限元网格
直接生成	◆便于生成小模型 ◆便于用户对几何形状及节点和单元进行控制	◆比较耗时，需要处理大量的数据 ◆不易改变网格和模型 ◆容易出错

一般说来，实体建模比直接生成更为通用有效，是首选的方法，大多数的模型都是通过实体模型建立的。

但是如果模型过于复杂，对于不规则的线、面或体，在 ANSYS 中建模会比较困难，这时可以考虑在 CAD 软件中建模，然后导入 ANSYS 中，进行处理后，得到适当的模型。

ANSYS 支持的接口包括 IGES、CATIA、Pro/E、UG、SAT、PARA、IDEAS。

可在 CAD 软件建模完成后，通过 File > Import 命令导入到 ANSYS 中来。

（2）建模的原则

◆分析前确定分析方案。确定分析目标，决定建模方式，选择合适的单元类型，并考虑控制适当的网格密度。

◆注意分析问题的类型，尽量采用理论上的简化模型。比如能简化为平面问题的，分析时就不要使用三维模型。

① 利用模型的对称性，简化模型，这样可以减少建模的时间。

② 建模时注意对模型进行简化，去掉不必要的细节，过多地考虑细节可能使问题过于复杂而导致分析无法进行。

③ 采用恰当的单元类型和网格密度，结构分析中尽量采用带有中节点的单元类型（二次单元），非线性分析中优先使用线性单元（没有中节点的单元），尽量不采用退化单元类型。

（3）实体建模的思路

前面提到过，实体建模有两种思路：自底向上建模和自顶向下建模。

自底向上建模是指在构造几何模型时，首先定义几何模型中最低级的图元即关键点，然后再利用这些关键点定义较高级的图元（即线、面和体），自底向上建模是在当前激活坐标系内定义的。

ANSYS 还允许通过汇集线、面、体等几何体素的方法构造模型。当生成一种体素时，ANSYS 软件自动生成所有从属于该体素的低级图元。这种一开始就通过较高级的实体来构造模型的方法即自顶向下的建模方法。

用户在建模过程中，可以自由组合这两种方法建模，故此对同一个模型，建模过程可能会有所不同。需要注意的是，几何体素是在工作平面内创建的，自底向上方法是在当前激活坐标系中创建的。

对于建立起来的模型，可以通过布尔运算对其进行操作以生成更为复杂的形体，布尔运算对自底向上和自顶向下两种建模方法都有效。

模型初步建立后，需要对模型进行修改，这需要知道实体模型和有限元模型的层次关系。不能删除依附于较高图元上的低级图元，例如，不能删除依附于面上的线等。但可以在删除高级图元的时候连同其低级图元一并删除。若实体已施加了载荷，删除或修改实体，所施加的载荷也会从数据库中删除。

图元的层次关系如下：

最高级图元：单元（包括单元载荷）
节点（包括节点载荷）
实体（包括实体载荷）
面（包括面载荷）
线（包括线载荷）
最低级图元：关键点（包括点载荷）

2.4.2 坐标系和工作平面

（1）坐标系

根据用途，坐标系可分为全局和局部坐标系、活动坐标系、显示坐标系、节点坐标系、单元坐标系、结果坐标系 6 种，现就其最常用的几种分别作以简单介绍。

① 全局和局部坐标系。该坐标系用来定位几何项的位置。

（a）单位制。ANSYS 并不十分强调单位制，用户完全可以使用自己认为方便的单位制。通过/UNIT,Label 命令来定义如下几种单位制：

Label = SI：国际标准单位制，m，kg，s，K；

Label = CGS：CGS 单位系统，cm，g，s，°C；

Label = MPA：MPA 单位制，mm，mg，s，°C；

Label = BFT：英制单位，ft，slug，s，°F；

Label = BIN：英制单位，in，lbf · s^2/in，s，°F；

Label = USER：自定义单位。

至于角度单位，ANSYS 在大多数情况下使用角度，但在某些数学运算的输入和输出中使用弧度。这些数学运算为 SIN，COS，TAN，ASIN，ACOS，ATAN，ATAN2，ANGLEK 与 ANGLEN。

（b）全局坐标系。全局坐标系是一种基坐标系，是其他坐标系的定义依据，即它是一个绝对参考系。ANSYS 中有 4 种全局坐标系：

◆ 直角坐标系（Global Cartesian）：空间点在坐标系中的位置由（X，Y，Z）描述；

◆ 柱坐标系（Global Cylindrical）：坐标轴以 Z 轴作为旋转轴，空间点在坐标系中的位置由（R，θ，Z）来描述；

◆ 柱坐标系 Y（Global Cylindrical Y）：坐标轴以 Y 轴作为旋转轴，空间点在坐标系中的位置由（R，θ，Y）来描述；

◆ 球坐标系（Global Spherical）：空间点的位置由（R，θ，Φ）来描述。

在这 4 种坐标系之间切换的命令如下：

GUI：Utility Menu > Working Plane > Change Active CS to

（c）局部坐标系。除了上述的全局坐标系以外，用户还可以定义自己的坐标系，称之为局部坐标系，来帮助用户建模。一旦某局部坐标系被定义，它立刻成为活动坐标系，随后所有的操作都在该坐标系上进行，除非新指定了当前活动坐标系。

定义局部坐标系的命令：

GUI：Utility Menu > Working Plane > Local Coordinate Systems > Create Local CS

② 活动坐标系。所有当前的建模操作都是基于活动坐标系的，也就是说，定义的点、线、面和体的位置都是当前活动坐标系上的位置，除非明确指明它是基于工作平面的。

尽管可以定义多个坐标系，但是在某一时刻，只能有一个是活动坐标系，使某个坐标系激活的命令如下：

GUI：Utility Menu > Working Plane > Change Active CS to

除非用户作出明确的改变，否则某个坐标系将一直保持为活动。

（2）工作平面

工作平面是建立有限元模型的重要工具。尽管光标在屏幕上只表现为一个点，但在空间中代表的却是垂直于屏幕的一条线。为了能用光标拾取一个点，首先必须定义一个假想的平面，当该平面与光标所代表的垂线相交时，在空间中就能确定唯一的一个点，这个假想的平面就是工作平面。也就是说，工作平面就是光标在其上运动的平面。但是工作平面不一定要与屏幕平行。

在同一时刻只能有一个工作平面，当定义一个新的工作平面时，就会删除原有的工作平面。工作平面与坐标系是相互独立的，没有实质上的联系，但是用户可以通过命令强制坐标系跟随工作平面。

① 定义工作平面。可以通过下面的命令定义工作平面：

GUI：Utility Menu > Working Plane > Align WP With

其下面设有 7 项，分别为：

◆ Keypoints：通过 3 个关键点来定义工作平面。

◆ Nodes：通过 3 个节点来定义工作平面。

◆ XYZ Locations：通过 3 个位置点来定义工作平面。

◆ Plane Normal to Line：通过定义垂直于某条指定线的平面为工作平面。

◆ Active Coord Sys：设置工作平面为当前活动坐标系的 XY 平面。

◆ Specified Coord Sys：设置工作平面为某个指定坐标系的 XY 平面。

◆ Global Cartesian：设置工作平面到全局直角坐标系。

② 移动工作平面。

GUI：Utility Menu > Working Plane > Offset WP to

其后设有 5 项，分别为：

◆ Keypoints：移动工作平面原点到几个关键点的平均位置。

◆ Nodes：移动工作平面原点到几个节点的平均位置。

◆ XYZ Locations：移动工作平面原点到指定坐标位置。

◆ Global Origin：移动工作平面原点到全局坐标系原点。

◆ Origin of Active CS：移动工作平面原点到活动坐标系原点。

此外，关于该操作还有一个命令：

Utility Menu > Working Plane > Offset WP by Increments

通过指定的位置增量移动工作平面原点，通过角度增量来旋转工作平面的方向。选择该命令后，会弹出如图 2-5 所示的对话框。图 2-5 中

◆ 偏移按钮用于使工作平面原点在坐标系的 3 个方向上移动。移动距离由偏移增量确定。

◆ 偏移增量设置每次偏移的大小。如果为 1，则偏移增量为捕捉量的 1 倍。

◆ 偏移文本框用于直接输入工作原点在坐标系上的偏移值。

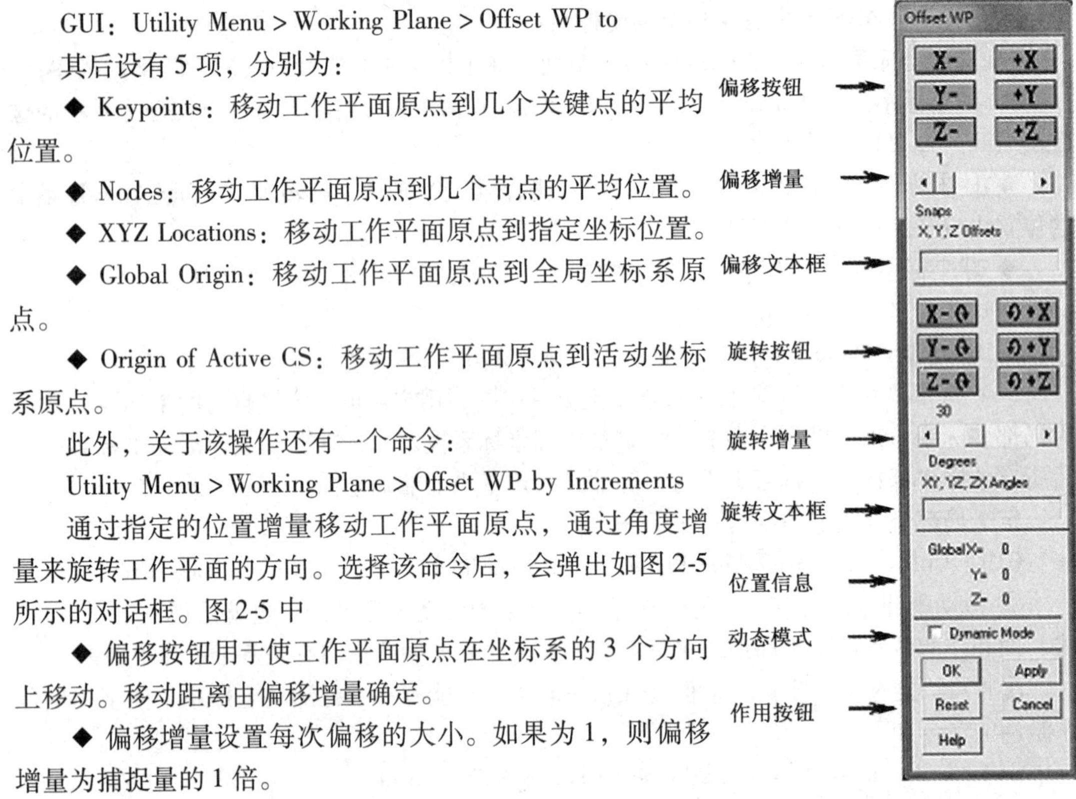

图 2-5 工作平面增量设置

◆ 旋转按钮、旋转增量和旋转文本框用于设置工作面的方向。

◆ 位置信息显示了当前工作平面原点在全局坐标系上的位置。

◆ 动态模式用于动态地设置工作平面，其操作方式与移动、旋转和缩放对话框下的动态模式相似，这种情况下，需要尝试使用鼠标左键、右键和中键。

2.4.3 几何元素的建立

（1）创建关键点

关键点是指在绘图区的一个点，本身不具有物理属性。关键点是在当前的活动坐标系中定义的，需要 3 个坐标值定义其位置。可以用下面的方法定义关键点：

GUI：Main Menu > Preprocessor > Modeling > Create > Keypoints

（2）创建线

线用于表示物体的边，线也是在当前坐标系上定义的。在 ANSYS 中，有直线、弧线、样条曲线、倒圆线。

GUI：Main Menu > Preprocessor > Modeling > Create > Lines > Lines 及其后面的选项，用来定义直线。

GUI：Main Menu > Preprocessor > Modeling > Create > Lines > Arcs 及其后面的选项，用来定义弧线。

GUI：Main Menu > Preprocessor > Modeling > Create > Lines > Splines 及其后面的选项，用来定义样条曲线。

GUI：Main Menu > Preprocessor > Modeling > Create > Lines > Line Fillet 用来定义倒圆线。

（3）创建面

平面用来代表 2-D 实体，如平板或轴对称物体。平面和曲面都可以用来代表三维实体的表面。

GUI：Main Menu > Preprocessor > Modeling > Create > Areas > Arbitrary 及其后面的选项用来定义任意形状的面。

GUI：Main Menu > Preprocessor > Modeling > Create > Areas > Rectangle 及其后面的选项用来定义矩形。

GUI：Main Menu > Preprocessor > Modeling > Create > Areas > Circle 及其后面的选项用来定义圆。

GUI：Main Menu > Preprocessor > Modeling > Create > Areas > Polygon 及其后面的选项用来定义多边形。

GUI：Main Menu > Preprocessor > Modeling > Create > Areas > Area Fillet 用来定义倒圆面。

（4）创建体

体用来描述三维实体，当一个体被创建时，其下级的图元会自动被创建。

GUI：Main Menu > Preprocessor > Modeling > Create > Volumes > Arbitrary 及其后面的选项用来定义任意形状体。

GUI：Main Menu > Preprocessor > Modeling > Create > Volumes > Block 及其后面的选项用来定义六面体。

GUI：Main Menu > Preprocessor > Modeling > Create > Volumes > Cylinder 及其后面的选项用来定义圆柱体。

GUI：Main Menu > Preprocessor > Modeling > Create > Volumes > Prism 及其后面的选项用来定义棱柱体。

GUI：Main Menu > Preprocessor > Modeling > Create > Volumes > Sphere 及其后面的选项用来定义球体。

GUI：Main Menu > Preprocessor > Modeling > Create > Volumes > Cone 及其后面的选项用来定义圆锥体。

GUI：Main Menu > Preprocessor > Modeling > Create > Volumes > Torus 用来定义环形体。

以上只是对建立各种几何元素的命令作以简单介绍，限于篇幅，其中具体选项的作用和操作方法，将会在后面的章节中结合例子详细阐述。

2.4.4　布尔运算

ANSYS 的图元运算是通过布尔操作实现的，通过布尔操作，用户可以将简单体素整合为非常复杂的实体模型。可以说，只要在 ANSYS 平台上建模，就离不开布尔操作。

布尔操作包括：Add（加，将各个体素融合为一个整体，用一个编号表示）；Subtract（减，将一个体素从另一个体素中减去，剩余图元赋予新的序号）；Intersect（相交，通过图元的公共界面重新划分）；Glue（黏合，将几个有公共界面的图元黏合在一起，但是保留原有边界）；Overlap（搭接）。这些操作不仅可以用于简单体素的图元，也适用于从

CAD 软件导入的实体模型。进入布尔运算菜单操作如下：

GUI：Utility Menu > Processor > Modeling > Operate > Booleans

通常情况下，进行布尔操作时比较容易确定对象图元，只有当实体模型非常复杂时需要通过显示图元序号，借助图元序号帮助选择图元。

需要注意的是，不能够对已经划分了网格的实体模型图元进行布尔操作，如果要进行操作，首先要清除网格，布尔操作完成后，再重新划分网格。同时，在布尔操作的过程中，一定要注意选取框和命令输入窗口提示区的提示信息。

下面介绍 ANSYS 建模过程中最常用的布尔操作。

（1）交运算（Intersect）

布尔交运算的结果是由每个初始输入图元的共同部分形成一个新的图元，即交运算可以求出两个或多个图元的重复区域。现在给出各种交运算的例子及其结果。如图 2-6 ~ 图 2-11 所示。

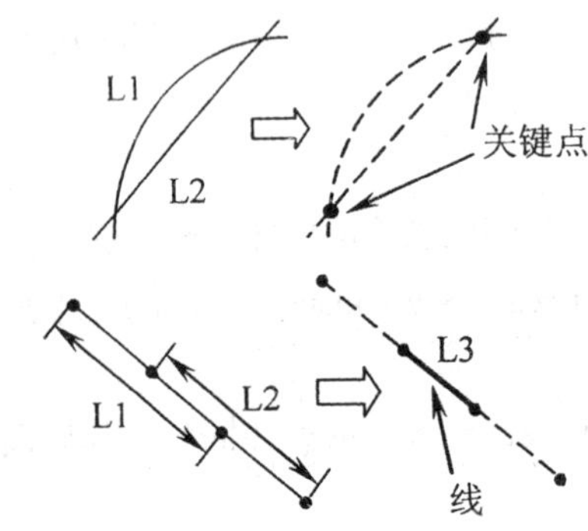

图 2-6 线与线相交（Lines）

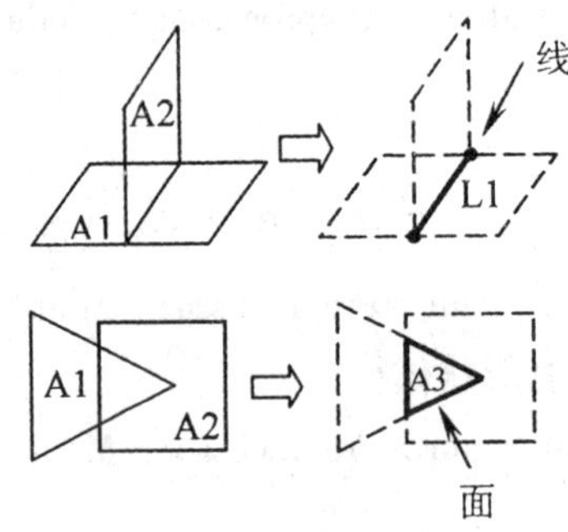

图 2-7 面与面相交（Areas）

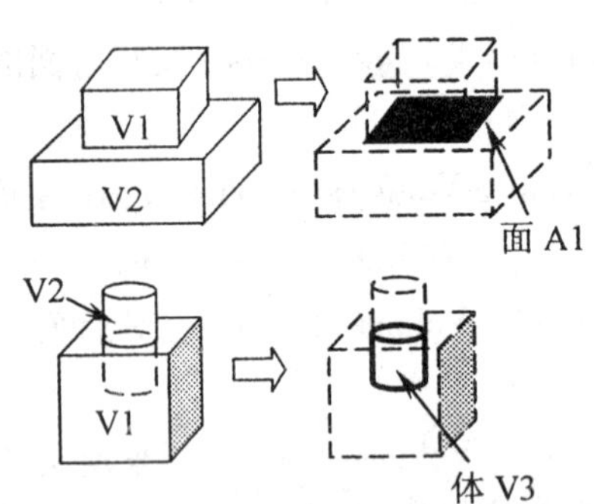

图 2-8 体与体相交（Volumes）

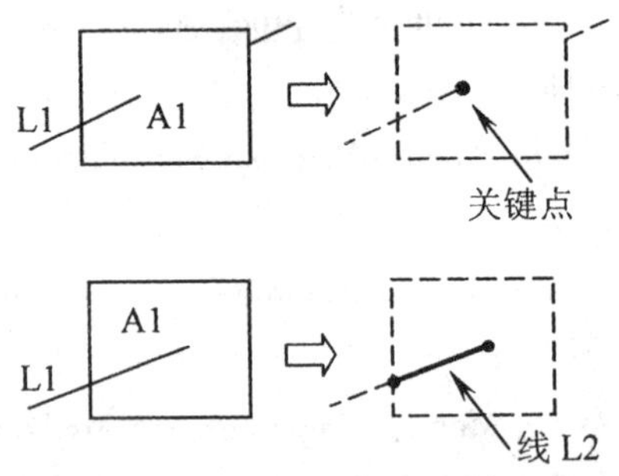

图 2-9 线与面相交（Line with Areas）

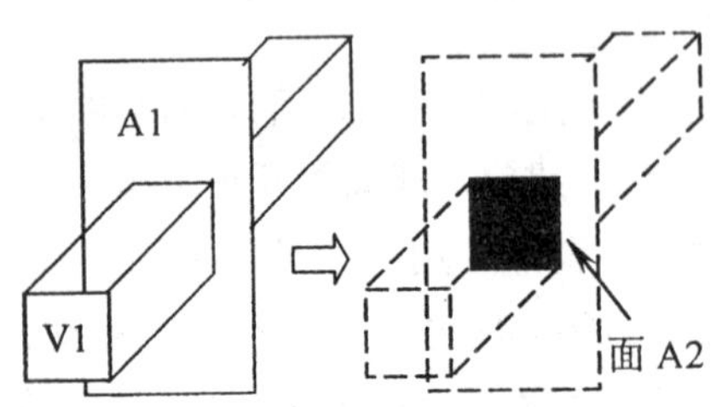

图 2-10 面与体相交（Area with Volumes）

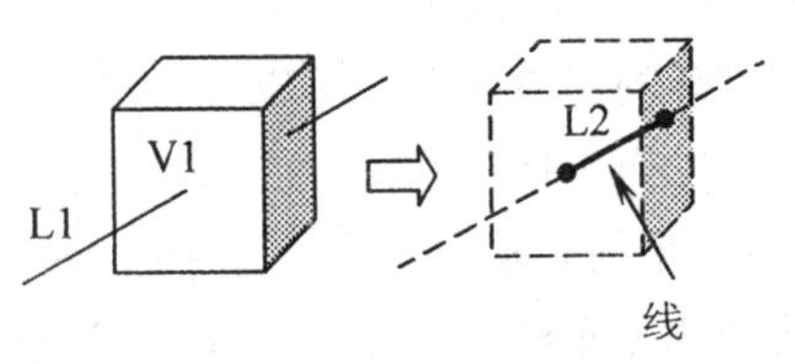

图 2-11 线与体相交（Line with Volumes）

上面介绍的是 GUI：Utility Menu > Processor > Modeling > Operate > Booleans > Intersect > – Common –（公共相交）及其后面选项的各种交运算，至于布尔交运算中还有一个选项 – Pairwise –（两两相交），其相交的原理和结果都跟 – Common –（公共相交）类似，只不过 – Pairwise – 一般是两个以上的图元相交，其结果是由所有初始输入图元中任意两个源图元的公共区域组成的一个新的图元（集）。需要注意的是，– Pairwise –（两两相交）求出的是由所有初始输入图元中的任意两个图元的交，然后所有交运算的结果形成的集合（一般说来会有多个图元生成），而 – Common –（公共相交）求出的是由所有初始输入图元取公共区域而生成的一个新图元（一般来说，是单一图元而不是集）。

（2）加运算（Add）

GUI：Utility Menu > Proccssor > Modeling > Operate > Booleans > Add

加运算所求得的结果是一个包含所有初始图元所有部分的新图元（这种运算也可以称为并、连接、和），现将各种加运算的例子用图 2-12、图 2-13、图 2-14 加以说明。

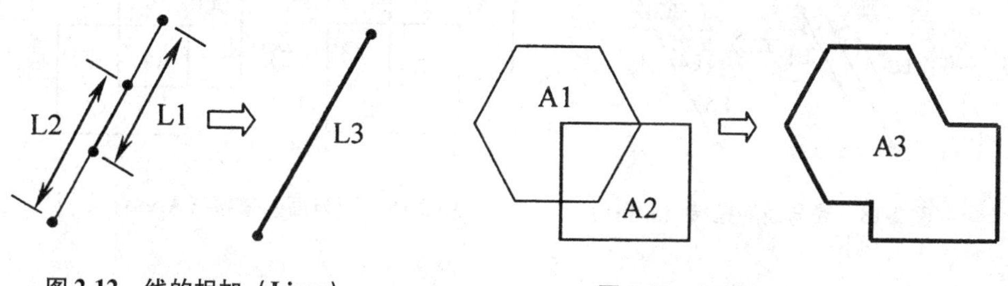

图 2-12　线的相加（Lines）

图 2-13　面的相加（Areas）

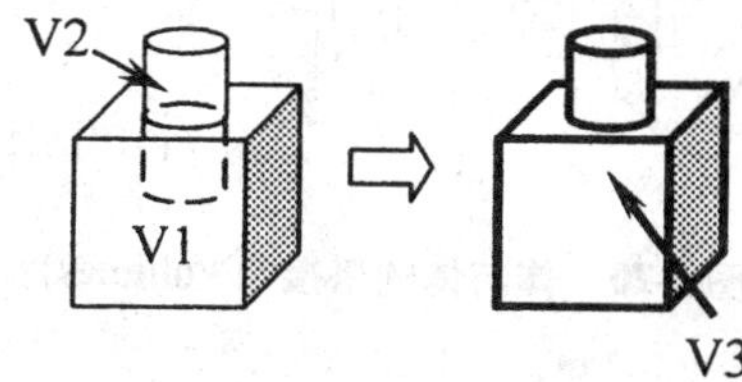

图 2-14　体的相加（Volumes）

（3）减运算（Subtract）

GUI：Utility Menu > Processor > Modeling > Operate > Booleans > Subtract

减运算就是删除"母体"中一块或多块与"子体"重合的部分，适用于建立带孔的实体或需要准确切除部分的实体。见图 2-15、图 2-16、图 2-17。

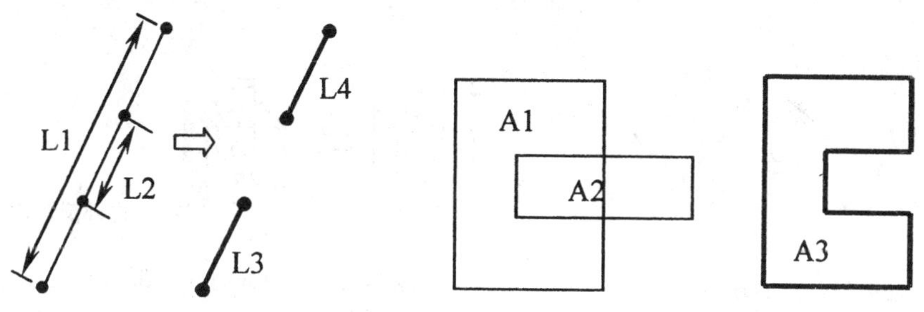

图 2-15　线的相减（Lines）

图 2-16　面的相减（Areas）

（4）搭接（Overlap）

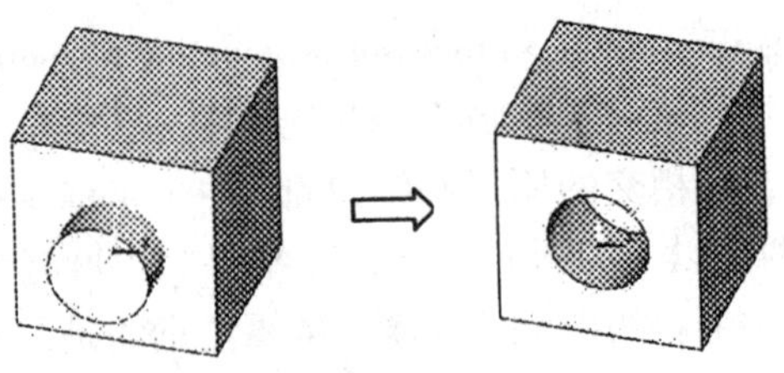

图 2-17　体的相减（Volumes）

GUI：Utility Menu > Processor > Modeling > Operate > Booleans > Overlap

搭接命令用于连接两个或多个图元，以生成 3 个或更多个新的图元的集合。搭接命令在搭接域周围生成了多个边界。与加运算不同的是，搭接操作生成的是多个相对简单的区域，加运算生成一个相对复杂的区域，因而搭接生成的图元比加运算生成的图元更容易划分网格，而且搭接区域必须与原始图元有相同的维数。见图 2-18、图 2-19、图 2-20。

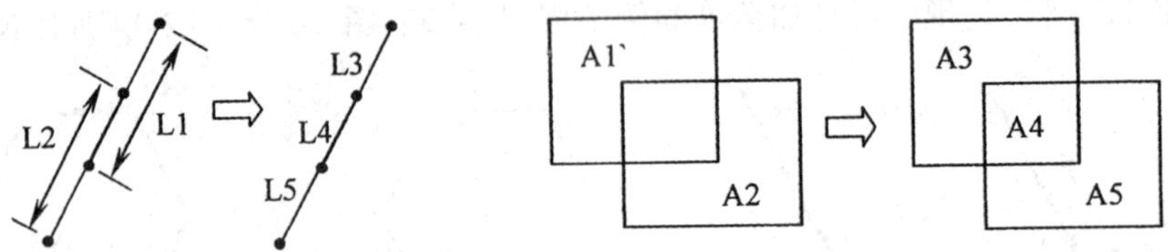

图 2-18　线与线的搭接（Lines）　　图 2-19　面与面的搭接（Areas）

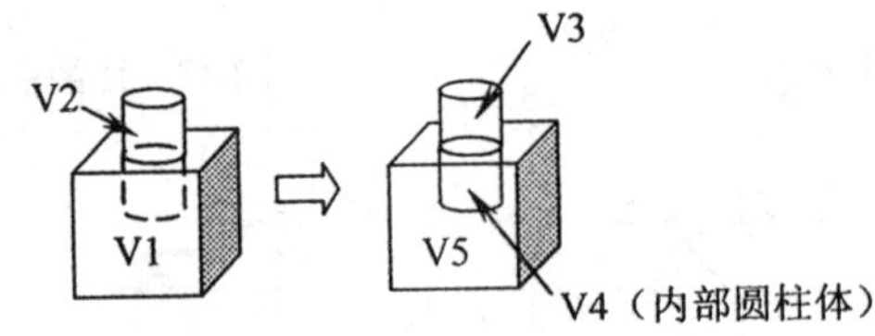

图 2-20　体与体的搭接（Volumes）

（5）分割（Partition）

GUI：Utility Menu > Processor > Modeling > Operate > Booleans > Partition

把两个或多个实体分为多个实体，但相互之间通过共同的边界连接在一起。若想找到两条相交线的交点并保留这些线时，此命令特别有用。分割命令用于连接两个或多个图元，以生成 3 个或更多的新图元的集合。分割结果与原始图元具有相同的维数。见图 2-21、图 2-22、图 2-23。

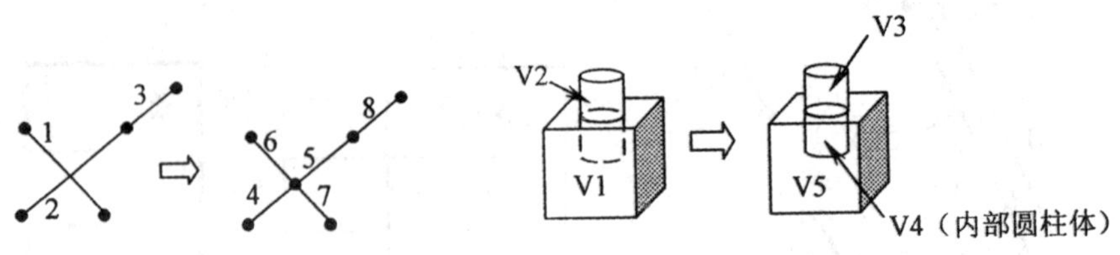

图 2-21　线的分割（Lines）　　图 2-22　体的分割（Volumes）

（6）黏接（Glue）

GUI：Utility Menu > Processor > Modeling > Operate > Booleans > Glue

把两个或多个实体黏合在一起，在其接触面上具有共同边界的操作命令，这对定义两

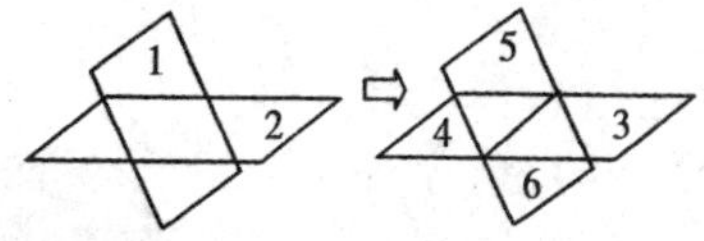

图 2-23　面的分割（Areas）

个不同的实体特别方便（如对不同材料组成的实体，但必须是相同类型的实体，要么都是体，要么都是面，要么都是线，但不能体与面黏接）。黏接命令与搭接命令相类似，只是图元之间只在公共边界上相关，而且公共边界的维数低于原始图元的一维，这些图元仍然相互独立，只在边界上连接。见图 2-24、图 2-25、图 2-26。

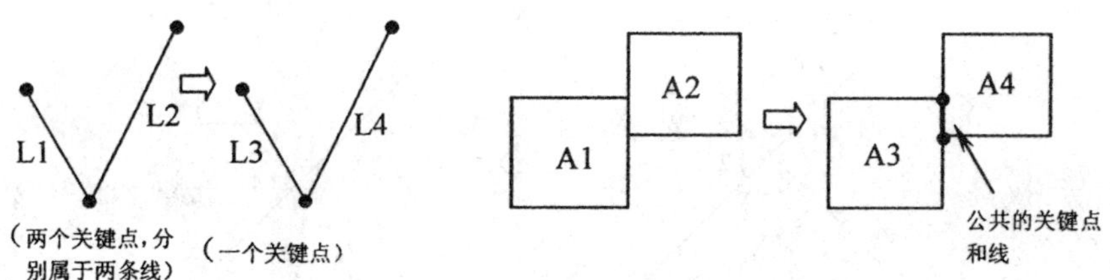

图 2-24　线的黏接（Lines）　　图 2-25　面的黏接（Areas）

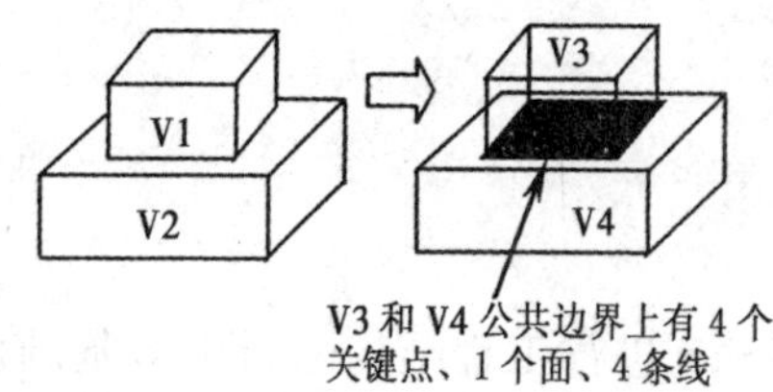

图 2-26　体的黏接（Volumes）

（7）叠分（Divide）

GUI：Utility Menu > Processor > Modeling > Operate > Booleans > Divide

把一个实体分割为两个或多个，它们仍通过共同的边界连接在一起。见图 2-27 ~ 图 2-33。

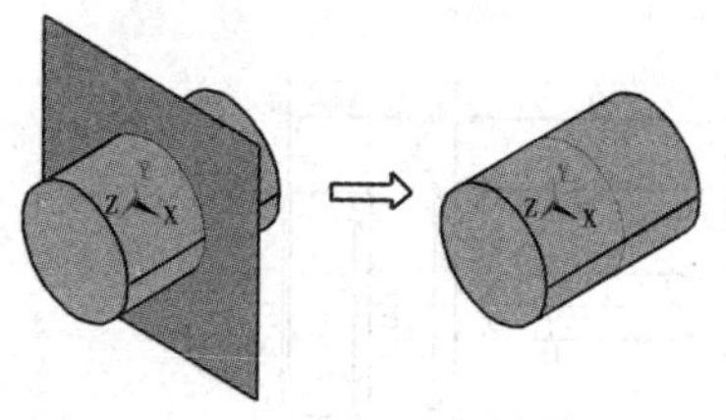

图 2-27　用面来分割体（Volume by Area）

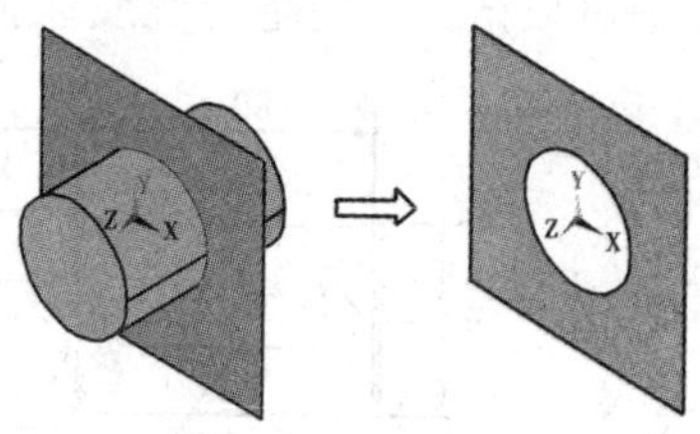

图 2-28　用体来分割面（Area by Volume）

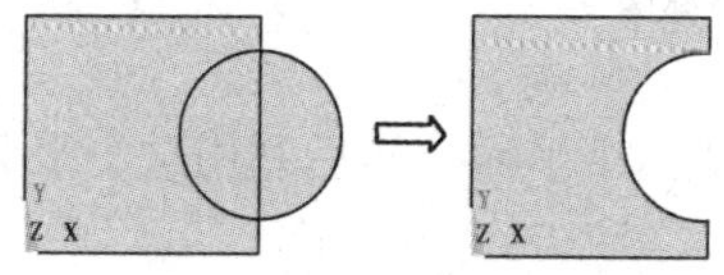

图 2-29　用面来分割面（Area by Area）

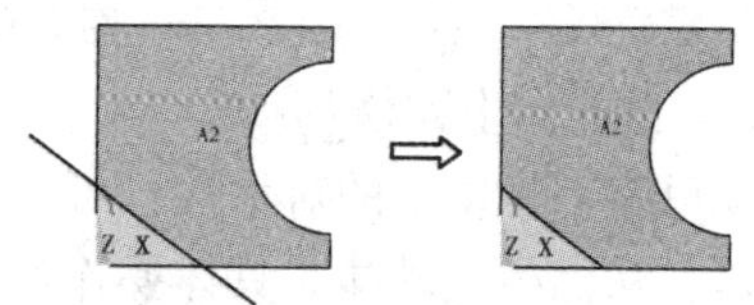

图 2-30　用线来分割面（Area by Line）

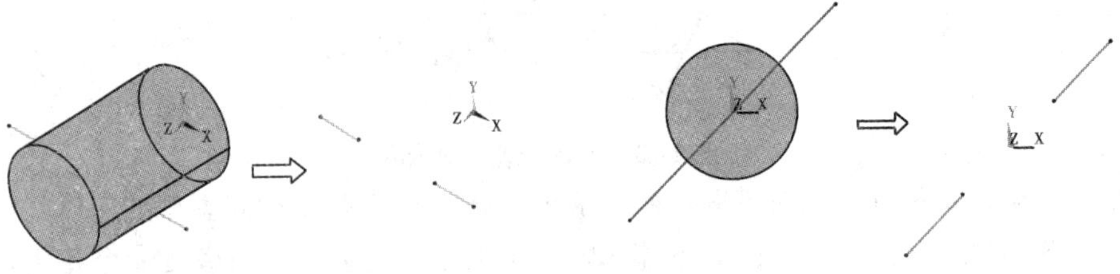

图 2-31 用体来分割线（Line by Volume） 图 2-32 用面来分割线（Line by Area）

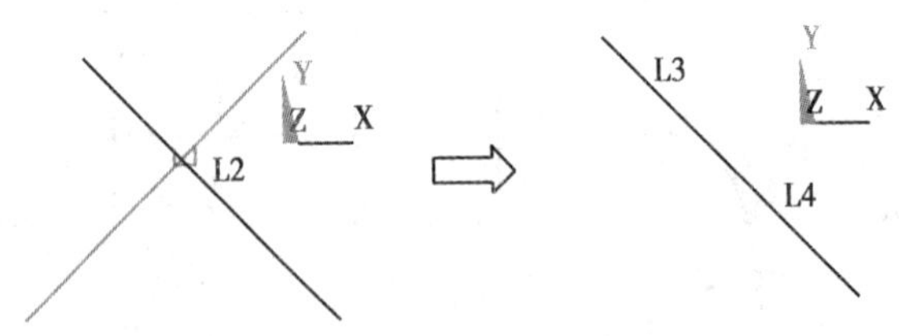

图 2-33 用线来分割线（Line by Line）

2.5 实 例

建立实体模型是利用 ANSYS 进行工程结构分析中最基础也是最重要的环节之一，模型建立的成败与否，与 ANSYS 分析结果密切相关。本节中介绍两个建模的实际例子。

2.5.1 实例一：轴类零件建模

某型号输送机减速器的输出轴，其几何尺寸如图 2-34 所示。这里将分别采用自底向上和自顶向下两种方法建立实体模型，以便使读者更为清楚地看到两种实体建模方法的建模过程以及二者的区别。需要说明的是，为了加工和安装需要，轴上设置了多个倒角，在建模过程中可根据分析问题的性质取舍，本例建模中不予考虑。

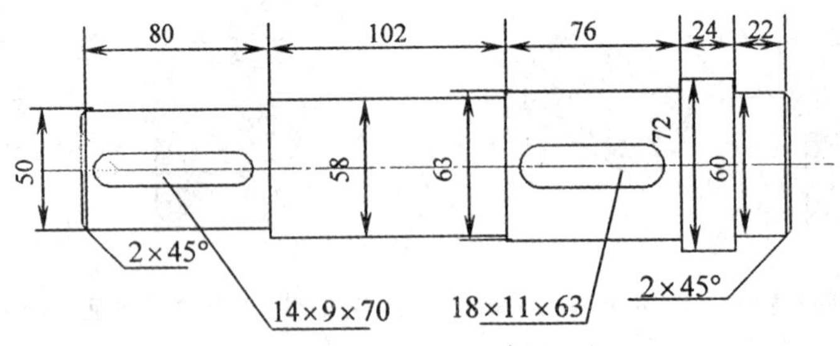

图 2-34 轴的平面示意图

2.5.1.1 自底向上建模

建模思路：根据轴的对称性，可以利用矩形生成一个平面，然后利用这个平面绕其中心线旋转，从而生成轴体。具体操作如下。

（1）定义工作文件名

GUI：Utility Menu > File > Change Jobname

在弹出的 Change Jobname 对话框中输入 shaft 作为工作文件名，并选择 New log and error files 复选框，单击 OK。

（2）定义工作标题名

GUI：Utility Menu > File > Change Title

在弹出的对话框中输入“shaft model”，单击 OK。

（3）重新显示

GUI：Utility Menu > Plot > Replot

所定义的工作文件名和标题名将显示在 ANSYS 图形窗口中。

（4）显示工作平面

GUI：Utility Menu > WorkPlane > Display Working Plane

（5）关闭三角坐标符号

GUI：Utility Menu > PlotCtrls > Window Controls > Window Options

会弹出如图 2-35 所示的对话框，在 Location of triad 下拉列表中选择 Not shown 选项，单击 OK。图形区域将不显示三角坐标符号。

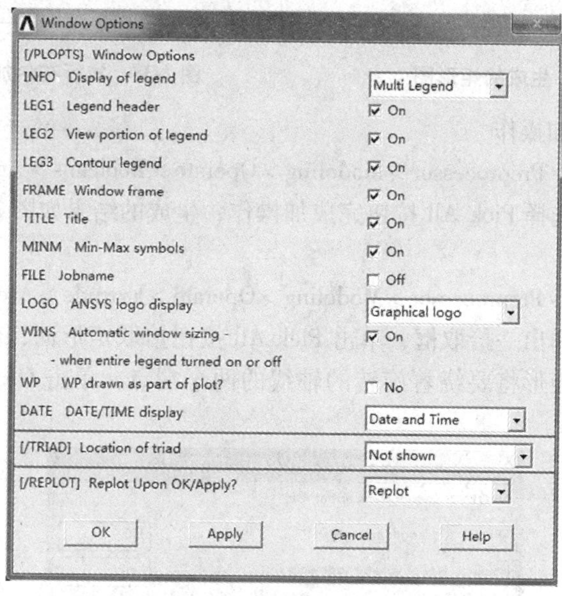

图 2-35 Window Options 对话框

（6）生成矩形面

GUI：Main Menu > Preprocessor > Modeling > Create > Areas > Rectangle > By Dimensions

弹出如图 2-36 所示的对话框，其中各项的意义如下：

① X - coordinates：矩形在 X 方向的坐标从 X1 变化到 X2，默认值为零。

② Y - coordinates：矩形在 Y 方向的坐标从 Y1 变化到 Y2，默认值为零。

在 X - coordinates 和 Y - coordinates 文本框中分别输入 0，82 及 0，25，单击 Apply；继续输入 82，184 及 0，29，单击 Apply；输入 184，260 及 0，31.5，单击 Apply；输入 260，284 及 0，36，单击 Apply；输入 284，308 及 0，30，单击 OK。生成的图形如图 2-37 所示。

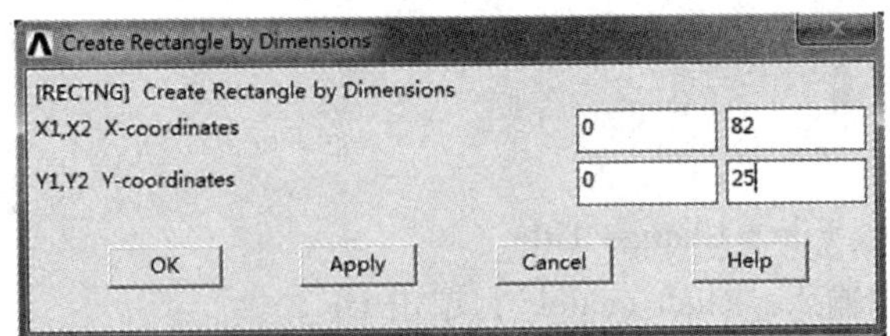

图 2-36 Create Rectangle by Dimensions 对话框

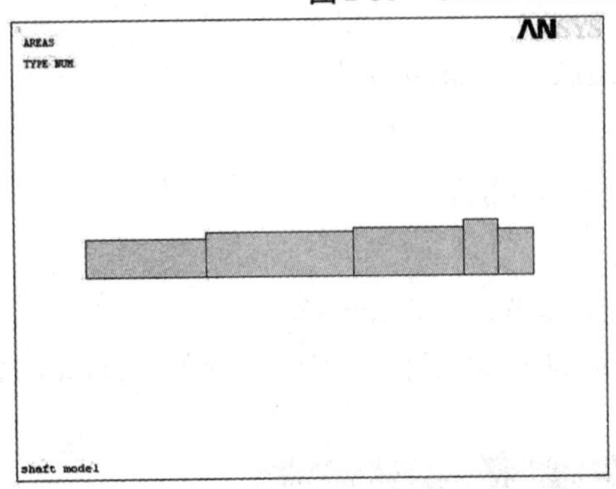

图 2-37 生成的矩形图

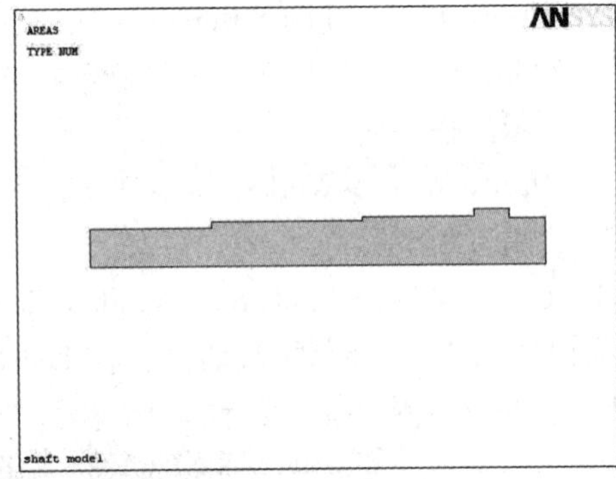

图 2-38 执行布尔加后的结果

(7) 矩形面布尔加操作

GUI：Main Menu > Preprocessor > Modeling > Operate > Booleans > Add > Areas

在弹出的窗口中选择 Pick All 按钮完成加操作，生成的结果如图 2-38 所示。

(8) 旋转成体

GUI：Main Menu > Preprocessor > Modeling > Operate > Extrude > Areas > About Axis

执行该命令后将弹出一拾取框，单击 Pick All 按钮拾取矩形面，然后会出现第二个拾取对话框，分别拾取矩形将要绕着旋转的轴线的两个端点，单击 OK，会弹出如图2-39所示的对话框，单击 OK。

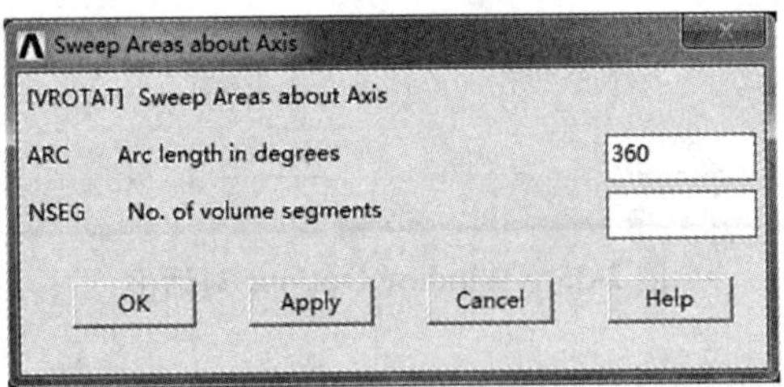

图 2-39 Sweep Areas about Axis 对话框

功能介绍：Extrude（拖拉与旋转）的功能是由关键点、线、面通过拖拉或旋转生成另外的线、面、体。其后面的主要选项的意义如下：

Main Menu > Preprocessor > Modeling > Operate > Extrude > Areas > Along normal 沿面积的法向通过偏移生成相应的体；

Main Menu > Preprocessor > Modeling > Operate > Extrude > Areas > By XYZ Offset 由面积通过 X、Y、Z 方向的偏移量生成相应的体；

Main Menu > Preprocessor > Modeling > Operate > Extrude > Areas > About Axis 由面积沿着某一轴线旋转生成相应的体；

Main Menu > Preprocessor > Modeling > Operate > Extrude > Areas > Along Lines 由面积沿着已有的路径拖拉生成相应的体；

Main Menu > Preprocessor > Modeling > Operate > Extrude > Lines > About Axis 线绕着某一轴线生成面；

Main Menu > Preprocessor > Modeling > Operate > Extrude > Lines > Along Lines 线沿着已有的路径拖拉生成面；

Main Menu > Preprocessor > Modeling > Operate > Extrude > Keypoints > About Axis 点绕着某一轴线生成线；

Main Menu > Preprocessor > Modeling > Operate > Extrude > Keypoints > Along Lines 点沿着已有的路径拖拉生成线。

(9) 等轴测图显示生成的轴

GUI：Utility Menu > PlotCtrs > Pan Zoom Rotate

弹出如图 2-40 所示的对话框，单击 Iso 按钮，则所生成的体以等轴测方式显示，如图 2-41 所示。

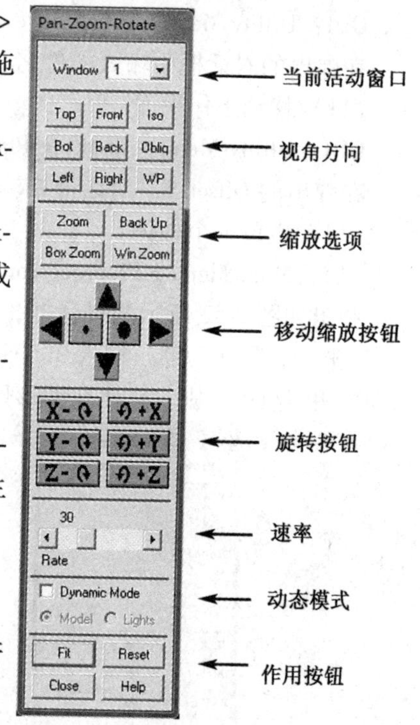

图 2-40　Pan - Zoom - Rotate 对话框

功能介绍：Pan-Zoom-Rotate 命令的作用是对当前视图进行平移、缩放和旋转，其中各项意义如下：

◆ 当前活动窗口：多窗口时，需要从下拉列表中选择要操作的窗口。

◆ 视角方向：用户观察模型的方向。可以从上（Top）、下（Bot）、前（Front）、后（Back）、左（Left）、右（Right）进行观察；Iso 从等轴测方向观察；Obliq 从斜轴测方向观察；WP 观察在工作平面上的模型。

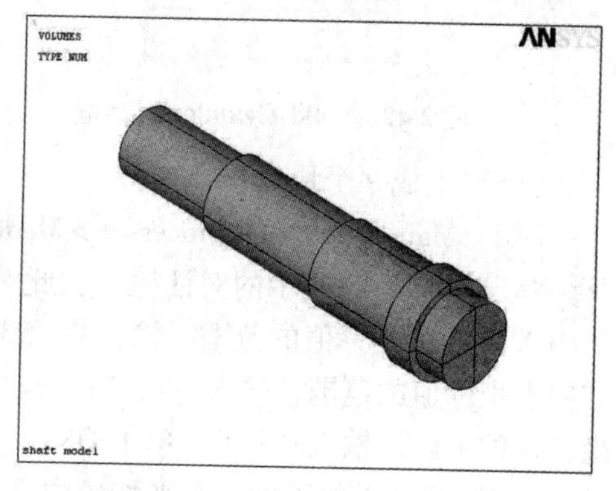

图 2-41　以 Iso 方式显示的结果

◆ 缩放选项：Zoom 以一个中心点和一条边定义一个方框来放大框选的区域；Box Zoom 以两个角点定义一个方框来放大框选的区域；Win Zoom 以一个角点和一条边定义一个方框来放大框选的区域；Back Up 缩小或恢复到 Zoom 命令以前的状态。

◆ 移动缩放按钮：按"箭头键"可以上下左右平移模型，按"椭圆点"键可以放大、缩小模型，缩放和移动的大小由其下面的"速率"项来控制。

◆ 旋转按钮：可分别按 X - Y - Z 轴进行转动，转动量由其下面的"速率"项来控制。

◆ 动态模式：选中后，鼠标形状发生变化，按住左键不放可以平移模型，按住右键不放可以旋转模型。

◆ 作用按钮：Fit 可以自动调整模型在图形窗口中以最大的方式显示；Reset 取消所有的平移、缩放、旋转操作，回到默认的显示方式；Close 关闭对话框；Help 帮助。

(10) 保存文件

GUI：Utility Menu > File > Save As

在弹出的对话框中输入文件名 shaftV，单击 OK。

(11) 移动工作平面

GUI：Utility Menu > Working Plane > Offset WP by Increments

在弹出的 Offset WP 对话框中输入平移量 12，0，16，单击 OK。

(12) 生成一个柱体

GUI：Main Menu > Preprocessor > Modeling > Create > Volumes > Cylinder > Solid Cylinder

弹出如图 2-42 所示的对话框，各项含义为：WP X 与 WP Y 分别表示圆柱底面中心的 X、Y 坐标，默认为零，输入 0，0；Radius 为底面半径，输入 7；Depth 为圆柱体的高，输入 30；单击 OK，则一柱体在图形区域中生成。

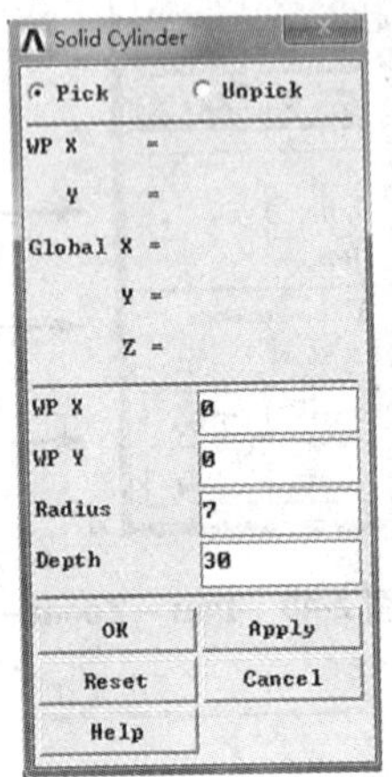

图 2-42 Solid Cylinder 对话框

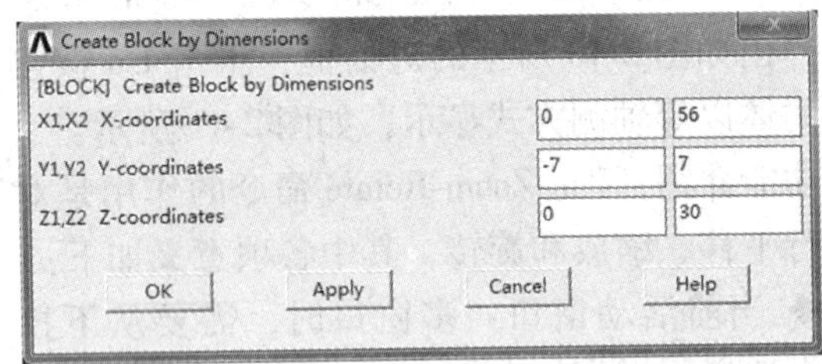

图 2-43 Create Block by Dimensions 对话框

(13) 生成一个块体

GUI：Main Menu > Preprocessor > Modeling > Create > Volumes > Block > By Dimensions

弹出如图 2-43 所示的对话框，在此对话框中，X1，X2 X - coordinates 表示块在工作平面内 X 方向上坐标值的范围，输入 0，56；Y1，Y2 Y - coordinates 表示块在工作平面内 Y 方向上坐标值的范围，输入 -7，7；Z1，Z2 Z - coordinates 表示块在工作平面内 Z 方向上坐标值的范围，输入 0，30。单击 OK。

(14) 移动工作平面，在平移量中输入 56，0，0

(15) 在新的工作平面中生成一个同（12）一样的柱体，完成后的结果如图2-44所示。

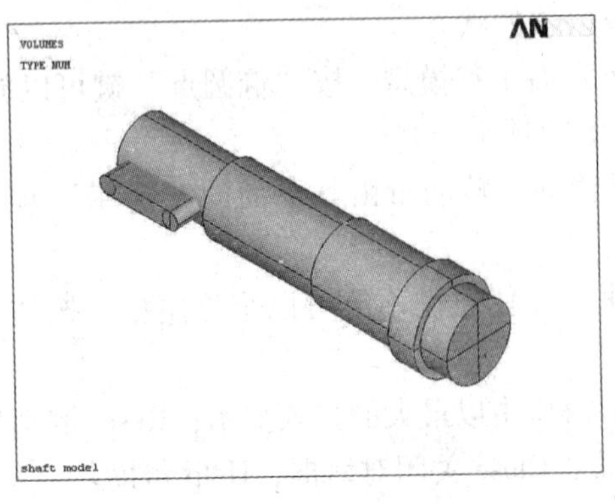

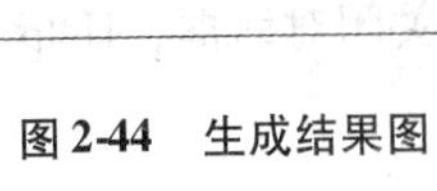

图 2-44 生成结果图

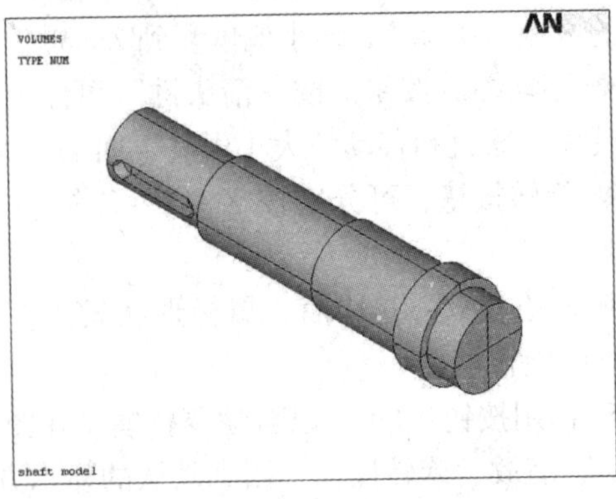

图 2-45 生成结果图

（16）进行减操作

GUI：Main Menu > Processor > Modeling > Operate > Booleans > Subtract > Volumes

在弹出的第一个拾取框中选择所生成的轴的基体，单击 OK；弹出第二个拾取框，分别拾取刚才生成的两个小柱体和一个块体，单击 OK。

（17）体相加操作

GUI：Main Menu > Processor > Modeling > Operate > Booleans > Add > Volumes

在弹出的拾取框中单击 Pick All。

（18）刷新显示

GUI：Utility Menu > Plot > Replot

其结果如图 2-45 所示。

（19）移动工作平面至原始位置

GUI：Utility Menu > Workplane > Offset WP to > Origin of Active CS

（20）移动工作平面，在平移量中输入 199，0，20.5；在新的坐标平面中生成一个半径为 9、高为 30 的柱体，然后生成一个长 45、宽 18、高 30 的块体。移动工作平面，在平移量中输入 45，0，0，生成一个同样的柱体

（21）同（16）（18）两步，得到的图形如图 2-46 所示

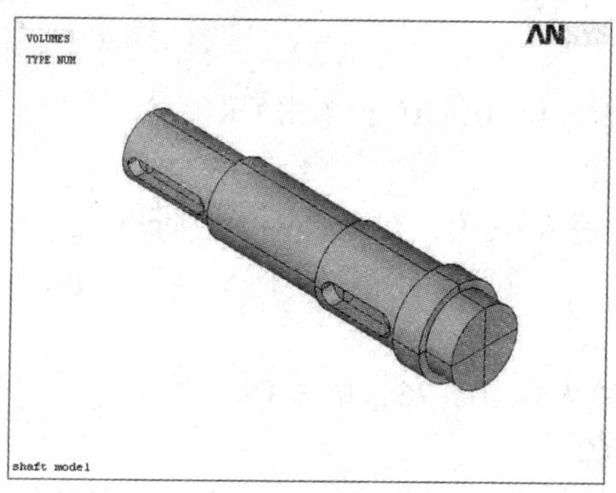

图 2-46　最终结果图

（22）存盘

2.5.1.2　自顶向下建模

（1）定义工作文件名

GUI：Utility Menu > File > Change Jobname

在弹出的 Change Jobname 对话框中输入 shaft1 作为工作文件名，并选择 New log and error files 复选框，单击 OK。

（2）定义工作标题名

GUI：Utility Menu > File > Change Title

在弹出的对话框中输入 “shaft1 model”，单击 OK。

（3）重新显示

GUI：Utility Menu > Plot > Replot

所定义的工作文件名和标题名将显示在 ANSYS 图形窗口中。

（4）显示工作平面

GUI：Utility Menu > WorkPlane > Display Working Plane

（5）关闭三角坐标符号

GUI：Utility Menu > PlotCtrls > Window Controls > Window Options

会弹出如图 2-35 所示的对话框，在 Location of triad 下拉列表中选择 Not shown 选项，单击 OK。图形区域将不显示三角坐标符号。

（6）执行 GUI：Utility Menu > PlotCtrs > Pan Zoom Rotate 命令，单击 Iso 按钮

（7）旋转工作平面

GUI：Utility Menu > Working Plane > Offset WP by Increments

在其工具栏的 XY，YZ，ZX Angles 文本框中输入 0，0，90，单击 OK。

（8）生成第一个圆柱体

GUI：Main Menu > Preprocessor > Modeling > Create > Volumes > Cylinder > Solid Cylinder

在 WP X 和 WP Y 栏中输入 0，0，在 Radius 和 Depth 文本框中输入 25，82，单击 OK。

（9）移动工作平面

GUI：Utility Menu > Working Plane > Offset WP by Increments

在 X，Y，Z Offsets 中输入 0，0，82，单击 OK。

（10）生成第二个圆柱体

在 WP X 和 WP Y 栏中输入 0，0，在 Radius 和 Depth 文本框中输入 29，102，单击 OK。

（11）移动工作平面

在 X，Y，Z Offsets 中输入 0，0，102，单击 OK。

（12）生成第三个圆柱体

在 WP X 和 WP Y 栏中输入 0，0，在 Radius 和 Depth 文本框中输入 31.5，76，单击 OK。

（13）移动工作平面

在 X，Y，Z Offsets 中输入 0，0，76，单击 OK。

（14）生成第四个圆柱体

在 WP X 和 WP Y 栏中输入 0，0，在 Radius 和 Depth 文本框中输入 36，24，单击 OK。

（15）移动工作平面

在 X，Y，Z Offsets 中输入 0，0，24，单击 OK。

（16）生成第五个圆柱体

在 WP X 和 WP Y 栏中输入 0，0，在 Radius 和 Depth 文本框中输入 30，24，单击 OK。

（17）体相加操作

GUI：Main Menu > Processor > Modeling > Operate > Booleans > Add > Volumes

在弹出的拾取框中单击 Pick All。

（18）刷新显示

GUI：Utility Menu > Plot > Replot

（19）移动工作平面原点

GUI：Utility Menu > Workplane > Offset WP to > Origin of Active CS

（20）旋转工作平面

GUI：Utility Menu > Working Plane > Offset WP by Increments

在其工具栏的 XY，YZ，ZX Angles 文本框中输入 0，0，-90，单击 OK。

其后的步骤为生成两个键槽，其操作方法与自底向上建模方法相同，读者可参照自底向上建模的（11）～（22）步自行完成，这里就不一一赘述了。

2.5.2　实例二：支座建模

如图 2-47 所示为一固定轴承和轴瓦的支座，其具体尺寸如图中所示。

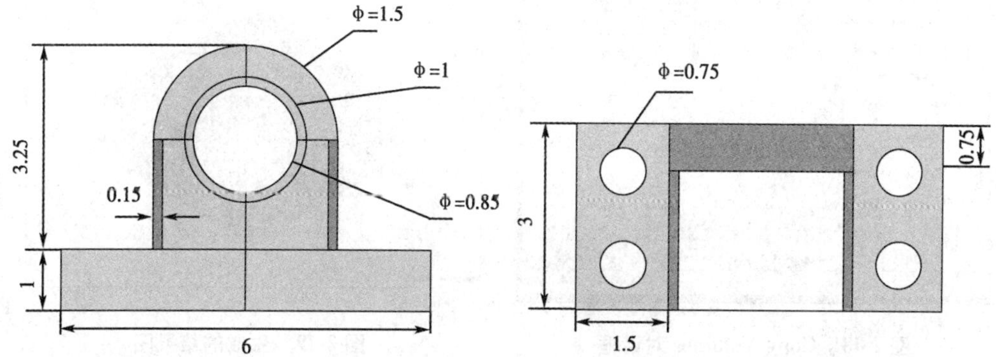

图 2-47　支座示意图

（1）定义工作文件名和工作标题名

① 定义工作文件名。

GUI：Utility Menu > File > Change Jobname

在弹出的 Change Jobname 对话框中输入 support 作为工作文件名，并选择 New log and error files 复选框，单击 OK。

② 定义工作标题名。

GUI：Utility Menu > File > Change Title

在弹出的对话框中输入“support model”，单击 OK。

③ 重新显示。

GUI：Utility Menu > Plot > Replot

所定义的工作文件名和标题名将显示在 ANSYS 图形窗口中。

④ 执行 GUI：Utility Menu > PlotCtrs > Pan Zoom Rotate 命令，单击 Iso 按钮。

（2）创建基座模型

① 生成长方体。

GUI：Main Menu > Preprocessor > Modeling > Create > Volumes > Block > By Dimensions

输入 X1 = 0，X2 = 3，Y1 = 0，Y2 = 1，Z1 = 0，Z2 = 3，单击 OK。

② 平移并旋转工作平面。

GUI：Utility Menu > WorkPlane > Offset WP by Increments

在弹出的对话框中，X，Y，Z Offsets 输入 2.25，0，0.75，点击 Apply；在 XY，YZ，ZX Angles 输入 0，-90，0，点击 OK。

③ 创建圆柱体。

GUI：Main Menu > Preprocessor > Modeling > Create > Volumes > Cylinder > Solid Cylinder

在 Radius 输入 0.375，Depth 输入 1.5，点击 OK。

④ 拷贝生成另一个圆柱体。

GUI：Main Menu > Preprocessor > Modeling > Copy > Volumes

弹出一个拾取框，拾取刚才生成的圆柱体，点击 Apply，会弹出如图 2-48 所示的对话框，在 DZ 项中输入 1.5，然后点击 OK。其结果如图 2-49 所示。

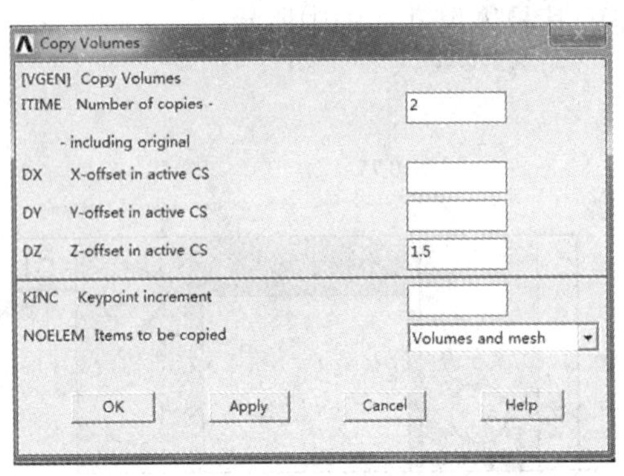

图 2-48 Copy Volumes 对话框

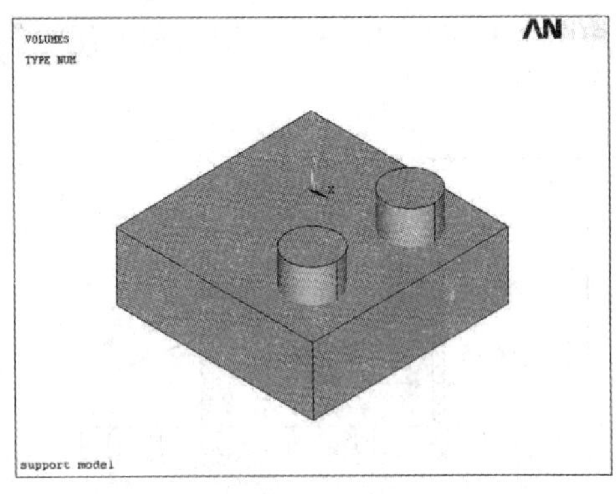

图 2-49 生成的结果图

功能介绍：Copy 命令用来复制生成的点、线、面、体、单元和节点，其操作大同小异，现以体复制为例进行介绍。执行该操作后，会弹出一拾取框，拾取要复制的体后，弹出如图 2-48 所示的对话框。其中各项含义如下：

◆Number of copies：复制生成体的次数，其值必须大于 1。

◆X（Y，Z）－offset in active CS：在激活的坐标系中，体中心坐标值的增量，DX（DY，DZ），即复制生成的体的中心实际 X（Y，Z）坐标是其原来的 X（Y，Z）坐标加上这个增量值 DX（DY，DZ）。

◆Keypoint increment：指定复制生成体的关键点编号增量。

◆Items to be copied：设置单元和节点是否与体一起生成，其下有两个选项：－Volumes and mesh－，选中该项后，新生成的体中附有同原型一样的节点或单元；－Volumes only－，选中该项后，只生成体，节点和单元不被复制。

⑤ 从长方体中减去两个圆柱体。

GUI：Main Menu > Preprocessor > Modeling > Operate > Booleans > Subtract > Volumes

首先拾取被减的长方体，点击 Apply，然后拾取减去的两个圆柱体，点击 OK。其结果如图 2-50 所示。

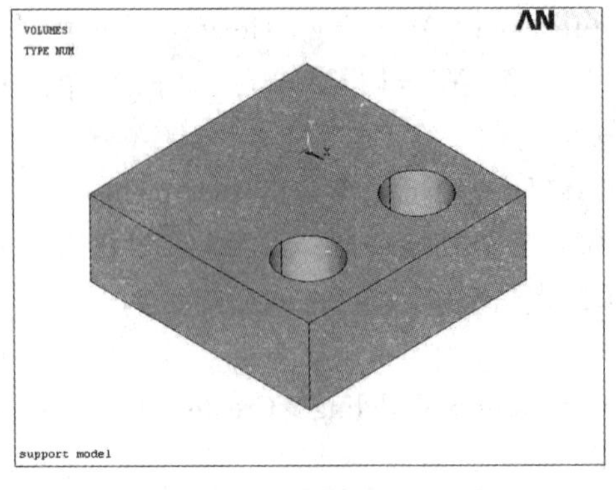

图 2-50 减去两个圆柱体后图形显示

⑥ 使工作平面与总体笛卡儿坐标系一致。

GUI：Utility Menu > WorkPlane > Align WP with > Global Cartesian

（3）创建支撑部分

① 创建块。

GUI：Main Menu > Preprocessor > Modeling > Create > Volumes > Block > By 2 corners & Z

会弹出如图2-51所示的对话框，该命令的作用是通过两个角点和Z方向的尺寸生成块体。

对话框中，WP X与WP Y分别表示块的左下角顶点在工作面内的X，Y方向的坐标值，分别输入0，1；Width，Height，Depth分别表示块的宽（X方向的距离）、高（Y方向的距离）、深（Z方向的距离），输入1.5，1.75，0.75；单击OK。生成结果如图2-52所示。

② 保存。

GUI：Toolbar > SAVE_ DB

③ 偏移工作平面到轴瓦支架的前表面。

GUI：Utility Menu > WorkPlane > Offset WP to > Keypoints

会弹出一个对话框，在刚刚创建的实体块的左上角拾取关键点，单击OK。

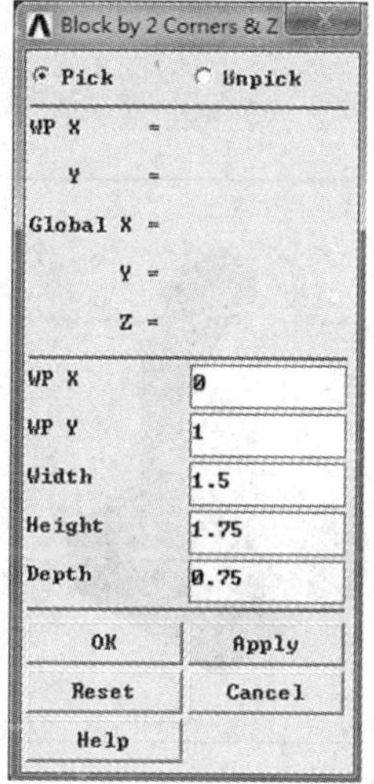

图2-51　Block by 2 Corners & Z对话框

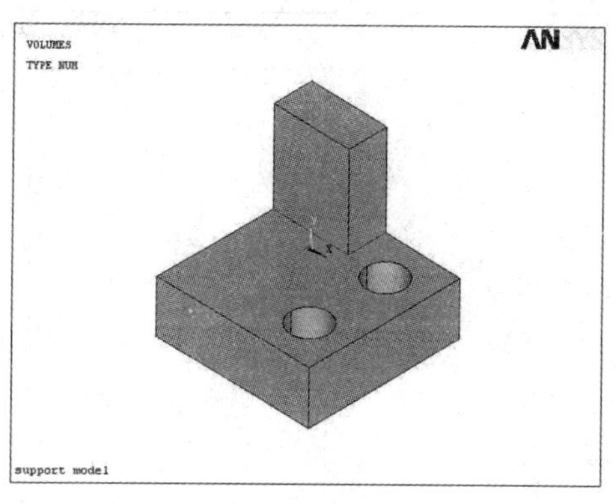

图2-52　创建块

（4）创建轴瓦支架的上部

GUI：Main Menu > Preprocessor > Modeling > Create > Volumes > Cylinder > Partial Cylinder

会弹出一个对话框，如图2-53所示。该命令的作用是生成部分空心圆柱体。其中，WP X与WP Y表示圆柱体底面中心X，Y坐标，分别输入0，0；Rad-1与Rad-2表示部分空心圆柱体的内外半径值，分别输入0，1.5；Theta-1与Theta-2表示部分空心圆柱体的起始和终止角度，分别输入0，90；Depth表示部分空心圆柱体的深度，输入-0.75；单击OK。结果如图2-54所示。

存盘。Toolbar > SAVE_ DB。

（5）在轴承孔的位置创建圆柱体

GUI：Main Menu > Preprocessor > Modeling > Create > Volume > Cylinder > Solid Cylinder

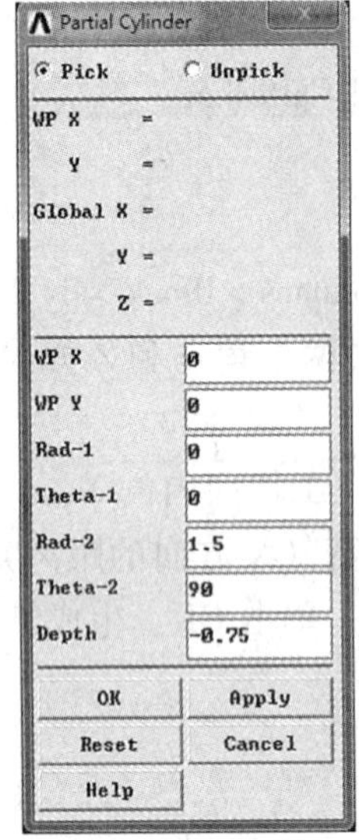

图 2-53 Partial Cylinder 对话框

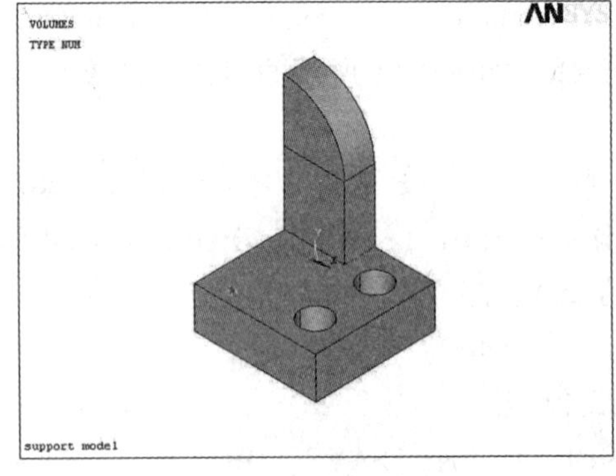

图 2-54 生成结果图

在弹出的对话框中输入 WP X = 0，WP Y = 0，Radius = 1，Depth = −0.1875。单击拾取 Apply，又弹出一个对话框，继续输入 WP X = 0，WP Y = 0，Radius = 0.85，Depth = −2。

单击 OK，结果如图 2-55 所示。

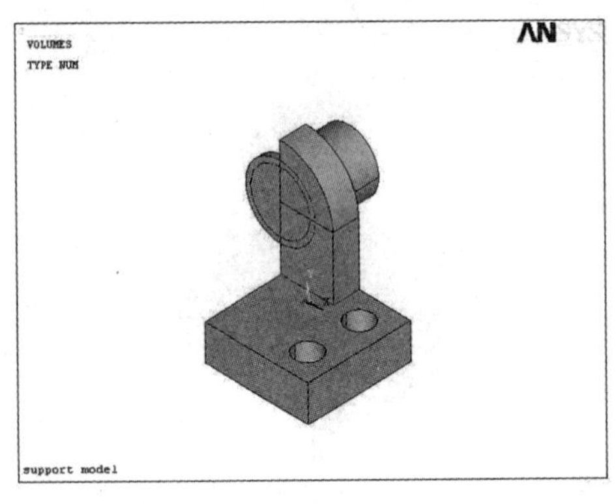

图 2-55 生成结果图

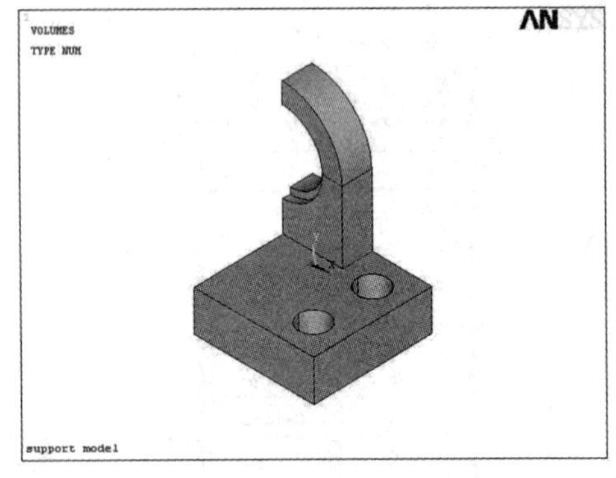

图 2-56 布尔减操作后显示

（6）从轴瓦支架“减”去圆柱体

GUI：Main Menu > Preprocessor > Modeling > Operate > Booleans > Subtract > Volumes

会弹出一个拾取框，拾取构成轴瓦支架的两个体，作为布尔“减”操作的母体，单击 Apply。拾取大圆柱作为“减”去的对象，单击 Apply。又会弹出一个拾取框，拾取构成轴瓦支架的两个体，单击 Apply。拾取小圆柱体，单击 OK。生成结果如图 2-56 所示。

存盘。Toolbar > SAVE_ DB。

（7）合并重合的关键点

GUI：Main Menu > Preprocessor > Numbering Ctrls > Merge Items

会弹出如图 2-57 所示的对话框，将 Label 设置为“Keypoints”，单击 OK。

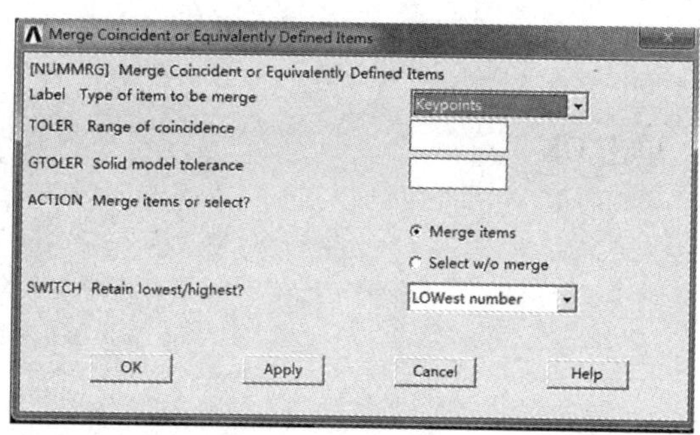

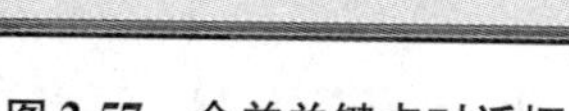
图 2-57 合并关键点对话框

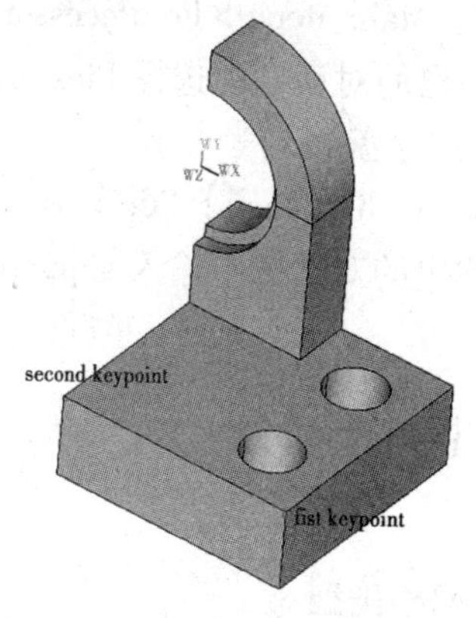

图 2-58 创建关键点

（8）创建一个关键点

在底座的上部前面边缘线的中点建立一个关键点：

GUI：Main Menu > Preprocessor > Modeling > Create > Keypoints > KP between KPs

弹出一拾取框，拾取如图 2-58 所示的两个关键点，单击 OK，RATI = 0.5，单击 Apply，生成一个关键点。

（9）创建一个三角面

GUI：Main Menu > Preprocessor > Modeling > Create > Areas > Arbitrary > Through KPs

该命令的作用是通过关键点来形成任意形状的面。执行该命令后，会弹出一拾取框，拾取轴承孔座与整个基座的交点。然后拾取轴承孔上下两个体的交点，最后拾取第（8）步建立的关键点，单击 OK 即完成了三角形侧面的建模。

（10）沿面的法向拖拉三角面形成一个三棱柱

GUI：Main Menu > Preprocessor > Modeling > Operate > Extrude > Areas > Along Normal

弹出一个拾取框，拾取刚才生成的三角面，单击 OK，在弹出的对话框中输入 DIST = -0.15，单击 OK，结果如图 2-59 所示。

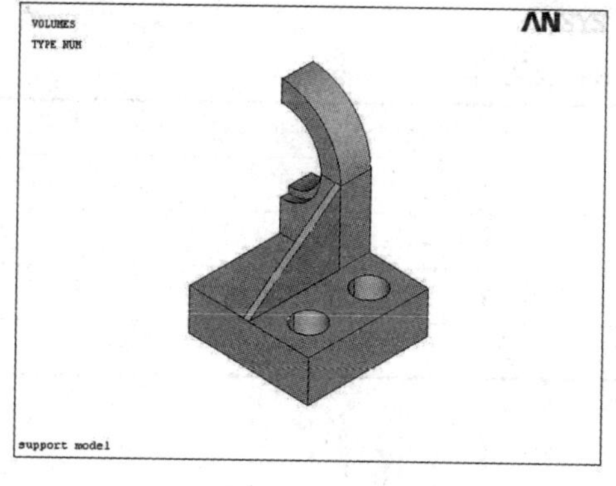

图 2-59 三角面拖拉后图形显示

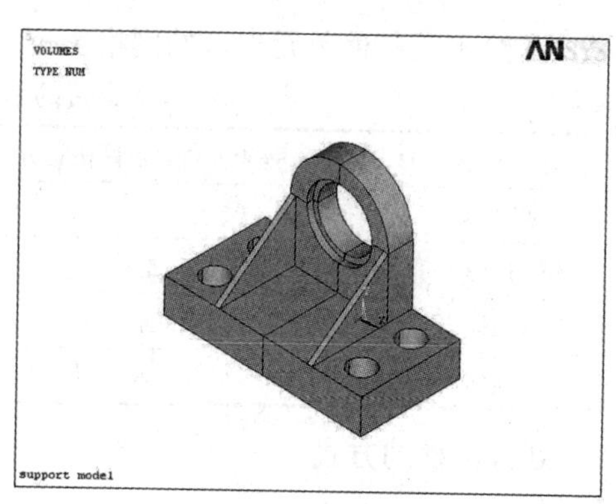

图 2-60 支座模型图

（11）沿坐标平面镜射生成整个模型

GUI：Main Menu > Preprocessor > Modeling > Reflect > Volumes

在弹出的对话框中选择 Pick All，弹出一对话框，选择“Y - Z plane”，单击 OK。

（12）黏接所有体

GUI：Main Menu > Preprocessor > Modeling > Operate > Booleans > Glue > Volumes

在弹出的对话框中选择 Pick All。完成后结果如图 2-60 所示。

(13) 存盘

GUI：Utility Menu > File > Save As

在弹出的对话框中输入 support. db，单击 OK。

2.6 网格划分

2.6.1 网格类型

在几何模型建立了以后，就需要对模型进行网格划分，生成包括节点和单元的有限元模型。

在对模型进行网格划分之前，首先要确定是采用自由（Free）网格还是采用映射（Mapped）网格进行分析，这是十分重要的。

自由网格对于几何模型和单元形状都没有特定的限制，而映射网格则对其包含的单元形状有限制，而且要求几何模型必须满足特定的规则。映射面网格只能包含三角形或四边形单元，映射体网格只能包含六面体单元。通常情况下，映射网格具有规则形状、排列有规律的单元，想要得到这种网格类型，要求几何模型具有一系列相当规则的体和面。一般来说，映射网格比自由网格能够得到更为精确的结果，求解时对 CPU 和内存的要求相对要低一些。

对于 2 - D 单元而言，若为四边形结构，采用映射网格划分时，其对应边的线段分割数目一定要相等，而采用自由网格划分，则不需相等；若为三角形结构，采用映射网格划分时，其三边线段分割数目一定相等且为偶数，而采用自由网格划分时，不需要相等。对于 3 - D 结构而言，映射网格划分时，其对应边的线段分割数目一定相等，而自由网格则不然。

表 2-3 给出了各种单元支持的网格类型。

表 2-3　　ANSYS 支持的单元形状及网格类型

单元形状	是否支持自由网格划分	是否支持映射网格划分
四边形	是	是
三角形	是	是
六面体	否	是
四面体	是	否

2.6.2 划分网格的方式

(1) 自由网格的划分

自由网格的划分操作，对实体模型无特殊要求，即使是不规则的，也可以进行网格划分。

对面进行网格划分，自由网格可以由三角形或者四边形单元组成，也可以由两者混合组成，当边界上总的单元划分数目为偶数时，面的自由网格划分将全部生成四边形网格；当单元划分数目为奇数时，将可能生成三角形单元。体的自由网格划分只能包含四面体单元。

（2）映射网格的划分

映射网格划分要求面或者体有规则的形状，即必须满足一定的准则，同时，SmartSizing 不支持映射网格划分。

① 面映射网格的划分。面映射网格包括全部是四边形单元或者三角形单元。就面映射而言，必须满足以下要求：

◆ 该面必须是三条边或者四条边，对于多于三条边或四条边的面，则可以通过连接（LCCAT）或合并（LCOMB）来使得总边数变为 4 或 3。

◆ 面的对边必须划分为相同数目的单元，或其划分与一个过渡形网格的划分相匹配。

◆ 如果面的边数为奇数，则每边上的分割数应为偶数，否则 ANSYS 会自动进行调整。

◆ 网格划分必须设置为映射网格划分。

② 体映射网格的划分。要将体全部划分为六面体单元，体必须满足以下条件：

◆ 体的外形应为块状（有 6 个面）、楔形或三棱柱（5 个面）或者四面体（4 个面）。

◆ 体的对边上必须划分相同的单元数。

◆ 如果体是棱柱或四面体，三角形边界上的单元划分数必须是偶数。

◆ 体的面数不能超过 6，当面数多于 6 时，可以对面进行 AADD（加）或 ACCAT（连接）操作进行合并。

（3）过渡映射网格

有时在网格划分过程中，读者可能希望有的区域网格密，有的区域网格疏。这可以通过过渡映射网格来实现。所谓的映射网格的过渡，是指通过指定面的对边分割数，以生成不同大小单元的方法。

进行过渡映射网格划分时必须要注意以下要求：

◆ 过渡网格只对四边形单元有效，对多边形单元，可以通过对线的合并或通过对线的连接使其变成四边形。

◆ 四条边的线分割数有两个类型要求：N1 = N3，（N2 - N4）mod 2 = 0 或者 N1 - N3 = N2 - N4。

图 2-61 所示的网格划分，（a）图属于普通映射的例子，（b）图属于 N1 - N3 = N2 - N4，（c）图属于 N1 = N3，（N2 - N4）mod 2 = 0。可以看出，（b）图关心右上角，（c）图关心下底边中部时，用过渡映射网格比用普通映射网格效果要好得多。

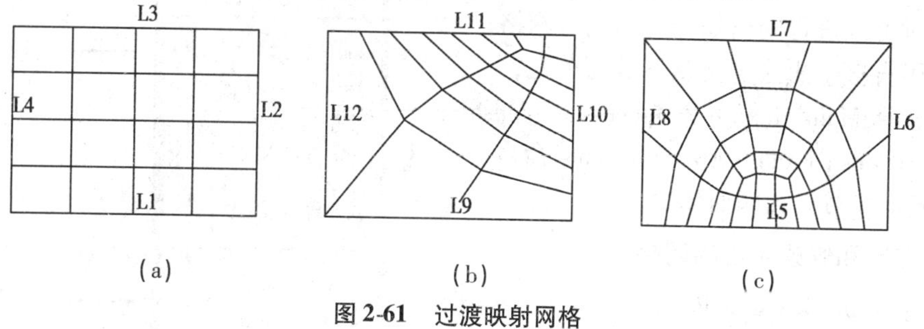

图 2-61　过渡映射网格

（4）体扫掠生成网格

利用体扫掠，可将体的一个边界面网格（称为源面）扫掠贯穿整个体，同时在扫掠过程中根据源面网格对体划分网格，生成单元和节点。如果源网格由四边形网格组成，体将生成六面体单元。如果面由三角形网格组成，体将生成楔形单元。如果面由三角形和四边形单元共同组成，则体将由楔形和六面体单元共同填充。

体扫掠操作是针对已建立而尚未划分网格的体，特别是导入的在其他程序中建立的几何模型。

由于体扫掠是以面网格为基础的，所以扫掠之前通常应该对面进行网格划分，但是如果在体扫掠之前未对面划分网格，ANSYS 在激活体扫掠时会自动对面划分网格。

用体扫掠生成网格的步骤如下：

① 除了定义体单元外，还要定义相应的面单元。所谓相应的，是指线性面单元对应线性体单元，四边形面单元对应六面体单元等。

② 确定要扫掠的是一个体、多个体还是体的一部分。

③ 确定体能否进行扫掠，如果不能进行扫掠，则需要将体分割成能扫掠的子体。以下情况的体不能进行扫掠：

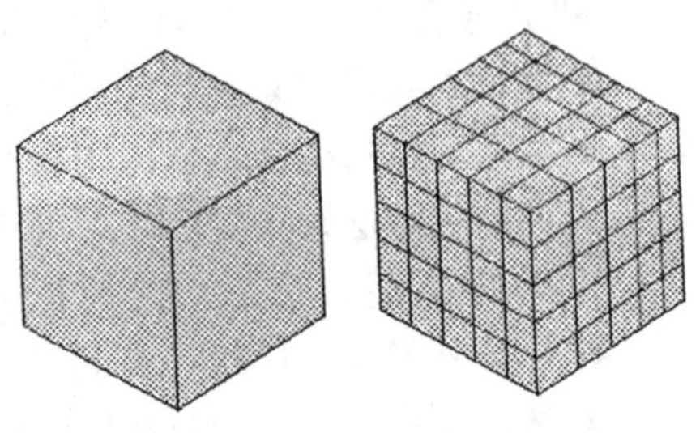

图 2-62　扫掠生成的体网格

◆ 体包含多于一个壳，即体内包含空腔。

◆ 体的拓扑中源面和目标面不是相对的面。

◆ 体中有一个不穿过源面和目标面的孔。

④ 对源面分网。如果不对源面分网，ANSYS 会自动分网，但其分网不一定符合要求。

⑤ 设置扫掠方向的单元数目和间距比。这有许多种方法，包括指定全局单元尺寸，指定侧面线的分割数，在侧面上生成映射网格或者在侧边上生成梁单元网格等。但建议用扫掠选项来设置。

⑥ 从源面到目标面，扫掠生成体网格。

体扫掠生成的网格如图 2-62 所示。

（5）面单元生成体网格

体是由多个外表面包围而成的，可以利用这些外表面单元生成网格。当遇到某些面难以划分网格时，可以采用这种方法，其步骤为：

① 对可以进行网格划分的面划分网格；

② 用直接生成法定义剩下的面单元；

③ 选择 Main Menu > Prefpocessor > Meshing > Mesh > Tet Mesh From > Area Elements 命令，对这些面单元生成节点和四面体单元。

2.6.3　控制和修改生成的网格

GUI：Main Menu > Preprocessor > Meshing > MeshTool

执行该命令后，会弹出分网工具对话框，如图 2-63 所示。下面对各选项功能加以介绍。

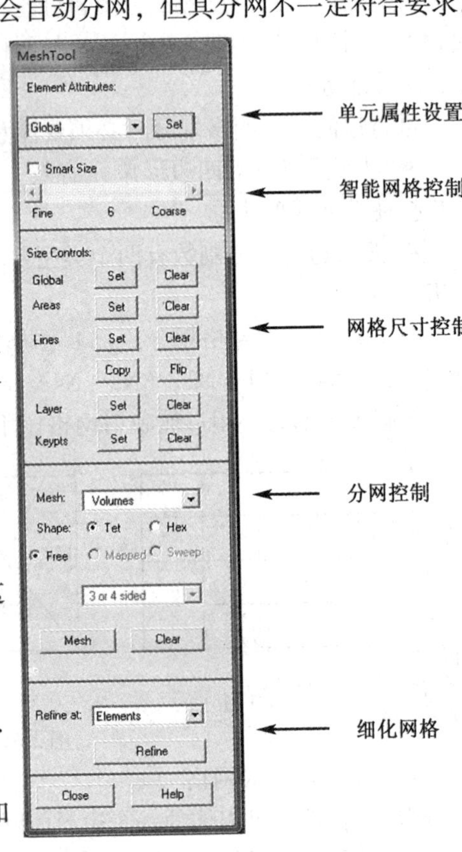

图 2-63　分网工具对话框

（1）单元属性设置

Element Attributes 是为几何实体设置单元属性，可以选择的几何实体有 Global、Volumes、Areas、Lines、KeyPoints 5 种。设置好几何实体单元属性之后，程序就会按照该单元属性来划分以后选定的几何实体。单击 Set，就会弹出一个设定对话框（见图 2-64），其中可以设定的单元属性有单元类型号（Element type number）、材料号（Material number）、实常数号（Real constant set number）、单元坐标系号（Element coordinate sys）、截面号（Section number）。

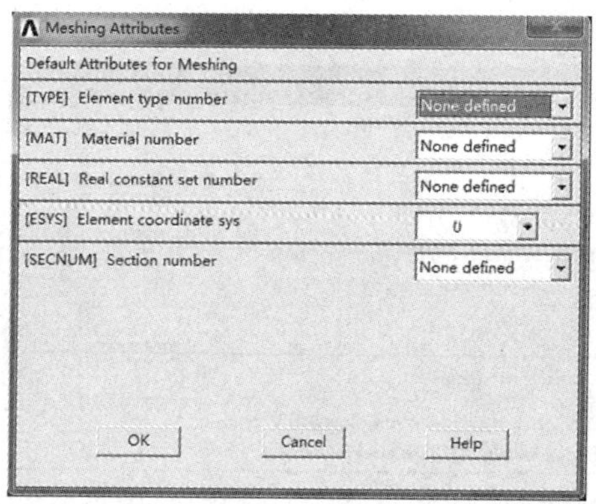

图 2-64 定义单元属性对话框

（2）智能分网控制

Smart Size 控制只能分网。首先选中 Smart Size 复选框，然后拖动其下的滑动条到想要的精度，默认为 6，1 为最精细网格，10 为最粗糙网格。智能网格控制只能用于自由网格，不能用于映射网格。智能网格控制可能生成比较合理的自由网格。因为它首先根据选定的精度来估算单元边长，然后对面或体中弯曲和临界区域的线进行细化，从而得到粗细比较恰当的网格。

（3）网格尺寸控制

当用户关闭 Smart Size 功能时，可以使用该功能设置网格划分的参数。Size Controls 用来设置（Set）和清除（Clear）不同实体上的单元尺寸设置。Global 控制所有图元类型上的单元边长和每条线上的单元数目。单击 Set，会弹出如图 2-65 所示的对话框，用户可以在其中输入单元边长或者每条线上的单元数目。Areas 是设定面上的单元数量或者单元边长，Lines 是设定线上的单元数量或者单元边长。Layer 是设置从区域边界到区域内部边界单元大小的过渡因子。单击 Set 按钮，在绘图区域选定将要设定过渡因子的边界线，单击 OK，完成设定。Keypts 是定义所选关键点的单元大小。

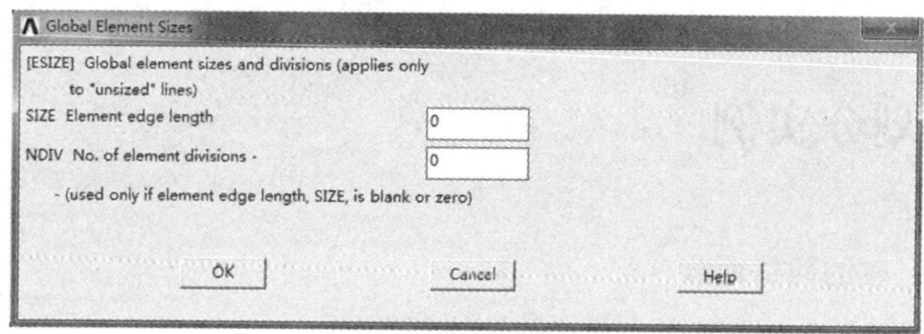

图 2-65 定义单元尺寸对话框

现在以 Lines 选项为例来说明所有的尺寸设置选项。见图 2-66。其中，SIZE 是单元边长，设置了单元边长，则线上的单元数为线的长度/单元边长，如果所得不是整数，则截断取整后加 1。NDIV 是线上的单元数，即单元的边数。KYNDIV 用于设置单元的边长或者单元数是否可调。通常为了尽可能生成同一种单元形式，需要调整单元边长，以使生成的单元具有良好的形状，但为了精确地控制单元数，也可以不使用该项。SPACE 用于控制单元的间距比，即线上单元的边长变化，对于从 I 点到 J 点的线，如果设为 10，则 J 点附近的单元边长就是 I 点附近的 10 倍。ANGSIZ 用来设置弧线上每个单元的角度，只有在 NDIV 与 SIZE 为空时才起作用，若对于直线，则无论如何设置该选项，直线上都有一个单元。

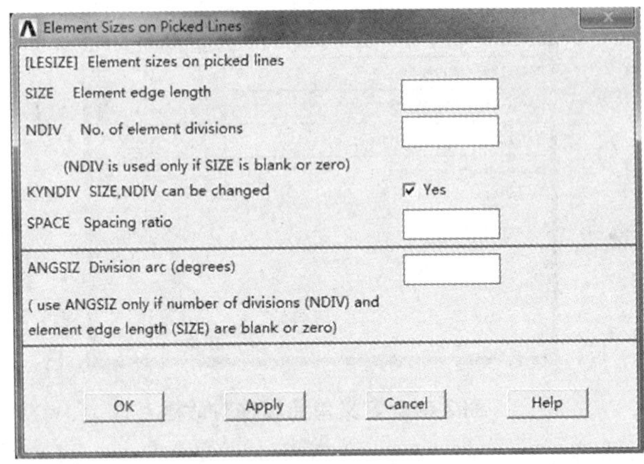

图 2-66 线上的单元尺寸设置

（4）分网控制

在分网控制对话框中：

◆Mesh 及其后面的下拉菜单用于控制对哪一类型实体进行分网。

◆Shape 用于控制单元形状，控制使用自由网格、映射网格或扫掠网格。对面单元来讲，有三角形与四边形；对体单元来讲，有四面体和六面体。

◆Mesh 按钮和 Clear 按钮用来划分网格和清除网格。

（5）网格细化

Refine 用来细化网格。首先选择要细化的图元类型，然后单击 Refine，在弹出的选取菜单中选取要细化的图元，单击 OK，在弹出的对话框中选择细化级别，其中，1 级细化程度最低，5 级细化程度最高。

限于篇幅，这里只介绍常用的分网选项，至于其他网格划分选项，在后面的工程实例分析中遇到时再加以介绍。

2.7 网格划分实例

2.7.1 实例一：轴的网格划分

（1）打开在第 2.5.1 小节建立起来的轴的模型

（2）定义单元类型

GUI：Main Menu > Preprocessor > Element Type > Add/Edit/Delete

弹出 Element Types 对话框，单击 Add，又弹出 Library of Element Types 对话框，如图

2-67 所示，在左边的栏中选择 Structural Solid，右边栏中选择 Tet 10node 92，单击 OK，重新回到 Element Types 对话框中，单击 Close。

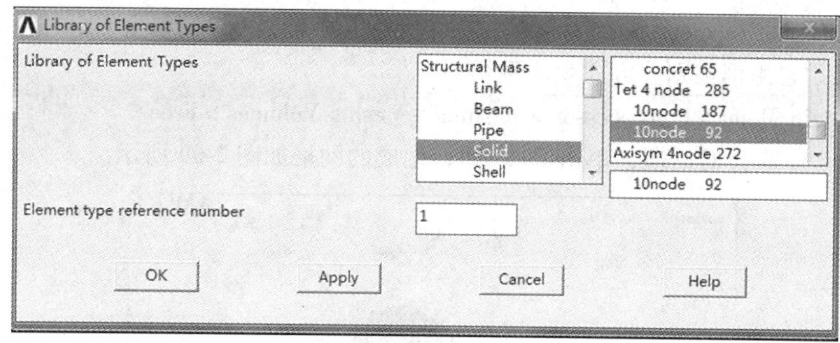

图 2-67　Library of Element Types 对话框

（3）划分网格

GUI：Main Menu > Preprocessor > Meshing > Mesh Tool

弹出 Mesh Tool 对话框，单击 Global Set，弹出 Global Element Sizes 对话框，在 Element edge length 后面输入 10，单击 OK。注意：在此对话框中，Mesh 后面的下拉菜单中显示的是 Volume，单元形状（Shape）选择 Tet，由于该实体形状不是很规则，因此采用自由网格划分，选择 Free，单击 Mesh，会弹出一个选择对话框，单击 Pick All。ANSYS 会将该轴的实体进行网格划分，划分网格后的图形如图 2-68 所示。

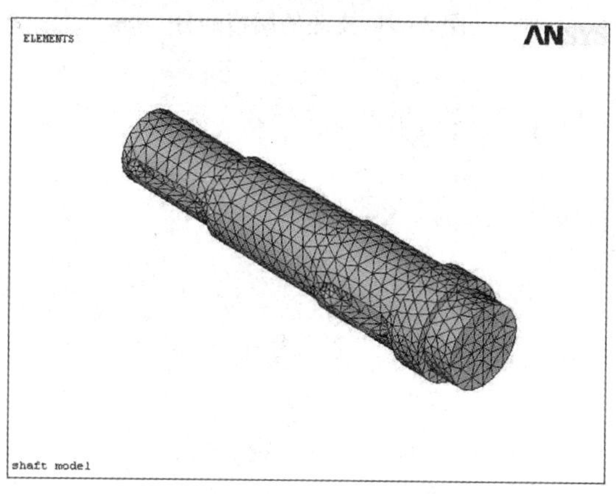

图 2-68　轴的网格划分

（4）存盘

2.7.2　实例二：支座的网格划分

本例中，在划分网格时，不采用 Mesh Tool 选项，而是选用其他选项，其功能、生成结果和划分方式与 Mesh Tool 完全相同，只是操作方式不同罢了，目的是让读者能够更加深入地了解 ANSYS 的网格划分。

（1）打开文件

GUI：Utility Menu > File > Resume from

在弹出的对话框中，选择 2.5.2 小节中保存的 support 文件。

（2）定义单元类型

操作过程同 2.7.1 小节中的（2），依然采用 Structural Solid 中的 Tet 10node 92 单元。

(3) 设定单元尺寸大小

GUI：Main Menu > Preprocessor > Meshing > Size Cntrls > ManualSize > Global > Size

会弹出 Global Element Sizes 对话框，在单元边长中输入 0.2，单击 OK。

(4) 采用自由网格划分方式生成网格

GUI：Main Menu > Preprocessor > Meshing > Mesh > Volumes > Free

会弹出一个选择对话框，单击 Pick All，生成的网格如图 2-69 所示。

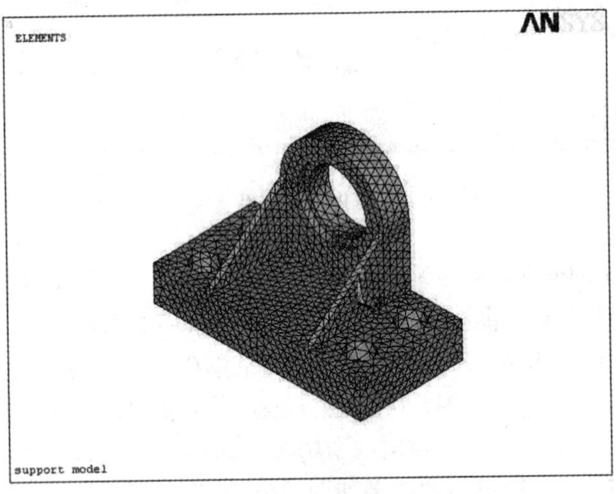

图 2-69 支座的网格划分

(5) 存盘

第3章　ANSYS 加载与求解

3.1　载荷的施加

3.1.1　概　述

所谓载荷，是指施加到结构上的物理条件，包括广义的力约束边界条件。有限元分析的主要目的就是计算系统对载荷的响应。因此在有限元分析中，加载是关键的一步。

（1）载荷的分类

下面为不同学科中所指的载荷术语：

◆结构分析：位移、力、压强、温度等；

◆热分析：温度、热流速率、对流、内部热生成、无限表面等；

◆磁场分析：磁场、磁通量、磁场段、源流密度、无限表面等；

◆电场分析：电势（电压）、电流、电荷、电荷密度、无限表面等；

◆流体分析：流速、压力等。

对于不同的学科而言，程序中的载荷可分为以下6类：

◆ DOF constraint（DOF约束）：定义节点的自由度值，也就是将某个自由度赋予一个已知值。

◆Force（集中载荷或力载荷）：施加于模型节点的集中载荷。

◆Surface load（表面载荷）：施加于模型上的面积载荷。

◆Body load（体积载荷）：施加体积载荷或场载荷。

◆Inertia load（惯性力载荷）：是由物理惯性引起的载荷。

◆Coupled－field load（耦合场载荷）：为以上载荷施加的一种特殊情况，是从一种分析得到的结果作为另一种分析的载荷。

（2）载荷施加的方式及其优缺点

在ANSYS中，载荷施加有两种方式：一是施加在实体模型上（关键点、线、面、体等）；二是施加在有限元模型上（节点、单元）。这两种方式有各自的优缺点，现分别介绍如下。

① 施加在实体模型上。

◆ 优点：通过图形拾取来加载时，因为实体较少，故此施加载荷比在有限元模型上方便；模型载荷独立于有限元网格，这样不必因为重新划分网格而重新加载。

◆ 缺点：不能显示所有的实体模型载荷；在关键点上的载荷很难施加上去；网格划分命令生成的单元是在当前坐标系下，而节点使用的是整体笛卡儿坐标系。

② 施加在有限元模型上。

◆ 优点：因为载荷可以直接加在主节点上，所以在简化分析时不会有任何问题；可以简单地选择所有所需要的节点，并直接指定约束条件。

◆ 缺点：只要划分网格有问题，重新划分需要删除网格时，用户必须删除所施加的载荷；对于使用图形拾取来加载，特别是在节点很多时，比较烦琐。

3.1.2 各种载荷的施加

（1）施加 DOF 约束

DOF 约束即节点自由度约束。它是求解方程中的基本变量，也可以指定某个节点处的自由度值，该值一旦指定，求解中将保持不变。设置 DOF 约束就是设置其自由度。

表 3-1 中列出了不同分析类型的 DOF 自由度情况及其施加命令。

表 3-1 不同分析类型的 DOF 自由度情况

分析类型	DOF 自由度	ANSYS 标志符	操作命令（MainMenu > Solution > Defined Loads > Apply > ）
结构分析	位移转角	UX，UY，UZ ROTX，ROTY，ROTZ	Structural > Displacement >
热分析	温度	TEMP	Temprature
流体分析	速度 压力 湍流动能 湍流耗散率	VX，VY，VZ PRES ENKE ENDS	Velocity > Pressure DOF Turbulence
磁场分析	矢量势 标量势	AX，AY，AZZMAG	Boundary
电场分析	电压	VOLT	Boundary

可以将 DOF 约束加在节点上，也可以加在线上。

（2）施加力（集中载荷）

集中载荷（力）指点载荷，它可以施加到节点或关键点上。但施加在关键点上的集中载荷在求解前都被转换到节点坐标系中，其方向也转换为节点坐标系上的方向。

表 3-2 是不同分析类型的集中载荷情况。

表 3-2 不同分析类型的集中载荷情况

分析类型	集中载荷	ANSYS 标志符	操作命令（MainMenu > Solution > Defined Loads > Apply > ）
结构分析	力 力矩	FX，FY，FZ MX，MY，MZ	Structural > Force/Moment
热分析	热流率	HEAT	Heat FlowP
流体分析	流体流率	FLOW	Flow
电场分析	电流 载荷	AMPS CHRG	Excitation
磁场分析	电流段 磁通量 电荷	CSGX，CSGY，CSGZ FLUX CHRG	Excitation

集中载荷可以施加在节点上，也可以施加在关键点上。

（3）表面载荷的施加

表面载荷是一种分布载荷，施加于面和线上，也可以施加于节点和单元上。表3-3是不同类型的表面载荷情况。

表 3-3　　不同分析类型的表面载荷情况

分析类型	表面载荷	ANSYS 标志符	操作命令（MainMenu > Solution > Defined Loads > Apply > ）
结构分析	压力	PRESS	Structural > Press
热分析	对流	CONV	Thermal > Convection
	热流量	HFLUX	或 Heat Flux
	热辐射	RAD	或 Radiation
流体分析	流体结构界面	FSI	Fluid/ANSYS > Fluid – Struct
	流体阻抗	IMPD	或 Impedance
电场分析	麦克斯韦表面	MXWF	Electric Flag > Maxwell Surf
	表面电荷密度	CHRGS	或 Excitation > surf Chrg Den
	无限表面	INF	或 Flag > Infinite Surf
磁场分析	麦克斯韦表面	MXWF	Magnetic Other > Maxwell Surf
	无限表面	INF	或 Flag > Infinite Surf

下面介绍几种特殊表面载荷的设置情况。

（1）带有梯度的载荷

GUI：Main Menu > Solution > Define Loads > Settings > For Surface Ld > Gradient

执行该命令后，会弹出一个对话框，如图 3-1 所示。

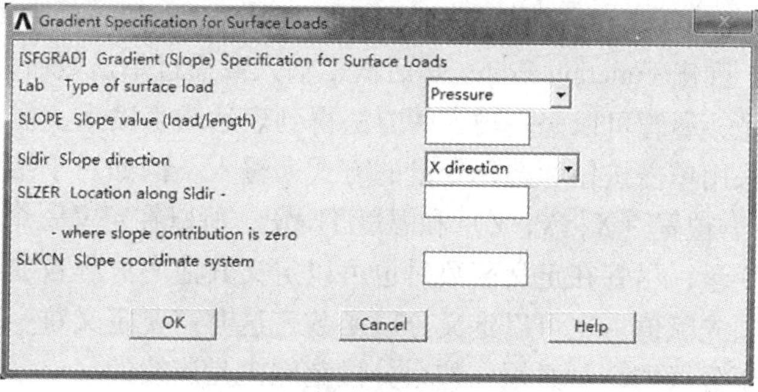

图 3-1　设置表面载荷的斜率

◆ Lab 用来指定要操作的载荷类型，有结构分析的压力 Pressure、热分析的对流 Convection 和热流率 Heat flux。

◆ SLOPE 是单位长度或单位角度上的载荷值。

◆ Sldir 是在 SLKCN 坐标系中的斜率方向。

◆ SLZER 是斜率分布为 0 的坐标位置，对角坐标，输入角度值。

◆ SLKCN 是斜率坐标系的参考号，默认为全局坐标系。

通过上述设置以后，以后所有以 SF、SFE、SFL、SFA 输入的命令都将服从该斜率规则，即每个节点的载荷值为

$$\text{分布值} = \text{指定载荷值} + \text{SLOPE} \times (\text{分布点位置} - \text{SLZER})$$

如图 3-2 所示。

（2）函数载荷

GUI：Main Menu > Solution > Define Loads > Apply > Functions > Define/Edit

该命令用于定义和编辑函数。

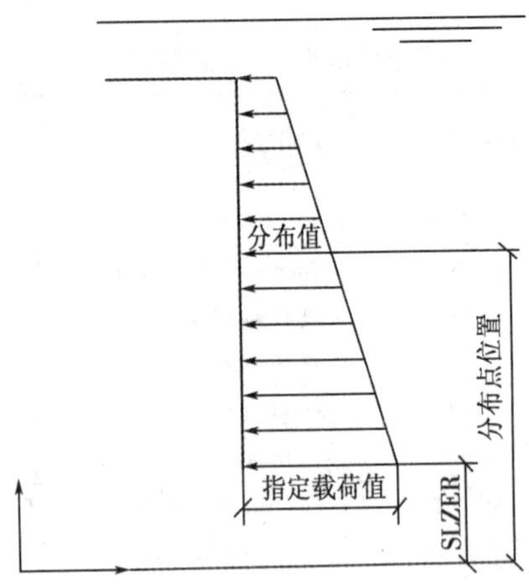

图 3-2 结构上的静水压力

GUI：Main Menu > Solution > Define Loads > Apply > Functions > Read file

该命令用于将函数读入 ANSYS 中。

上述两个命令配合使用，可以加载比较复杂的函数载荷。例如，当某个平面载荷是距离的函数，而所用的坐标系是直角坐标系时，就需要得到任何一点到原点的距离。如果不使用函数，加载会很烦琐，使用函数载荷时，要简单得多。其步骤如下。

① GUI：Main Menu > Solution > Define Loads > Apply > Functions > Define/Edit

执行该命令后，弹出 Function Editor 对话框，输入或通过单击按钮，使得结果如图 3-3 所示。需要注意的是，尽管可以采用输入的方法得到表达式来输入，但当不能确定基本自变量时，建议还是采用单击按钮和选择变量的方式来输入。例如对于结构分析来说，基本自变量为时间 TIME、位置（X，Y，Z）和温度 TEMP，所以在定义一个压力载荷时，就只能使用以上 5 个自变量，尽管在定义函数时也可以定义其他的方程自变量，但在实际使用时，这些自变量必须先赋值。也可以定义分段函数，这时需要定义每一段函数的分段变量及其取值范围。用于分段的变量必须在整个分段范围内是连续的。

② 执行 File > Save 命令，在弹出的对话框中输入函数的文件名 surface。

③ GUI：Main Menu > Solution > Define Loads > Apply > Functions > Read file

执行该命令，从文件中读入函数，并作为边界条件读入到程序中去。在弹出的对话框中，作如图 3-4 所示的设置。

④ 单击 OK，就可把函数所表达的压力载荷施加到选定的区域上了。

（3）梁单元上的压力载荷

对于梁单元，可以在侧面和两端施加压力载荷，可以施加常压力或渐变压力。对于侧面压力而言，其大小为单位长度上的力，分别沿着法向和切向，通过设置 JOFFST 为 -1，还可以将压力转化为梁单元上任何位置处的力。而设置的端部压力，其单位是压力的单位。其操作路径为

GUI：MainMenu > Solution > Define Loads > Apply > Structural > Pressure > On Beams

执行该命令后，弹出一个拾取对话框，选取要加载的梁单元，单击 OK，弹出如图 3-5 所示的对话框，进行设置。

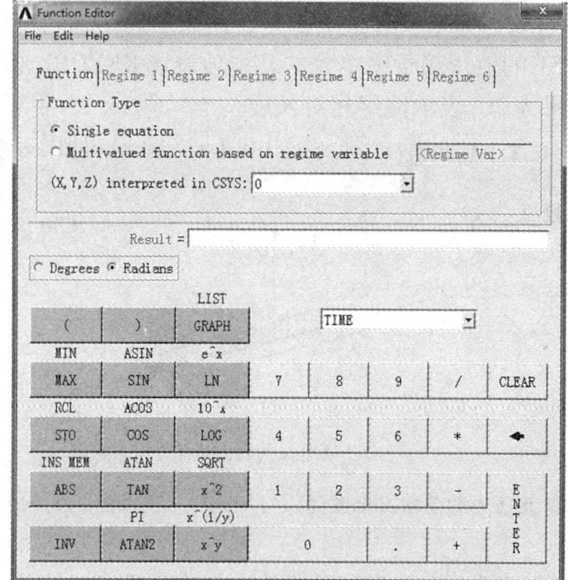

图 3-3 函数定义对话框

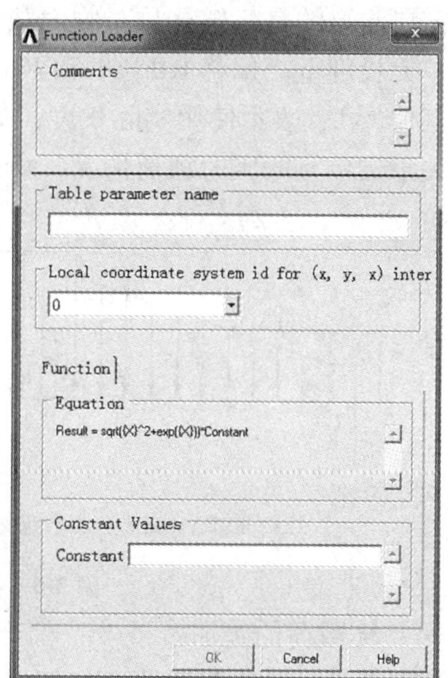

图 3-4 函数载入

图 3-5 中，各项选项的意义如下：

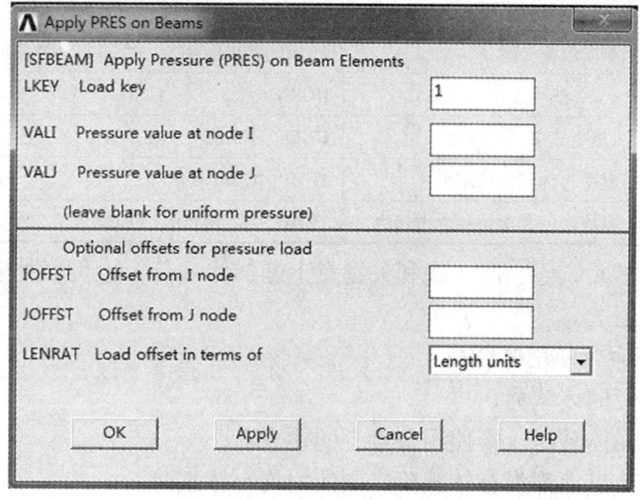

图 3-5 Apply PRES on Beams 对话框

◆LKEY 是载荷关键字，用于定义载荷的方向，即控制载荷是加在梁单元的侧面还是端面上。不同的单元类型有不用的定义，关于此定义，用户可以借助 Help 来查看。LKEY 的值可正可负，如果为负值，则代表反方向的表面载荷。

◆VALI 和 VALJ 是节点 I 和节点 J 上的表面载荷值。如果 VALJ 为空，则其为 VALI 值，为了设置 VALJ 值为 0，必须在其后输入 0。

◆IOFFST 是表示当施加 VALI 时，距节点 I 的距离。该距离指压力载荷从什么位置开始把 VALI 施加到单元上。

◆JOFFST 是表示当施加了 VALJ 时，该值的施加的位置从节点 J 向节点 I 的偏移。如果设置 JOFFST 为 -1，则假定 VALI 是集中载荷，该集中力施加在单元上的位置由 IOFFST 指定，而 VALJ 被忽略。

需要注意的是，偏移只对侧面载荷有效，如果没有指定偏移，则表示压力值将施加到整个单元长度上。偏移 IOFFST 和 JOFFST 的值依赖于梁单元的基本项设置 KEYOPT（10），如果其值为 1，表示使用实际长度；如果为 2，表示使用相对长度。

关于梁单元的压力载荷情况，可以结合下面的示意图（图 3-6（a）（b））加以理解。

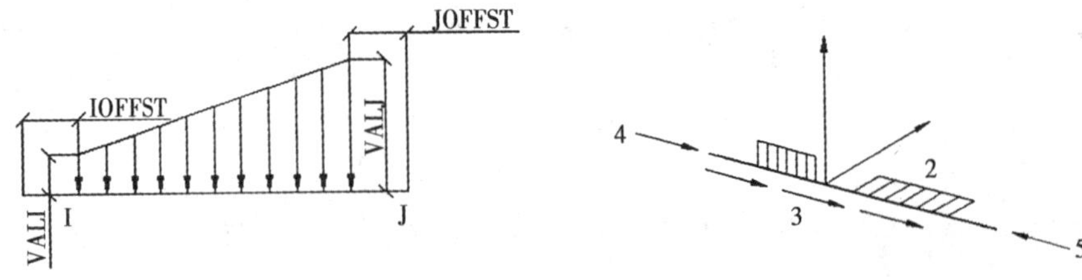

（a）SFBEAM 命令各参数意义　　（b）LKEY 所定义的表面载荷方向示意图

图 3-6　梁单元压力载荷情况示意图

（4）体载荷的施加

体载荷是一种体积载荷，与其他载荷不同，体载荷作用的效果与物理本身的属性有关系，每个学科中的体载荷情况如表 3-4 所示。

表 3-4　不同分析类型的体载荷情况

分析类型	体载荷类型	ANSYS 标志符
结构分析	温度、通量	TEMP、FLUE
热分析	热生成率	HGEN
流体分析	热生成率、力密度	HGEN、FORC
电场分析	温度、体积电荷密度	TEMP、CHRGD
磁场分析	温度、电流密度、虚位移、电压降	TEMP、JS、MVDI、VLTG

可以在节点、单元、体、面、线和关键点上施加体载荷，也可以把实体模型上的体载荷转换到有限元模型上。

ANSYS 按如下命令使用体载荷：

- ◆首先是单元上的体载荷；
- ◆如果没有单元体载荷，则使用节点上的体载荷；
- ◆如果单元和节点上都没有体载荷，则使用均布体载荷。

3.2 求　解

3.2.1　载荷步及其相关术语

（1）载荷步（load step）

载荷步仅仅是为了获得解答的载荷配置。在线性静态（或稳态）分析中，可以使用不同的载荷步施加不同的载荷组合。例如在第一个载荷步中施加风载荷，在第二个载荷步中施加重力载荷，在第三个载荷步中施加风和重力载荷以及一个不同的支撑条件等。在瞬态分析中，多个载荷步加到载荷历程曲线的不同区域，图 3-7 显示了一个需要 3 个载荷步的载荷历程曲线：第一个载荷步用于线性载荷，第二个载荷步用于不变载荷，第三个载荷步用于卸载。载荷值在载荷步的结束点达到全值（指定的值）。

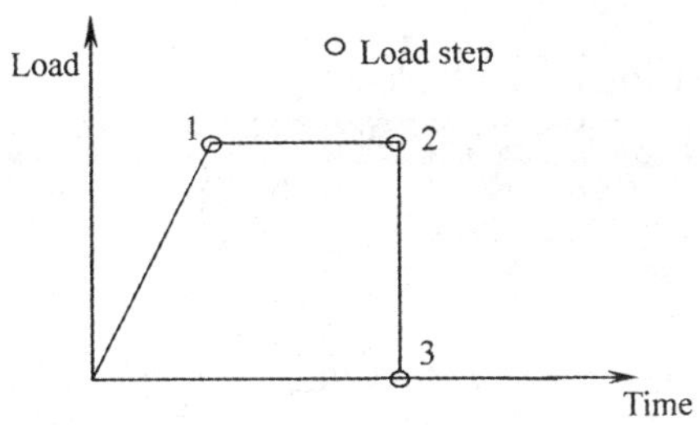

图3-7　使用多个载荷步表示瞬态载荷历程

（2）子步

子步（Substep）是指在一个特定步的载荷步中每一次增加的步长，也称为时间步，代表一段时间。它主要是为在瞬态分析或者非线性分析中提高分析精度和收敛性。需要注意的是，在瞬态分析中或者与速率相关的分析中，时间就是实际的时间，需要用秒、分、小时来表示。在静态或稳态分析中（与速率无关的分析），时间仅仅是一个跟踪参数，是一个识别载荷步和载荷步子步的计数器。

（3）阶跃载荷

在一个载荷步中，有两个或者两个以上的载荷步子步时，就必须选择所施加的载荷应该为阶跃载荷还是为斜坡载荷。所谓阶跃载荷，是指在第一个子步全部载荷施加上去了，载荷在以后的每一个子步中保持不变。如图3-8左图所示。

（4）斜坡载荷

斜坡载荷就是指在每一个载荷步子步，载荷值都是递增的，直到最后一个载荷步子步，全部的载荷才施加上去，如图3-8右图所示。

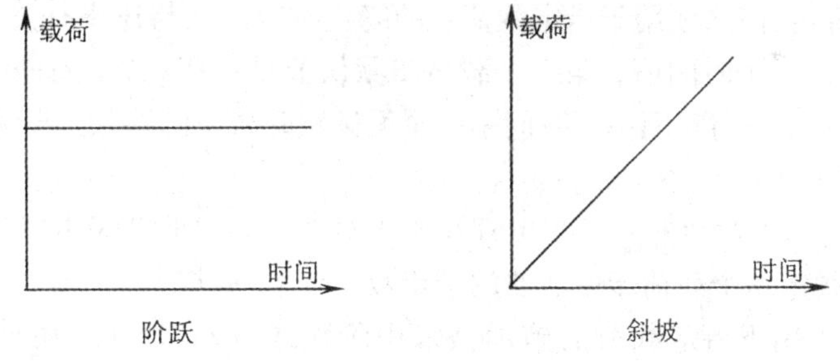

图3-8　不同的载荷形式

3.2.2　载荷步选项

ANSYS程序有6种载荷步选项，分别为通用选项、动力学选项、非线性选项、输出控制选项、Biot－Savart选项和谱选项。

（1）通用选项

通用选项包括瞬态或者静态分析当中载荷步结束的时间、子步步数或者说时间步大小、阶跃载荷、热应力计算当中的参考温度。

进入选项的路径如下：

GUI：Main Menu > Preprocessor > Loads > Load Step Opts > Time/Frequence > Time－Time Step

GUI：Main Menu > Preprocessor > Loads > Load Step Opts > Time/Frequence > Time and Substeps

其中，时间和时间步选项对话框如图 3-9 所示。

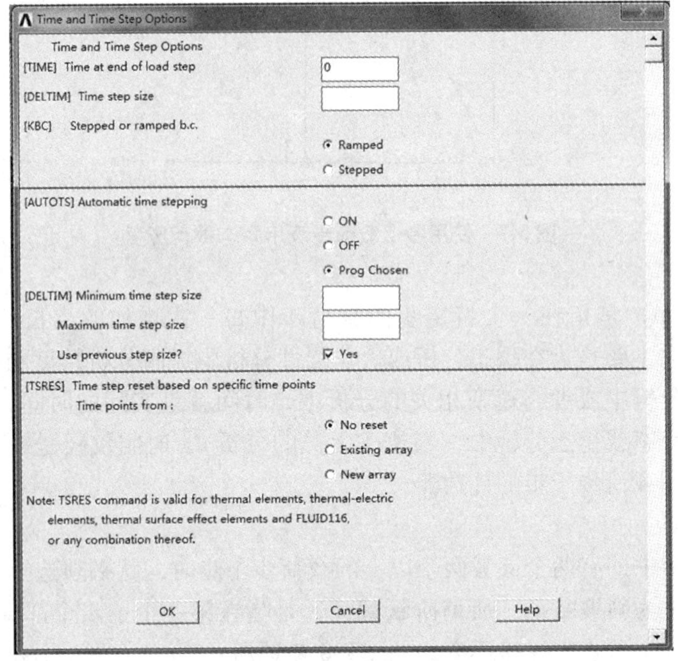

图 3-9 时间和时间步选项对话框

时间和子步选项对话框与时间和时间步对话框相差不大，不同之处将在下面作出说明。其中各选项意义如下：

◆TIME（时间）：该选项用于指定载荷步的终止时间。在与速率有关的问题当中是指实际时间，要求指定一个时间值，第一个载荷步默认值是 1.0，以后每一个载荷步都默认递增 1.0；在与速率无关的问题中，时间是一个用做跟踪载荷的参数。但无论哪种情况下，都不能将时间设置为 0。

◆DELTIM（时间步对话框）、NSUBST（子步对话框）：DELTIM 用于指定时间步的大小；NSUBST 用于指定一个载荷步中需要的子步数。

◆KBC：该选项用于指定载荷的施加是采用阶跃式（KBC，1）还是斜坡式（KBC，0）。如果是阶跃加载，全部载荷值加在了第一个载荷子步，后续载荷子步的载荷值都和第一个子步的结束时刻保持同值。默认是斜坡加载，每个子步的载荷值顺次线性增加。当选取 Stepped 时，对应于“KBC，1”，载荷阶跃施加；选取 Ramped 时，对应于“KBC，0”，载荷斜坡施加。

◆AUTOTS：用于激活时间步的自动阶跃。激活状态下程序会根据结构的响应来计算最优时间增长步。

（2）非线性选项

GUI：Main Menu > Preprocessor > Loads > Load Step Opts > Nonlinear > Equilibrium Iter

用途：指定每个子步的最大平衡迭代的次数。

GUI：Main Menu > Preprocessor > Loads > Load Step Opts > Nonlinear > Convergence Crit

用途：指定迭代时的收敛公差。

GUI：Main Menu > Preprocessor > Loads > Load Step Opts > Nonlinear > Criteria to Stop

用途：提供分析终止的判据。

（3）动力学选项

该选项用于进行动力学分析。同上，限于篇幅，只介绍路径和用途。

GUI：Main Menu > Preprocessor > Loads > Load Step Opts > Time/Frequence > Time Integration

用途：激活或者终止时间积分选项。

GUI：Main Menu > Preprocessor > Loads > Load Step Opts > Time/Frequence > Freq and Substps

用途：指定动力学谐波响应分析的载荷频率的范围大小。

（4）输出控制选项

该选项用于控制程序分析之后进行输出的数量和一些特性。有两个基本输出控制。

GUI：Main Menu > Preprocessor > Loads > Load Step Opts > Output Ctrs > DB/Results File

用途：控制程序写入数据库和结果文件的内容与频率。

GUI：Main Menu > Preprocessor > Loads > Load Step Opts > Output Ctrs > Solu Printout

用途：控制程序计算结果打印。

3.2.3 求 解

ANSYS 提供了许多不同的求解方式，下面选其中最常用的 Current LS 加以介绍。

GUI：Main Menu > Solution > Solve > Current LS

使用当前的载荷步设置开始求解。单击该选项，会产出一个文本窗口，显示当前载荷步设置与求解过程的摘要信息。如果用户发现显示信息有误，可以立即退出求解过程。如果在求解过程中强行退出，会造成程序运行不正常，所以在求解过程开始之前，应尽可能发现并避免存在问题。

在摘要信息窗口弹出以后，还会弹出第二个窗口，询问是否开始求解过程。如果摘要信息正确，应首先关闭摘要信息框，以避免在非线性求解过程中，程序以曲线的形式显示非线性分析的收敛过程，摘要信息窗口覆盖收敛信息窗口。

关闭摘要信息窗口之后，单击第二个窗口的 OK 按钮，开始进行分析求解。在开始进行求解之前，程序会自动检测模型的状态和一些参数，如果发现有不正常，程序会在检测之后弹出一个警告窗口，说明模型中存在的问题，并且询问是否进行进一步求解。如果问题比较严重，程序会在检测到之后弹出一个窗口，说明遇到了问题，不能进行求解。

在求解过程中，如果有不正常的情况，ANSYS 会在桌面左上角弹出错误信息或者警告信息，问题严重的会自行中断求解过程。如果一切顺利，在求解过程中没有遇到任何问题，求解完成后，会在桌面左上角弹出一个对话框，表明求解完成。

需要指出的是，即使求解过程顺利结束，也并不表示求解结果不存在任何问题。特别是如果求解过程中出现过警告信息的，一定要仔细检查分析结果。

第4章 ANSYS 后处理

利用有限元程序进行工程结构分析的关键是得到问题的答案并以图形或列表方式给以显现，以便指导设计等。在使用有限元程序进行建模、加载、求解后，并不能直观地反映出求解结果，必须要通过后处理器才能直观地显示和输出结果。后处理是指检查并分析求解的结果的相关操作，通常用于判断网格是否正确、分析是否正确，用于获得结构对载荷的响应等。

ANSYS 中提供了两个主要后处理器：通用后处理器 General Postproc（POST1）和时间历程后处理器 TimeHist Postpro（POST26）。前者用于查看某一载荷步和子步的结果，即它是在某一个时间点或频率点上对整个模型显示或列表；后者则用于查看某一空间点上的值随时间的变化情况。如果要查看整个模型在整个时间上的值，还可以使用动画显示技术。

4.1 通用后处理

4.1.1 读入结果文件

对于不同的分析类型，ANSYS 所保存的结果文件也不相同。

. rst 文件：结构分析、流体分析、耦合场分析。

. rfl 文件：流体分析。

. rth 文件：热分析、电分析。

. rmg 文件：电磁场分析。

GUI：Utility Menu > File > Resume Jobname. db

或者输入 RESUME 命令，将模型数据读入数据库，模型数据即为所建模型的所有数据，包括单元类型、节点、单元、单元实常数、材料特性和节点坐标系。

GUI：Main Menu > General Postproc > Results Summary

执行该命令后出现一对话框，单击 Read，将结果的摘要信息读入数据库，单击 Close，关闭对话框。

4.1.2 结果显示

4.1.2.1 图形显示结果

（1）变形显示

GUI：Main Menu > General Postproc > Plot Results > Deformed Shape

执行该命令后，弹出 Plot Deformed Shape 对话框，如图 4-1 所示。在该对话框中，有 3 个选项，分别为：

◆ Def shape only：仅仅显示变形后的形状。

◆ Def + undeformed：同时显示变形后的形状和原始形状。

◆ Def + undef edge：同时显示变形后的形状和原始形状的轮廓。

需要说明的是，Deformed Shape 菜单显示的只是简单的变形图，使用户有个直观的了解，通常因为变形量比较小，看不出效果，所以 ANSYS 对结果变形进行了放大，这种变形效果只是一种变形趋势，并不代表实际情况。

图 4-2 为一钢板的变形显示。

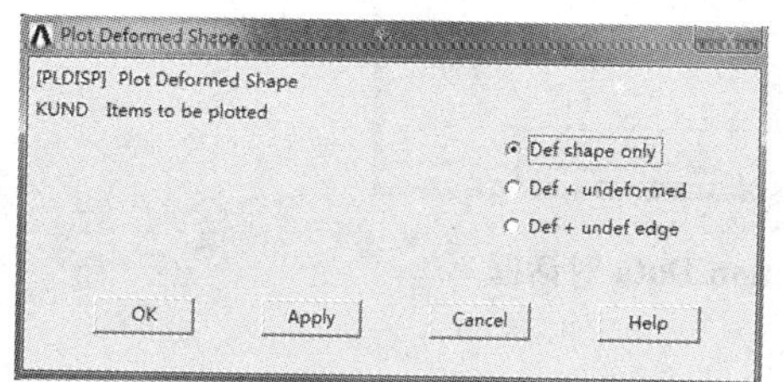

图 4-1　Plot Deformed Shape 对话框

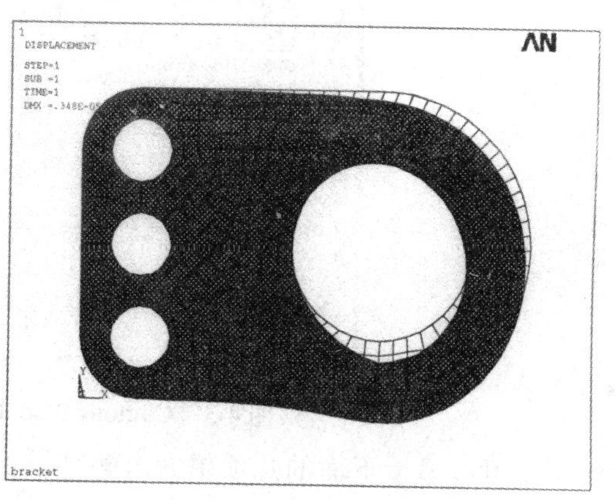

图 4-2　变形显示

（2）等值线显示

GUI：Main Menu > General Postproc > Plot Results > Contour Plot

该命令的作用是以等值线显示结果。所谓等值线，就是把结果数据中数据相等的点连接起来所组成的封闭曲线。为了使结果更直观，ANSYS 把不同的等值区域用不同的颜色表示，这种图形称为云图。在云图中，同样颜色表示的物理数值相等。一般来说，在 ANSYS 中，等值线与云图不加以区分。

在 Contour Plot 命令下面有 4 个 GUI 选项，分别为：

① GUI：MainMenu > General Postproc > Plot Results > Contour Plot > Nodal Solu

该命令用于以等值线形式显示节点解。执行该命令后，会弹出 Contour Nodal Solution Data 对话框，在该对话框中，读者可以选择想要查看的物理量的节点解。如图 4-3 所示。

现就其最常用的变形和应力选项作以介绍。

◆ DOF Solution（变形）。在该项中，用户可以显示 X 轴位移分量（X – Component of displacement UX）、Y 轴位移分量（Y – Component of displacement UY）、Z 轴位移分量（Z – Component of displacement UZ）以及总变形（Displacement vector sum USUM）。

◆Stress（应力）。在该项中，用户可以显示沿 X 轴方向的应力（X – Component of stress SX）、沿 Y 轴方向的应力（Y – Component of stress SY）、沿 Z 轴方向的应力（Z – Component of stress SZ）、平行于 XY 平面与 Y 轴平行的剪应力（XY – Shear stress SXY）、平行于 YZ 平面与 Z 轴平行的剪应力（YZ – Shear stress SYZ）、平行于 XZ 平面与 Z 轴平行的剪应力（XZ – Shear stress SXZ）、第一主应力（1st Principal stress S1）、第二主应力（2nd Principal stress S2）、第三主应力（3rd Principal stress S3）、结构应力强度分布（Stress Intensity SINT）、第四强度理论应力（von Mises stress SEQV）。

② GUI：MainMenu > GeneralPostproc > Plot Results > Contour Plot > Element Solu

该命令用于显示单元求解结果，执行该命令后，弹出一个与图 4-3 所示相类似的对话

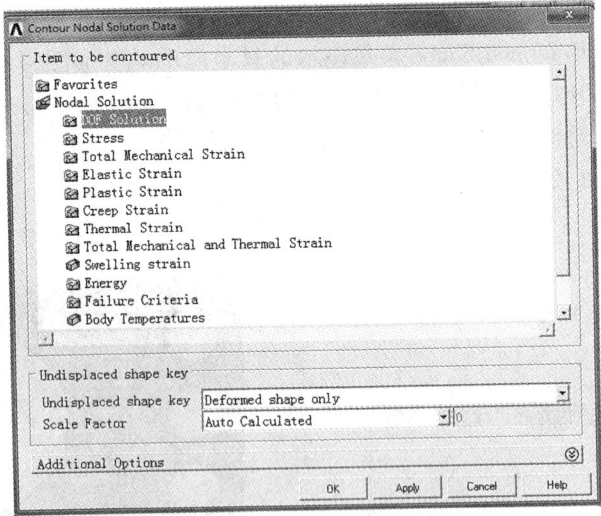

图 4-3 **Contour Nodal Solution Data 对话框**

框，主要可以显示下面的几项单元求解结果：

◆Stress（应力）。具体显示选项同 Nodal Solution 中的 Stress 项。

◆Total Mechanical Strain（应变）。可以显示沿 X 轴的应变（X – Component of total mechanical strain EPTO X）、沿 Y 轴的应变（Y – Component of total mechanical strain EPTO Y）、沿 Z 轴的应变（Z – Component of total mechanical strain EPTO Z）、平行于 XY 平面与 Y 轴平行的剪应变（XY – shear total mechanical strain EPTO XY）、平行于 YZ 平面与 Z 轴平行的剪应变（YZ – shear total mechanical strain EPTO YZ）、平行于 XZ 平面与 Z 轴平行的剪应变（XZ – shear total mechanical strain EPTO XZ）、第一主应变（1st total mechanical strain EPTO 1）、第二主应变（2nd Principal total mechanical strain EPTO 2）、第三主应变（3rd Principal total mechanical strain EPTO 3）、结构应变强度分布（Total mechanical strain intensty EPTOINT）、第四强度理论应变（von Mises total mechanical strain EPTOEQV）。

◆Structural Force（节点力）。可以显示沿 X 轴的节点力（X – Component of force FX）、沿 Y 轴的节点力（Y – Component of force FY）、沿 Z 轴的节点力（Z – Component of force FZ）。

◆Structural Moments（节点矩）。沿 X 轴的节点矩（X – Component of moment MX）、沿 Y 轴的节点矩（Y – Component of moment MY）、沿 Z 轴的节点矩（Z – Component of moment MZ）。

◆Energy（能量分布）。主要可以显示应变能（Strain energy SENE）、动能（Kinetc energy KENE）、塑性功（Plastic work PLWK）、塑性状态变量（Plastic State Variable PSV）。

◆Error Estimation（误差估计）。可以显示结构离散能量误差（Structural Error Energy SERR）、应力偏差（Absolute Maximum Stress Variation SDSG）。

③ GUI：Main Menu > General Postproc > Plot Results > Contour Plot > Elem Table

用等值线图方式显示单元表中的一组数据。

④ GUI：MainMenu > General Postproc > Plot Results > Contour Plot > Line Elem Res

用等值线图来显示一维单元的分析结果。

如图 4-4 所示给出了钢板第四强度理论应力的云图显示。

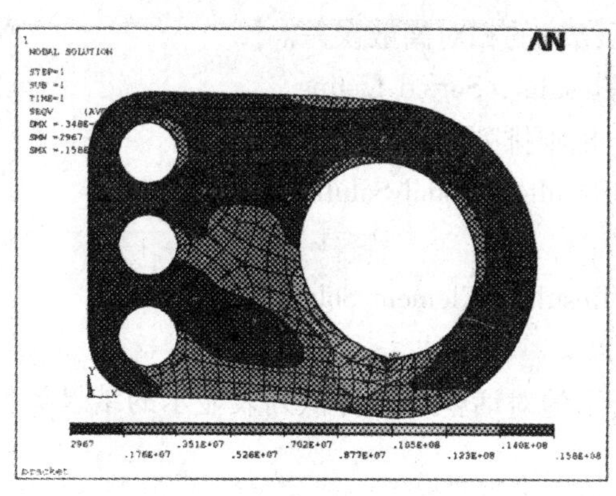

图 4-4 钢板第四强度理论应力的云图显示

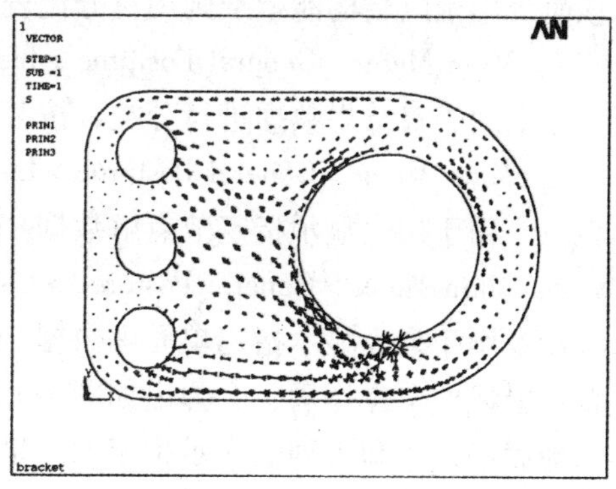

图 4-5 钢板应力的矢量显示

（3）矢量图显示

矢量图用箭头表示矢量的大小和方向变化。典型的矢量如位移 U、转角 ROT、磁位势 A、磁通密度 B、热通量 TG、流体速度 V、主应力 S 等。此外，用户还可以定义自己的矢量，这时只需要定义矢量的 X、Y 或 Z 分量即可。但是在定义这些分量时，应当清楚矢量和的物理意义。

GUI：Main Menu > General Postproc > Plot Results > Vector Plot > Predefined

该命令用于绘制一个程序定义的矢量图。

GUI：Main Menu > General Postproc > Plot Results > Vector Plot > User – Defined

该命令用于绘制一个自己定义矢量的矢量图。

如图 4-5 所示是一个钢板应力的矢量显示。

（4）路径图显示结果

GUI：Main Menu > General Postproc > Plot Results > Plot Path Item

该命令用于显示用户自定义路径上的分析结果。

其中有 3 个 GUI 方式可用：

① GUI：Main Menu > General Postproc > Plot Results > Plot Path Item > On Graph

该命令用于以曲线的方式显示指定路径上的数据变化。

② GUI：Main Menu > General Postproc > Plot Results > Plot Path Item > On Geometry

该命令用于在路径上显示类似于弯矩的图形。

③ GUI：MainMenu > General Postproc > Plot Results > Plot Path Item > Lineariz Strs

该命令用于显示指定路径上的线性化应力。主要用于薄膜单元和带有弯曲特性的薄膜单元。

4.1.2.2 列表显示结果

除了采用图形方式直观地显示结果以外，还可以通过列表方式显示结果数据，可以更方便且精确地得到某个局部解的数值。现就常用的命令加以介绍。

GUI：Main Menu > General Postproc > List Results > Detailed Summary

该命令用于显示后处理结果的摘要。

GUI：Main Menu > General Postproc > List Results > Interation Summary

该命令用于文本显示求解过程中的迭代情况。

GUI：Main Menu > General Postproc > List Results > Percent Error

该命令用于以结构能量准则用百分比表示结构的相对离散误差。

GUI：Main Menu > General Postproc > List Results > Sorted Listing

该命令用于对结果数据进行分类，按某一规则排列数据。

GUI：Main Menu > General Postproc > List Results > Nodal Solution

该命令用于列表显示指定节点解数据。

GUI：Main Menu > General Postproc > List Results > Element Solution

该命令用于列表显示指定单元解数据。

执行上述两个操作后，会弹出如图 4-3 所示的对话框，选择欲列表显示的结果类型选项，选择后确认，即可列表显示指定的结果。

GUI：Main Menu > General Postproc > List Results > Reaction Solu

该命令用于列表显示节点反作用力和载荷。

GUI：Main Menu > General Postproc > List Results > Nodal Loads

该命令用于列表显示结构节点载荷。

GUI：Main Menu > General Postproc > List Results > Elem Table Data

该命令用于列表显示单元表中的数据列。

GUI：Main Menu > General Postproc > List Results > Vector Data

该命令用于列表显示所选的矢量数据。

GUI：Main Menu > General Postproc > List Results > Path Items

该命令用于列表显示路径数据。

4.1.3 结果查询

如果用户想要知道某些节点或者单元的数据，或者想要把节点或单元的数据写到模型上时，就需要用到结果查询器。这种查询只能在图形用户界面下进行。

GUI：Main Menu > General Postproc > Query Results > Subgrid Solu

该命令用于查询节点解数据。

GUI：Main Menu > General Postproc > Query Results > Element Solu

该命令用于查询单元解数据。

4.1.4 单元表

在 ANSYS 后处理中，尽管可以把所有的数据都读入到数据库中，但是并不能直接处理某些数据，为了对这些数据进行处理，需要把它们先读入到单元表中。

单元表有两个功能：一是访问其他方法无法访问的数据；二是作为数学运算的数据源。

GUI：Main Menu > General Postproc > Element Table > Define Table

该命令用于创建单元表，即产生一个新的数据集合。

GUI：Main Menu > General Postproc > Element Table > Plot Elem Table

该命令用于绘制单元表数据，其绘制的是一个等值线图。

GUI：Main Menu > General Postproc > Element Table > List Elem Table

该命令用于列出单元表数据，可以通过标号名选择要列出的项目。

GUI：Main Menu > General Postproc > Element Table > Erase Table

该命令用于删除整个单元表内的项目。

4.2　时间历程后处理

4.2.1　定义变量

GUI：Main Menu > TimeHist Postpro > Define Variables

该命令用于定义时间历程后处理器 POST26 所用的变量，这是一个二级菜单，单击所弹出的对话框中的 Add，即可进入二级菜单中，其中各项意义如下：

◆Nodal DOF result：定义节点自由度求解结果变量；

◆Element result：定义单元求解结果变量；

◆By seq no.：按单元序列号定义单元求解结果变量；

◆Reaction forces：按反作用力结果定义变量：

◆Gap Force data：根据间隙力数据定义变量；

◆Solution summary：根据求解结果摘要定义变量。

4.2.2　存储变量

GUI：Main Menu > TimeHist Postpro > Store Data

所谓存储变量，就是把结果文件中的变量数据读入当前的 ANSYS 数据库，ANSYS 为用户设置了 4 种不同的格式：

◆Merge w/existing：将新定义的变量加到储存在内存中的时间点上，与原变量同时存在。

◆Replace existing：用新定义的变量替代原变量。

◆Append existing：扩展变量，将新定义的变量数据添加到原有的变量中，常用于两个独立结果文件中相同变量的集中。

◆Allocation only：分配空间给新的变量，有可能冲掉原有变量，所以一般不用该操作。

4.2.3　显示结果

（1）列表显示结果

GUI：Main Menu > TimeHist Postpro > List Variables

执行该命令后，会弹出列表显示菜单。可以只显示一个变量，也可以同时显示几个变量。

GUI：Main Menu > TimeHist Postpro > List Extremes

最大、最小值的列表显示，在该命令的对话框中，NVAR1、NVAR2 设置所要显示变量的范围，NINC 设置增量，控制显示变量的数目。

（2）图形显示结果

GUI：Main Menu > TimeHist Postpro > Graph variables

执行该命令后，会弹出图形显示菜单。可以只显示一个变量，也可以同时显示几个变量。

4.2.4　生成响应谱

GUI：Main Menu > TimeHist Postpro > Generate Spectrm

生成一个响应谱，其对话框中各变量的意义如下：

◆IR：指定一个响应谱分析后变量代号。

◆LFTAB：用于响应谱分析的频率值变量号。

◆LDTAB：含有位移的时间历程的变量号。

LFTAB 的频率值不仅代表响应谱曲线的横坐标，也代表响应谱的单自由度激励的频率。LDTAB 来源于单自由度系统的瞬态动态分析的位移时间历程值。

◆ITYPE：所要作的响应谱分析的类型。在其后的下拉列表中有 Displacement（位移响应谱分析）、Velocity（速度响应谱分析）、Acceleration（加速度响应谱分析）。

4.2.5 变量的数学运算

（1）代数运算

代数运算包括加、乘、除。减运算可以看做负的加运算。

① 变量相加。

GUI：Main Menu > TimeHist Postpro > Math Operations > Add

在该命令的对话框中，需要设置要进行加操作的变量（以变量号表示）、进行加操作的因子以及加操作结果的变量号、结果数据的名字。加操作的表达式为

IR =（FACTA * IA）+（FACTB * IB）+（FACTC * IC）

其中，IA，IB，IC 是加和被加的变量号，IR 是结果变量号，FACT 是因子。以下类似。ANSYS 的程序运算基础是 Fortran，运算规则也与之相似，例如执行上述操作时，先对等号右边进行运算，再把结果赋给等号左边的变量。

② 变量相乘。

GUI：Main Menu > TimeHist Postpro > Math Operations > Multiply

公式：IR =（FACTA * IA）*（FACTB * IB）*（FACTC * IC）

③ 变量相除。

GUI：Main Menu > TimeHist Postpro > Math Operations > Divide

公式：IR =（FACTA * IA）/（FACTB * IB）

（2）绝对值、指数、对数运算

① 对变量求绝对值。

GUI：Main Menu > TimeHist Postpro > Math Operations > Absolute Value

公式：IR = | FACTA * IA |

② 指数运算。

GUI：Main Menu > TimeHist Postpro > Math Operations > Exponentiate

公式：$IR = FACTB * e^{FACTA * IA}$

③ 方根运算。

GUI：Main Menu > TimeHist Postpro > Math Operations > Square Root

公式：IR = SQRT（FACTA * IA）

④ 常用对数运算。

GUI：Main Menu > TimeHist Postpro > Math Operations > Common Log

公式：IR = FACTB * Lg（FACTA * IA）

⑤ 自然对数运算。

GUI：Main Menu > TimeHist Postpro > Math Operations > Natural Log

公式：IR = FACTB * Ln（FACTA * IA）

（3）微积分运算

① 微分运算。

GUI：Main Menu > TimeHist Postpro > Math Operations > Derivative

公式：IR = FACTA * d（IY）/d（IX）

② 积分运算。

GUI：Main Menu > TimeHist Postpro > Math Operations > Integrate

公式：$IR = \int (FACTA * IY)\ d\ (FACTB * IB) + CONST$

（4）复数计算

① 求复数的共轭。

GUI：Main Menu > TimeHist Postpro > Math Operations > Complex

② 求复数的实部。

GUI：Main Menu > TimeHist Postpro > Math Operations > Real Part

③ 求复数的虚部。

GUI：Main Menu > TimeHist Postpro > Math Operations > Imaginary

（5）求极值

① 求最大值运算。

GUI：Main Menu > TimeHist Postpro > Math Operations > Find Maximum

公式：IR = MAX（FACTA * IA，FACTB * IB，FACTC * IC）

② 求最小值运算。

GUI：Main Menu > TimeHist Postpro > Math Operations > Find Minimum

公式：IR = MIN（FACTA * IA，FACTB * IB，FACTC * IC）

4.2.6　变量和数组相互赋值

一旦退出 POST26 后处理器，所有定义的变量和变量操作结果都将丢失，为了重新进入后还能得到这些变量及其值，用变量与数组相互赋值是很方便的。

GUI：Main Menu > TimeHist Postpro > Table Operations > Variable to Par

该命令用于把变量赋给矢量数组。

GUI：Main Menu > TimeHist Postpro > Table Operations > Parameter to Var

该命令用于把数组的值赋给变量。

GUI：Main Menu > TimeHist Postpro > Table Operations > Fill Data

该命令用于对 POST26 变量赋值，它与通过数组对变量赋值相似，只是此时不需要数组而直接赋值。可以对变量赋线性变化的值。

4.2.7　数据平滑

所谓的平滑，就是用多项式曲线对数据点进行拟合，如果结果数据带有噪声，就需要进行平滑操作，以获得有代表性的曲线。对应的 GUI 路径是

Main Menu > TimeHist Postpro > Smooth Data

在平滑数据之前，需要定义 4 个矢量数组。前两个是噪声数据的自变量和变量，后两个是平滑后数据的自变量和变量。在交互模式下，后两个数组可以由程序自动创建，前两个数组必须用 * DIM 命令定义，并用 VGET 命令填充。

执行 Main Menu > TimeHist Postpro > Smooth Data 操作后，会弹出一个对话框，现将其中的主要参数介绍如下：

◆Noisy independent data vetor：要平滑的数据自变量，如时间；

◆Noisy dependent data vetor：要平滑的数据因变量，如速度等；

◆Number of data point to fit：要平滑的数据点数，该数目只能小于或等于数据的最大个数，默认是对整个数据点进行平滑；

◆Fitting curve order：平滑阶次，也就是用几阶多项式来拟合数据点，也不能超过数据点数，默认为数据点数的一半；

◆Smooth...：平滑后数据保存的数组名称，在菜单方式下可以由系统自动生成，在命令流方式下则需定义；

◆Plot data：绘图指令。绘制平滑前的曲线还是绘制平滑后的曲线，还是两者都绘制。

实例分析篇

第5章 结构线性静力分析

5.1 概 述

ANSYS 的结构静力分析是用来计算结构在固定不变的载荷的作用下的响应，也就是由稳态外载引起的系统或部件的位移、应力、应变和力。在大多数情况下，结构静力分析不考虑惯性和阻尼的影响，适合于求解惯性和阻尼的时间相关作用对结构响应的影响并不显著的问题，但是静力分析却可以分析那些固定不变的惯性载荷对结构的影响（如重力和离心力），以及那些可以近似为静力作用的随时间变化的载荷（如在许多建筑规范中定义的等价静力风载和地震载荷等）。

在结构静力分析中，由于只是分析计算由那些不包括惯性和阻尼效应的载荷作用下的部件或结构的位移、应变、应力和力，因此一般都假定载荷和响应保持不变，即假定载荷和结构的响应随时间的变化非常缓慢。静力分析中所施加的载荷包括外部施加的作用力和压力、稳态的惯性力（重力和离心力）、温度载荷、位移载荷。

需要注意的是，本书所说的“工程结构”，不仅包括像梁、建筑物等建筑工程结构，还包括像活塞、机械零件和工具等机械零部件一样的船、航空和机械结构。例如船的外壳、航空器、机器的机架等。

表 5-1 列出了在静力分析中常用的单元类型。

表 5-1　　结构静力分析中常用的单元类型

类别	形状和特性	单元类型
杆	普通	LINK1，LINK8
	双线性	LINK10
梁	普通	BEAM3，BEAM4
	界面渐变	BEAM54，BEAM44
	塑性	BEAM23，BEAM24
	考虑剪切变形	BEAM188，BEAM189

续表 5-1

类别	形状和特性	单元类型
管	普通	PIPE16，PIPE17，PIPE18
	浸入	PIPE59
	塑性	PIPE20，PIPE60
二维实体	四边形	PLANE42，PLANE82，PLANE182
	三角形	PLANE2
	超弹性单元	HYPER182，HYPER183
	黏弹性	VISO88
	大应变	VISO106，VISO108
	谐单元	PLANE83，PLANE25
	P 单元	PLANE145，PLANE146
三维实体	块	SOLID45，SOLID95，SOLID73，SOLID185
	四面体	SOLID92，SOLID72
	层	SOLID46
	各向异性	SOLID64，SOLID65
	超弹性单元	HYPER181，HYPER185，HYPER186，HYPER187
	黏弹性	VISO89
	大应变	VISO107
	P 单元	SOLID147，SOLID148
壳	四边形	SHELL93，SHELL63，SHELL41，SHELL43，SHELL181
	轴对称	SHELL51，SHELL61
	层	SHELL91，SHELL99
	剪切板	SHELL28
	P 单元	SHELL150
接触单元	面－面	TARGET169，TARGET170，CONTA171，CONTA172，CONTA173，CONTA174
	点－面	CONTA175
	点－点	CONTA178
	刚性表面	CONTAC12，CONTAC52
专业单元	弹簧	COMBIN14，COMBIN40，COMBIN39
	质量	MASS21
	控制单元	COMBIN37
	表面效应单元	SURF151，SURF152，SURF153，SURF154，SURF156
	铰	COMBIN7
	线性激发器	LINK11
	矩阵	MATRIX27，MATRIX50
耦合场	声学	FLUID29，FLUID30，FLUID129，FLUID130
	压电	PLANE13，SOLID5，SOLID98
	热－应力	PLANE13，SOLID5，SOLID98
	磁－结构	PLANE13，SOLID5，SOLID62，SOLID98
	流体－结构	FLUID38，FLUID79，FLUID80，FLUID81

5.2　分析步骤及要点提示

ANSYS结构线性静力分析可分为3个步骤：前处理和建模、加载求解、后处理和检查结果。现分别作以阐述。

（1）前处理和建模

在前处理阶段，要进行定义工作文件名，指定分析标题，定义单元类型、实常数及材料属性，然后建立几何模型并划分网格，生成一个有限元模型。

（2）加载求解

在这一步骤中，用户要定义分析类型、设置分析选项、施加载荷、指定载荷步选项和开始分析求解。

在静力分析中，用户能够将载荷施加在几何模型（如关键点、线、面或体）或有限元模型（如节点、单元）上。若施加在几何模型上，则在求解分析时，也会将载荷转换到有限元模型上。用于结构静力分析的载荷有位移（Displacement）、力和力矩（Force and Moment）、面载荷如压力（Pressure）、体载荷如温度和流通量（Temperature and Fluence）以及惯性载荷如重力（Gravity）、旋转角速度（Spinning angular Velocity）等。在分析中，用户可以对载荷进行施加、删除、运算以及列表等操作。

（3）后处理和检查结果

静力分析的结果将写入结构分析结果文件“Jobname. rst”中，这些数据主要包括两大部分：一是基本数据，包括节点位移（UX，UY，UZ，ROTX，ROTY，ROTZ）；二是导出数据，包括节点和单元应力、节点和单元应变、单元力、节点反作用力等。

在结构分析完成以后，用户能够通过通用后处理器（POST1）和时间历程后处理器（POST26）浏览分析结果，可以采用下列方式来浏览结果：结构变形显示、云图显示、等值线显示、列表显示、矢量图显示，等等。

5.3　分析实例

5.3.1　实例一：平面桁架的静力分析

5.3.1.1　问题描述

如图5-1所示，为一平面桁架结构图，其尺寸如图所示。桁架的横截面积为1m^2，泊松比为0.3，杨氏模量为$3\times10^7\text{Pa}$，$F_1=1000\text{N}$，$F_2=1000\text{N}$，试对该桁架进行静力分析。

5.3.1.2　分析步骤

（1）启动ANSYS，进入ANSYS界面

（2）定义工作文件名和分析标题

GUI：Utility Menu > File > Change Jobname

执行该命令后，在弹出的Change Jobname对话框中输入Truss作为工作文件名，单击OK。

GUI：Utility Menu > File > Change Title

在弹出的对话框中输入 Truss Model 作为分析标题，单击 OK。

GUI：Utility Menu > Plot > Replot

单击该按钮后，所命名的分析标题会出现在图形窗口的左下角。

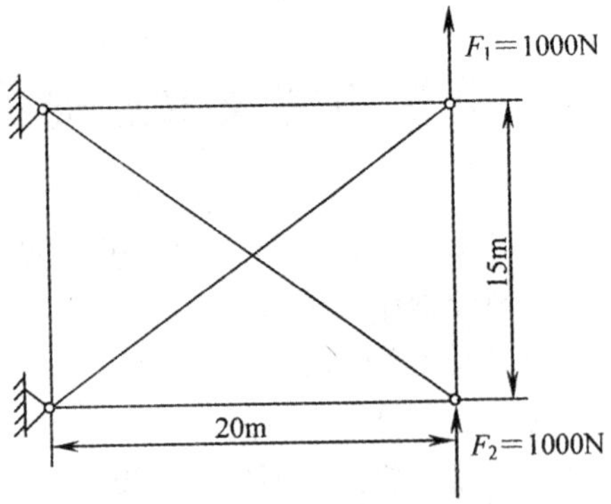

（3）选择分析类型

GUI：Main Menu > Preferences

在弹出的对话框中，选择分析类型，由于这个例子属于结构分析，故此选择 Structural 这一项，单击 OK。

图 5-1 桁架结构示意图

（4）选择单元类型

GUI：Main Menu > Preprocessor > Element Type > Add/Edit/Delete

在材料的单元库中选择 Link1 单元。即在左侧栏中选取 Link 单元，在右侧栏中选择 2D spar 1 单元，然后单击 OK。

（5）定义实常数

GUI：Main Menu > Preprocessor > Real Constants > Add/Edit/Delete

执行该命令后，弹出一个添加实常数对话框，单击 Add，在新弹出的对话框中确定所选的单元无误后，单击 OK，ANSYS 会弹出如图 5-2 所示的对话框。

在 AREA 后面的输入栏中输入 1，单击 OK。

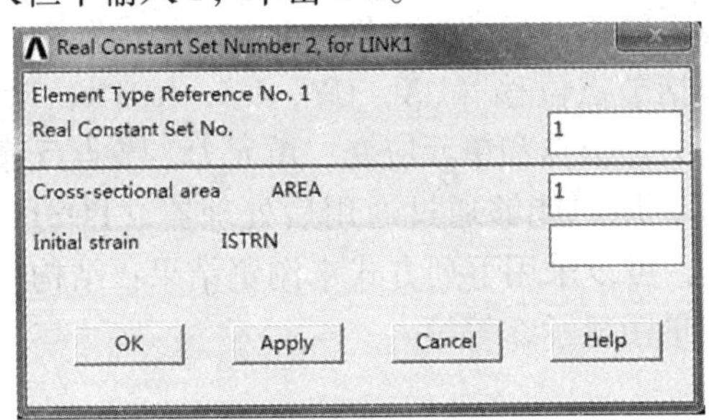

图 5-2 定义桁架实常数对话框

（6）定义力学参数

GUI：Main Menu > Preprocessor > Material Props > Material Models

在弹出的定义材料属性对话框中右边栏中依次双击 Structural、Linear、Elastic、Isotropic，在弹出的对话框中输入杨氏模量 3e7，泊松比 0.3，单击 OK。

（7）存盘

GUI：ANSYS Toolbar > SAVE_ DB

（8）创建关键点

GUI：Main Menu > Preprocessor > Modeling > Create > Keypoints > In Active CS

执行该命令后，弹出一个对话框，如图 5-3 所示。

在 Keypoint number 后面输入关键点编号 1，在 Location in active CS 后面输入关键点的坐标 0，0，0，单击 Apply。又回到图 5-3 的对话框中，继续输入关键点编号 2，坐标为 20，0，0；重复上面操作，输入关键点编号 3，坐标 20，15，0；关键点 4，坐标 0，15，0，单击 OK，返回到绘图区域中。

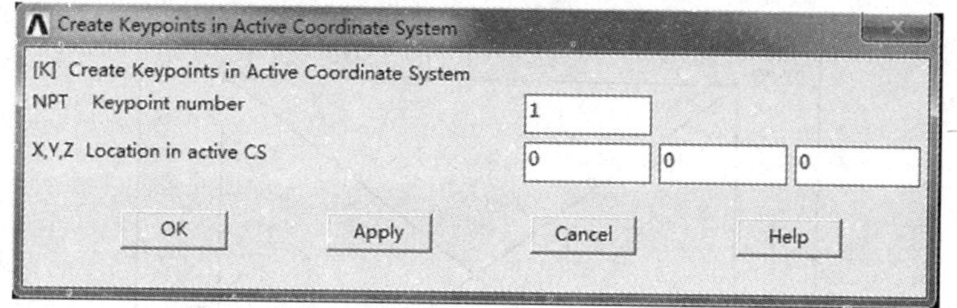

图 5-3　**Create Keypoints in Active Coordinate System** 对话框

功能介绍：关键点的创建方法。

GUI：Main Menu > Preprocessor > Modeling > Create > Keypoints > In Active CS

通过指定坐标定义一个关键点。

GUI：Main Menu > Preprocessor > Modeling > Create > Keypoints > On Working Plane

在工作平面上通过鼠标单击生成关键点。

GUI：Main Menu > Preprocessor > Modeling > Create > Keypoints > On Line

在已知线上拾取位置处定义关键点。

GUI：Main Menu > Preprocessor > Modeling > Create > Keypoints > On Line w/Ratio

在已知线上按比例位置生成关键点。

GUI：Main Menu > Preprocessor > Modeling > Create > Keypoints > On Node

在已知节点上定义一个关键点。

GUI：Main Menu > Preprocessor > Modeling > Create > Keypoints > KP between KPs

在两个关键点之间生成一个关键点。

GUI：Main Menu > Preprocessor > Modeling > Create > Keypoints > Fill between KPs

在两个关键点之间生成多个关键点。

GUI：Main Menu > Preprocessor > Modeling > Create > Keypoints > KP at center

由三点定义的圆弧中心生成一个关键点。

其下有三项：-3 Keypoints -，在三点中心生成关键点；-3KPs and radius -，由三个关键点和半径生成另外一个关键点；-Location in Line -，由线上的三个位置来确定新关键点的生成。

(9) 生成直线

GUI：Main Menu > Preprocessor > Modeling > Create > Lines > Lines > Straight Line

执行该命令后，会弹出一个选取对话框，分别选取 1 和 2、2 和 3、3 和 4、4 和 1、1 和 3、4 和 2 各组点，就会在绘图区域生成线，单击 OK。完成后的效果如图 5-4 所示。

功能介绍：线的创建方法。

GUI：Main Menu > Preprocessor > Modeling > Create > Lines > Lines > Straight Line

由两个关键点生成直线。

GUI：Main Menu > Preprocessor > Modeling > Create > Lines > Lines > In Active Coord

在当前激活坐标系统下，在两个指定关键点间生成直线或曲线。

GUI：Main Menu > Preprocessor > Modeling > Create > Lines > Lines > Overlaid on Area

在一个面上两个关键点之间生成最短的线。

GUI：Main Menu > Preprocessor > Modeling > Create > Lines > Lines > Tangent to Line

由线的一个端点和另外一个关键点生成一条与已有线相切且共一端点的弧线。

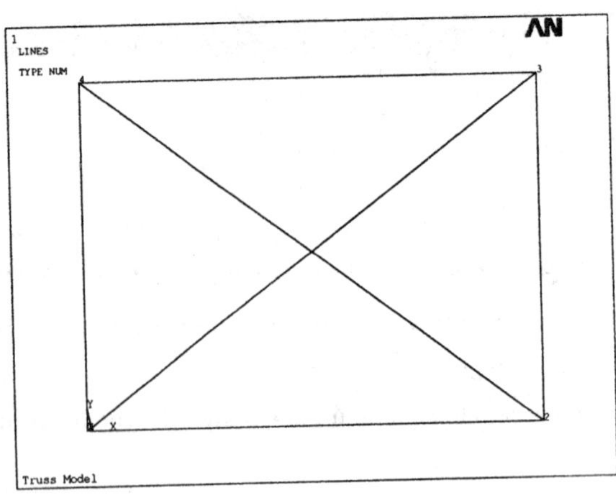

图 5-4　桁架结构模型

GUI：Main Menu > Preprocessor > Modeling > Create > Lines > Lines > Tan to 2 Lines

生成一条与两条线相切的线。

GUI：Main Menu > Preprocessor > Modeling > Create > Lines > Lines > Normal to Line

由关键点向某一条线作垂线。

GUI：Main Menu > Preprocessor > Modeling > Create > Lines > Lines > Norm to 2 Lines

生成与已有两条线垂直的线。

GUI：Main Menu > Preprocessor > Modeling > Create > Lines > Lines > At angle to line

生成与已有的一条线成一定角度的线。

GUI：Main Menu > Preprocessor > Modeling > Create > Lines > Lines > Angle to 2 Lines

生成与已有的两条线成一定角度的线。

（10）设置网格

GUI：Main Menu > Preprocessor > Meshing > Size Contrls > ManualSize > Lines > All Lines

执行该命令后弹出如图 5-5 所示的对话框，在此对话框中，Element edge length 表示划分的单元边长，在本例中不采用这种方式；No. of element divisions 表示设定分割单元个数，输入 1；Spacing ratio 表示分割线段的步长比率，设为 1。

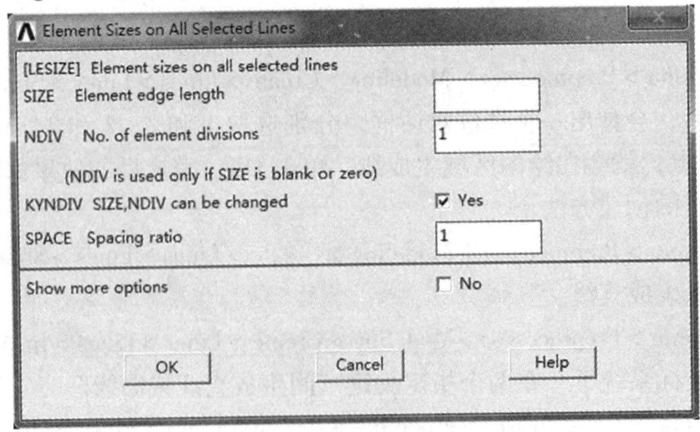

图 5-5　网格设置对话框

（11）划分网格

GUI：Main Menu > Preprocessor > Meshing > Mesh > Lines

执行该命令后，弹出一个拾取对话框，单击 Pick All，网格划分完毕。

（12）存盘

GUI：ANSYS Toolbar > SAVE_ DB。

（13）施加载荷

GUI：MainMenu > Solution > Define Loads > Apply > Structural > displacement > On Keypoints

执行该命令后会弹出一个选取对话框，如图 5-6 所示。在绘图区域选取关键点 1，4，单击 OK，在弹出的对话框中选择 All DOF，限制所有的自由度。单击 OK。

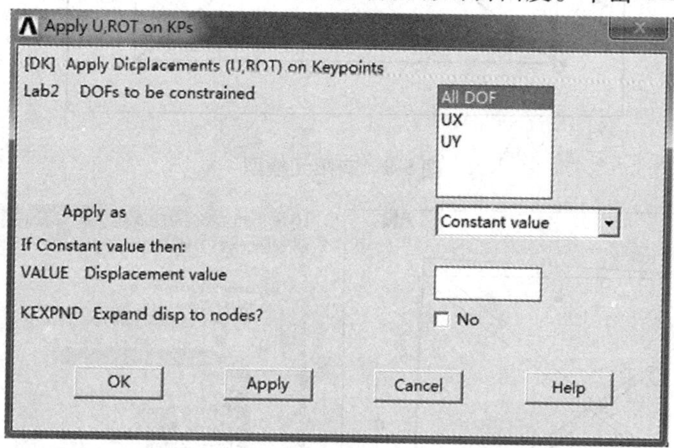

图 5-6 Apply U，ROT on KPs 对话框

GUI：MainMenu > Solution > Define Loads > Apply > Structural > Force/Moment > On Keypoints

执行该命令后会弹出一个选取对话框，在图形上选取关键点 2，3，单击 OK，会弹出一个对话框，如图 5-7 所示。

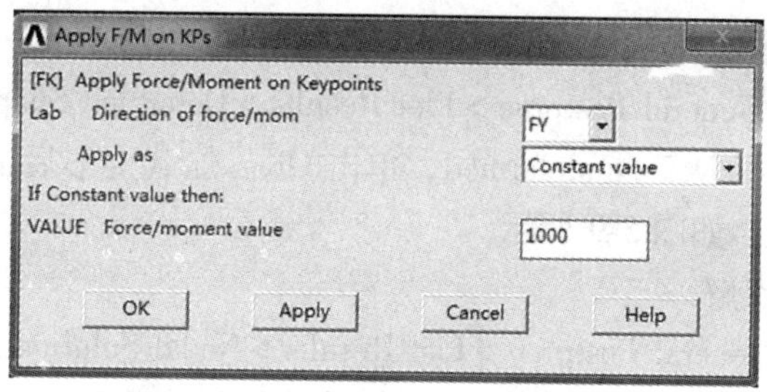

图 5-7 Apply F/M on KPs 对话框

在该对话框中，Direction of force/mom 表示想要施加的载荷的方向，根据题意，选择 FY 方向；Apply as 表示施加方式，选择常值 Constant value；Force/moment value 表示所施加的载荷的大小，输入 1000。单击 OK。完成后的结果如图 5-8 所示。

（14）运行分析

GUI：Main Menu > Solution > Solve > Current LS

执行该命令后会弹出一个文本框和一对话框，关闭文本框，在对话框中单击 OK。ANSYS 程序即运行分析，分析完成后，会在屏幕左上角弹出一个黄色的对话框，提示分析完成，单击 Close。

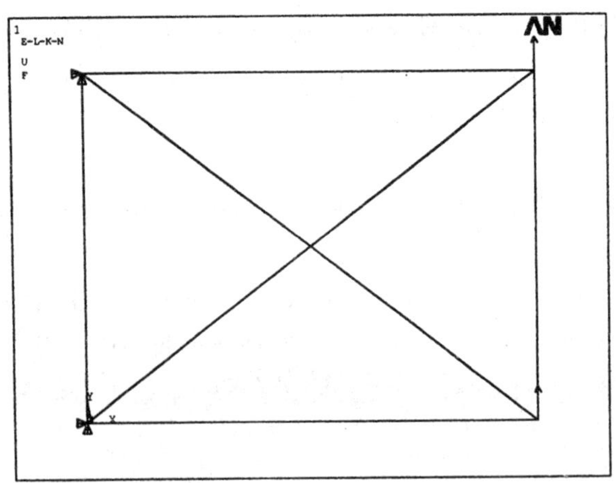

图 5-8 有限元模型

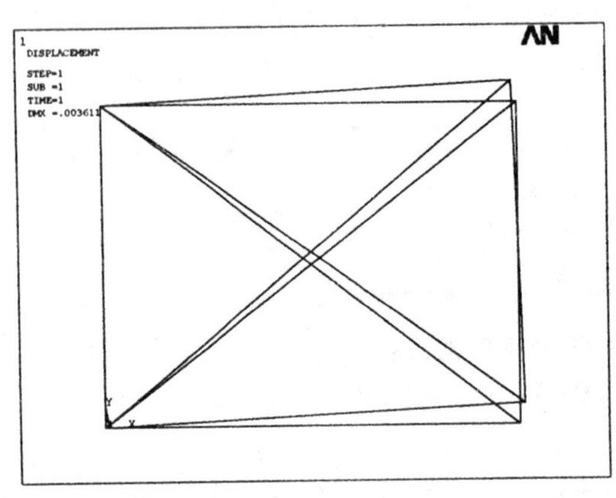

图 5-9 桁架结构变形

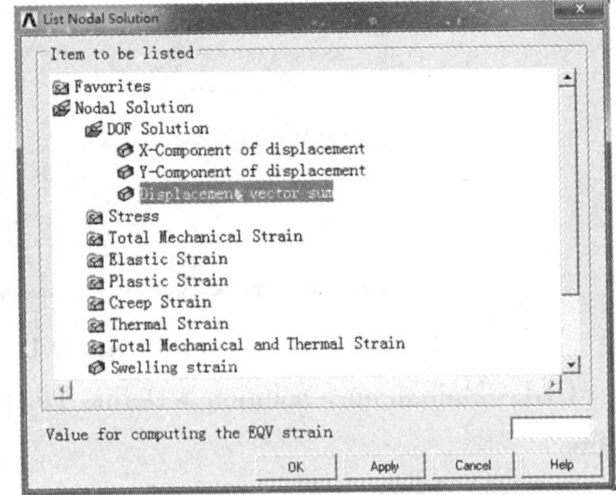

图 5-10 List Nodal Solution 对话框

(15) 显示桁架变形图

GUI：Main Menu > General Postproc > Plot Results > Deformed Shape

在弹出的窗口中选择 Def + undeformed，单击 OK。加载变形后的效果图和未加载前的效果图显示在绘图区域，如图 5-9 所示。

(16) 列表显示节点解

GUI：MainMenu > General Postproc > List Results > Nodal Solution

执行该命令后会弹出一个对话框，在这个对话框中，用户可以查看感兴趣的物理量，这里列表显示所有的位移解。单击 DOF Solution，选择 Displacement vector sum，单击 OK。其设置如图 5-10 所示。

完成设置后，系统将列出各节点的各方向及总的位移，并显示最大位移量的节点编号，如图 5-11 所示。

(17) 存盘，退出 ANSYS 程序

上述分析步骤对应的命令流如下：

```
/COM, Structural
/PREP7
ET, 1, LINK1
```

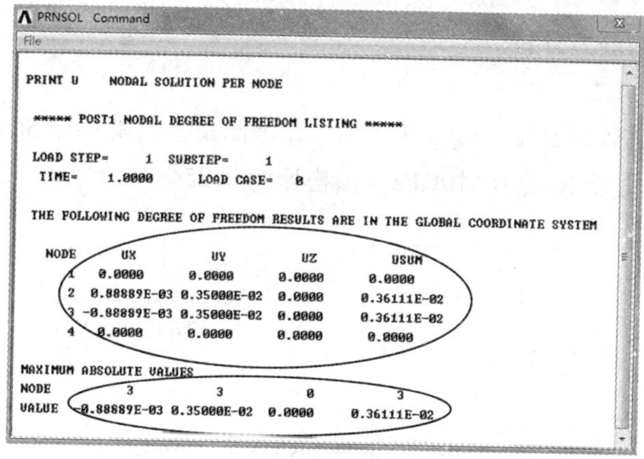
```
PRINT U    NODAL SOLUTION PER NODE

***** POST1 NODAL DEGREE OF FREEDOM LISTING *****

LOAD STEP=     1  SUBSTEP=     1
 TIME=    1.0000      LOAD CASE=   0

THE FOLLOWING DEGREE OF FREEDOM RESULTS ARE IN THE GLOBAL COORDINATE SYSTEM

  NODE       UX            UY           UZ          USUM
     1   0.0000        0.0000       0.0000       0.0000
     2   0.88889E-03  0.35000E-02  0.0000       0.36111E-02
     3  -0.88889E-03  0.35000E-02  0.0000       0.36111E-02
     4   0.0000        0.0000       0.0000       0.0000

MAXIMUM ABSOLUTE VALUES
NODE           3            3            0            3
VALUE   -0.88889E-03  0.35000E-02  0.0000       0.36111E-02
```

图 5-11　列表显示的节点解的结果

```
R, 1, 1,,
MP, EX, 1, 3e7
MP, PRXY, 1, 0.3
K, 1, 0, 0, 0,
K, 2, 20, 0, 0,
K, 3, 20, 15, 0,
K, 4, 0, 15, 0,
LSTR, 1, 2
LSTR, 2, 3
LSTR, 3, 4
LSTR, 4, 1
LSTR, 1, 3
LSTR, 4, 2
LESIZE, ALL,,, 1, 1, 1,,, 1,
LMESH, ALL
FINISH
/SOL
DK, 1, ALL,
DK, 4, ALL,
FK, 2, FY, 1000
FK, 3, FY, 1000
SOLVE
FINISH
/POST1
PLDISP, 1
PRNSOL, U, COMP
SAVE
FINISH
```

5.3.2 实例二：板的静力分析

5.3.2.1 问题描述

如图 5-12 所示的平面钢板，板厚 0.01m，左端固定，右端作用 50kPa 的均布载荷，试对其进行静力分析。杨氏模量为 210GPa，泊松比为 0.25。

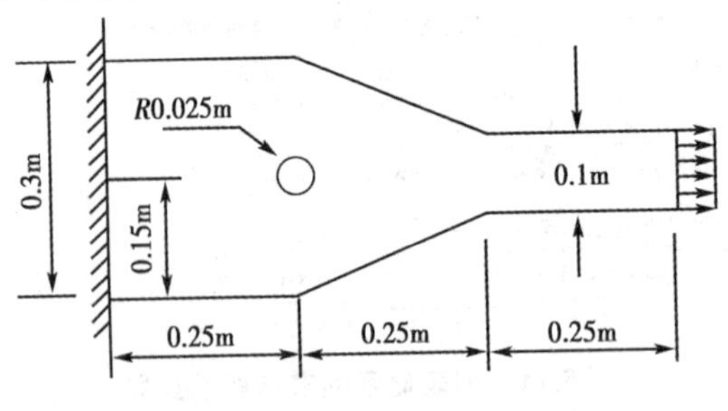

图 5-12 平面钢板示意图

5.3.2.2 分析步骤

（1）启动 ANSYS，进入 ANSYS 界面

（2）定义工作文件名

GUI：Utility Menu > File > Change Jobname

单击 Utility Menu 菜单下 File 中的 Change Jobname 按钮，会弹出 Change Jobname 对话框，输入 Plane 作为工作文件名，单击 OK。

（3）定义分析标题

GUI：Utility Menu > File > Change Title

在弹出的对话框中，输入 Plane Model 作为分析标题，单击 OK。

（4）重新显示

GUI：Utility Menu > Plot > Replot

单击该按钮后，所命名的分析标题和工作文件名会出现在 ANSYS 窗口中。

（5）选择分析类型

在弹出的对话框中，选择分析类型，由于此例属于结构分析，故选择 Structural 这一项，单击 OK。

（6）定义单元类型

GUI：Main Menu > Preprocessor > Element Type > Add/Edit/Delete

单击弹出对话框中的 Add 按钮，弹出单元库对话框，在材料的单元库中选择 Plane82 单元。即在左侧栏中选取 Solid 单元，在右侧栏中选择 8 节点的 82 单元。然后单击 OK。

（7）选择分析类型

定义完单元类型后，Element Types 对话框中的 Options 按钮被激活，单击后弹出一个对话框，在 Element behavior 中选择 Plane strs w/thk，在 Extra element output 中，选择 Nodal stress。单击 OK，最后单击 Close，关闭单元类型对话框。

（8）定义实常数

GUI：Main Menu > Preprocessor > Real Constants > Add/Edit/Delete

执行该命令后，在弹出的 Real Constants 对话框中单击 Add 按钮，确认单元无误后，单击 OK，弹出 Real Constant Set Number1，for Plane82 对话框，在 Thickness 后面输入板的厚度 0.01。单击 OK，单击 Close。

（9）定义力学参数

GUI：Main Menu > Preprocessor > Material Props > Material Models

在弹出的对话框中右边一栏依次双击 Structural、Linear、Elastic、Isotropic，弹出定义材料属性对话框，在 EX 后输入杨氏模量 2.1e11，在 PRXY 后面输入泊松比 0.25。单击 OK，然后关闭定义材料属性对话框。

（10）存盘

GUI：ANSYS Toolbar > SAVE_ DB

（11）定义关键点

GUI：Main Menu > Preprocessor > Modeling > Create > Keypoints > In Active CS

分别定义关键点1（0，-0.15，0），关键点2（0.25，-0.15，0），关键点3（0.5，-0.05，0），关键点4（0.75，-0.05，0），关键点5（0.75，0.05，0），关键点6（0.5，0.05，0），关键点7（0.25，0.15，0），关键点8（0，0.15，0）。

（12）建立直线

GUI：Main Menu > Preprocessor > Modeling > Create > Lines > Lines > Straight Line

在关键点1和2，2和3，3和4，4和5，5和6，6和7，7和8，8和1之间建立直线。生成结果如图5-13所示。

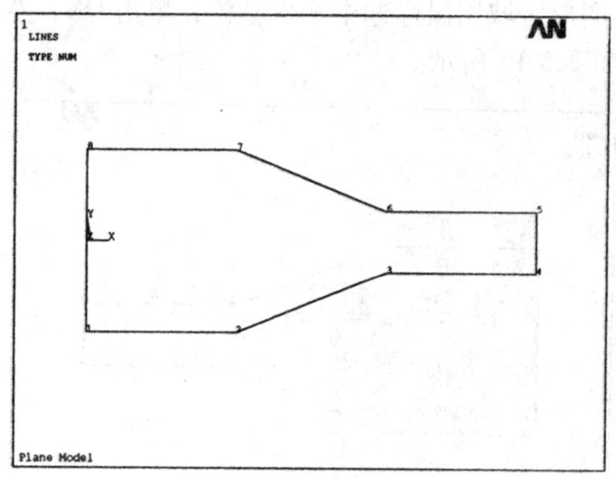

图5-13　创建关键点和线

（13）建立平面

GUI：Main Menu > Preprocessor > Modeling > Create > Areas > Arbitrary > By Lines

执行该命令后，弹出一拾取对话框，分别拾取生成的8条直线。单击 OK。在绘图区域生成一个平面。如图5-14所示。

（14）显示工作平面

GUI：Utility > WorkPlane > Display Working Plane

工作平面坐标显示在绘图区域中。

（15）移动工作平面

GUI：Utility > WorkPlane > Offset WP by Increments

执行该命令后，弹出 Offset WP 对话框，在 X，Y，Z Offsets 中输入0.25，0，0，单击 OK，工作平面坐标移动到（0.25，0，0）位置。

（16）创建圆

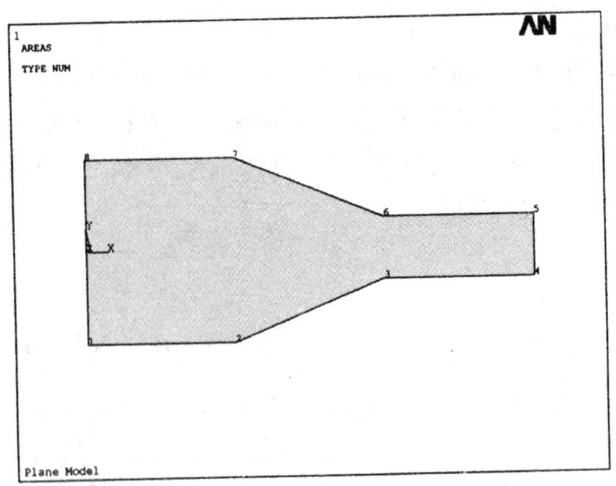

图 5-14 创建平面

GUI：Main Menu > Preprocessor > Modeling > Create > Areas > Circle > Solid Circle

在弹出的对话框中输入 WP X = 0，WP Y = 0，Radius = 0.025，单击 OK。

(17) 布尔操作

GUI：Main Menu > Preprocessor > Modeling > Operate > Booleans > Subtract > Areas

执行该命令后，在图形区域用鼠标选中平板基体，单击 OK，然后选择绘制的实体圆，单击 OK，得到的图形如图 5-15 所示。

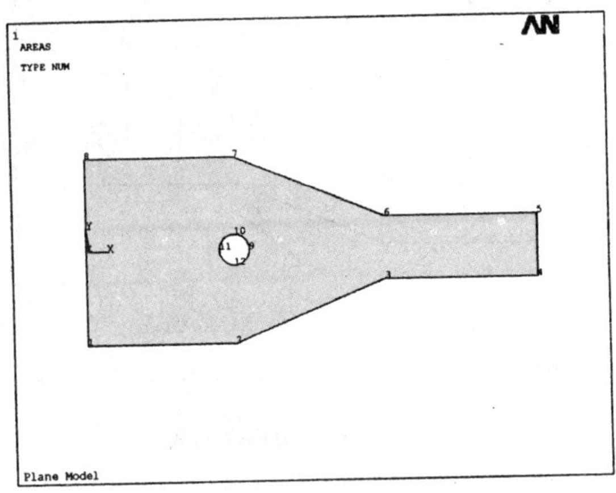

图 5-15 实体模型

(18) 存盘

GUI：ANSYS Toolbar > SAVE_ DB

(19) 划分网格

GUI：Main Menu > Preprocessor > Meshing > MeshTool

执行该命令后，在弹出的对话框中单击 Global 后面的 Set，弹出 Global Element Size 对话框，将 Element edge length 设置为 0.01，单击 OK 回到 Mesh Tool 对话框中，然后单击 Mesh，弹出一个拾取对话框，单击 Pick All。划分网格后的结果如图 5-16 所示。

(20) 存盘

GUI：ANSYS Toolbar > SAVE_ DB

(21) 施加载荷

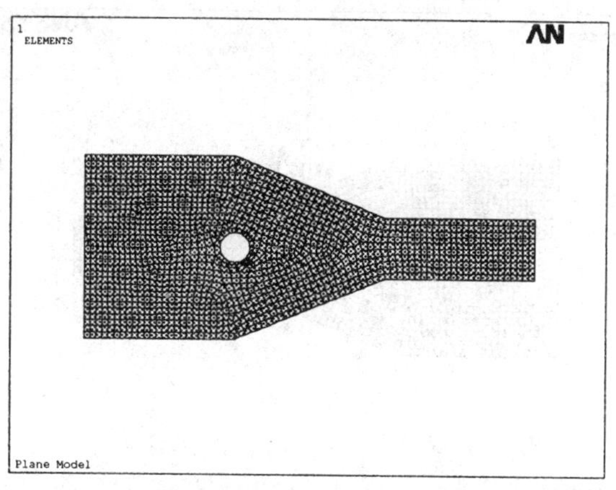

图 5-16　生成有限元网格

GUI：Main Menu > Solution > Define Loads > Apply > Structural > displacement > On Lines

执行该命令后会弹出一个选取对话框，在绘图区域选取最左端的直线，单击 OK，在弹出的对话框中选择 All DOF，限制所有的自由度。单击 OK。

GUI：Main Menu > Solution > Define Loads > Apply > Structural > Pressure > On Lines

执行该命令后会弹出一个选取对话框，在图形上选取最右端的直线，单击 OK，会再弹出一个对话框，如图 5-17 所示，在 Load PRES value 后面输入 -50000，单击 OK。生成结果如图 5-18 所示。

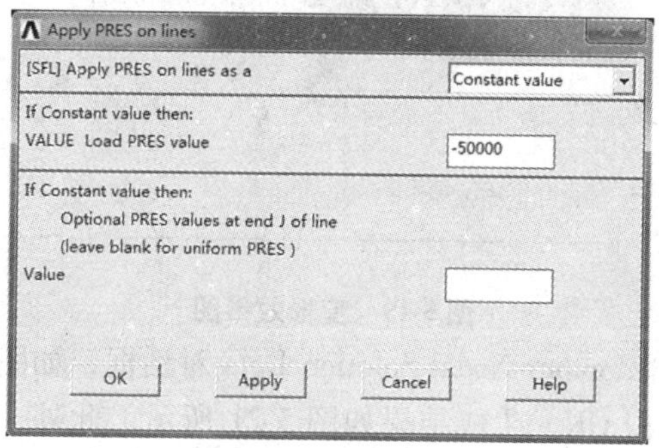

图 5-17　Apply PRES on lines 对话框

（22）求解运算

GUI：Main Menu > Solution > Solve > Current LS

在弹出的对话框中单击 OK，ANSYS 程序开始进行计算，当计算完成后，程序会弹出一条信息框，提示求解已经完成。单击 Close，关闭该窗口。

（23）显示钢板变形图

GUI：Main Menu > General Postproc > Plot Results > Deformed Shape

在弹出的窗口中选择 Def + undeformed，单击 OK。加载变形后的效果图和未加载前的效果图显示在绘图区域，如图 5-19 所示。

（24）显示应力云图

GUI：Main Menu > General Postproc > Plot Results > Contour Plot > Nodal Solu

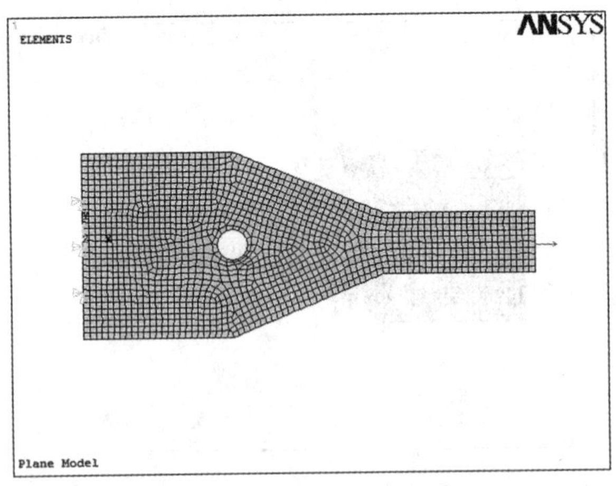

图 5-18　加载后的结果显示

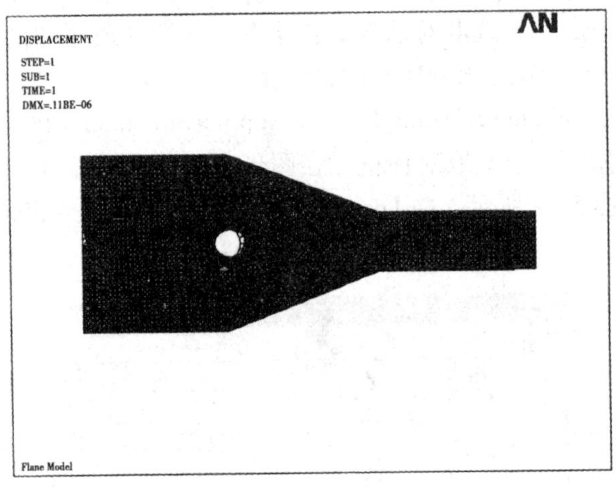

图 5-19　变形效果图

执行该命令后，弹出 Contour Nodal Solution Data 对话框，如图 5-20 所示，单击 Stress，选择 von Mises stress，单击 OK。生成结果如图 5-21 所示。此外，用户还可以查看各个方向的应变、各个方向的应力以及三个主应力。这里不再一一赘述。

（25）存盘，退出 ANSYS 程序

上述分析步骤对应的命令流如下：

```
/TITLE, Plane Model
/PREP7
ET, 1, PLANE82
KEYOPT, 1, 3, 3
KEYOPT, 1, 5, 2
KEYOPT, 1, 6, 0
R, 1, 0.01,
MP, EX, 1, 2.1e11
MP, PRXY, 1, 0.25
K, 1, 0, -0.15, 0
```

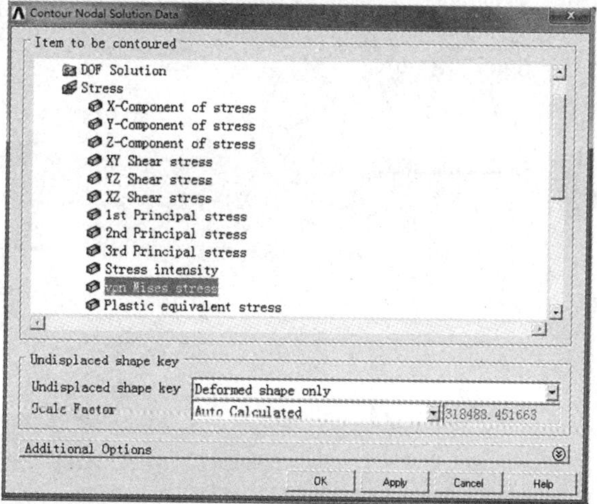

图5-20 Contour Nodal Solution Data 对话框

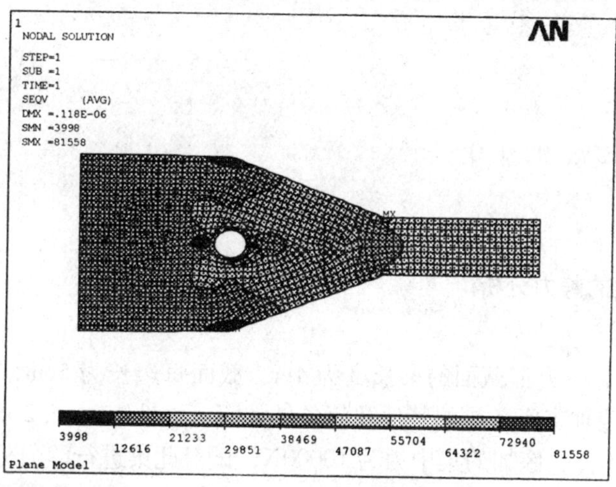

图5-21 应力分布彩色云图

```
K, 2, 0.25, -0.15, 0
K, 3, 0.5, -0.05, 0
K, 4, 0.75, -0.05, 0
K, 5, 0.75, 0.05, 0
K, 6, 0.5, 0.05, 0
K, 7, 0.25, 0.15, 0
K, 8, 0, 0.15, 0
LSTR, 1, 2
LSTR, 2, 3
LSTR, 3, 4
LSTR, 4, 5
LSTR, 5, 6
LSTR, 6, 7
LSTR, 7, 8
```

```
LSTR, 8, 1
AL, 1, 2, 3, 4, 5, 6, 7, 8
WPSTYLE,,,,,,,, 1
wpoff, 0.25, 0, 0
CYL4, 0, 0, 0.025
ASBA, 1, 2
ESIZE, 0.01, 0,
AMESH, ALL
FINISH
/SOL
DL, 8,, ALL,
SFL, 4, PRES, -50000,
SOLVE
FINISH
/POST1
PLDISP, 1
PLNSOL, S, EQV, 0, 1.0
SAVE
FINISH
```

5.3.3 实例三：梁的静力分析

5.3.3.1 问题描述

如图 5-22 所示，一方形截面的梁长度为 4m，截面每边长为 5cm，在梁的两端有固定约束，中点处有一辊轴支座。梁的其他几何条件如下：惯性矩 $I=5.2\times10^{-7}m^4$，杨氏模量 $3\times10^{11}Pa$，泊松比 0.3，施加的集中力为 10000N，试对此梁进行静力分析。

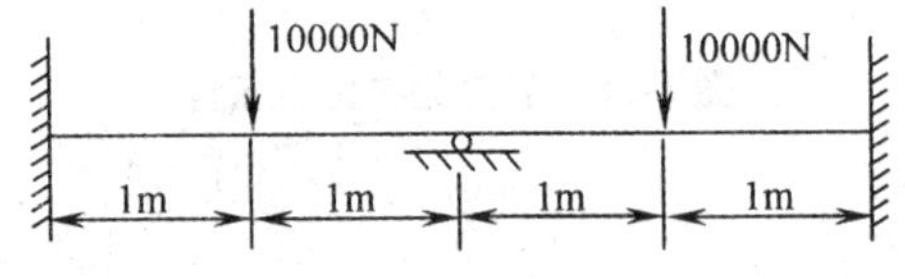

图 5-22 梁的示意图

5.3.3.2 分析步骤

（1）启动 ANSYS，进入 ANSYS 界面

（2）定义工作文件名

GUI：Utility Menu > File > Change Jobname

单击 Utility Menu 菜单下 File 中的 Change Jobname 按钮，会弹出 Change Jobname 对话框，输入 Beam 作为工作文件名，单击 OK。

（3）定义分析标题

GUI：Utility Menu > File > Change Title

在弹出的对话框中，输入 Beam Model 作为分析标题，单击 OK。

（4）重新显示

GUI：Utility Menu > Plot > Replot

单击该按钮后，所命名的分析标题和工作文件名会出现在 ANSYS 图形窗口中。

（5）选择分析类型

在弹出的对话框中，选择 Structural 这一项，单击 OK。

（6）定义单元类型

GUI：Main Menu > Preprocessor > Element Type > Add/Edit/Delete

单击弹出对话框中的 Add 按钮，弹出单元库对话框，在材料的单元库中选择 Beam3 单元。即在左侧的栏中选取 Beam 单元，在右侧栏中选择 2D elastic 3，然后单击 OK。关闭单元类型对话框。

（7）定义实常数

GUI：Main Menu > Preprocessor > Real Constants > Add/Edit/Delete

执行该命令后，在弹出的 Real Constants 对话框中单击 Add 按钮，确认单元无误后，单击 OK，弹出 Real Constants for BEAM3 对话框，如图 5-23 所示，输入梁的参数：在 AREA 中输入梁的截面面积 2.5e－005；在 IZZ 中输入惯性矩 5.2e－007；在 HEIGHT 中输入梁的高度 5e－2。单击 OK，单击 Close。

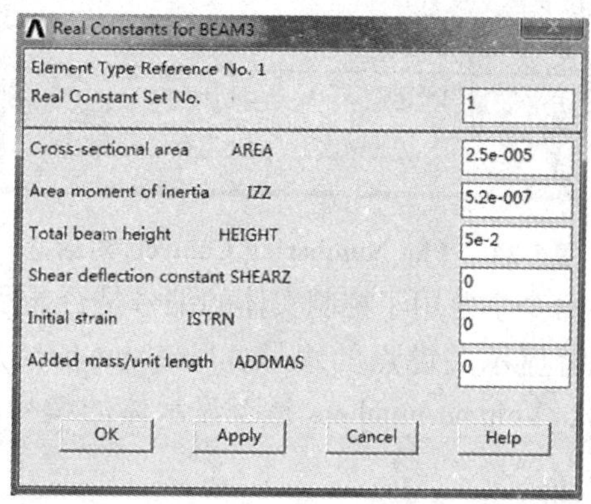

图 5-23　Real Constants for BEAM3 对话框

（8）定义材料属性

GUI：Main Menu > Preprocessor > Material Props > Material Models

在弹出的对话框中右边一栏双击 Structural、Linear、Elastic、Isotropic，弹出定义材料属性对话框，在 EX 后输入杨氏模量 3e11，在 PRXY 后面输入泊松比 0.3。单击 OK，然后关闭定义材料属性对话框。

（9）存盘

GUI：ANSYS Toolbar > SAVE_ DB

（10）定义关键点

GUI：Main Menu > Preprocessor > Modeling > Create > Keypoints > In Active CS

在弹出的对话框中定义关键点 1（0，0，0）和关键点 2（4，0，0）。

（11）建立直线

GUI：Main Menu > Preprocessor > Modeling > Create > Lines > Lines > Straight Line

在关键点 1 和 2 之间建立直线。

（12）划分网格

GUI：Main Menu > Preprocessor > Meshing > MeshTool

执行该命令后，在弹出的对话框中单击 Globe 后面的 Set，弹出 Globe Element Size 对话框，将 Element edge length 设置为 0.2，单击 OK 回到 Mesh Tool 对话框中，然后单击 Mesh，弹出一个拾取对话框，单击 Pick All。

(13) 显示节点编号

GUI：Utility Menu > Plotctrls > Numbering

执行该命令后，会弹出如图 5-24 所示的 Plot Numbering Controls 对话框，在 Node numbers 单击其后面的 Off，使之变成 On，单击 OK。

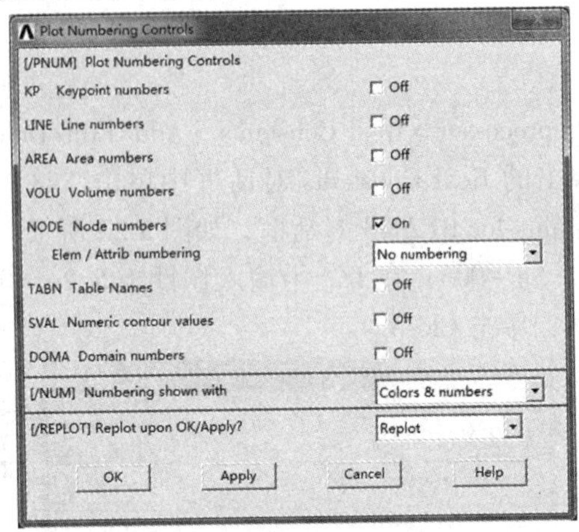

图 5-24 Plot Numbering Controls 对话框

功能介绍：Numbering 命令主要用于控制实体的编号是否显示，以及以何种方式显示，其中，Keypoint numbers 是否显示关键点的编号，Line numbers 是否显示线的编号，Area numbers 是否显示面的编号，Volume numbers 是否显示体的编号，Node numbers 是否显示节点的编号。

(14) 显示节点

GUI：Utility Menu > Plot > Nodes

执行完该命令后，在绘图区域会显示本例中划分完网格后生成的所有节点。

(15) 存盘

GUI：ANSYS Toolbar > SAVE_ DB

(16) 施加载荷

GUI：Main Menu > Solution > Define Loads > Apply > Structural > displacement > On Nodes

执行该命令后会弹出一个选取对话框，选取节点 1 和 2，单击 OK，在弹出的对话框中选择 All DOF，限制所有的自由度。单击 Apply。在图形区域拾取节点 12，单击 OK，在弹出的对话框中选择 UY，限制 Y 方向的自由度。单击 OK。

GUI：Main Menu > Solution > Define Loads > Apply > Structural > Force/Moment > On Nodes

执行该命令后会弹出一个选取对话框，选取节点 7 和 17，单击 OK，会弹出一个对话框，在集中力方向栏中选择 FY，值中输入 -10000，单击 OK。

(17) 显示单元

GUI：Utility Menu > Plot > Elements

执行该命令后，显示如图 5-25 所示。

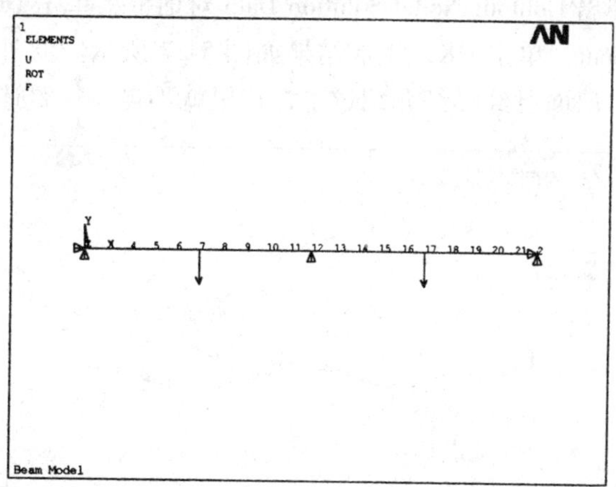

图 5-25　梁的有限元模型

（18）求解运算

GUI：Main Menu > Solution > Solve > Current LS

关闭信息窗口，在弹出的对话框中单击 OK，ANSYS 程序开始进行计算，当计算完成后，程序会弹出一条信息框，提示求解已经完成。单击 Close，关闭该窗口。

（19）取消节点编号显示

GUI：Utility Menu > Plotctrls > Numbering

执行该命令后，会弹出 Plot Numbering Controls 对话框，在 Node Numbers 单击其后面的 On，使之变成 Off，单击 OK。

（20）显示变形图

GUI：Main Menu > General Postproc > Plot Results > Deformed Shape

在弹出的窗口中选择 Def + undeformed，单击 OK。加载变形后的效果图和未加载前的效果图显示在绘图区域，如图 5-26 所示。

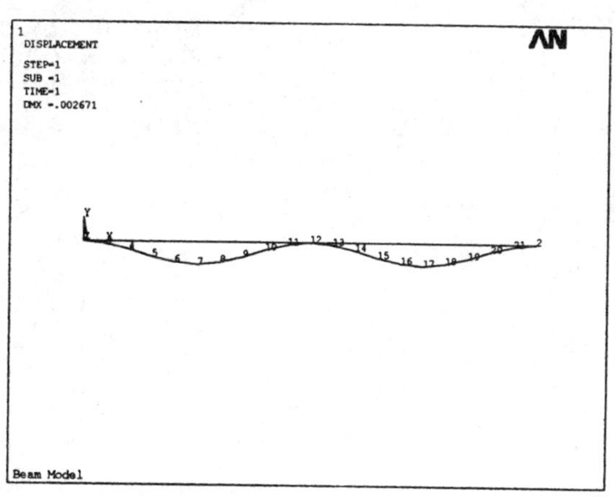

图 5-26　梁的变形图

（21）显示位移彩色云图

GUI：Main Menu > General Postproc > Plot Results > Contour Plot > Nodal Solu

执行该命令后，弹出 Contour Nodal Solution Data 对话框，单击 DOF Solution，选择 Y - Component of displacement，单击 OK。生成结果如图 5-27 所示。此外，用户还可以列表查看各个节点的具体解，前面已经详细介绍过了，这里就不再一一赘述。

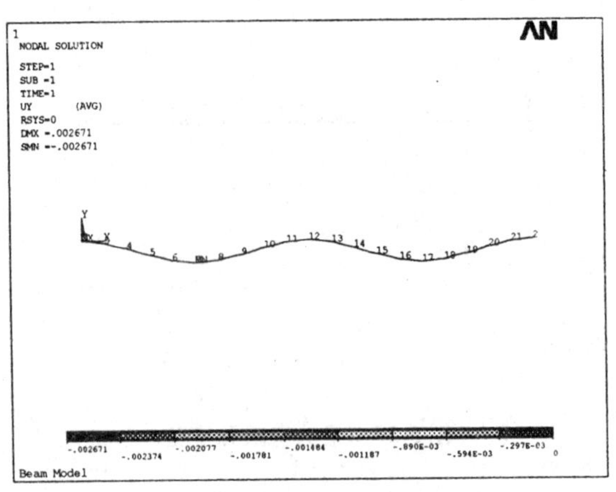

图 5-27 位移彩色云图显示

(22) 存盘，退出

上述分析步骤对应的命令流如下：

```
/TITLE, Beam Model
/COM, Structural
/PREP7
ET, 1, BEAM3
R, 1, 2.5e-5, 5.2e-7, 5e-2
MP, EX, 1, 3e11
MP, PRXY, 1, 0.3
K, 1, 0, 0, 0,
K, 2, 4, 0, 0,
LSTR, 1, 2
ESIZE, 0.2, 0,
LMESH, All
/PNUM, NODE, 1
NPLOT
FINISH
/SOL
D, 1, ALL
D, 2, ALL
D, 12, UY
F, 7, FY, -10000
F, 17, FY, -10000
SOLVE
FINISH
```

```
/POST1
PLDISP, 1
PLNSOL, U, Y, 0, 1.0
SAVE
FINISH
```

5.3.4 实例四：受函数载荷的轴承的静力分析

5.3.4.1 问题描述

如图5-28所示的固定套筒，受余弦分布载荷作用，其方向如图所示，其内径为0.1m，外径0.12m，轴承高度0.05m，在其内径处受余弦载荷作用，杨氏模量为2.06×10^{11}Pa，泊松比0.29，密度为$7.85\times10^{3}kg/m^{3}$。试作其静力分析。

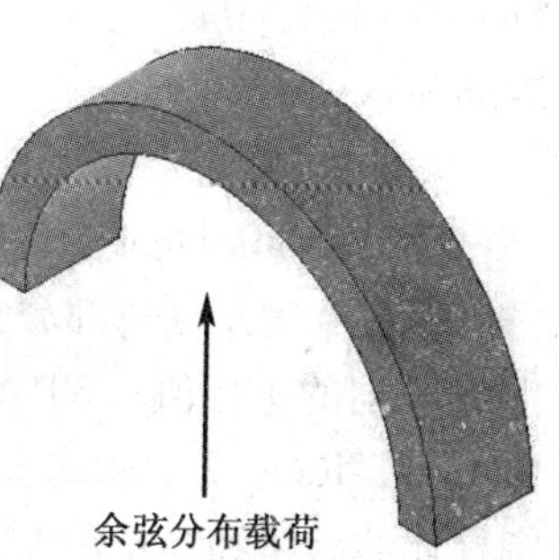

图5-28 固定装置示意图

5.3.4.2 分析步骤

（1）启动ANSYS，进入ANSYS界面

（2）定义工作文件名

GUI：Utility Menu > File > Change Jobname

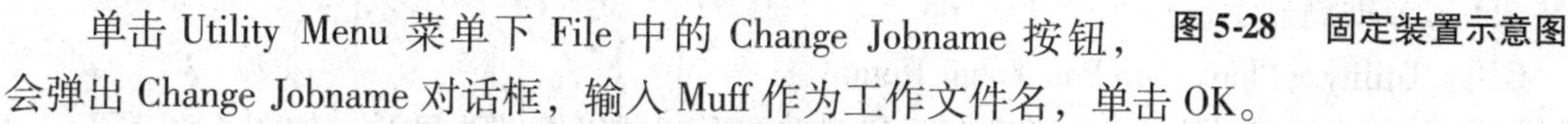

单击Utility Menu菜单下File中的Change Jobname按钮，会弹出Change Jobname对话框，输入Muff作为工作文件名，单击OK。

（3）定义分析标题

GUI：Utility Menu > File > Change Title

在弹出的对话框中，输入Muff Analysis作为分析标题，单击OK。

（4）重新显示

GUI：Utility Menu > Plot > Replot

单击该按钮后，所命名的分析标题和工作文件名会出现在ANSYS图形窗口中。

（5）选择分析类型

在弹出的对话框中，选择Structural这一项，单击OK。

（6）定义单元类型

GUI：Main Menu > Preprocessor > Element Type > Add/Edit/Delete

单击弹出对话框中的Add按钮，弹出单元库对话框。由于在本例中要使用体扫掠网格划分，所以要定义两个单元类型。在材料的单元库中左侧栏中选取Solid单元，在右侧栏中选择Quad 4node 42。然后单击Apply。然后在左侧栏中仍旧选择Solid单元，在右侧栏中选择Brick 8node 45。单击OK。关闭单元类型对话框。

（7）定义力学参数

GUI：Main Menu > Preprocessor > Material Props > Material Models

在弹出的定义材料属性对话框中右边一栏依次双击Structural、Linear、Elastic、Isotropic，在随后弹出的对话框中输入杨氏模量2.06e11，泊松比0.29，单击OK。然后双击Density，在弹出的窗口中输入密度7.85e3，单击OK。关闭材料属性对话框。

（8）存盘

GUI：ANSYS Toolbar > SAVE_ DB

（9）显示、旋转工作平面

为了划分网格方便，在这里先将工作平面旋转。

GUI：Utility Menu > WorkPlane > Display Workplane

GUI：Utility Menu > WorkPlane > Offset WP by Increments

会弹出 Offset 对话框，在 XY，YZ，ZX Angles 下面的输入栏中输入 0，90，0，然后单击 OK。

（10）建立模型

GUI：Main Menu > Preprocessor > Modeling > Create > Volumes > Cylinder > Partial Cylinder

执行该命令后，在弹出的对话框中作如下输入：WP X = 0，WP Y = 0，Rad - 1 = 0.1，Theta - 1 = 0，Rad - 2 = 0.12，Theta - 2 = 180，Depth = 0.05，输入完成后单击 OK。如图 5-29 所示。

功能介绍：

GUI：Main Menu > Preprocessor > Modeling > Create > Volumes > Cylinder > Partial Cylinder

该命令用于创建部分圆柱体，其中，WP X 表示部分空心圆柱体底面圆心在工作平面上 X 方向的坐标值；WP Y 表示部分空心圆柱体底面圆心在工作平面上 Y 方向的坐标值；Rad - 1，Rad - 2 表示部分空心圆柱体的内、外半径值；Theta - 1，Theta - 2 表示部分空心圆柱体的起始和终止角度；Depth 表示空心圆柱体的深度。

（11）等轴测显示模型

GUI：Utility > PlotCtrls > Pan Zoom Rotate

在弹出的菜单中单击 Iso，则建立的模型在图形区域以等轴测显示。如图 5-30 所示。

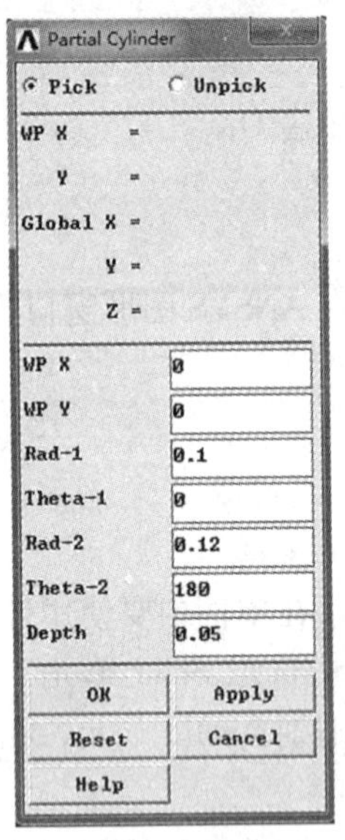

图 5-29 Partial Cylinder 对话框

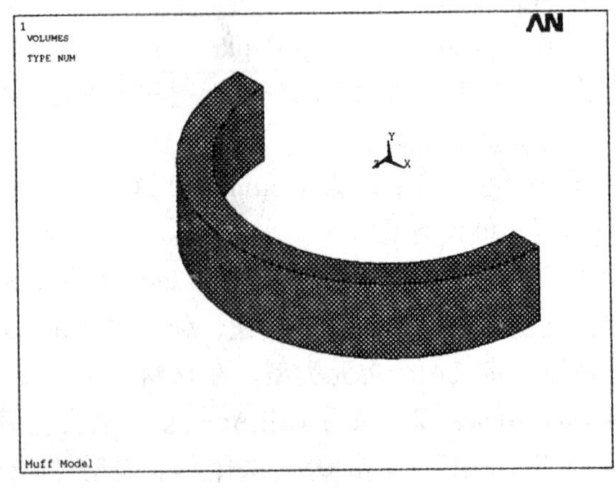

图 5-30 等轴测显示

（12）关闭工作平面

GUI：Utility Menu > WorkPlane > Display Working Plane

（13）划分源面的网格

① 定义源面网格大小。

GUI：Main Menu > Preprocessor > Meshing > Size Cntrls > ManaulSize > Lines > Picked Lines

执行该命令后，弹出一个拾取框，在图形区域拾取矩形边面的 4 条边线。单击 OK。

弹出 Element Size on Picked Lines 对话框，在 SIZE 后面的输入框中输入单元长度 0.01，单击 OK。

② 划分源面网格。

GUI：Main Menu > Preprocessor > Meshing > Mesh > Areas > Mapped > 3 or 4 sided

弹出一个拾取框，在图形区域拾取刚才那 4 条边线所围的面，单击 OK，则在图形区域显示出一个划分好网格的面，如图 5-31 所示。

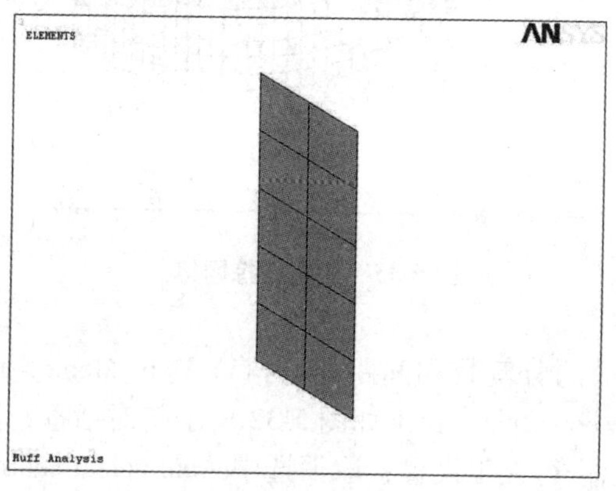

图 5-31　生成面网格

③ 显示所有。

GUI：Utility Menu > Plot > Multi – Plots

执行该命令后，在绘图区域显示整个实体。

（14）设置沿扫掠方向的分割数和间距比

GUI：Main Menu > Preprocessor > Meshing > Mesh > Volume Sweep > Sweep Opts

弹出一个对话框，选中头两项，将第三项取消选中，则下面的两个输入框被激活，在其中分别输入 50，0.5，单击 OK。如图 5-32 所示。

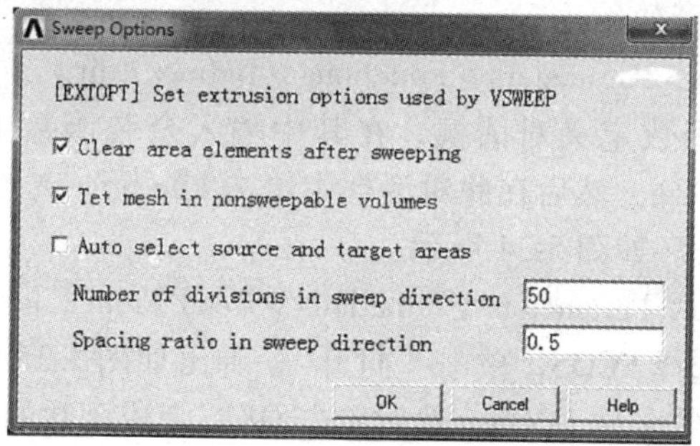

图 5-32　扫掠选项

（15）生成扫掠网格

GUI：Main Menu > Preprocessor > Meshing > Mesh > Volume Sweep > Sweep

弹出一个选取框，先选择体，单击 OK；然后选择已分好网格的源面，单击 OK；再选择另一个矩形面作为目标面，单击 OK。生成结果如图 5-33 所示。

功能介绍：生成体扫掠网格的步骤如下。

① 定义单元类型。需要定义两个单元类型，一个为体设置，一个为源面设置。

② 要扫掠的只有该体，且体单元满足几何拓扑要求，能够扫掠。

③ 设置源面尺寸。

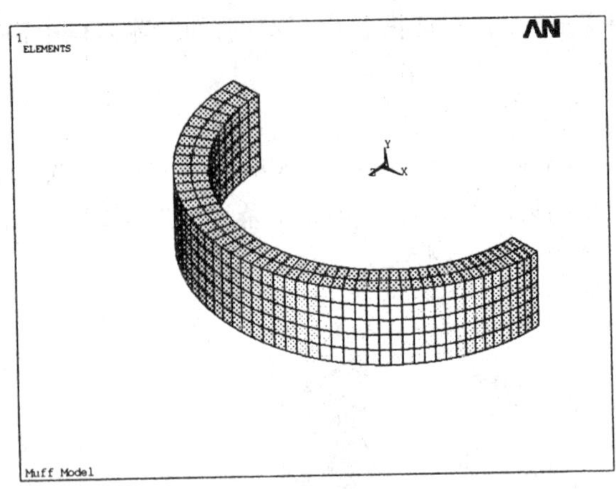

图 5-33 生成扫掠网格

④ 对源面划分网格。

⑤ 设置要沿扫掠方向的分割数和间距比。执行 Main Menu > Preprocessor > Meshing > Mesh > Volume Sweep > Sweep Opts，弹出如图 5-32 所示的对话框，默认设置是自动选择源面和目标源面。但也可以进行人工设置：取消选中 Auto select source and target areas 即可。Clear area element after sweeping 表示在体扫掠完成后是否删除源面单元。Tet mesh in non-sweepable volumes 表示如何处理不可扫掠体，打开表示用四面体来对其生成网格。最下面的两个输入框上面的表示沿扫掠方向的分割数，下面的表示间距比。

⑥ 选择 Main Menu > Preprocessor > Meshing > Mesh > Volume Sweep > Sweep 进行扫掠，执行该命令后，弹出拾取框，选择体，单击 OK。然后再选择源面，单击 OK。最后选择目标面，单击 OK。即可完成体扫掠。

(16) 存盘

GUI：ANSYS Toolbar > SAVE_ DB

(17) 定义余弦载荷函数

① GUI：Utility Menu > Parameters > Functions > Define/Edit

执行该命令后弹出函数定义对话框，在其中输入余弦函数 10000 * ABS ({X}) / SQRT ({X} ^2 + {Z} ^2)，然后在此对话框中单击 File > Save，保存文件名为 FCOS，完成后关闭函数编辑对话框。如图 5-34 所示。

② GUI：Utility Menu > Parameters > Functions > Read From File

在弹出的对话框中选择 FCOS，单击“打开”，弹出如图 5-35 所示的对话框，在 Table parameter name 输入表参数名称 FCOS，然后单击 OK。完成函数的定义。

(18) 选择模型内表面

GUI：Utility Menu > Select > Entities

在弹出的对话框中，上面选择 Areas，下面选择 By Num/Pick，单击 OK，弹出一个拾取框，在图形区域拾取模型内表面。单击 OK。

(19) 选择内表面上的所有节点

GUI：Utility Menu > Select > Entities

在弹出的对话框中，上面选择 Nodes，下面选择 Attached to，选择 Areas，all，单击 OK。

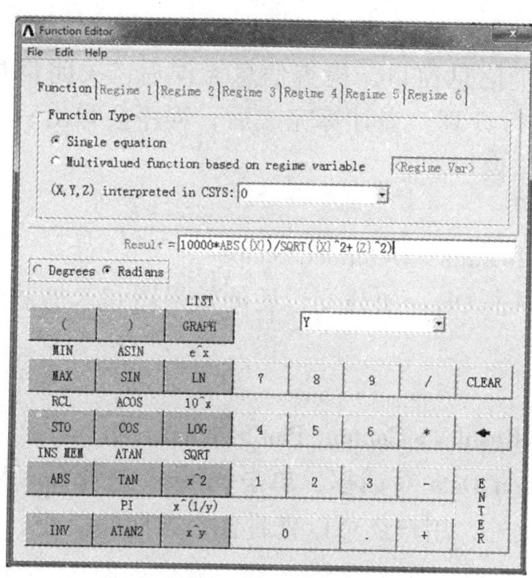

图 5-34　函数编辑对话框

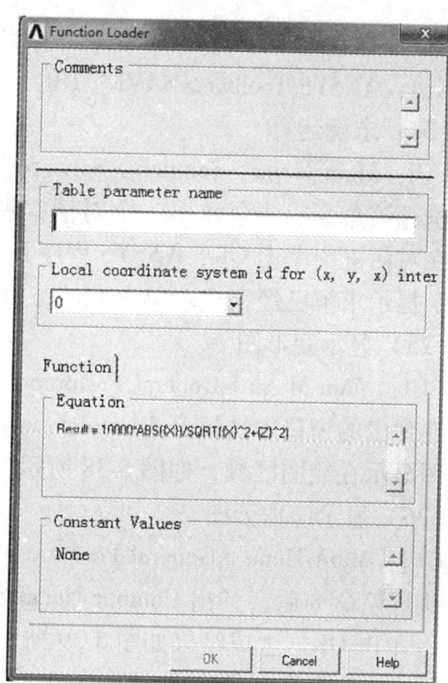

图 5-35　Function Loader 对话框

（20）施加载荷

GUI：MainMenu > Solution > Define Loads > Apply > Structural > Force/Moment > On Nodes

在弹出的对话框中，单击 Pick All，在弹出的对话框中选择 FZ 方向，在 Apply as 后面选择 Existing table，单击 OK，紧接着会弹出如图 5-36 所示的窗口，确认上下的函数载荷名称无误后，单击 OK。函数载荷即被加载。

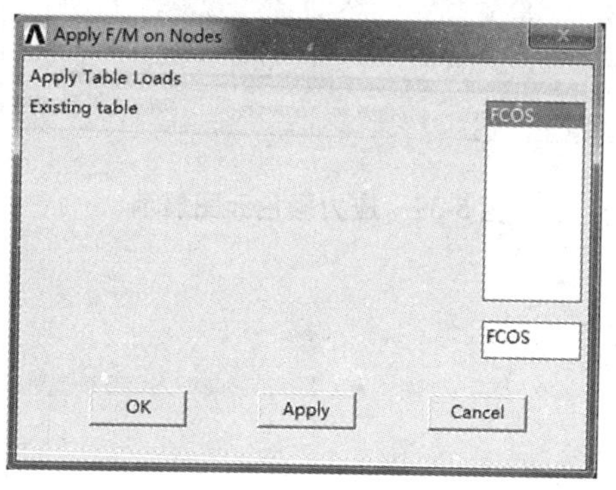

图 5-36　施加函数载荷

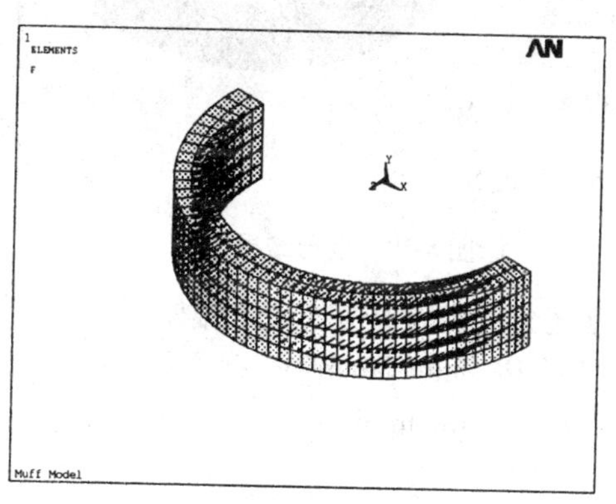

图 5-37　施加函数载荷后图形显示

（21）选择所有图元

GUI：Utility Menu > Select > Everything

选取可操作的所有图元，如图 5-37 所示。

（22）施加约束

GUI：Main Menu > Solution > Define Loads > Apply > Structural > Displacements > On Areas

弹出一个拾取框，在图形区域中选择两个矩形面，在随后弹出的对话框中选择所有的自由度 All DOF，单击 OK。

（23）存盘

GUI：ANSYS Toolbar > SAVE_ DB

（24）求解运算

GUI：Main Menu > Solution > Solve > Current LS

执行该命令后，会弹出一个对话框和一个信息窗口，检查信息无误后，关闭信息窗口，在对话框中单击 OK，ANSYS 程序开始进行计算，当计算完成后，程序会弹出一条信息框，提示求解已经完成。单击 Close，关闭该窗口。

（25）显示变形图

GUI：Main Menu > General Postproc > Plot Results > Deformed Shape

在弹出的窗口中选择 Def + undeformed，单击 OK。加载变形后的效果图和未加载前的效果图显示在绘图区域，如图 5-38 所示。

（26）显示应力云图

GUI：Main Menu > General Postproc > Plot Results > Contour Plot > Nodal Solu

执行该命令后，弹出 Contour Nodal Solution Data 对话框，单击 Stress，选择 von Mises stress，单击 OK。生成结果如图 5-39 所示。此外，用户还可以查看各个方向的应变、各个方向的应力以及 3 个主应力。

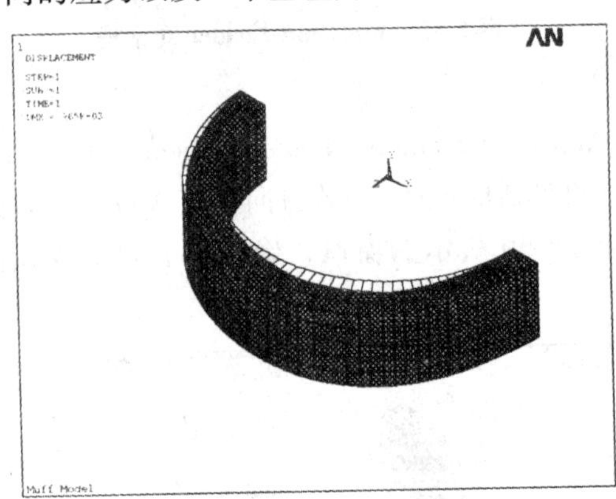

图 5-38 变形结果显示

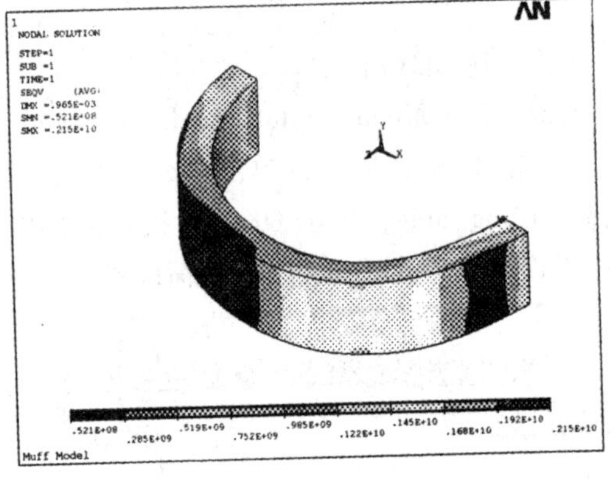

图 5-39 应力彩色云图显示

上述分析步骤对应的命令流如下：

```
/TITLE, Muff Model
/COM, Structural
/PREP7
ET, 1, PLANE42
ET, 2, SOLID45
MP, EX, 1, 2.06e11
MP, PRXY, 1, 0.29
MP, DENS, 1, 7850
WPSTYLE,,,,,,,, 1
wprot,, 90,
CYL4, 0, 0, 0.1, 0, 0.12, 180, 0.05
/VIEW, 1, 1, 1, 1
```

```
LESIZE, 3, 0.01,,,,,,, 1
LESIZE, 9, 0.01,,,,,,, 1
LESIZE, 6, 0.01,,,,,,, 1
LESIZE, 11, 0.01,,,,,,, 1
AMESH, 6
EXTOPT, ACLEAR, 1
EXTOPT, VSWE, TETS, 1
EXTOPT, VSWE, AUTO, 0
EXTOPT, ESIZE, 50, 0.5
VSWEEP, 1, 6, 5
! 定义余弦载荷函数
*DEL, _FNCNAME
*DEL, _FNCMTID
*DEL, _FNCCSYS
*SET, _FNCNAME, 'FCOS'
*SET, _FNCCSYS, 0
*DIM,%_FNCNAME%, TABLE, 6, 11, 1,,,,%_FNCCSYS%
*SET,%_FNCNAME% (0, 0, 1), 0.0, -999
*SET,%_FNCNAME% (2, 0, 1), 0.0
*SET,%_FNCNAME% (3, 0, 1), 0.0
*SET,%_FNCNAME% (4, 0, 1), 0.0
*SET,%_FNCNAME% (5, 0, 1), 0.0
*SET,%_FNCNAME% (6, 0, 1), 0.0
*SET,%_FNCNAME% (0, 1, 1), 1.0, -1, 15, 1, 2, 0, 0
*SET,%_FNCNAME% (0, 2, 1), 0.0, -2, 0, 10000, 0, 0, -1
*SET,%_FNCNAME% (0, 3, 1), 0, -3, 0, 1, -2, 3, -1
*SET,%_FNCNAME% (0, 4, 1), 0.0, -1, 0, 2, 0, 0, 2
*SET,%_FNCNAME% (0, 5, 1), 0.0, -2, 0, 1, 2, 17, -1
*SET,%_FNCNAME% (0, 6, 1), 0.0, -1, 0, 2, 0, 0, 4
*SET,%_FNCNAME% (0, 7, 1), 0.0, -4, 0, 1, 4, 17, -1
*SET,%_FNCNAME% (0, 8, 1), 0.0, -1, 0, 1, -2, 1, -4
*SET,%_FNCNAME% (0, 9, 1), 0.0, -1, 16, 1, -1, 0, 0
*SET,%_FNCNAME% (0, 10, 1), 0.0, -2, 0, 1, -3, 4, -1
*SET,%_FNCNAME% (0, 11, 1), 0.0, 99, 0, 1, -2, 0, 0
ASEL, S,,, 4
NSLA, S, 1
FINISH
/SOL
F, ALL, FZ,%FCOS%
ALLSEL, ALL
```

```
DA, 5, ALL,
DA, 6, ALL,
SOLVE
FINISH
/POST1
PLDISP, 1
PLNSOL, S, EQV, 0, 1.0
SAVE
FINISH
```

第6章 结构非线性分析

6.1 概 述

6.1.1 非线性分析的概念及分类

（1）非线性分析的定义

与线性分析相比，非线性分析中载荷与位移之间的关系已不是直线关系，而是曲线关系。非线性结构问题在日常生活中经常遇到。例如汽车的轮胎，它与路面的接触随着装载重量的变化而变化。

（2）非线性分析的分类

根据结构产生非线性变形的原因，可以分为如下3类。

① 状态非线性。因为结构所处状态的不同引起结构相应的非线性称为状态非线性，状态非线性的刚度随着系统状态的变化而变化。例如，一根只能拉伸的电缆可能是松弛的，也可能是张紧的；冻土可能是冻结的，也可能是融化的。在状态非线性问题中，接触是一种很普遍的非线性行为，是状态非线性分析的重要组成部分，例如轴承和轴套之间的接触部分（可能是接触的，也可能是非接触的）。ANSYS 支持3种接触方式：面－面接触、点－面接触、点－点接触，不同的接触类型有不同的接触特点。

② 几何非线性。如果结构经受大变形，变化的几何形状可能会引起结构的非线性响应，例如钓鱼杆，在轻微的垂向载荷（鱼的自重）作用下，会产生很大的变形。随着垂向载荷的增加，杆不断弯曲以至于动力明显减少，导致杆在渐高载荷下刚度不断增长。一般来说，随着位移的增长，一个有限单元已移动的坐标可以以多种方式改变结构的刚度，这类问题都属于几何非线性。常见的几何非线性分析有屈曲分析（研究结构或构件的平衡状态是否稳定等相关问题）、大应变分析（真实应变超过50%的塑性分析，称为大应变分析）、小应变大挠度分析等几类。

③ 材料非线性。即材料的应力－应变关系是非线性的，影响材料这种非线性关系的因素有加载历史（如弹－塑性响应）、环境状况（如温度）、加载的时间总量（如蠕变）等。ANSYS 中材料非线性分析能力主要包括弹塑性分析、超弹性分析、蠕变分析等。

6.1.2 非线性分析的特点和注意事项

（1）逐步递增载荷和平衡迭代

对于非线性问题，必须要采用一系列带校正的线性近似来求解，即将载荷分成一系列的载荷增量，用户可以在几个载荷步或者在一个载荷步的几个子步内施加载荷增量，在每一个增量求解完成后，继续进行下一个载荷增量之前，程序调整刚度矩阵以反映结构刚度的非线性变化。但这种方法会引起载荷增量积累误差，最终导致结果失去平衡。如图6-1

所示。

ANSYS软件通过引入牛顿–拉普森（简称NR）平衡迭代克服了这种困难，它迫使在每一个载荷增量的末端解达到平衡收敛。图6-2给出了在单自由度非线性分析中牛顿–拉普森平衡迭代的使用。在每次求解前，NR方法估算出残差矢量，这个矢量是回复力和所加载荷的差值。程序然后使用非平衡载荷进行线性求解，并且核查收敛性。如果不满足收敛准则，那么重新估算非平衡载荷，修改刚度矩阵，获得新解。持续这种迭代过程直到问题收敛。

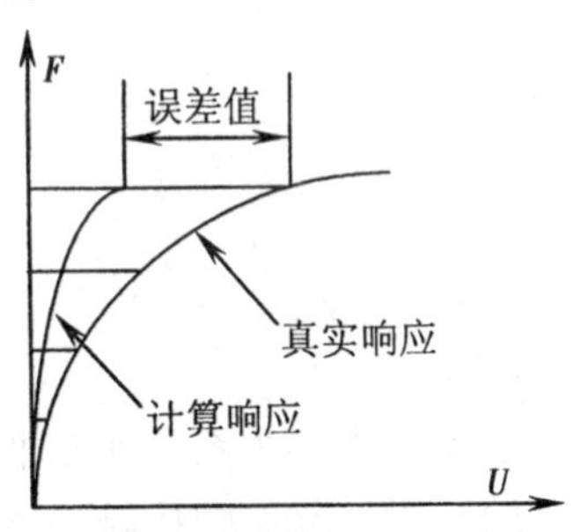

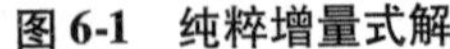

图6-1 纯粹增量式解

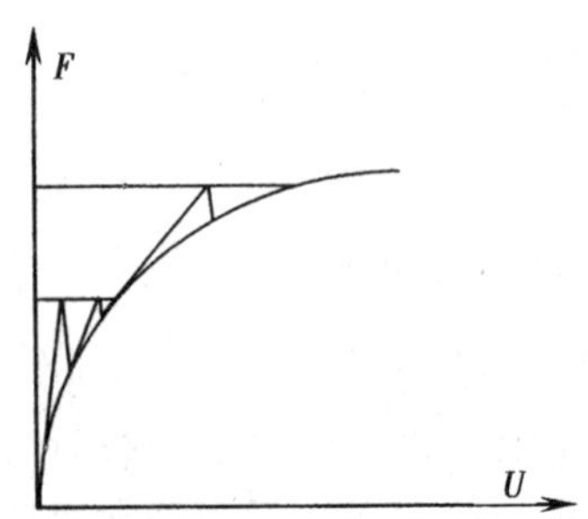

图6-2 牛顿–拉普森迭代求解（2个载荷增量）

ANSYS软件提供了一系列命令来增强问题的收敛性，如自适应下降（Adaptive descent）、线性搜索（line search）、自动载荷步（Automatic load stepping）及二分法（Bisection）等，它们可被激活来加强问题的收敛性，如果不能得到收敛，那么软件将根据用户的设置继续执行，即继续计算下一个载荷步或者终止运算。对于某些不稳定系统的非线性静态分析，如果仅仅用NR法，可能还达不到要求，此时用户可以采用另外一种迭代方法——弧长法（Arc–length method），来帮助求得稳定解。

（2）非线性求解的级别

在ANSYS程序中，非线性求解被分成3个操作级别：载荷步（load steps）、子步（substeps or time steps）和平衡迭代（equilibrium iterations）。

“顶层”级别由在一定“时间”范围内用户已明确定义的载荷步组成，在静态分析中，假定载荷在载荷步内是线性变化的。

在每一个载荷步内，为了逐步加载，可以控制程序来执行多次求解（子步或时间步）。

在每一个子步内，软件将进行一系列的平衡迭代以获得收敛解。

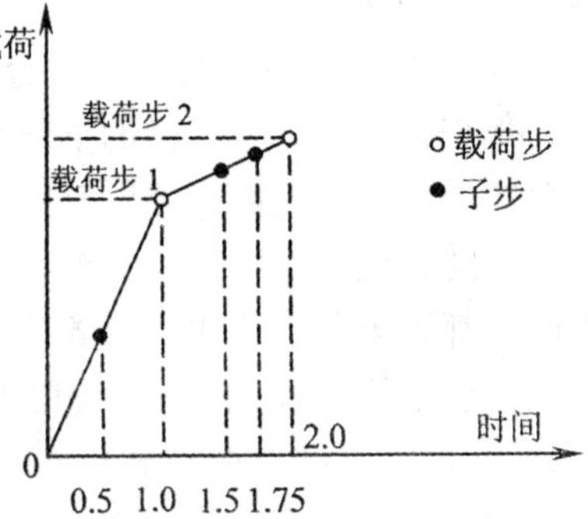

图6-3 载荷步、子步及时间

上述过程可以用图6-3来加以阐述。

（3）收敛误差

在平衡迭代过程中，用户要设置收敛的误差值，当迭代误差小于用户设置的值时，则终止迭代。在设置误差值之前，用户必须要确定收敛误差是建立在载荷、变形或者是联立二者的基础上，如果径向偏移比对应的平移要小，用户必须要确定是不是想对这些不同的项目建立不同的收敛准则等。

用户在确定收敛准则时，可以将收敛准则建立在力、力矩、位移、转动或这些项目的任意组合上，同时，每一个项目可以有不同的收敛误差值，对多自由度，用户同样有收敛准则的选择问题。

需要注意的是，在确定收敛准则时，以力为基础的收敛提供了收敛的绝对量值，而以位移为基础的收敛仅提供了表现收敛的相对量度。因此，用户应该总是使用以力为基础（或以力矩为基础）的收敛误差，如果需要也可以增加以位移为基础的收敛检查，但是最好不要单独使用以位移为基础的收敛检查，以防出错。

（4）保守系统和非保守系统

如果通过外载输入系统的总能量在载荷移去时复原，则这个系统是保守的。如果通过外载输入系统的总能量被系统消耗（如塑性变形），则这个系统是非保守的。

保守系统的分析是与过程无关的，即用户可以以任何顺序和任何数目的增量加载而不会影响最终的结果。

非保守系统的分析与过程有关，用户必须要紧随系统的实际加载历史，才能获得精确的解。同时，如果对于给定的载荷范围可能有多解时，这样的分析也可能是与过程相关的。过程相关问题通常要求缓慢加载，一直到最终的载荷值。

（5）子步

较多的子步能够得到较好的精度，但是它是以增加运行时间为代价的，ANSYS 提供了两种方法来控制子步。

① 子步数或时间步长。即用户可以指定实际的子步数，也可以通过指定时间步长来控制子步数。

② 自动时间步长。ANSYS 软件会根据结构的特性和系统的响应，自动检查时间步长。

（6）子步数

如果结构在其整个加载历史过程中显示出高度的非线性特点，而且用户也对结构的行为非常了解，以至于可以保证能够得到收敛的解，那么用户就可以自己来确定时间步长的大小，并且对所有的载荷步都可以使用同一时间步。

（7）自动时间步

ANSYS 程序基于结构的特性和系统的响应来调整时间步长。如果结构的行为从线性变化到非线性，或者想要在系统响应的非线性部分期间变化时间步长，可以激活自动时间分步以便随需要调整时间步长，获得精度和代价之间的良好平衡。如果不能确保问题成功地收敛，则可以使用自动时间分步来激活 ANSYS 程序的二分法。

二分法提供了一种对收敛失败自动校正的方法。只要平衡迭代收敛失败，二分法将时间步长分成两半，然后从最后收敛的子步自动重新启动，如果已二分的时间步再次收敛失败，二分法将再次分割时间步长然后重新启动，持续这一过程直到获得收敛或达到最小时间步长。

（8）载荷与位移方向

当结构经历大变形时，应该考虑到载荷的变化。在许多情况中，无论结构如何变形，施加在系统中的载荷保持恒定的方向，如自重、集中载荷。而在另外一些情况中，力将改变方向，随着单元方向的改变而变化，如面载荷等。

ANSYS 程序对于这两种情况模型的建立，依赖于所施加的载荷类型。图 6-4 给出了恒定力和跟随力的示意图。

此外，在 ANSYS 程序大变形分析中并不修正节点坐标系的方向。因此计算出的位移

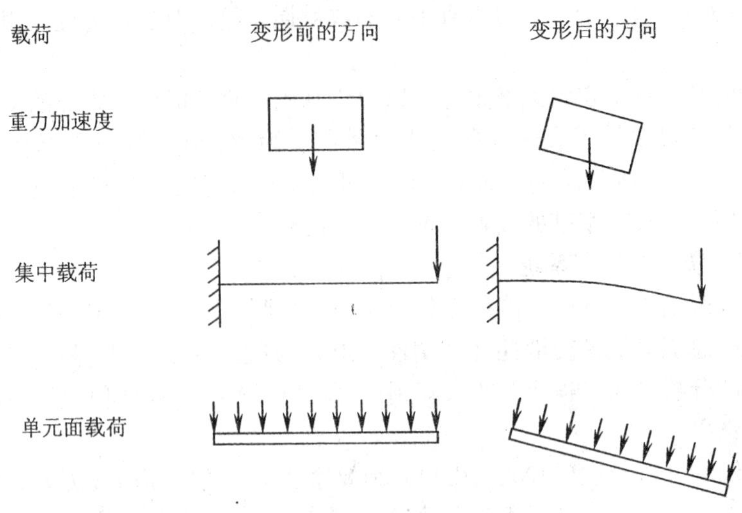

图 6-4　变形前后载荷的方向

将在最初的方向上输出。

（9）非线性瞬态分析过程

非线性瞬态过程行为的分析，与对非线性静态行为的处理类似：以步进增量加载，程序在每一步中进行平衡迭代。静态和瞬态分析处理的主要不同是在瞬态过程分析中要激活时间积分效应，因此在瞬态过程分析中“时间”总是表示实际的时序。自动时间分步和二等分特点同样也适用于瞬态过程分析。

（10）注意事项

通过比较小心地采用时间和方法，可以避免许多和一般非线性分析有关的困难，下面的建议和注意事项对于求解非线性问题是十分有益的。

① 了解程序的运作方式和结构的表现行为，如果以前没有使用过某一种特别的非线性特性，在将它用于大的、复杂的模型前，构造一个非常简单的模型（也就是仅包含少量单元），以确保理解如何处理这种特性。

② 在进行非线性分析时，要尽量简化最终的模型。

③ 采用足够的网格密度。

④ 逐步加载。对于非保守的与路径相关的系统，需要以足够小的增量施加载荷，以确保分析紧紧地跟随结构的载荷响应曲线。有时可以通过逐渐地施加载荷，提高保守系统的收敛特性，从而使所要求的 NR 平衡迭代次数最小。

⑤ 合理地使用平衡迭代。

6.2　分析步骤和要点提示

尽管非线性分析比线性分析更加复杂，但处理过程基本上相同，只是在分析过程中添加了需要的非线性特性。非线性分析的基本分析步骤主要有前处理和建模、加载和求解、后处理和检查结果。现分别作以介绍。

6.2.1　前处理和建模

在前处理阶段，首先要进行定义工作文件名，指定分析标题，定义单元类型、实常数及材料属性，然后建立几何模型并划分网格，生成一个有限元模型。这些都与线性分析十分相似，只是在非线性分析中可能包括特殊的单元或非线性材料性质。如果模型中包含大应变效应，则应力－应变数据必须根据真实应力和真实应变表示。

6.2.2　加载和求解

非线性分析与线性分析在这一步骤中有较大的差别，加载求解的步骤如下。

（1）定义分析类型和分析选项

分析类型和分析选项在第一个载荷步后执行“SOLVE”命令后，就不能被改变。ANSYS 提供的分析类型如表 6-1 所示。

表 6-1　分析类型和分析选项

选　项	命令	GUI（Main Menu > Solution > ）
New Analysis	ANTYPE	Analysis Type > New Analysis
Analysis Type：Static	ANTYPE	Analysis Type > New Analysis > Static
Large deform effects	NLGEOM	Anslysis Options
Stress stiffening effects	SSTIF	Anslysis Options
Newton－Raphson option	NROPT	Anslysis Options
Equation solver	EQSLV	Anslysis Options

对于表 6-1 中的分析类型，一般情况下，都使用 ANTYPE 进行新的分析。

对于产生大应变或者大变形的非线性问题，则应该选择 NLGEOM 选项。

SSTIF 为考虑存在应力硬化效应的非线性分析。

NROPT 为牛顿－拉普森选项，仅适用于非线性分析，这个选项要求用户指定在求解期间每隔多久修改一次正切矩，在 ANSYS 提供的如下设置中，用户可以指定其中一个。

◆Program chosen（程序选择）：让软件根据用户模型中存在的非线性种类自动选择，并在需要时将自动激活自适应下降方法。

◆Full N－R（完全的 NR 方法）：软件使用完全的牛顿－拉普森方法，每进行一次平衡迭代修改一次刚度矩阵，如果自适应下降是打开的，只要迭代保持稳定，也就是只要残余项减小且没有负对角线出现，则程序将仅使用正切刚度矩阵。如果在一次迭代中探测到发散倾向，程序将抛弃发散的迭代且重新开始求解，应用正切和正割刚度矩阵的加权组合。当迭代回到收敛模式时，程序将重新开始使用正切刚度矩阵。对复杂的非线性问题，自适应下降通常将提高程序获得收敛的能力。如果自适应下降关闭，则每一次平衡迭代都使用正切刚度矩阵，最好不要关闭自适应下降。在缺省状态下，自适应下降方式是打开的。

◆Modified N－R（修正的 NR 法）：即软件使用修正的牛顿－拉普森方法，正切刚度矩阵在每一子步中都将被修正。在一个子步的平衡迭代期间矩阵都不能被改变。这个选项不能适用于大变形分析，且自适应下降不可用。

◆Initial stiffness（初始刚度）：软件在每一个平衡迭代中都使用初始刚度矩阵选项可以使迭代较易收敛，但这要求更多的迭代来得到收敛。此选项不适用于大变形分析，且自适应下降不可用。

（2）加载

在大变形分析中，惯性力和点载荷将保持恒定的方向，但面载荷将随结构的变化而变化。

（3）设置载荷步选项

这些选项可以在任何载荷步中改变。下列选项适用于非线性静态分析。

① 普通选项。如图 6-5 所示，它主要包括：

◆TIME（时间）：设置载荷步的结束时间。如果没有指定该项，软件将根据缺省值自动地对每个载荷步按 1.0 增加。

◆Time step size（时间步长）或者 Number of substeps（子步数）：非线性分析中要求每一个载荷步中有多个子步，这两个选项就是为了满足这个要求而设置的，并且也是等效的。利用这两个选项可以逐渐施加所给定的载荷，得到精确的解，缺省时每个载荷步只有一个子步。

◆Stepped or ramped（渐变式或阶跃式加载）：在材料行为与应变率无关的非线性静态分析中，一般不需要指定此项。因为在缺省方式情况下，载荷是渐变式的。对于阶跃载荷，除了在与应变率相关材料行为的情况下使用外，在静态分析中一般没有意义。

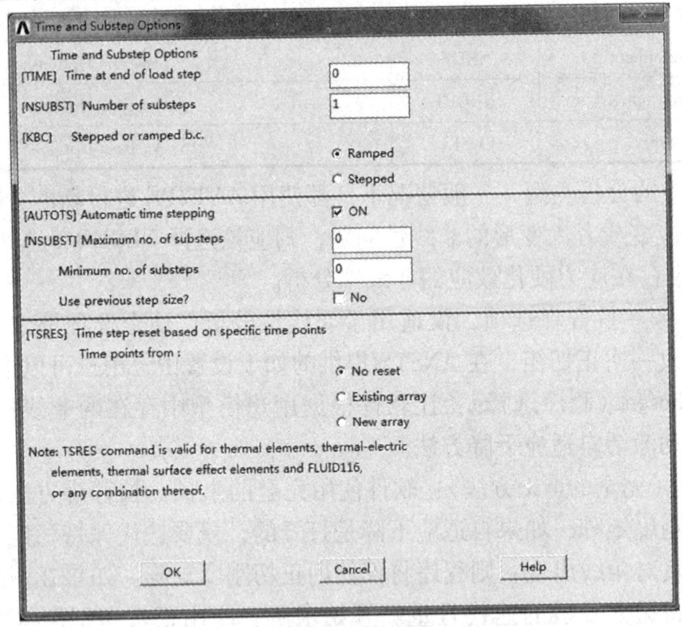

图 6-5 **Time and Substep Options 对话框**

◆Automatic time stepping（自动时间分步）：允许软件确定子步间载荷增量的大小和决定在求解期间是增加还是减小时间步长，缺省值是 OFF，该选项也可以用来打开自动时间步长和二分法，通过激活自动时间步长，可以让软件决定在每一个载荷步内使用多少个时间步。

② 非线性选项。软件将连续进行平衡迭代直到满足收敛准则，用户可以使用缺省的收敛准则，也可以自己定义收敛准则。

它主要包括收敛准则、平衡迭代的最大次数、求解终止选项、弧长选项、时间步长预测 - 纠正选项、线性搜索选项、蠕变准则、单元的生和死设置、改变材料参考号等选项的设置。

（4）保存数据的备份副本于另一个文件

（5）如果需要定义多个载荷步，对每一个其余的载荷步重复上述（1）~（4）步骤

（6）求解运算

6.2.3　后处理和检查结果

对于来自非线性静态分析的结果主要由位移、应力、应变以及反作用力组成，可以使用通用后处理器（POST1）和时间历程后处理器（POST26）来检查这些结果。

6.3　几何非线性分析

6.3.1　大应变分析

（1）大应变效应

一个结构的总刚度依赖于两点：组成部件（单元）的方向和单元刚度矩阵。当一个单元的节点经历位移后，那么这个单元对总体结构刚度的贡献可以以两种方式改变：第一，如果单元的形状改变，则单元刚度将改变，如图6-6所示；第二，如果单元的取向改变，它的局部刚度转化到全局部件的变换也将改变，如图6-7所示。

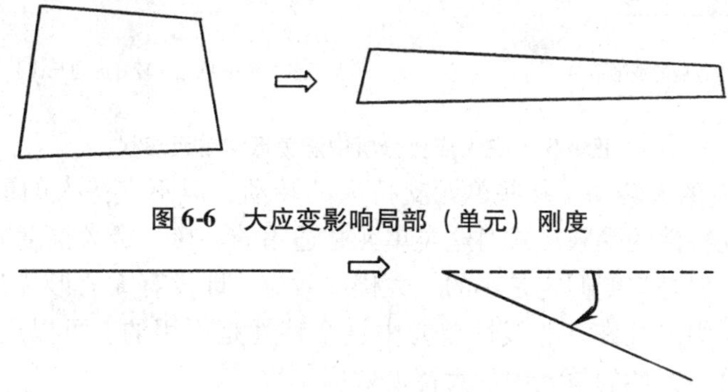

图6-6　大应变影响局部（单元）刚度

图6-7　大应变影响单元刚度对总体刚度的贡献

小变形和小应变分析假定是位移小到足够使所得到的刚度改变无足轻重。这种刚度不变假定，意味着使用基于最初几何形状的结构刚度的一次迭代足以计算出小变形分析中的位移。什么时候使用“小”变形和“小”应变依赖于特定分析中要求的精度等级。

大应变分析说明由单元的形状和取向改变导致的刚度改变。因为刚度受位移影响，且反之亦然，所以在大应变分析中需要迭代求解来得到正确的位移。通过NLGEOM，ON命令来激活大应变效应。这种效应改变单元的形状和取向，且还随单元转动表面载荷（集中载荷和惯性载荷保持它们最初的方向）。在大多数实体单元（包括所有的大应变和超弹性单元）以及部分的壳单元中，大应变特性是可用的。在ANSYS/Linear Plus程序中大应变效应是不可用的。

大应变处理对一个单元经历的总旋度或应变没有理论限制。然而，应限制应变增量以保持精度。因此，总载荷应当被分成几个较小的步。

（2）大应变的特殊建模

① 应力-应变。在大应变求解中，所有应力-应变输入和结果将依据真实应力和真

实（或对数）应变。一维求解时，真实应变将表示为 $\varepsilon = \ln(l/l_0)$。对于响应的小应变区，真实应变和工程应变基本上一致。要从小工程应变转换成对数应变，使用 $\varepsilon_{\ln} = \ln(1 + \varepsilon_{eng})$。要从工程应力转换成真实应力，使用 $\sigma_{true} = \sigma_{eng}(1 + \sigma_{eng})$。这种应力转化仅对不可压缩塑性应力 - 应变数据是有效的。

为了得到可接受的结果，对真实应变超过 50% 的塑性分析，应使用大应变单元。

② 单元的形状。在大应变分析的任何迭代中，低劣的单元形状（即大的纵横比、过度的顶角以及具有负面积的已扭曲单元）将是有害的。因此，用户必须像注意单元的原始形状一样注意单元已扭曲的形状。除了探测出具有负面积的单元外，ANSYS 程序对于求解中遇到的低劣单元形状不发出任何警告，必须进行人工检查。如果已扭曲的网格是不能接受的，可以在允许范围内人工改变开始网格以产生合理的最终结果，如图 6-8 所示。

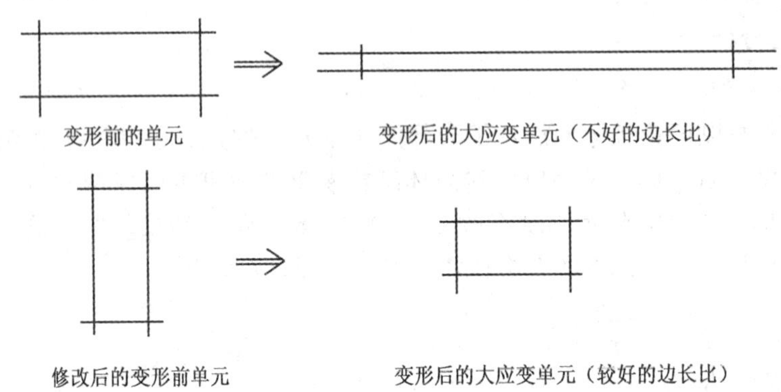

图 6-8　在大应变分析中避免低劣单元形状

③ 具有小应变的大转动。某些单元支持大的转动，但不支持大的形状改变。一种称做大挠度的大应变特性的受限形式对这类单元是适用的。在一个大挠度分析中，单元的转动可以任意地大，但是应变假定是小的。大挠度效应，即没有大的形状改变，在所有梁单元和大多数壳单元中以及许多非线性单元中这个特性是可用的。可以通过 NLGEOM，ON 命令来激活支持这一特性的单元中的大挠度效应。

④ 应力刚化。结构的面外刚度可能严重地受到结构中面内应力的状态的影响。面内应力和横向刚度之间的耦合，通称为应力刚化，在薄的、高应力的结构中，如缆索或薄膜中，表现最为明显。一个鼓面，当它绷紧时会产生垂向刚度，这是应力强化结构的一个普通的例子。尽管应力刚化理论假定单元的转动和应变是小的，在某些结构的系统中，如图 6-9（a），刚化应力仅可以通过进行大挠度分析得到。在其他的系统中，如图 6-9（b），刚化应力可采用小挠度或线性理论得到。

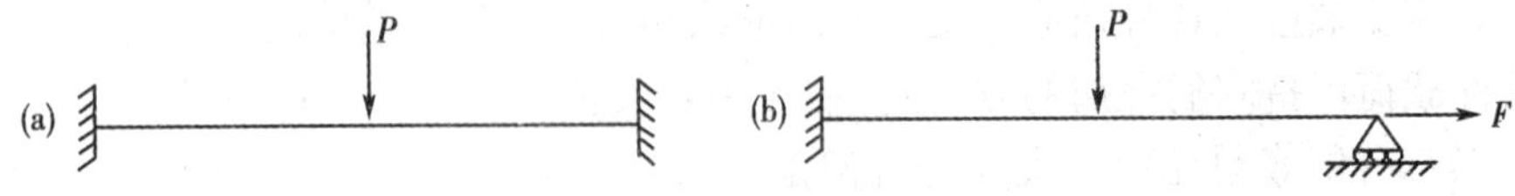

图 6-9　应力硬化梁

对于大多数实体单元，应力刚化的效应是与问题相关的；在大变形分析中的应用可能提高也可能降低收敛性。在大多数情况下，首先应该尝试一个应力刚化效应 OFF（关闭）的分析。如果正在模拟一个受到弯曲或拉伸载荷的薄的结构，当用应力硬化 OFF（关）时遇到收敛困难，则尝试打开应力硬化。

应力刚化不建议用于包含“不连续单元”（由于状态改变，刚度上经历突然地不连续变化的非线性单元，如各种接触单元、SOLID65等）的结构。对于这样的问题，当应力刚化为ON（开）时，结构刚度上的不连续性很容易导致求解“胀破”。

⑤ 旋转软化。旋转软化为动态质量效应调整（软化）旋转物体的刚度矩阵。在小位移分析中，这种调整近似于由于大的环形运动而导致几何形状改变的效应。通常它和预应力［PSTRES］一起使用，这种预应力由旋转物体中的离心力产生。它不应和其他变形非线性，大挠度和大应变一起使用。旋转软化用OMEGA命令中的KPSIN来激活。

（3）提高分析的收敛性能的措施

① 激活自动时间步长选项。当打开自动时间步长时，往往需要一个小的最小的时间步长（或者大的最大的步长数）。当有接触单元（如CONTAC12等）时使用自动时间分步，ANSYS可能趋向于重复地进行二分法直到它达到最小时间步长。然后在整个求解期间使用最小时间步长，这样通常产生一个稳定但花费时间的解。接触单元具有一个控制程序在它的时间步选项中将是保守的选项设置（KEYOPT（7）），从而允许加速在这些情况下的运行时间。

对于其他的非线性单元，需要仔细地选择最小时间步。如果选择一个太小的最小时间步，自动时间分步算法可能使运行时间太长。相反地，选择的最小时间步长太大，可能导致不收敛。务必对时间步长设置一个最大限度（（DELTIM）或者（NSUBST）），特别是对于复杂的模型，确保所有重要的模态和特性将被精确地包含进去。

② 使用二分法。无论何时打开自动时间步长（AUTOTS，ON），二分法都会被自动激活。这个特性通常会使能够从由于采用一个太大的时间步导致的收敛失败中恢复过来。它受最小时间步长限制（（NSUBST，DELTIM））。二分法对于任何对加载步长敏感的分析一般是有益的。对于发现一个非线性系统的屈曲临界负载它同样是有用的。

③ 使用Newton－Raphson选项和自适应下降因子。Newton－Raphson选项的最佳选择将依据存在于模型中的非线性种类变化。尽管通过让程序选择Newton－Raphson选项（NROPT，AUTO）通常会获得最佳的收敛特性，但也可能偶尔遇到使用一些其他选择会更有效的情况。例如，如果非线性材料的行为发生在模型的一个相对小的区域中，采用修正的Newton－Raphson或者初始刚度选项可以降低分析的总体CPU代价。自适应下降因子（NROPT）用于塑性以及某些非线性单元，包括接触单元时使用。在几乎没有载荷重新分配的情况下，通过关闭这个特性可以获得更快的收敛性。自适应下降在仅有大挠度的非线性的问题中几乎没有效果。

④ 使用线性搜索。线性搜索（LNSRCH）作为一个对自适应下降（NROPT）的替代会是有用的（一般地，不应同时既激活线性搜索又激活自适应下降）。线性搜索方法通常导致收敛，但在时间上它可能是缓慢的和昂贵的（特别是具有塑性时），在下列情况下可以设置线性搜索为打开状态：

◆当结构是力加载的（其与位移控制的相反）时；

◆正在分析一个刚度增长的“薄膜”结构（如一根钓鱼杆）时；

◆注意到（从程序的输出信息）的分析正导致自适应下降频频被激活时。

⑤ 激活预测选项。预测（PRED）是基于前一个时间步的求解预估在这个时间步中的求解情况，因此可能减少所需的平衡迭代次数。如果非线性响应相对地平滑，这个特性会

是有益的。在大转动和黏弹性分析中，它一般不是有益的。

⑥ 应用弧长方法。对于许多物理意义上不稳定的结构，可以应用弧长方法来获得数值上稳定的解。

⑦ 在模型响应中人为地抑制发散。如果不想使用弧长方法分析一个在开始时为奇异（零刚度）构形，或者中间发生奇异构形的力加载的结构时，可以使用其他的技术来人工地抑制模型响应中的发散。

在某些情况下，可以使用强加的位移来替代所施加的力。这种方法用于在较靠近平衡位置处开始一个静态分析，或者用于控制整个不稳定响应期间（如突然转换或后翘曲）的位移。

⑧ 应用雅可比共轭梯度求解器。该求解器（通过 EQSLV 命令获得）在经历某一奇异（零刚度）状态的分析中有用。对于 JCG 求解器来说，相对大的求解允许误差有时会抹去这种奇异性，导致载荷 - 位移曲线的斜度具有某些假的非零值（在 EQSLV 中这个求解器的容限不是非线性收敛容限）。

雅可比共轭梯度求解器仅是一种求解线性矩阵方程的替代方法。这种求解器的使用不能替代任何方式的非线性处理。

⑨ 关闭特殊的单元形状。有时在非线性分析中使用无中节点单元的形状选项会产生收敛困难。

⑩ 合理地使用单元的出生和死亡。认识到结构的刚度矩阵的任何突然改变可能会导致收敛问题。当激活或杀死单元时，试着将变化分散在若干子步内（如果需要，采用一个小的时间步长来完成这种变化）；也要注意到随着激活或杀死单元可能会产生的奇异性（如尖的再生角）。像这样的奇异性可能产生收敛问题。

（4）检验分析结果是否可靠

好的有限元分析（FEA）过程总是要求经过检验的结果。只有用户真正了解了分析过程，才能使分析结果正确地体现出结构的物理特性。在检验非线性分析时，可以使用以下标准验证技术。

① 进行标准分析。一个确保了解如何恰当地施加程序的某些特性的有效方法是通过进行一个或多个标准分析。在一个标准分析中，一般是对一个有解析解存在的简单结构进行独立的分析。通过 FEA 分析结果与已知结果进行的对比，用户能够正确地理解程序的特性。当然，标准分析结构应当与要分析的完整结构非常相似。ANSYS Verification Manual 是标准问题的一种较好的来源。

② 了解什么是合理的结果。在开始任何分析前，总是应当对期望获得的结果至少具有一个粗略的概念（通过经验、试验、标准分析等获得）。如果最终的结果似乎不合理，也就是，如果它们不同于期望值，应当确信理解了这是为什么。好的工程应用总是要求分析结果和合理的期望值一致或者相差不大。

③ 理解输出项目的确切含义。记住 ANSYS 程序将一个非线性分析作为一系列带修正的线性近似来完成。程序的打印输出给出关于这些近似和修正发展的连续反馈。可以在 POST1 中应用 PRITER 命令，或者在 POST26 中应用 SOLU 和 PRVAR 命令检查这种类似的信息。在接受结果前，应当确信理解了分析的迭代历程。特别地，不要忽视任何还没有完全理解其意思的程序错误和警告信息。

④ 借助载荷和响应历程曲线图分析。这种检验技巧可以认为是两种其他技巧的图形

结合：对合理性的检查和考察迭代历程。载荷和响应历程的 POST26 图形表示应当和所知道的结构特性的期望值相一致。重要的结果（位移、反作用力、应力等）应当显示出相对平滑的响应历程。任何非平滑性可能表示采用了一个太粗略的时间步。

6.3.2 大应变分析实例

6.3.2.1 问题描述

如图 6-10 所示，一个圆盘受到上下两块钢板的压力作用，圆盘的参数：EX = 1000MPa（杨氏模量）；PRXY = 0.35（泊松比）；Yield Strength = 1MPa（屈服强度）；Tang Mod = 2.99MPa（剪切模量）。

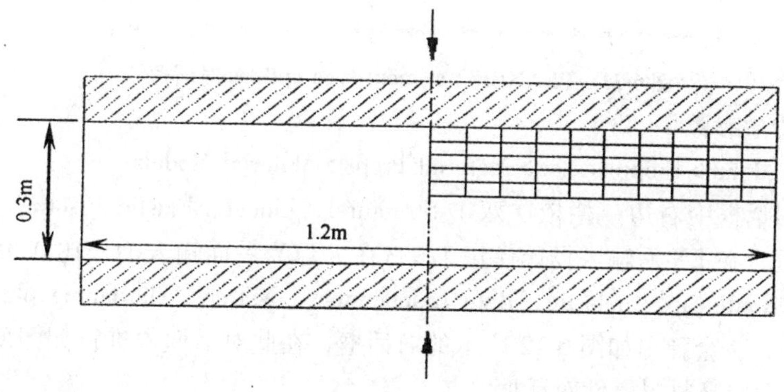

图 6-10 圆盘示意图

由于上下两块钢板的刚度比圆盘的刚度大得多，钢板与圆盘壁面之间的摩擦足够大，因此，在建模时只建立圆盘的模型。由于模型和载荷上下对称，在建模时只需考虑上半部分，用轴对称单元模拟圆盘，求解通过单一载荷步来实现。由于钢板的刚度很大，因此在建模时将圆盘上面节点的 Y 方向上的位移耦合起来。又由于钢板与圆盘壁面之间的摩擦足够大，圆盘与钢板之间不会产生滑动，因此将圆盘上面节点的 X 方向的位移约束起来。

6.3.2.2 分析步骤

（1）启动 ANSYS，进入 ANSYS 界面

（2）定义工作文件名

GUI：Utility Menu > File > Change Jobname

单击 Utility Menu 菜单下 File 中的 Change Jobname 按钮，会弹出 Change Jobname 对话框，输入 Large Deformed 作为工作文件名，单击 OK。

（3）定义分析标题

GUI：Utility Menu > File > Change Title

在弹出的对话框中，输入 Large Deformed Analysis 作为分析标题，单击 OK。

（4）重新显示

GUI：Utility Menu > Plot > Replot

单击该按钮后，所命名的分析标题和工作文件名会出现在 ANSYS 图形窗口中。

（5）定义单元类型

GUI：Main Menu > Preprocessor > Element Type > Add/Edit/Delete

单击弹出对话框中的 Add 按钮，弹出单元库对话框，在左侧栏中选取 Solid 单元，在右侧栏中选择 4 node 182 单元。然后单击 OK。单击 Options，弹出如图 6-11 所示的对话

框，在 Element behavior 后面的下拉式选择栏中选择 Axisymmetric（轴对称），单击 OK，再单击 Close，完成单元设置。

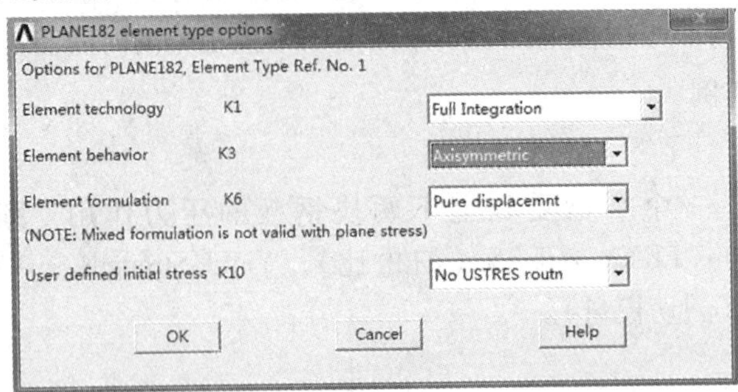

图 6-11 PLANE182 element type options 对话框

（6）定义力学参数

GUI：Main Menu > Preprocessor > Material Props > Material Models

在弹出的对话框中右边一栏依次双击 Structural、Linear、Elastic、Isotropic，弹出定义材料属性对话框，在 EX 后输入杨氏模量 1e9，在 PRXY 后面输入泊松比 0.35。单击 OK。然后依次双击 Nonlinear、Inelastic、Rate Independent、Isotropic Hardening plasticity、Mises Plasticity、Bilinear，会弹出如图 6-12 所示的对话框，在此对话框中进行如图所示设置，单击 OK，然后关闭定义材料属性对话框。

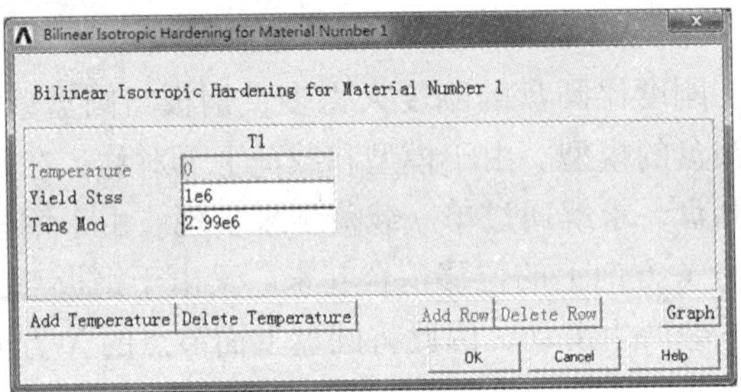

图 6-12 输入屈服强度和剪切模量对话框

功能介绍：在如图 6-12 所示的对话框中，Yield Stss 表示屈服强度，Tang Mod 表示剪切模量。

（7）存盘

GUI：ANSYS Toolbar > SAVE_ DB

（8）生成矩形

GUI：Main Menu > Perprocessor > Create > Areas > Rectangle > By Dimensions

在弹出的对话框中输入 X1 = 0，X2 = 0.6；Y1 = 0，Y2 = 0.15。单击 OK，在绘图区域会创建出一个矩形。

（9）设置单元尺寸

GUI：Main Menu > Perprocessor > Meshing > Size Cntrls > ManualSize > Lines > Picked Lines

执行该命令后会弹出一个拾取框，在绘图区域拾取长线中的一条，单击 OK，弹出如图 6-13 所示的 Element Sizes on Picked Lines 对话框。在 No. of element divisions 文本框中输入 12，单击 Apply 按钮。然后再拾取短线中的一条，单击 OK，在 No. of element divisions

文本框中输入5，单击OK。

Element Sizes on Picked Lines
[LESIZE] Element sizes on picked lines
SIZE Element edge length
NDIV No. of element divisions 12
(NDIV is used only if SIZE is blank or zero)
KYNDIV SIZE,NDIV can be changed ☑ Yes
SPACE Spacing ratio
ANGSIZ Division arc (degrees)
(use ANGSIZ only if number of divisions (NDIV) and element edge length (SIZE) are blank or zero)
Clear attached areas and volumes ☐ No
OK Apply Cancel Help

图6-13　Element Sizes on Picked Lines 对话框

（10）划分网格

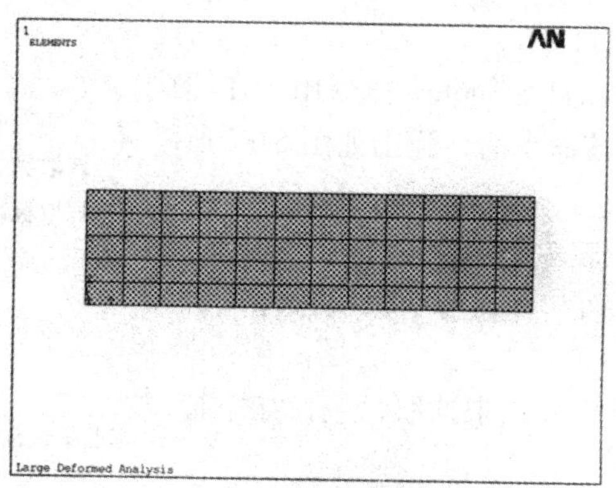

图6-14　生成网格显示

GUI：Main Menu > Perprocessor > Meshing > Mesh > Areas > Mapped > 3 or 4 sided

执行该命令后，弹出一个拾取框，单击Pick All，所绘出的矩形被划分网格。其结果如图6-14所示。

（11）存盘

GUI：ANSYS Toolbar > SAVE_ DB

（12）编号节点和线

GUI：Utility Menu > PlotCtrls > Numbering

执行该命令后弹出Plot Numbering Controls对话框，选择Node numbers与Line numbers复选框，使其后面的OFF变成ON，单击OK。

（13）选择Y=0.15的所有节点

GUI：Utility Menu > Select > Entities

在弹出的对话框中最上面的栏中选择Nodes，其下第二栏选择By Location，再选择Y coordinates，在Min，Max下的输入栏中输入0.15，在下面选择From Full，单击Apply。如图6-15所示。然后单击Plot，被选择的节点会显示在窗口中，单击OK。生成结果如图6-16所示。

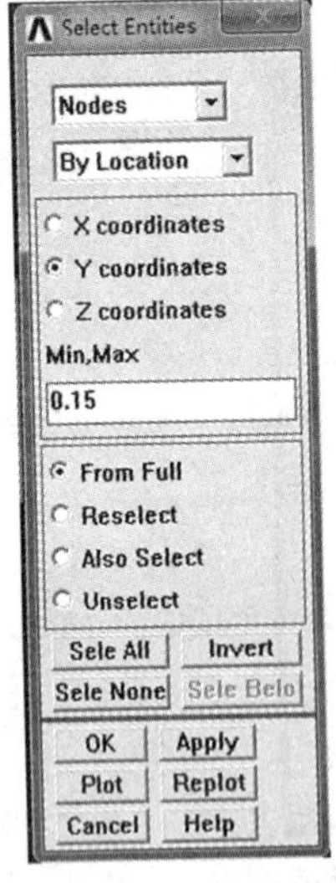

图 6-15　节点选择工具条

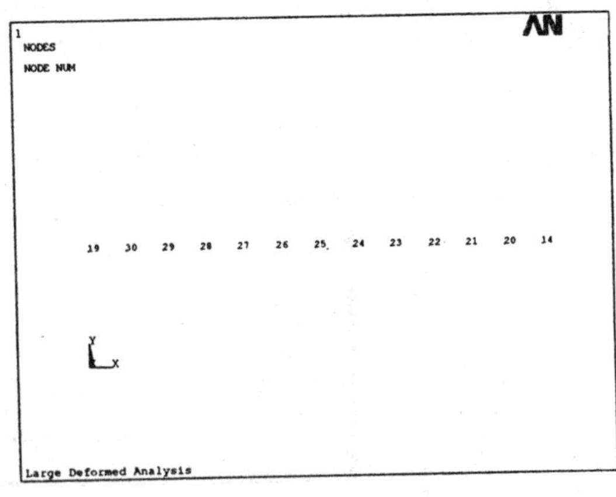

图 6-16　选择节点图

功能介绍：图元的选择

GUI：Utility Menu > Select > Entities 命令用于在图形窗口中选择图元。执行该命令后，弹出如图 6-17 所示的对话框。

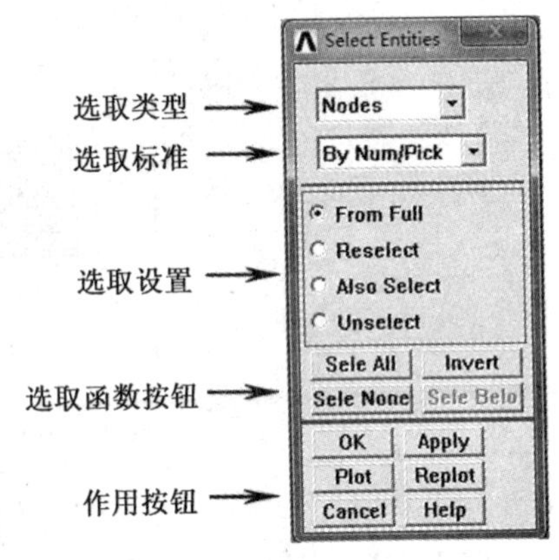

图 6-17　选择对话框

图 6-17 中，选取类型表示要选取的图元，包括节点、单元、关键点、线、面和体，每次只能选择一种类型。

选取标准表示通过什么方式来选取，包括如下标准：

◆By Num/Pick：通过在输入窗口中输入图元编号或者在图形窗口直接选取。

◆Attached to：通过与其他类型的图元相关联来选取，而其他类型的图元应该是已选取好的。

◆By Location：通过定义笛卡儿坐标系的 X，Y，Z 坐标来构成一个选择区域，并选取其中的图元，可以一次只定义一个坐标，单击 Apply 后，再定义其他坐标内的区域。

◆By Attributes：通过属性选取图元。可以通过图元或与图元相连的单元的材料号、单元类型号、实常数号、单元坐标系号、分割数目、分割间距比等属性来选取图元，用户需要设置这些号的最小值、最大值及增量。

◆Exterior：选取已选图元的边界。如单元的边界为节点，则面的边界为线。如果已经选择了某个面，则执行该命令选取的就是面的边界上的线。

◆By Results：选取结果值在一定范围内的节点或单元。执行该命令前必须把所要的结果保存在单元中。

◆对于单元而言，还可以通过单元名称（By Elem Name）选取或者选取生单元（Live Elem's）或者选取与指定单元相邻的单元。

选取设置选项用于设置选取方式，有以下几种方式：From Full（从整个模型中选取一个新的图元集合）；Reselect（从已选取好的图元集合中再次选取）；Also Select（把新选取的图元加到已存在的图元集合中)；Unselect（从当前选取的图元中去掉部分图元)。如图6-17 所示。

选取函数按钮实际上就是作用按钮，也就是说，一旦单击该按钮，选取就已经发生。也许在窗口中看不出来，用 Replot 命令重画，就能看出效果，其下有 4 个按钮，分别为：Sele All（全选该类型下的所有图元)；Sele None（撤销该类型下的所有图元的选取)；Invert（反向选择，不选择当前已选取的集合，而选取当前没有选取的图元集合)；Sele Belo（选取已选取图元以下的所有图元)。其选取方式如图6-18所示。

作用按钮同大多数同类按钮的作用相同。不过在对话框中多了 Plot 与 Replot 按钮，其作用与 UtilityMenu > Plot > Replot 相类似。完成一项选择操作后，可以用该按钮方便地显示选择结果，只有被选择的图元才会在窗口中显示出来。

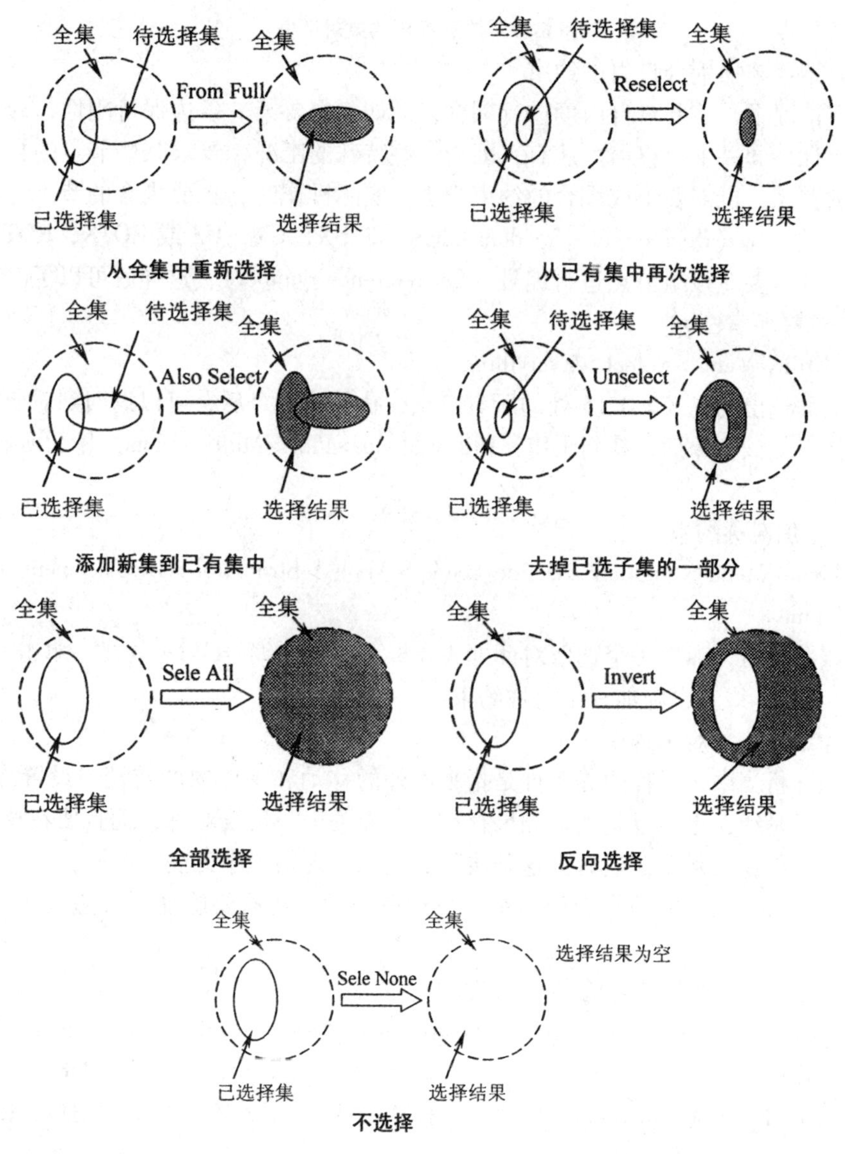

图6-18 图元选择模式

（14）在所选的节点上施加耦合约束

GUI：Main Menu > Preprocessor > Couping/Ceqn > Couple DOFs

执行该命令后，出现一个拾取框，单击 Pick All，弹出如图 6-19 所示的对话框，在 Set reference number 后面输入 1，Degree - of - freedom label 后面的下拉式选择栏中选择 UY，单击 OK。

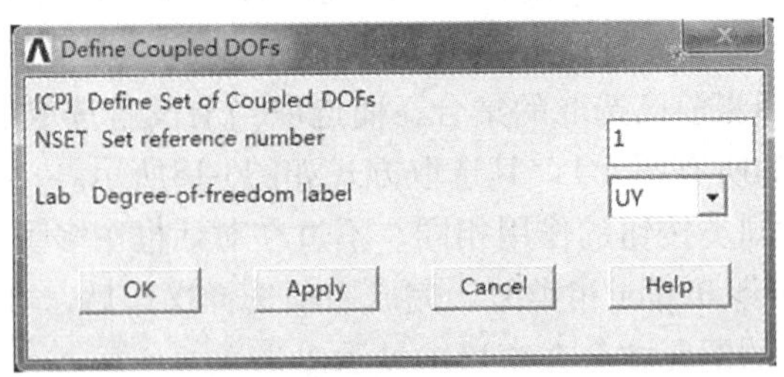

图 6-19 施加耦合约束对话框

功能介绍：施加耦合自由度约束

在某些情况下，需要对自由度进行耦合，例如，需要某一条边保持刚性，即需要模型在这条边上保持同一个位移值。还有，因为一些特殊的工况，要求某些节点的自由度之间满足一定的关系，也需要生成耦合的约束方程。实际操作时，将要耦合的节点选出，还要选定自由度的方向（Degree - of - freedom label）即 UX，UY，UZ 或 ROTX，ROTY，ROTZ 中的一个，并且要对该组节点进行编号（Set reference number），这样就可以了。

（15）选择所有图元

GUI：Utility Menu > Select > Everything

由于上面选出的是 Y = 0. 15 处的所有节点，执行该命令后，可以返回到对所有图元进行操作。执行完该命令后，执行 GUI：Utility Menu > Plot > Multi - Plots，显示所有的图元、单元和约束。

（16）施加对称约束

GUI：Main Menu > Solution > Define Loads > Apply > Structural > Displacement > Symmetry B. C. > On Lines

执行该命令后，弹出一个选取对话框，在屏幕上选择编号为 L4 的线，单击 OK。重复本步操作，在 L1 线上也施加一个对称约束。

功能介绍：施加对称约束

在结构分析当中，对称边界条件是指平面外的移动和平面内的转动被设置为 0。这些边界条件可以是线，也可以是面。如果存在一个面关于一条线对称，而且要在这条线上施加对称边界条件，必须在建模时把这条线创建出来，否则程序无法完成操作。

施加对称边界条件的操作十分简单，执行命令后，选取要施加对称边界条件的对象，单击 OK 即可。

（17）在 Y = 0. 15 的线上施加 UX 约束

GUI：Main Menu > Solution > Define Loads > Apply > Structural > Displacement > On Lines

执行该命令后，弹出一个节点拾取框，在图形区域选取线 L3，单击 OK，在随之弹出的对话框的 DOFs to be constrained 后面的选择栏中选择 UX，单击 OK。生成结果如图 6-20 所示。

（18）存盘

GUI：ANSYS Toolbar > SAVE_ DB

（19）定义分析类型

GUI：Main Menu > Solution > Analysis Type > New Analysis

在弹出的对话框中，选中 Static，单击 OK。如图 6-21 所示。

（20）设置分析选项

GUI：Main Menu > Solution > Analysis Type > Analysis Options

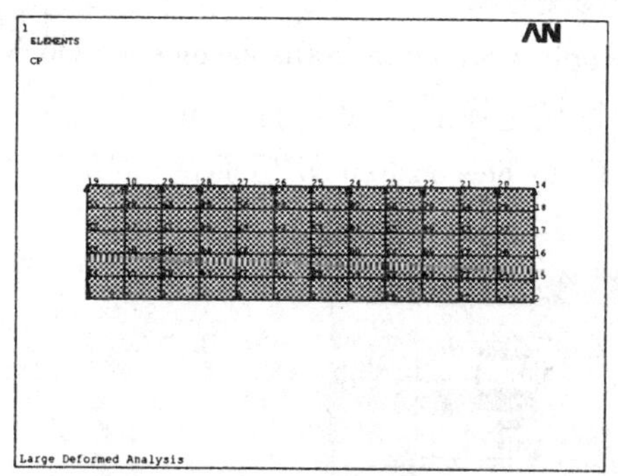

图 6-20　施加约束后的结果显示

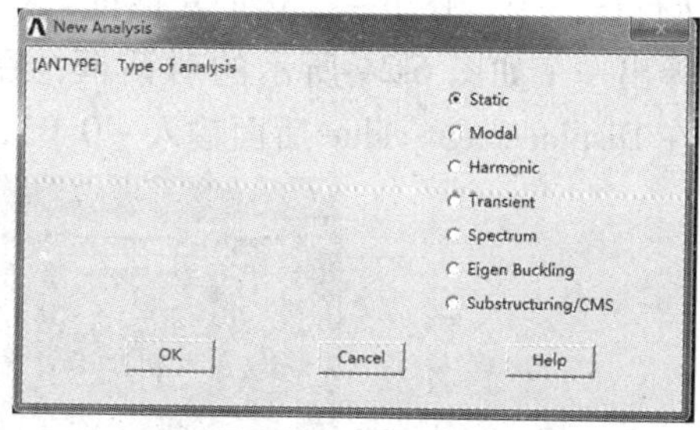

图 6-21　定义分析类型对话框

执行该命令后，弹出如图 6-22 所示的对话框，设置 Large deform effects 处于 On 状态，然后单击 OK。

注意，如果使用简化菜单式，可能没有该命令，执行 Solution > Unabridged Menu 命令可以将其展开，这时就可以看到了。

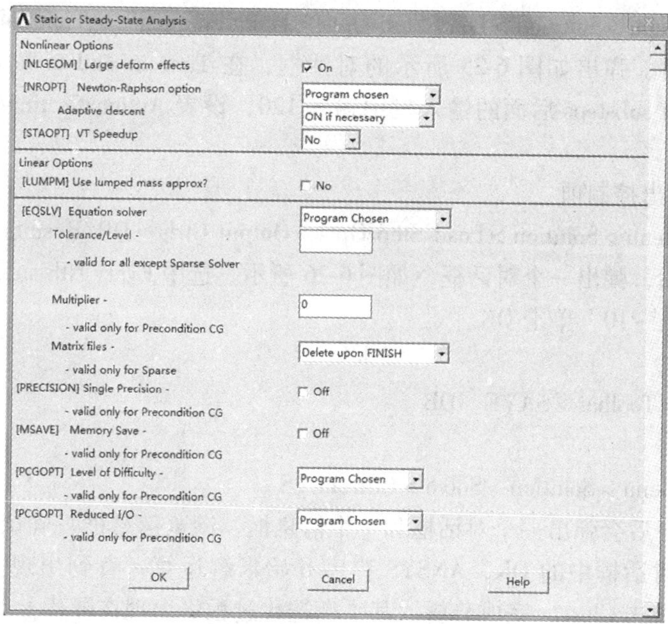

图 6-22　分析选项对话框

（21）打开预测器

GUI：Main Menu > Solution > Load Step Opts > Nonlinear > Predictor

执行该命令后，弹出如图 6-23 所示的对话框，在此对话框的 DOF solution predictor 后面的下拉列表中选择 On for all sbstp 选项。

（22）在节点 14 上施加一个 Y 向的位移

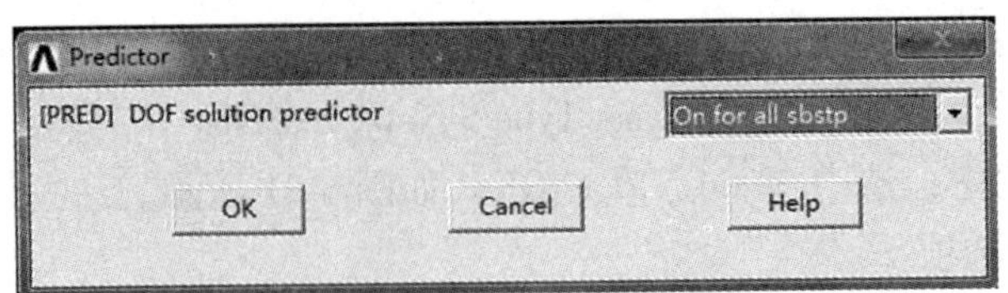

图 6-23 打开预测器对话框

GUI：Main Menu > Solution > Define Loads > Apply > Structural > Displacement > On Nodes

执行该命令，弹出一个选取对话框，在图形区域选择节点 14（右上角的节点），单击 OK，弹出一个如图 6-24 所示的对话框，在 DOFs to be constrained 后面的选择栏中选中 UY，在 Displacement value 后面输入 -0.03，单击 OK。

Apply U,ROT on Nodes
[D] Apply Displacements (U,ROT) on Nodes
Lab2 DOFs to be constrained
All DOF
UX
UY
VELX
VELY
Apply as
Constant value
If Constant value then:
VALUE Displacement value
-0.03
OK
Apply
Cancel
Help

图 6-24 施加 Y 向位移对话框

（23）设置载荷步选项

GUI：Main Menu > Solution > Load Step Opts > Time/Frequence > Time and Substps

执行该命令后，弹出如图 6-25 所示的对话框，在 Time at end of load step 后面输入 0.3，在 Number of substeps 后面的输入栏中输入 120，设置 Automatic time stepping 为 ON，单击 OK。

（24）设置输出控制项

GUI：Main Menu > Solution > Load Step Opts > Output Ctrls > DB/Results File

执行该命令后，弹出一个对话框，如图 6-26 所示。选中 Every Nth substp，然后在其下面的输入栏中输入 -10，单击 OK。

（25）存盘

GUI：ANSYS Toolbar > SAVE_ DB

（26）求解运算

GUI：Main Menu > Solution > Solve > Current LS

执行运算命令后会弹出一个对话框和一个信息框，浏览信息框，确认信息无误后，关闭信息框。单击对话框中的 OK，ANSYS 程序开始求解运算，直到出现一个 "Solution is Done" 的窗口，单击 Close，完成分析。其平衡迭代过程将出现在屏幕上。如图 6-27 所示。

（27）通用后处理

① 读入最后子步的数据。

GUI：Main Menu > General Postproc > Read Results > Last Set

② 显示变形形状。

GUI：Main Menu > General Postproc > Plot Results > Deformed Shape

Time and Substep Options
Time and Substep Options
[TIME] Time at end of load step　0.3
[NSUBST] Number of substeps　120
[KBC] Stepped or ramped b.c.
Ramped
Stepped
[AUTOTS] Automatic time stepping
ON
OFF
Prog Chosen
[NSUBST] Maximum no. of substeps
Minimum no. of substeps
Use previous step size?　Yes
[TSRES] Time step reset based on specific time points
Time points from :
No reset
Existing array
New array
Note: TSRES command is valid for thermal elements, thermal-electric elements, thermal surface effect elements and FLUID116, or any combination thereof.
OK　Cancel　Help

图 6-25　设置载荷步对话框

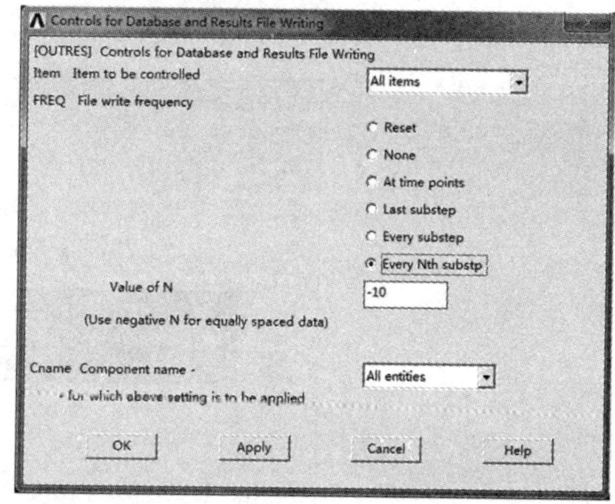
Controls for Database and Results File Writing
[OUTRES] Controls for Database and Results File Writing
Item　Item to be controlled　All items
FREQ　File write frequency
Reset
None
At time points
Last substep
Every substep
Every Nth substp
Value of N　-10
(Use negative N for equally spaced data)
Cname　Component name -　All entities
- for which above setting is to be applied
OK　Apply　Cancel　Help

图 6-26　设置输出控制对话框

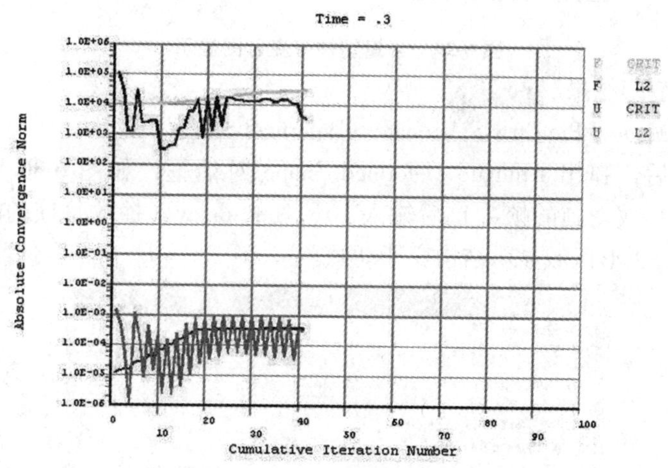

图 6-27　平衡迭代过程的时间跟踪图

在弹出的对话框中选择 Def + undeformed，单击 OK。如图 6-28 所示。

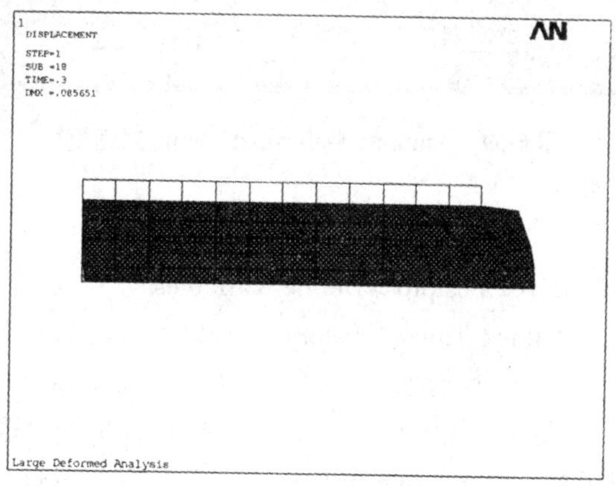

图 6-28　变形形状显示

③ 显示当量塑性应变。

GUI：Main Menu > General Postproc > Plot Results > Contour Plot > Node Solu

在弹出的对话框中选择 Plastic Strain，下一级菜单选择 von Mises plastic strain，选择 Def shape only，单击 OK，生成结果如图 6-29 所示。

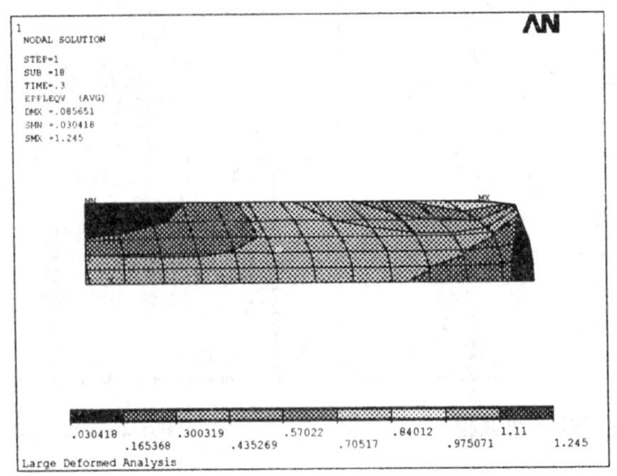

图 6-29 当量塑性应变云图显示

④ 动画显示变形结果。

GUI：Utility Menu > PlotCtrls > Animate > Deformed Shape

执行该命令后，弹出 Animate Deformed Shape 对话框，如图 6-30 所示，在 No. of frames to create（播放动画的帧数）后输入 10，Time delay（播放每帧的时间）后面输入 0.5，单击 OK，在图形区域显示结构变形动画。

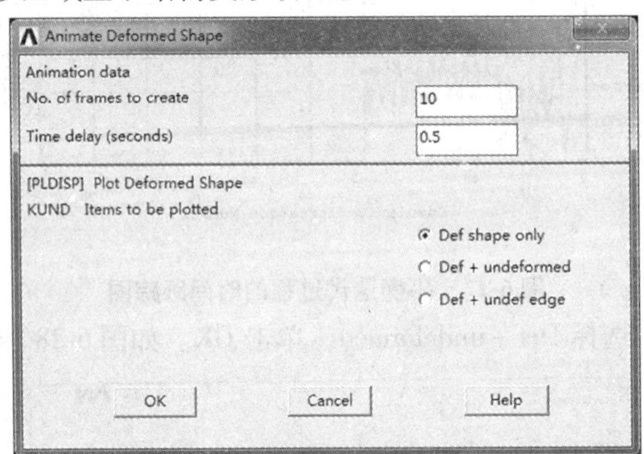

图 6-30 Animate Deformed Shape 对话框

（28）POST26 后处理

① 定义变量。

GUI：Main Menu > TimeHist Postpro > Define Variables

执行该命令后，弹出 Defined Time - History Variables 对话框，在该对话框中单击 Add，弹出 Add Time - History Variable 对话框，在其中选择 Reaction forces 单选按钮，如图 6-31 所示，单击 OK，弹出一拾取框，在图形区域选择节点 14，单击拾取框上的 OK，再次弹出一个如图 6-32 所示的对话框，在 User-specified label 后面输入 force，在 Item，Comp Data item 后面选择 Struct force FY，单击 OK，单击 Close，完成变量定义。

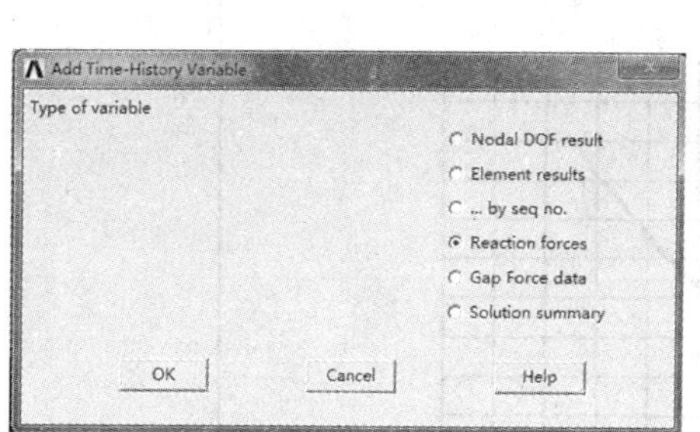

图 6-31　Add Time – History Variable 对话框

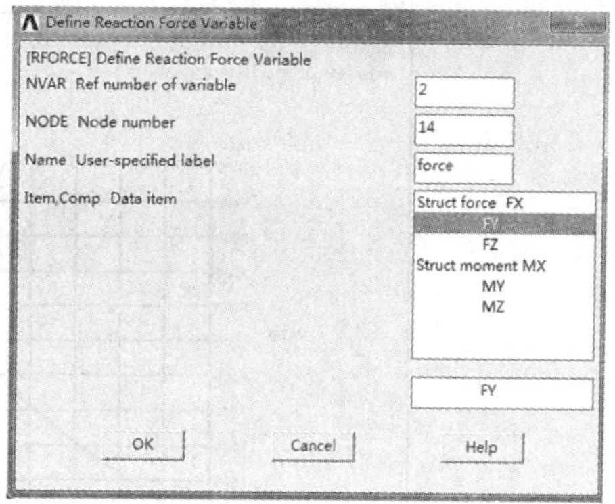

图 6-32　定义反作用力变量对话框

② 变量相加。

GUI：Main Menu > TimeHist Postpro > Math Operations > Add

弹出如图 6-33 所示的对话框，在该对话框中作如图所示的输入，单击 OK。

图 6-33　定义变量相加操作对话框

③ 显示节点反作用力的变化规律。

GUI：Main Menu > TimeHist Postpro > Graph Variables

执行该命令后弹出一个对话框，在“1st variable to graph”后面的输入栏中输入 2，单击 OK，生成的结果如图 6-34 所示。

（29）存盘，退出 ANSYS

上述分析步骤对应的命令流如下：

```
/TITLE, Large Deformed Analysis
/PREP7
ET, 1, PLANE182
KEYOPT, 1, 3, 1
MP, EX, 1, 1e9
MP, PRXY, 1, 0.35
TBDE, BISO, 1
TB, BISO, 1, 1, 2,
```

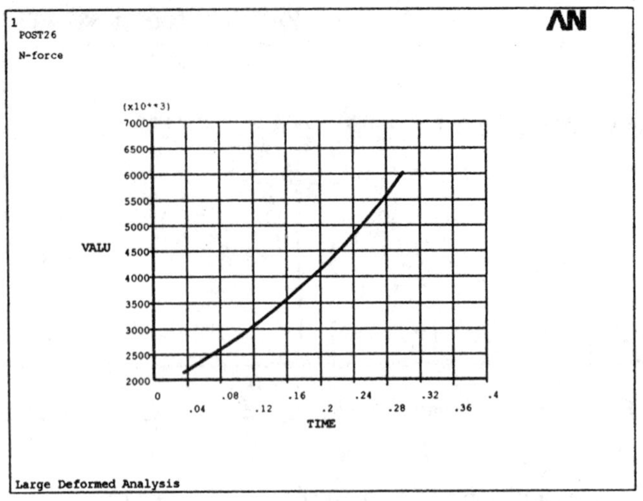

图 6-34　节点反作用力的变化规律

```
TBDATA,, 1e6, 2.99e6
RECTNG, 0, 0.6, 0, 0.15,
LESIZE, 1,,, 12,,,,, 1
LESIZE, 2,,, 5,,,,, 1
MSHKEY, 1
AMESH, 1
NSEL, S, LOC, Y, 0.15
CP, 1, UY, ALL
ALLSEL, ALL
FINISH
/SOL
DL, 4,, SYMM
DL, 1,, SYMM
DL, 3,, UX,
ANTYPE, 0
NLGEOM, 1
PRED, ON,, ON
D, 14,, -0.03,,,, UY,,,,,
TIME, 0.3
AUTOTS, 1
NSUBST, 120,,, 1
KBC, 0
TSRES, ERASE
OUTRES, ALL, -10,
SOLVE
FINISH
```

```
/POST1
SET, LAST
PLDISP, 1
PLNSOL, EPPL, EQV, 0, 1.0
PLDISP, 0
ANDSCL, 10, 0.5
FINISH
/POST26
RFORCE, 2, 14, F, Y, force
ADD, 2, 2,,, N-force,,, -1
PLVAR, 2
FINISH
```

6.3.3 屈曲分析

6.3.3.1 屈曲分析简介

屈曲分析是一种用于确定结构开始变得不稳定时的临界载荷和屈曲模态形状（结构发生屈曲响应的特征形状）的技术。ANSYS 提供了两种分析结构屈曲载荷和屈曲模态的技术：非线性屈曲分析和特征值屈曲分析。非线性屈曲分析比特征值屈曲分析更加精确，因此建议在分析实际结构时进行设计或者估计中采用非线性屈曲分析。特征值屈曲分析用于预测一个理想弹性结构的理论屈曲强度。特征值分析经常产生非保守结果，通常不用于实际的工程分析。

6.3.3.2 特征值屈曲分析

特征值屈曲分析包括下面几个过程：建立有限元模型、获得静力解、获得特征值屈曲解、扩展结果、查看分析结果。

（1）建立有限元模型

建模过程和其他分析类型相似，在这一步中，应该定义工作文件名、分析标题，然后使用前处理器 PREP7 定义单元类型、单元实常数、材料的性质以及几何模型等。但是应该注意以下两点：

◆只能允许线性行为，如果定义了非线性单元，则按照线性对待。例如，如果使用接触单元，它们的刚度是基于静态预应力运行之后的状态进行计算的，并且不能改变。

◆必须通过材料弹性模量 EX 和密度 DENS 或者其他方式对材料的刚度和质量进行定义。材料可以是线性、各向同性或各向异性、恒值或者与温度相关。

（2）获得静力解

该过程和一般的静力分析过程一致，但是需要注意以下几点：

◆必须激活预应力（PSTRES）选项，特征值屈曲分析需要计算应力刚度矩阵。

◆通常只需要施加一个单位载荷，也就是说，不需要指定实际的载荷大小。通过屈曲所计算出的特征值代表屈曲载荷系数，因此指定单位载荷之后，载荷系数就代表了屈曲载荷。ANSYS 允许的最大特征值是 1000000，如果求解时特征值超过此限度，则需要施加一个更大的载荷。

◆在凝聚法特征值屈曲分析中，所有约束必须为零值。

◆求解完成后必须退出求解器（Finish）。

(3) 获得特征值屈曲结果

此步骤需要静态分析的 Jobname. emat 和 Jobname. esav 文件，并且文件中必须包括几何模型的几何数据。获得特征值屈曲结果的步骤如下：

① 进入求解器（/SOLU）。

② 选择分析类型并设置分析选项。

下面介绍各分析选项功能及注意事项：

◆新分析：选择新分析（New Analysis），重启动是无效的。

◆分析类型：选择特征值屈曲（Eigen Buckling）。

◆特征值提取方式通常采用子空间迭代法实现。需要提取的特征值数目，默认值为 1，对于通常的特征值计算完全满足要求。特征值计算的起始点，该选项在遇到数值问题时（如由负特征值引起的问题）很有用，一般计算时起点应该取一个非常小的值，这样可以有效地防止求解发散。

◆要打印的特征值数目（只适用于采用凝聚法特征值求解）。

对于屈曲分析的选型，如表 6-2 所示。

表 6-2　　分析类型和分析选项

选　项	命　令	GUI（Main Menu > Soution > ）
New Analysis	ANTYPE	Analysis Type > New Analysis
Analysis Type：Eigen Buckling	ANTYPE	Analysis Type > Eigen Buckling
Mode extraction method	BUCOPT	Analysis Options
No. of modes of extract	BUCOPT	Analysis Options
Shift pt for eigenvalue	BUCOPT	Analysis Options

③ 定义载荷步选项。特征值分析中，有效的载荷步选项是扩展过程选项和输出控制。

④ 采用单独的文件名保存数据库备份。

⑤ 求解（Solve）。

⑥ 退出求解器（Finish）。

注意：负特征值表示结构在相反的方向上施加载荷时也能发生屈曲。

(4) 扩展求解

如果想要观察屈曲的变形结果，必须对结果进行扩展，而无论是否使用特征值提取方法，如果在使用子空间迭代方法的情况下，可以将这种扩展简单地认为是“将屈曲变形数据写入结果文件中”。

在展开屈曲模态形状的过程中还必须注意，用于屈曲求解的模态形状文件 Jobname. mode 必须有效，并且数据库中所包含的模型和用于求解的模型必须相同。

展开屈服模态形状的过程如下：

① 重新进入求解器。

② 激活扩展过程及其选项。将扩展过程开关打开（ON），设置需要扩展的模态数目（默认时是提取所用模态），见表 6-3。

表 6-3　拓展过程选项

选　项	命　令	路径（Main Menu > Solution > ）
Expansion Pass On/Off	EXPASS	Analysis Type > ExpansinPass > ON
No. of modes to expand	MXPAND	Load Step Opts > ExpansinPass > Single Expand > Expand Modes
Calculate elem results No/Yes	MXPAND	Load Step Opts > ExpansinPass > Single Expand > Expand Modes

③ 设置应力计算开关。在特征值分析中应力不代表实际的应力，而是给出用户每一个模态的相对应力或者力的分布的概念，默认为关闭状态，不进行应力计算。

④ 定义载荷步选项。在特征值结果展开的过程中有效的载荷步选项中包括打印输出、数据库和结果文件输出。

注意：OUTPR 和 OUTPES 命令中的 FREQ 域只能是 All 或者 None。

⑤ 开始展开过程计算。输出中可以包括扩展的模态形状，如果需要，也可以包含每一阶模态的相对应力分布。

⑥ 退出求解器（FINISH）。

注意：扩展过程在这里被描述为一个独立的步骤，用户可以将之视为结果的一部分，方法是在特征值求解时将 MXPAND 命令包括进去作为分析选项之一。

（5）查看分析结果

特征值扩展过程的结果写在结果文件 . rst 中，包括屈曲载荷系数、屈曲模态形状、相对应力分布等。可以在通用后处理器中进行结果查看。

步骤如下：

① 查看所有的屈曲载荷系数；

② 读入需要观察的模态文件，结果文件中，每个模态是作为一个独立的子步保存的；

③ 查看模态形状；

④ 查看相对应力等值线图。

6. 3. 3. 3　非线性屈曲分析的步骤

（1）建立几何模型

① 定义工作文件名、标题和单位。

② 定义单元类型、单元实常数、材料属性。

◆必须通过材料弹性模量 EX 和密度 DENS 或者其他方式对材料的刚度和质量进行定义。

◆材料可以是线性的、各向同性或各向异性、恒值或者与温度相关。

③ 创建几何模型并划分网格得到有限元模型。

（2）施加初始几何缺陷或初始扰动

对于非线性屈曲分析，在很多情况下为了有助于计算，需要在模型上施加初始缺陷或初始扰动，该初始缺陷或初始扰动可以由模型的特征值屈曲分析得到。

使用下面的方法可以根据先前分析得到的变形修改模型坐标，达到施加初始几何缺陷的目的。

◆按照当前变形修改节点坐标。

GUI：Main Menu > Solution > Load Step Opts > Other > Updt Node Coord

Main Menu > Preprocessor > Loads > Load Step Opts > Other > Updt Node Coord

◆按照变形结果修改模型坐标。

GUI：Main Menu > Preprocessor > Modeling > Update Geom

需要注意的是，在 UPGEOM 命令中，用户可以指定结果文件，指定载荷步，定义变形因子。

（3）定义分析类型

① 选择新分析。

② 分析类型选择 Statics（GUI：> New Analysis）。

③ 设置非线性分析选项（GUI：> Analysis Options）。

◆通过 NLGEOM，ON 命令，激活大变形效应。

◆通过 SSTIF，ON 命令，激活应力刚化效应——对于桁、梁或壳单元，在几何分析中通常应使用应力刚化。

◆指定完全牛顿－拉普森（NROPT，FULL）——缺省时自适应下降是打开的，自适应下降通常将提高程序获得收敛能力。

（4）施加载荷

◆应施加一个比预测的屈曲载荷高 10% ~20% 的载荷。

◆可以根据特征值分析得到的载荷屈曲系数，直接缩放特征值屈曲分析时所施加的荷载，作为非线性分析的载荷。

◆GUI：Main Menu > Preprocessor > Loads > Define Loads > Operate > Scale FE Loads

Main Menu > Solution > Define Loads > Operate > Scale FE Loads

◆可以使用的载荷包括集中载荷、分布力、温度、重力和旋转惯性力。

◆分析中惯性力和点载荷的方向保持不变，而表面力方向会随结构的变化而改变。

（5）定义载荷步、子步数、平衡迭代数，定义收敛准则，指定程序终止选项

◆划分子步数对屈曲载荷的预测准确性有很大影响，载荷增量不宜过大。

◆可以打开自动时间步长功能，程序会自动寻找屈曲载荷。

（6）指定采用弧长法

◆在某些情况下，为避免数值不稳定需要采用弧长法。

◆采用弧长法时，不要指定载荷步 TIME 值。

◆若采用弧长法就不能再使用线性搜索、时间步长预测、自适应下降和自动时间步长。

◆可以减小初始半径和降低弧长半径的下限来克服收敛困难。

（7）保存数据文件

（8）开始求解计算

（9）退出求解器

（10）查看计算结果

① 在 POST1 观察结构屈曲变形和相对应力分布。

② 在 POST26 得到结构上任意节点的荷载－变形历程曲线。

6.3.3.4 非线性屈曲分析的注意事项

非线性屈曲分析是在考虑大变形因素时所作的一种静力分析，分析过程一直进行到达到临界载荷或者最大载荷。其他诸如塑性非线性也可以包括在分析中。下面介绍非线性屈

曲分析过程中需要注意的事项。

（1）设置时间载荷增量

非线性分析的基本方法是逐步地增加一个恒定的载荷增量，直到求解开始发散结束。当达到期望的临界屈曲载荷值时，应该确保使用足够精细的载荷增量。

（2）激活自动时间步长

在非线性分析过程中，打开自动时间步长功能，让 ANSYS 自动寻找屈曲载荷。

（3）重要的注意事项

用户可以先采用弧长法进行一个预先分析，以预测屈曲的近似值。用户同样可以采用弧长法本身来得到一个精确的屈曲载荷，但是这需要用户自己不断地修正弧长半径，以人工的方式直接干预计算过程来执行一系列的重新求解。

除此之外，用户还需要注意以下几点。

① 设置合理的扰动载荷。如果结构上的载荷完全是在平面内（只有膜应力或者轴向应力），将不会产生导致屈曲所需的面外变形，因此所进行的分析就不能达到屈曲行为。要克服这样情况，只需在结构上施加一个非常小的面外扰动，如一个适当的瞬时力或者强制位移，激发屈曲响应。

② 注意载荷方向的变化。在大变形分析中，力和位移将保持其初始方向，但是表面载荷将跟随结构几何形状的改变而改变，因此，在分析之前，应确保施加正确的载荷类型。

③ 进行预分析，保证结构安全。用户在实际工作中应当将一个稳态分析进行到结构的临界载荷点，以计算出结构产生非线性屈曲的安全系数。

④ 设置弧长法合理的应用范围。用户可以用激活弧长法的方式将分析扩展到后屈曲范围。

⑤ 了解应力刚化的应用范围。对于大多数实体单元，在非线性屈曲分析中不必使用应力刚化功能。

⑥ 根据分析类型选择合理的切向刚度矩阵。在对于支持一致切向刚度矩阵的单元（Beam4、Shell63 和 Shell181）中，激活一致切向刚度矩阵（Keyopt（2）=1 和 Nlgeom，on）可以增强非线性屈曲分析的收敛性和求解精度。单元的该 Keyopt 项必须在第一载荷步求解开始之前定义，一旦求解开始就不能改变。

（4）施加初始扰动

预先施加一个特征值分析有助于非线性屈曲分析，因为特征值屈曲载荷是预期的非线性屈曲载荷的上限；另外，特征矢量屈曲形状可以作为施加初始缺陷或扰动载荷的根据。

（5）使用弧长法分析的注意事项

① 采用弧长法时，特征值屈曲载荷是一个比较好的估计值。为了提高计算效率，一般应该采用两个载荷步，在第一个载荷步中，打开自动时间步长使用一般的非线性屈曲过程，直到接近临界载荷；在第二个载荷步中，使用弧长法使分析通过临界载荷。

② 采用弧长法时不要指定 Time 值，如果采用弧长法分析失败，使用 Nsubst 命令的 Nsbstp 域来减少初始半径可以加强收敛，使用 Arclen 命令的 Minarc 域来降低弧长半径的下限也可以克服收敛困难。

③ 使用在时间－历程后处理中得到的载荷－变形曲线来指导分析。当调整分析时，确定结构在哪里变得不稳定可能是非常有用的。

④ 采用较低的迭代次数（10～15 次）。

⑤ 为引起非线性屈曲模式，一些弧长问题需要初始几何缺陷。

6.3.4 屈曲分析实例

6.3.4.1 问题描述

如图 6-35 所示的箱形单闭室，单闭室横截面宽 $a=2050$mm，高 $h=4140$mm，厚度 $t=12$mm，箱格长度 $L=3270$mm。所采用的材料为钢，其弹性模量 $E=207$GPa，泊松比为 0.27，屈服应力为 313.6MPa，屈服剪应力为 181.1MPa。假定在扭转破坏过程中，箱格的两个端面保持形状不变。根据假定，单闭室一端为简支（UX=0，UY=0，UZ=0），另一端加载由力合成的扭矩，为了保持其端面形状不变，在端面上加了一块加载用的加强板，其弹性模量为 20000GPa，泊松比为 0.3，屈服应力为 3000MPa，厚度为 25mm。

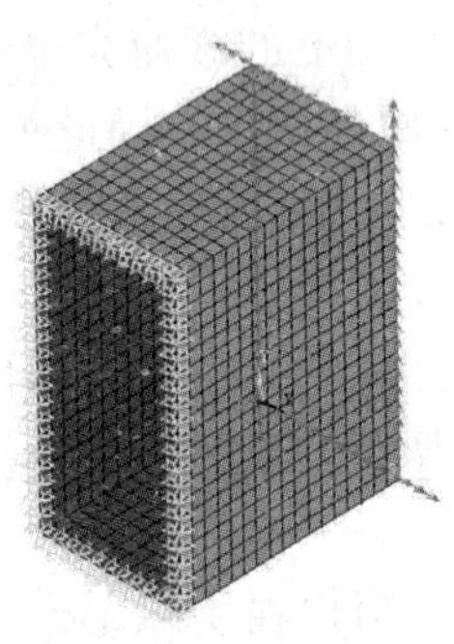

图 6-35 单闭室示意图

6.3.4.2 分析步骤

(1) 启动 ANSYS，进入 ANSYS 界面

(2) 定义工作文件名

GUI：Utility Menu > File > Change Jobname

单击 Utility Menu 菜单下 File 中的 Change Jobname 按钮，会弹出 Change Jobname 对话框，输入 Bend 作为工作文件名，单击 OK。

(3) 定义分析标题

GUI：Utility Menu > File > Change Title

在弹出的对话框中，输入 Bend Analysis 作为分析标题，单击 OK。

(4) 重新显示

GUI：Utility Menu > Plot > Replot

单击该按钮后，所命名的分析标题和工作文件名会出现在 ANSYS 图形窗口中。

(5) 定义单元类型

GUI：Main Menu > Preprocessor > Element Type > Add/Edit/Delete

单击弹出对话框中的 Add 按钮，弹出单元库对话框，在左侧栏中选取 Shell 单元，在右侧栏中选择 Plastic 4 node 43 单元。然后单击 OK。关闭单元属性对话框。

(6) 定义实常数

GUI：Main Menu > Preprocessor > Real Constants > Add/Edit/Delete

在弹出的对话框中单击 Add，然后单击 OK。弹出如图 6-36 所示的对话框。在弹出的对话框中 Real Constant Set No. 处输入 1，在 Shell thickness at node I 处输入 12，单击 Apply，定义单闭室的厚度 12mm。然后继续上述操作，在同样的输入框中输入 2，25，定义加板的厚度 25mm，单击 OK。

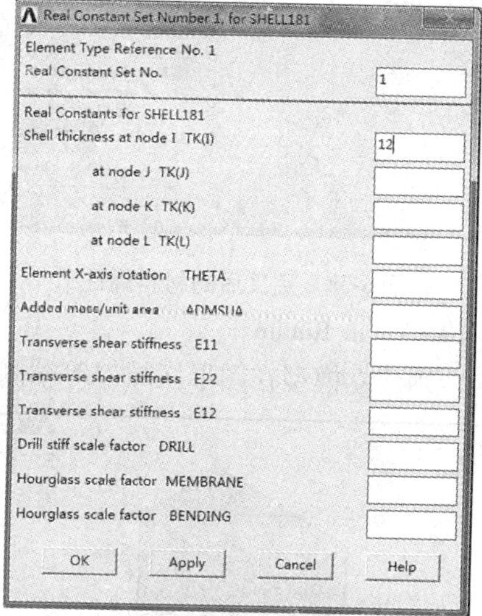

图 6-36　定义实常数对话框

（7）定义材料参数

GUI：Main Menu > Preprocessor > Material Props > Material Models

在弹出的对话框中右边一栏依次双击 Structural、Linear、Elastic、Isotropic，弹出定义材料属性对话框，在 EX 后输入杨氏模量 2.07e5，在 PRXY 后面输入泊松比 0.27。单击 OK。然后双击 Nonlinear、Inelastic、Rate Independent、Isotropic Hardening plasticity、Mises Plasticity、Bilinear，在弹出的对话框中 Yield Stss 中输入屈服应力 3.136e2，在 Tang Mod 中输入 1.811e2，单击 OK，返回到 Define Material Model Behavior 对话框，定义第二个材料的属性，单击 Meterial 下拉菜单中的 New Model，弹出如图 6-37 所示的对话框，在 ID 中输入 2，单击 OK。然后重复上面的操作，输入弹性模量 2e7，泊松比 0.3，屈服应力 3e3，单击 OK，结果如图 6-38 所示，然后关闭定义材料属性对话框。

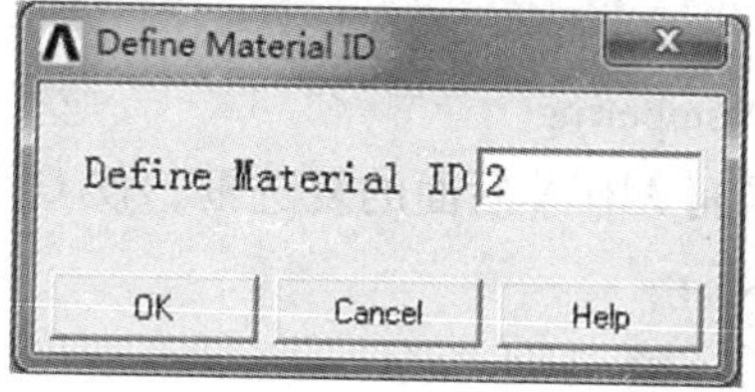

图 6-37　定义材料 ID 对话框

（8）存盘

GUI：ANSYS Toolbar > SAVE_ DB

（9）生成块

GUI：Main Menu > Perprocessor > Modeling > Create > Volumes > Block > By Dimensions

在弹出的对话框中输入 X1 = 0，X2 = 2050；Y1 = 0，Y2 = 4140；Z1 = 0，Z2 = 3270。单击 OK，在绘图区域生成一个块体。

（10）等轴测显示

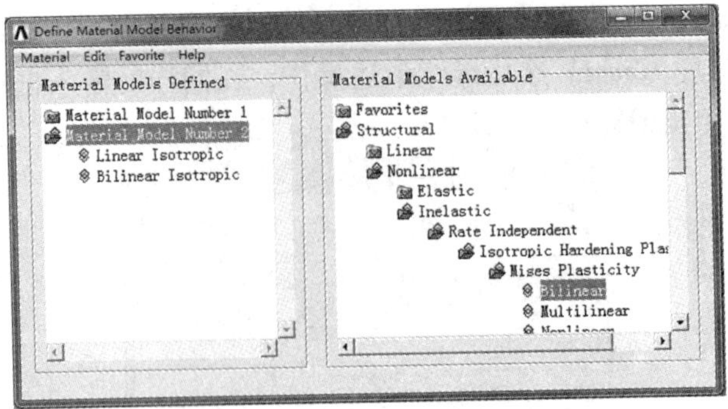

图 6-38 定义后的材料属性

GUI：Utility > PlotCtrls > Pan Zoom Rotate

在弹出的菜单中单击 Iso，则建立模型在图形区域以等轴测显示。如图 6-39 所示。

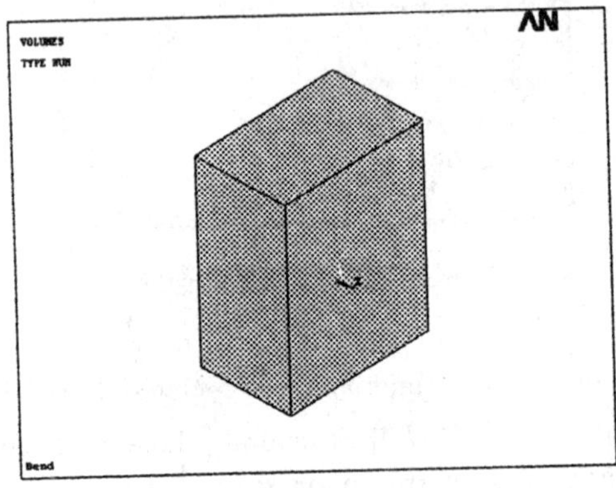

图 6-39 等轴测显示

（11）删除体

GUI：Main Menu > Perprocessor > Modeling > Delete > Volumes Only

在弹出的对话框中选择 Pick All。

功能介绍：GUI：Main Menu > Preprocessor > Modeling > Delete > Volumes Only 命令用来删除没有划分网格的体，其下的低级图元如附在体上的关键点、线、面等并没有被删除。

（12）编号显示面

GUI：Utility > PlotCtrls > Numbering

在弹出的对话框中，单击面 AREA 后面的复选框，使 OFF 变成 ON。

GUI：Utility > Plot > Areas

编完号的面会出现在绘图区域。

（13）删除面

GUI：Main Menu > Perprocessor > Modeling > Delete > Area and Below

弹出一个拾取框，在图形区域拾取编号为 A2 的面，单击 OK。

（14）刷新显示

GUI：Utility > Plot > Replot

生成结果如图 6-40 所示。

功能介绍：GUI：Main Menu > Preprocessor > Modeling > Delete > Area and Below 命令用来删除没有划分网格的面以及与其相关的所有低级图元。

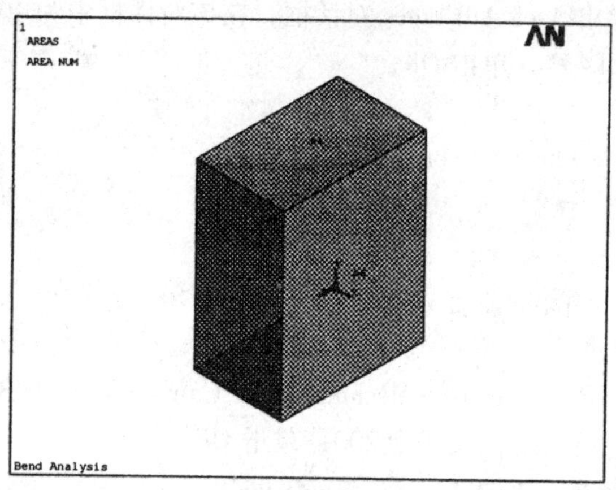

图 6-40 面显示

（15）选择单闭室的表面

GUI：Utility Menu > Select > Entities

在弹出的对话框中，上面选择 Areas，下面选择 By Num/Pick，单击 OK，弹出一个拾取框，在图形区域拾取面 A3，A4，A5，A6。单击 OK。

（16）为单闭室表面选择材料属性

GUI：Main Menu > Preprocessor > Meshing > Mesh Attributes > All Areas

执行该命令后，弹出 Area Attributes 对话框，在该对话框中为单闭室面选择材料 1，实常数 1，单元类型 1（SHELL43），单击 OK。如图 6-41 所示。

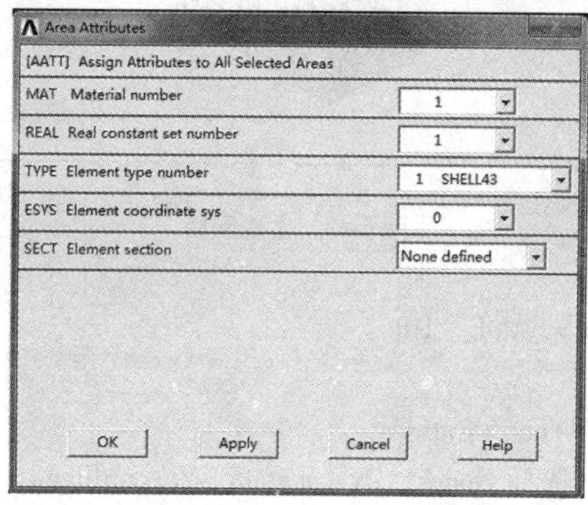

图 6-41 Area Attributes 对话框

（17）选择所有

GUI：Utility Menu > Select > Everything

选择所有的图元操作。

（18）选择加板

GUI：Utility Menu > Select > Entities

在弹出的对话框中，上面选择 Areas，下面选择 By Num/Pick，单击 OK，弹出一个拾取框，在图形区域拾取面 A1，单击 OK。

（19）为加板选择材料属性

GUI：Main Menu > Preprocessor > Meshing > Mesh Attributes > All Areas

执行该命令后，弹出 Area Attributes 对话框，在该对话框中为单闭室面选择材料 2，实常数 2，单元 1（SHELL43），单击 OK。

（20）选择所有

GUI：Utility Menu > Select > Everything

选择所有的图元。

（21）刷新显示

GUI：Utility > Plot > Replot

（22）定义单元尺寸

GUI：Main Menu > Preprocessor > Meshing > Size Cntrls > MannualSize > Areas > All Areas

在弹出的对话框中输入单元尺寸为 200，单击 OK。

（23）划分单元格

GUI：Main Menu > Preprocessor > Meshing > Mesh > Areas > Free

在弹出的拾取框中选择 Pick All。划分后的结果如图 6-42 所示。

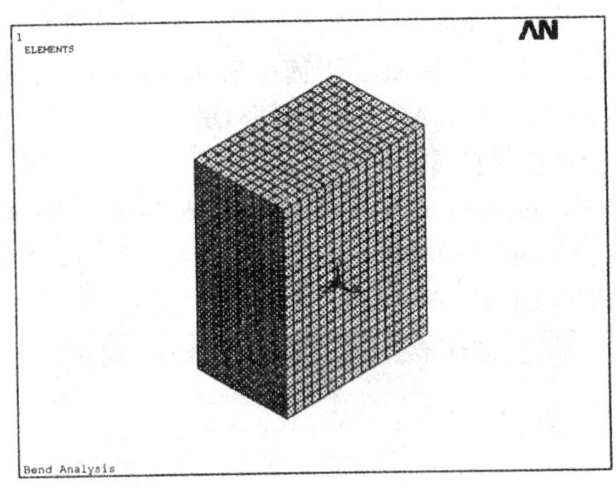

图 6-42　生成网格

（24）存盘

GUI：ANSYS Toolbar > SAVE_ DB

（25）选择节点

GUI：Utility Menu > Select > Entities

在弹出的对话框中，选择 Nodes，By Location，Z coordinate，From Full，在 Min，Max 下面的对话框中输入 3270，3270，单击 OK。

（26）施加约束

GUI：Main Menu > Solution > Define Loads > Apply > Structural > Displacement > On Nodes

执行该命令后，弹出一个节点拾取框，单击 Pick All，在随之弹出的对话框的 DOFs to be constrained 后面的选择栏中选择 All DOF，单击 OK。

（27）选择所有

GUI：Utility Menu > Select > Everything

生成结果如图 6-43 所示。

（28）选择节点

GUI：Utility Menu > Select > Entities

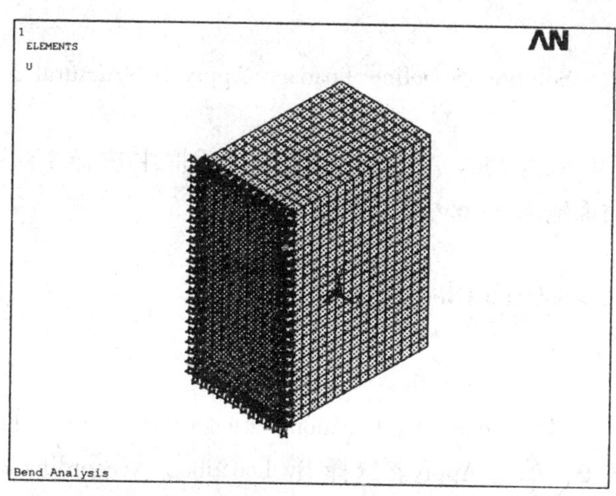

图 6-43　施加约束后图形显示

在弹出的对话框中选择 Nodes，By Location，Z coordinate，From Full，在 Min，Max 下面的对话框中输入 0，0，单击 Apply。选择 By Location，Y coordinate，Reselect，在 Min，Max 下面的对话框中输入 0，0，单击 OK。

（29）加载

GUI：Main Menu > Solution > Define Loads > Apply > Structural > Force/Moment > On Nodes

在弹出的拾取框中单击 Pick All，在弹出的对话框中选择 FX，Constant Value，在 Force/moment value 后面输入 6e6/12，单击 OK。

（30）选择所有

GUI：Utility Menu > Select > Everything

（31）选择节点

GUI：Utility Menu > Select > Entities

在弹出的对话框中选择 Nodes，By Location，Z coordinate，From Full，在 Min，Max 下面的对话框中输入 0，0，单击 Apply。选择 By Location，Y coordinate，Reselect，在 Min，Max 下面的对话框中输入 4140，4140，单击 OK。

（32）加载

GUI：Main Menu > Solution > Define Loads > Apply > Structural > Force/Moment > On Nodes

在弹出的拾取框中单击 Pick All，在弹出的对话框中选择 FX，Constant Value，在 Force/Moment Value 后面输入 -6e6/12，单击 OK。

（33）选择所有

GUI：Utility Menu > Select > Everything

（34）选择节点

GUI：Utility Menu > Select > Entities

在弹出的拾取框中选择 Nodes，By Location，Z coordinate，From Full，在 Min，Max 下面的对话框中输入 0，0，单击 Apply。选择 By Location，X coordinate，Reselect，在 Min，Max 下面的对话框中输入 0，0，单击 OK。

（35）加载

GUI：Main Menu > Solution > Define Loads > Apply > Structural > Force/Moment > On Nodes

在弹出的拾取框中单击 Pick All，在弹出的对话框中选择 FY，Constant Value，在 Force/Moment Value 后面输入 -6e6/22，单击 OK。

（36）选择所有

GUI：Utility Menu > Select > Everything

（37）选择节点

GUI：Utility Menu > Select > Entities

在弹出的拾取框中选择 Nodes，By Location，Z coordinate，From Full，在 Min，Max 下面的对话框中输入 0，0，单击 Apply。选择 By Location，X coordinate，Reselect，在 Min，Max 下面的对话框中输入 2050，2050，单击 OK。

（38）加载

GUI：Main Menu > Solution > Define Loads > Apply > Structural > Force/Moment > On Nodes

在弹出的拾取框中单击 Pick All，在弹出的对话框中选择 FY，Constant Value，在 Force/Moment Value 后面输入 6e6/22，单击 OK。

（39）选择所有

GUI：Utility Menu > Select > Everything

生成结果如图 6-44 所示。

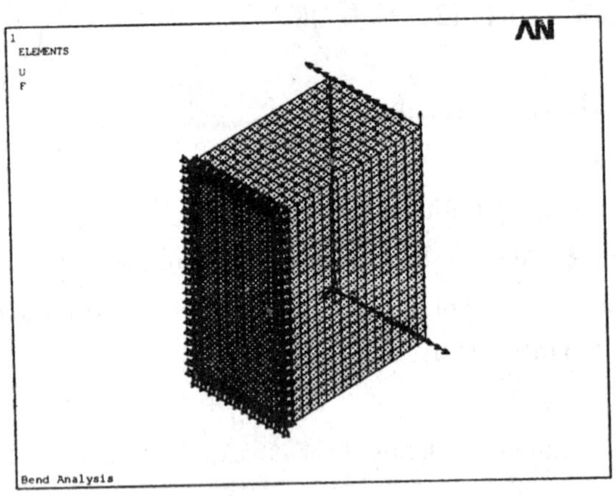

图 6-44　加载后图形显示

（40）以真实尺寸显示

GUI：Utility Menu > PlotCtrls > Style > Size and Shape

在弹出的对话框中作如图 6-45 所示的设置，单击 OK。

功能介绍：GUI：Utility Menu > PlotCtrls > Style > Size and Shape 的作用是设置显示的大小和方式等，在该命令中可以选择实体尺寸的缩放大小、是否按照实常数尺寸实际大小显示、单元显示方式和扭曲缩放大小等。

Shrink entities by 表示实体尺寸收缩率，默认值 0 即没有收缩，其值在 0. 0 到 0. 5 间变化，大于 0. 5 的输入值表示 0. 1。

Display of element shapes based on real constant descriptions：按实常数描述的尺寸显示。

Real constant multiplier：实常数尺寸缩放因子。

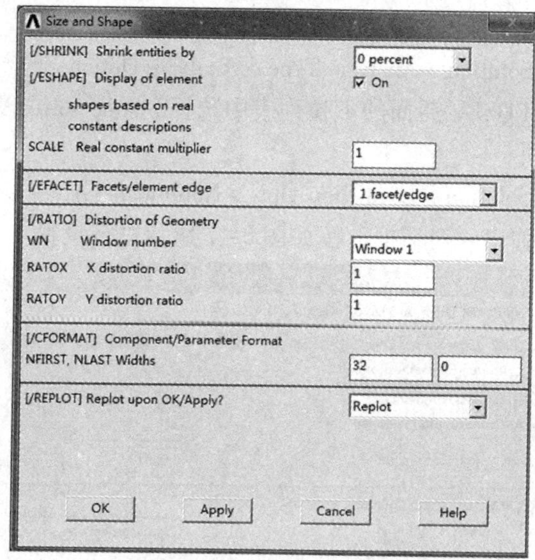

图 6-45　Size and Shape 对话框

（41）定义分析类型

GUI：Main Menu > Solution > Analysis Type > New Analysis

在弹出的对话框中，选中 Static，单击 OK。

（42）设置输出选项

GUI：Main Menu > Solution > Load Step Opts > Output Ctrls > DB/Results File

在弹出的对话框中作如图 6-46 所示的设置。

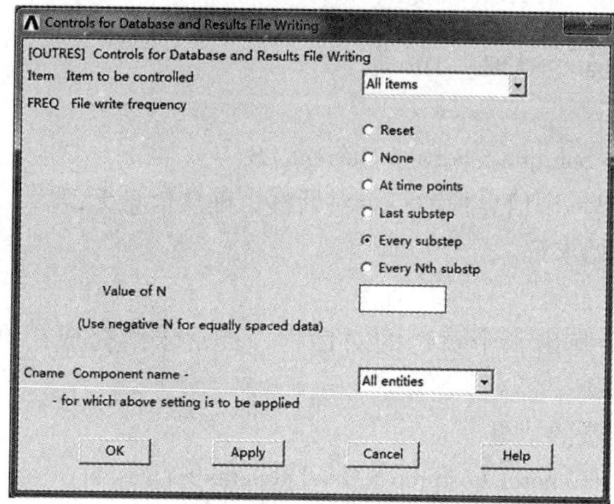

图 6-46　输出控制选项

（43）设置分析选项，激活大变形选项

GUI：Main Menu > Solution > Anslysis Type > Analysis Options

执行该命令后，在弹出的对话框设置 Large deform effects 处于 On 状态，然后单击 OK。

（44）设置载荷步选项

GUI：Main Menu > Solution > Load Step Opts > Time/Frequence > Time and Substps

执行该命令后，弹出一对话框，在 Number of substeps 后面的输入栏中输入 500，单击 OK。

(45) 选用稀疏矩阵求解器

GUI：Main Menu > Solution > Anslysis Type > Analysis Options

在弹出的对话框中 EQSLV 后面的下拉列表中选择 Sparse solver。单击 OK。

(46) 设置弧长选项

GUI：Main Menu > Solution > Load Step Opts > Nonlinear > Arc – Length Opts

执行该命令后，会弹出一对话框，按如图 6-47 所示进行设置。

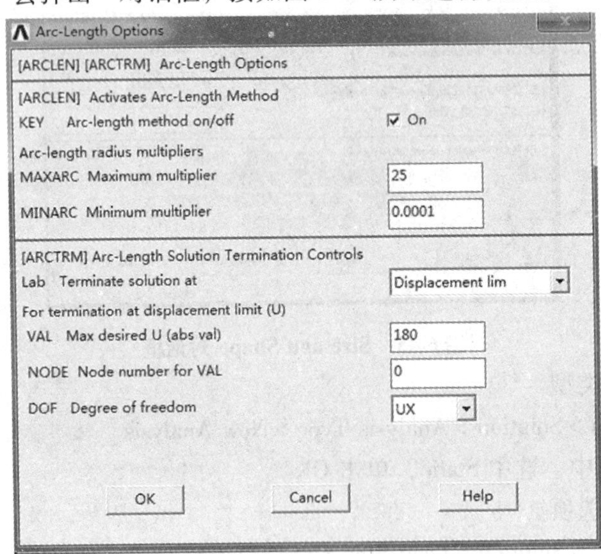

图 6-47 弧长设置选项

(47) 存盘

GUI：ANSYS Toolbar > SAVE_ DB

(48) 求解

GUI：Main Menu > Solution > Solve > Current LS

ANSYS 程序会弹出一个信息框和一个对话框，确认信息无误后，关闭信息框，然后单击对话框中的 OK，开始求解。

(49) 结束分析

当分析完成后，会弹出一个黄色的对话框，提示求解完成，单击 Close，然后单击 GUI：Main Menu > Finish。

(50) 读取最后一步的结果

GUI：Main Menu > General Postproc > Read Results > Last Set

(51) 选择单闭室侧面

GUI：Utility Menu > Select > Entities

在弹出的对话框中选择 Areas，By Location，Z coordinate，Unselected，在 Min，Max 下面的对话框中输入 0，0，单击 OK。

(52) 在命令输入栏中输入 “ESLA，S”，然后回车

(53) 显示最后一步变形图

GUI：Main Menu > General Postproc > Plot Results > Deformed Shape

在弹出的对话框中选择 Def Shape Only，然后单击 OK。生成结果如图 6-48 所示。

（54）显示最后一步的应力云图

GUI：Main Menu > General Postproc > Plot Results > Contour Plot > Nodal Solu

在弹出的对话框中单击 Stress，选择 von Mises stress，然后单击 OK。显示结果如图 6-49 所示。

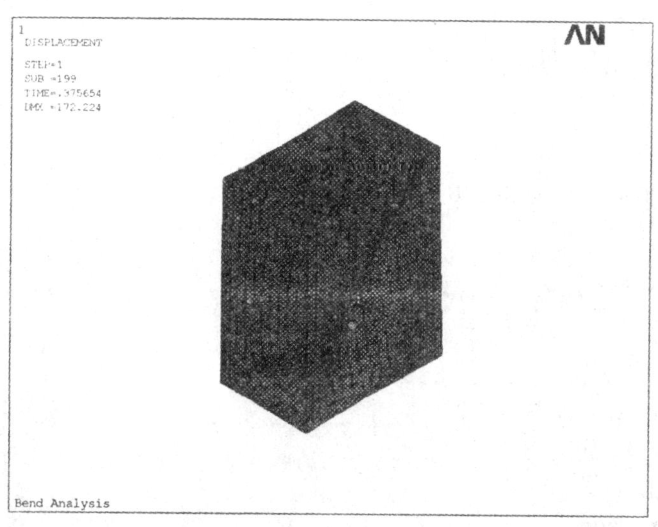

图 6-48　变形图

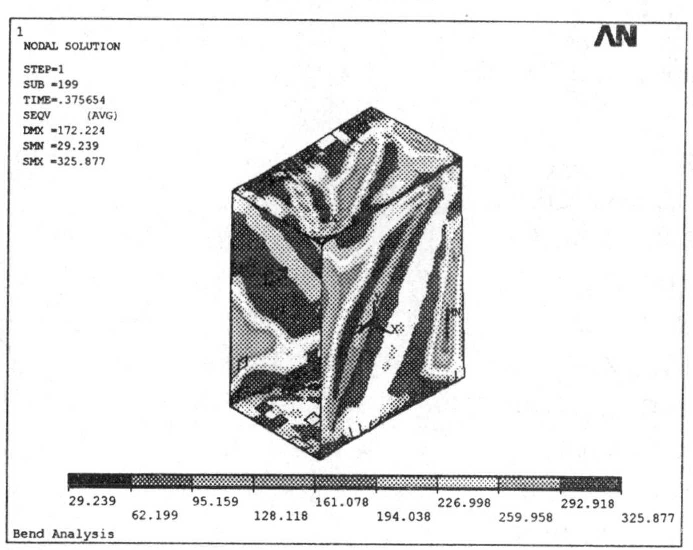

图 6-49　von Mises 应力显示

（55）存盘，退出 ANSYS

上述分析步骤对应的命令流如下：

```
/TITLE, Bend Analysis
/PREP7
ET, 1, SHELL43
```

```
R, 1, 12
R, 2, 25
MP, EX, 1, 2.07e5
MP, PRXY, 1, 0.27
TB, BISO, 1, 1, 2,
TBDATA,, 3.136e2,,,,,
MP, EX, 2, 2e7
MP, PRXY, 2, 0.3
TB, BISO, 2, 1, 2,
TBDATA,, 3e3,,,,,
BLOCK, 0, 2050, 0, 4140, 0, 3270
VDELE, 1
ADELE, 2,,, 1
ASEL, U,,, 1
AATT, 1, 1, 1, 0,
ASEL,,,, 1
AATT, 2, 2, 1, 0,
ALLSEL, ALL
AESIZE, ALL, 200,
MSHKEY, 0
AMESH, ALL
NSEL, S, LOC, Z, 3270, 3270
FINISH
/SOL
D, ALL,,,,,, UX, UY, UZ
NSEL, S, LOC, Z, 0, 0
NSEL, R, LOC, Y, 0, 0
F, ALL, FX, 6e6/12
NSEL, S, LOC, Z, 0, 0
NSEL, R, LOC, Y, 4140, 4140
F, ALL, FX, -6e6/12
NSEL, S, LOC, Z, 0, 0
NSEL, R, LOC, X, 0, 0
F, ALL, FY, -6e6/22
NSEL, S, LOC, Z, 0, 0
NSEL, R, LOC, X, 2050, 2050
F, ALL, FY, 6e6/22
ALLSEL, ALL
/ESHAPE, 1.0
EPLOT
```

```
ANTYPE, 0
OUTRES, ALL, ALL,
NLGEOM, ON
SSTIF, ON
EQSLV, SPAR,, 0,, DELE
TIME, 0
AUTOTS, -1
NSUBST, 500,,, 1
KBC, 0
TSRES, ERASE
ARCLEN, 1, 25, 0.0001,
ARCTRM, U, 180, 0, UX
SOLVE
FINISH
/POST1
SET, LAST
ASEL, U, LOC, Z, 0, 0
ESLA, S
PLDISP, 0
/DSCALE, ALL, AUTO
PLNSOL, S, EQV, 0, 1.0
SAVE
FINISH
```

6.4　材料非线性分析

非线性的应力－应变关系是结构非线性常见的原因。许多因素可以影响材料的应力－应变性质，包括加载历史（如弹－塑性响应状况下）、环境状况（如温度）、加载的时间总量（如在蠕变响应状况下）等。ANSYS 中的材料非线性能力包括弹塑性分析、超弹性分析、蠕变分析等，本书中只介绍弹塑性分析。

6.4.1　弹塑性概述

6.4.1.1　什么是塑性

塑性是一种在某种给定载荷下，材料产生永久变形的材料特性。对大多数的工程材料来说，当其应力水平低于比例极限时，应力－应变关系是线性的。超过这一极限后，应力－应变关系变成非线性。另外，大多数材料在其应力低于屈服点时，表现为弹性行为，也就是说，当移走载荷时，其应变也完全消失。

由于屈服点和比例极限相差很小，因此在 ANSYS 程序中假定它们相同。在应力－应变的曲线中，低于屈服点的叫做弹性部分，超过屈服点的叫做塑性部分，也叫做应变强化部分。塑性分析中考虑了塑性区域的材料特性。

塑性是一种非保守的（不可逆的）、与路径相关的现象。换句话说，载荷的施加程序，以及什么时候发生塑性响应，影响最终求解结果。如果用户在求解过程会出现塑性响应，则应把载荷处理成一系列的小增量载荷步或时间步，以使模型尽可能切合载荷 - 响应路径。

6.4.1.2 关于塑性的几个概念

（1）路径相关性

既然塑性是不可恢复的，那么这种问题就与加载历史有关，这类非线性问题叫做与路径相关的或非保守的非线性。

路径相关性是指对一种给定的边界条件，可能有多个正确的解——内部的应力、应变分布——存在，为了得到真正正确的结果，必须按照系统真正经历的加载过程加载。

（2）率相关性

塑性应变的大小可能是加载速度快慢的函数，如果塑性应变的大小与时间无关，这种塑性叫做率无关的塑性，相反，与应变率有关的塑性叫做率相关的塑性。

大多数的材料都有某种程度上的率相关性，但在大多数静力分析所经历的应变率范围内，两者的应力 - 应变曲线差别不大，所以在一般的分析中，便认为是与率无关的。

（3）工程应力、应变与真实的应力、应变

塑性材料的数据一般以拉伸的应力 - 应变曲线形式给出。材料数据可能是工程应力（P/A_0）与工程应变（$\Delta l/l_0$），也可能是真实应力（P/A）与真实应变（$\ln(l/l_0)$）。

大应变的塑性分析一般采用真实的应力、应变数据，而小应变分析一般采用工程的应力、应变数据。

（4）什么时候激活塑性

当材料中的应力超过屈服点时，塑性被激活（也就是说，有塑性应变发生）。而屈服应力本身可能是下列某个参数的函数：

◆温度；

◆应变率；

◆以前的应变历史；

◆侧限压力；

◆其他参数。

6.4.1.3 塑性理论介绍

在塑性分析中，一般遵循 3 个准则：屈服准则、流动准则、强化准则。

（1）屈服准则

对单向受拉试件，可以通过简单地比较轴向应力与材料的屈服应力来决定是否有塑性变形发生。然而，对于一般的应力状态，是否到达屈服点并不是明显的。

屈服准则是一个可以用来与单轴测试的屈服应力相比较的应力状态的标量表示。因此，知道了应力状态和屈服准则，程序就能确定是否有塑性应变产生。

屈服准则的值有时候也叫做等效应力，一个通用的屈服准则是 Von Mises 屈服准则，当等效应力超过材料的屈服应力时，将会发生塑性变形。

可以在主应力空间中画出 Mises 屈服准则，见图 6-50。

在 3 - D 中，屈服面是一个以 $\sigma_1=\sigma_2=\sigma_3$ 为轴的圆柱面；在 2 - D 中，屈服面是一个椭圆。在屈服面内部的任何应力状态都是弹性的，屈服面外部的任何应力状态都会引起屈服。

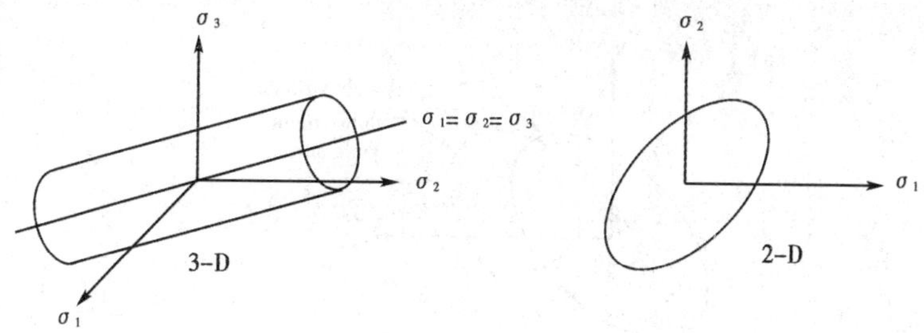

图 6-50　屈服准则示意图

需要注意的是，静水压应力状态（$\sigma_1=\sigma_2=\sigma_3$）不会导致屈服：屈服与静水压应力无关，而只与偏差应力有关，因此，$\sigma_1=180$，$\sigma_2=\sigma_3=0$ 的应力状态比 $\sigma_1=\sigma_2=\sigma_3=180$ 的应力状态接近屈服。Mises 屈服准则是一种除了土壤和脆性材料外典型使用的屈服准则，在土壤和脆性材料中，屈服应力与静水压应力（侧限压力）有关，侧限压力越高，发生屈服所需要的剪应力越大。

（2）流动准则

流动准则描述了发生屈服时塑性应变的方向，也就是说，流动准则定义了单个塑性应变分量（ε_x^{pi}，ε_y^{pi} 等）随着屈服是怎样发展的。

一般来说，流动方程是塑性应变在垂直于屈服面的方向发展的屈服准则中推导出来的，这种流动准则叫做相关流动准则。如果用其他的流动准则（从其他不同的函数推导出来），则叫做不相关的流动准则。

（3）强化准则

强化准则描述了初始屈服准则随着塑性应变的增加是怎样发展的。一般来说，屈服面的变化是以前应变历史的函数，在 ANSYS 程序中，使用了两种强化准则。

① 等向强化。等向强化是指屈服面以材料中所做塑性功的大小为基础在尺寸上扩张。对 Mises 屈服准则来说，屈服面在所有方向均匀扩张，见图 6-51。由于等向强化，在受压方向的屈服应力等于受拉过程中所达到的最高应力。

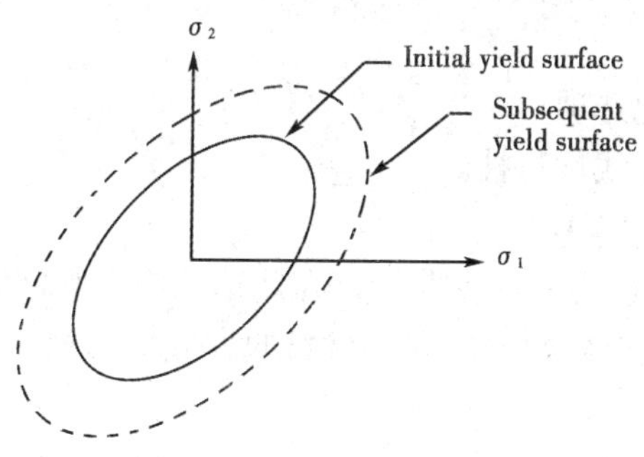

图 6-51　等向强化时的屈服面变化图

② 随动强化。随动强化是指假定屈服面的大小保持不变而仅在屈服的方向上移动，当某个方向的屈服应力升高时，其相反方向的屈服应力应该降低。见图 6-52。

在随动强化中，由于拉伸方向屈服应力的增加导致压缩方向屈服应力的降低，所以在对应的两个屈服应力之间总存在一个 $2\sigma_y$ 的差值，初始各向同性的材料在屈服后将不再是各向同性的。

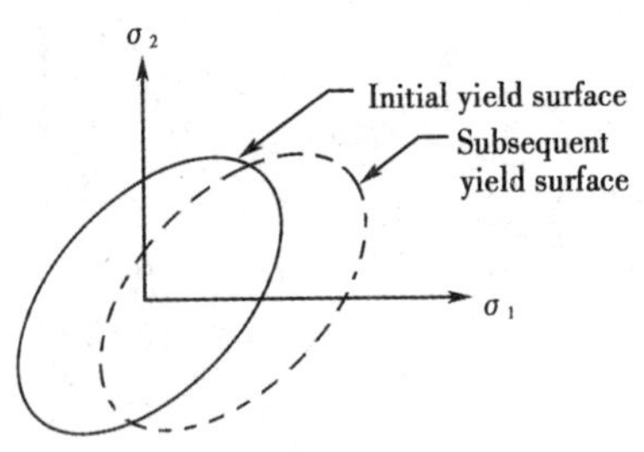

图 6-52 随动强化时的屈服面变化图

6.4.1.4 塑性选项

ANSYS 程序提供了多种塑性材料选项，在此主要介绍 4 种典型的材料选项，可以通过激活一个数据表来选择这些选项：

◆经典的双线性随动强化（BKIN）；

◆双线性等向强化（BISO）；

◆多线性随动强化（MKIN）；

◆多线性等向强化（MISO）。

（1）经典的双线性随动强化（BKIN）

使用一个双线性来表示应力－应变曲线，所以有两个斜率：弹性斜率和塑性斜率；由于随动强化的 Von Mises 屈服准则被使用，所以包含有鲍辛格效应，此选项适用于遵守 Von Mises 屈服准则、初始为各向同性材料的小应变问题，这包括大多数的金属。

需要输入的常数是屈服应力 σ_y 和切向斜率 E_T，可以定义 6 条不同温度下的曲线。

注意：

◆ 使用 MP 命令来定义弹性模量；

◆ 弹性模量也可以是与温度相关的；

◆ 切向斜率 E_T 不可以是负数，也不能大于弹性模量。

在使用经典的双线性随动强化时，可以分下面 3 步来定义材料特性：

① 定义弹性模量；

② 激活双线性随动强化选项；

③ 使用数据表来定义非线性特性。

（2）双线性等向强化（BISO）

也是使用双线性来表示应力－应变曲线，在此选项中，等向强化的 Von Mises 屈服准则被使用，这个选项一般用于初始各向同性材料的大应变问题。需要输入的常数与 BKIN 选项相同。

（3）多线性随动强化（MKIN）

使用多线性来表示应力－应变曲线，模拟随动强化效应，这个选项使用 Von Mises 屈服准则，对使用双线性选项（BKIN）不能足够表示应力－应变曲线的小应变分析是有用的。

需要的输入包括最多 5 个应力－应变数据点（用数据表输入），可以定义 5 条不同温度下的曲线。

在使用多线性随动强化时，可以使用与 BKIN 相同的步骤来定义材料特性，所不同的是在数据表中输入的常数不同。

（4）多线性等向强化（MISO）

使用多线性来表示使用 Von Mises 屈服准则的等向强化的应力－应变曲线，它适用于比例加载的情况和大应变分析。

需要输入最多100个应力－应变曲线，最多可以定义20条不同温度下的曲线。

其材料特性的定义步骤如下：

① 定义弹性模量；

② 定义 MISO 数据表；

③ 为输入的应力－应变数据指定温度值；

④ 输入应力－应变数据；

⑤ 画出材料的应力－应变曲线。

与 MKIN 数据表不同的是，MISO 的数据表对不同的温度可以有不同的应变值，因此，每条温度曲线有其自己的输入表。

6.4.1.5　ANSYS 选项的使用

（1）ANSYS 输入

当使用 TB 命令选择塑性选项和输入所需常数时，应该考虑到：第一，常数应该是塑性选项所期望的形式，例如，总是需要应力和总的应变，而不是应力与塑性应变；第二，如果还在进行大应变分析，应力－应变曲线数据应该是真实应力－真实应变。

对双线性选项（BKIN，BISO），输入常数 σ_y 和 E_T 可以按下述方法来决定：如果材料没有明显的屈服应力 σ_y，通常以产生0.2%的塑性应变所对应的应力作为屈服应力，而 E_T 可以通过在分析中所预期的应变范围内来拟合实验曲线得到。

（2）其他有用的载荷步选项

◆使用的子步数（使用的时间步长）。既然塑性是一种与路径相关的非线性，因此需要使用许多载荷增量来加载。

◆激活自动时间步长。

◆如果在分析所经历的应变范围内，应力－应变曲线是光滑的，使用预测器选项，这能够极大地降低塑性分析中的总体迭代数。

（3）输出量

在塑性分析中，对每个节点都可以输出下列量：

EPPL——塑性应变分量 ε_x^{pi}，ε_y^{pi} 等；

EPEQ——累加的等效塑性应变；

SEPL——根据输入的应力－应变曲线估算出的对于 EPEQ 的等效应力；

HPRES——静水压应力；

PSV——塑性状态变量；

PLWK——单位体积内累加的塑性功。

上面所列节点的塑性输出量实际上是离节点最近的那个积分点的值。

如果一个单元的所有积分点都是弹性的（EPEQ = 0），那么节点的弹性应变和应力从积分点外插得到；如果任一积分点是塑性的（EPEQ > 0），那么节点的弹性应变和应力实际上是积分点的值，这是程序的缺省情况，但可以人为地改变它。

6.1.4.6 **查看结果**

① 感兴趣的输出项（例如应力，变形，支反力等）对加载历史的响应应该是光滑的，一个不光滑的曲线可能表明使用了太大的时间步长或太粗的网格。

② 每个时间步长内的塑性应变增量应该小于 5%，这个值在输出文件中以“Max plastic Strain Step”输出，也可以使用 POST26 来显示这个值（Main Menu：TimeHist Postpro > Define Variables）。

③ 塑性应变等值线应该是光滑的，通过任一单元的梯度不应该太大。

④ 画出某点的应力 - 应变图，应力是指输出量 SEQV（Mises 等效应力），总应变由累加的塑性应变 EPEQ 和弹性应变得来。

6.4.2 塑性分析实例

6.4.2.1 **问题描述**

一个周边简支的圆盘，其中心受到一个冲杆的周期作用（假定冲杆是刚性的），需要进行圆盘在冲杆的周期作用下的塑性分析。本实例的模型简图如图 6-53 所示，材料特性如下所示，塑性时的应力 - 应变关系如表 6-4 所示，载荷历史如表 6-5 所示。弹性模量：EX = 70000MPa，泊松比：PRXY = 0.325。

表 6-4 材料塑性时的应力 - 应变关系表

应力	55	112	172	241
应变	0.0007857	0.00575	0.02925	0.1

表 6-5 加载历史

时间	0	1	2	3
载荷	0	-6000	750	-6000

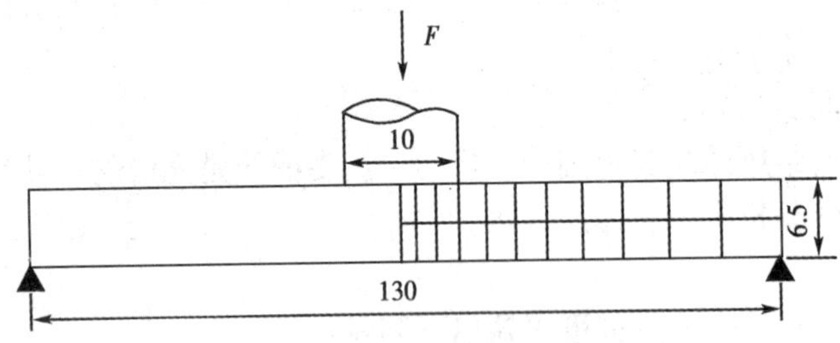

图 6-53 模型简图

6.4.2.2 **分析步骤**

（1）定义分析标题

GUI：Utility Menu > File > Change Jobname

将弹出 Change Jobname（修改文件名）对话框。在 Enter new jobname（输入新文件名）文本框中输入文字 plate 作为本分析实例的数据库文件名。并单击新的日志和错误文件（New log and error files）单选框，使其变为“Yes”，为本实例的分析过程创建新的日志。单击按钮 OK 关闭对话框，完成文件名的修改。

（2）定义工作文件名

GUI：Utility Menu > File > Change Title

弹出 Change Title（修改标题）对话框。在 Enter new title（输入新标题）文本框中，输入文字 plate analysis，为本分析实例的标题名。单击按钮 OK，完成对标题名的指定。

（3）刷新显示

GUI：Utility Menu > Plot > Replot

指定的标题和工作文件名将显示在 ANSYS 的相关区域。

（4）定义参数

GUI：Utility Menu > Parameters > Scalar Parameters

将弹出 Scalar Parameters（定义参数）对话框，在对话框中的 Selection（选择）文本框中，依次输入有关分析的参数和对应的数值，在每输入完一组参数之后，单击 Accept 按钮，确认该参数的定义并将其添加到上面的参数列表框中。例如，首先输入弹性模量"EXX = 70000"，单击按钮，参数"EXX = 70000"将会被添加到上面的列表框中。接着输入下一组参数，重复以上过程可以定义所有需要的参数。在本实例中共输入以下参数：

弹性模量 EXX = 70000

圆盘的半径 RPL = 65

冲击杆的半径 RPU = 5

圆盘的厚度 H = 6.5

以下为应力 - 应变：

STS1 = 55

STN1 = STS1/EXX（ANSYS 的求解结果为 7.857142857E - 04）

STS2 = 112

STN2 = 0.00575

STS3 = 172

STN3 = 0.02925

STS4 = 241

STN4 = 0.1

沿着圆盘半径的单元数 NEX = 15

沿着圆盘厚度的单元数 NET = 2

线 L1 的单元数 NEX1 = nint（0.8 * NET）（ANSYS 的求解结果为 2）

线 L2 的单元数 NEX2 = NEX - NEX1（ANSYS 的求解结果为 13）

当定义完所有的参数后，如图 6-54 所示单击对话框中的 Close 按钮，关闭对话框。

功能介绍：ANSYS 允许采用参数化的方法来输入数据或建模，用户可以通过事先指定或程序计算给变量（参数）赋值，在 ANSYS 运行的任一时刻都能定义参数。Scalar Parameters 命令用于标量参数的定义和删除等，其操作方法如上所述。

（5）定义单元类型

GUI：Main Menu > Preprocessor > Element Type > Add/Edit/Delete

将弹出 Element Types（单元类型）对话框。单击对话框中 Add 的按钮，将弹出 Library of Element Types（单元类型库）对话框，在左边的列表中，单击"Structural Solid"，指定添加的单元类型为结构实体单元。然后，在右边的列表中，单击"Quad 4node 42"，选定单元类型 Plane 42 为第一类单元。单击对话框中的 OK 按钮，关闭 Library of Element Types 对话框。将重新弹出 Element Types（单元类型）对话框，且在对话框中的单元列表

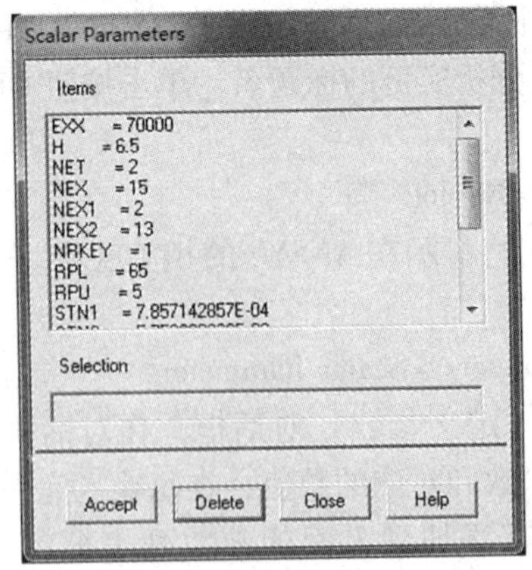

图 6-54　定义参数

框中列出了定义的单元类型 PLANE42。

（6）设置单元选项

在 Element Types（单元类型）对话框中单击 Options 按钮，打开 PLANE42 element type options（PLANE42 单元类型选项）对话框，在其中的 Element behavior（单元行为）下拉列表中选择 Axisymmetric（轴对称）选项，其余设置保持缺省，单击 OK 按钮确认并关闭对话框。单击单元类型定义（Element Types）对话框中的 Close 按钮，关闭对话框，完成单元类型及其属性的定义。

（7）定义材料属性

GUI：Main Menu > Preprocessor > Material Props > Material Models

在弹出 Define Material Model Behavior（材料模型定义）对话框的右边选项框中，依次双击 Structural、Linear、Elastic、Isotropic，在弹出对话框的 EX 栏中输入 EXX，在 PRXY 一栏中输入 0.325，单击 OK。

（8）定义多线性随动强化数据表

在材料模型定义（Define Material Model Behavior）对话框中，依次双击 Structural、Nonlinear、Inelastic、Rate Independent、Kinematic Hardening Plasticity、Mises Plasticity、Multilinear（General），将弹出材料的多线性随动强化数据表定义（Multilinear Kinematic Hardening for Material Number 1）对话框，在该对话框中的 STRAIN/STRESS（应变 - 应力）文本框中输入定义的参数：STN1 和 STS1。接着单击 Add Point 按钮，STRAIN/STRESS 将会增加新的一列。在新增加的列中分别输入 STN2 和 STS2。重复上面的工作，直到将定义的 4 组应力 - 应变关系参数都输入到相应的文本框中。最后如图6-55所示。

（9）绘制应力 - 应变曲线

在如图 6-55 所示的对话框中，单击按钮 Graph，ANSYS 将会在图形窗口中绘制出所定义材料的应力 - 应变曲线，如图6-56所示。最后单击多线性随动强化对话框中的 OK 按钮，关闭对话框。然后关闭定义材料属性对话框。

（10）创建节点

GUI：Main Menu > Preprocessor > Modeling > Create > Nodes > In Active CS

在弹出的对话框中，Node number（节点序号）文本框中输入“1”，然后在节点 X 坐标文本框中输入“RPL”，其余坐标值为缺省（缺省值为 0），单击 Apply 按钮创建节点 1；接着输入节点序号为 2，X = 0，Y = 0，Z = 0，单击 Apply 按钮创建节点 2；再输入节点序

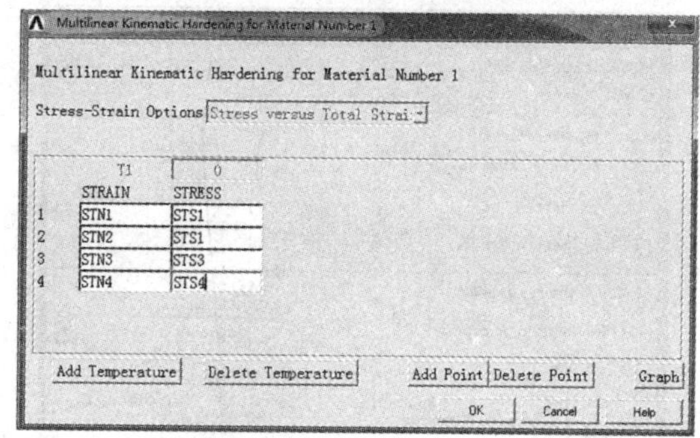

图 6-55　**Multilinear Kinematic Hardening for Material Number 1** 对话框

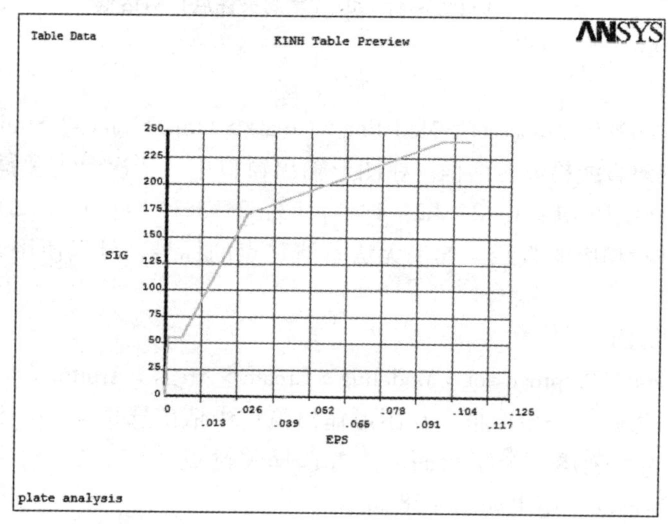

图 6-56　材料的应力－应变曲线

号为 3，X＝0，Y＝H/2，Z＝0，单击 OK 按钮创建节点 3，并关闭此对话框。

（11）创建关键点

GUI：Main Menu＞Preprocessor＞Modeling＞Create＞Keypoints＞In Active CS

执行该命令后将打开 Create Keypoints in Active Coordinate System（在激活坐标系中创建关键点）对话框，在 Keypoint number（关键点序号）中输入 1，Y 坐标为－（H/2），其余坐标值为缺省值（0），单击 Apply 按钮创建关键点 1；接着在重新弹出的对话框中输入关键点序号为 2，X，Y 坐标分别为 RPU，－（H/2），单击 Apply 按钮创建关键点 2。同法，输入关键点序号为 3，X，Y 坐标分别为 RPL，－（H/2），单击 OK 按钮关闭此对话框。在 ANSYS 图形窗口中将出现创建的 3 个关键点。

（12）复制并平移关键点

GUI：Main Menu＞Preprocessor＞Modeling＞Copy＞Keypoints

弹出一拾取框，单击 Pick All，弹出 Copy Keypoints（复制关键点）对话框，如图 6-57 所示。在对话框的 Y－offset active CS（坐标平移量 DY）文本框中输入 H，节点序号增量 KINC 输入 3，其余设置项保持缺省值，单击 OK，则在图形区域会复制出 3 个关键点。

（13）对图元进行编号

GUI：Utility Menu＞PlotCtrls＞Numbering

在弹出的对话框中，选中 Keypoint Numbers、Line Numbers、Area Numbers 后面的复选

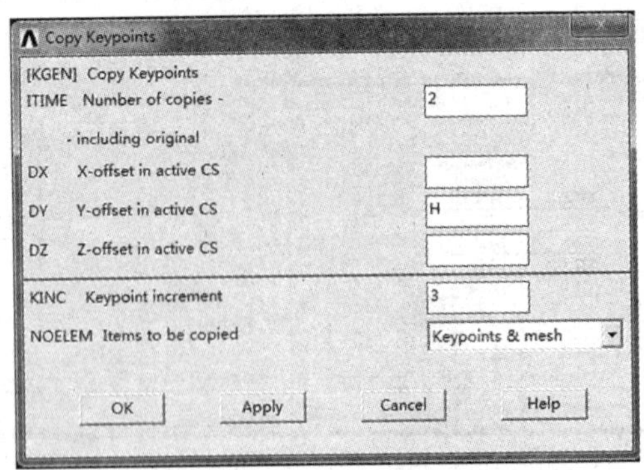

图 6-57 Copy Keypoints（复制关键点）对话框

框，使 OFF 变成 ON。单击 OK。

（14）创建线段

GUI：Main Menu > Preprocessor > Modeling > Create > Lines > Lines > Straight Line

程序将弹出创建直线拾取对话框。在图形输出窗口中，依次单击关键点 1、2，4、5，2、3 和 5、6。创建线段 L1：1 – 2，L2：4 – 5，L3：2 – 3 和 L4：5 – 6。单击 OK。在图形输出窗口中将会显示相应的直线。如果无法看清楚点的标号，可以使用 Pan – Zoom – Rotate 面板进行缩放。

（15）创建矩形面

GUI：Main Menu > Preprocessor > Modeling > Create > Areas > Arbitrary > Throuth KPs

执行该命令后将弹出一拾取框，在图形输出窗口中依次选择 1，2，5，4 关键点，单击对话框中的 Apply，创建一个矩形面。接着选择关键点 2，3，6，5，单击对话框中的 OK，创建另一个矩形面。结果如图 6-58 所示。

（16）定义单元尺寸

GUI：Main Menu > Preprocessor > Meshing > Size Cntrls > ManualSize > Lines > Picked Lines

弹出一个拾取框，在图形区域拾取线段 L5，L6，L7，单击 Apply，弹出 Element Sizes on Picked Lines（选定线上的单元尺寸）对话框，在 No. of element devisions（划分单元个数）文本框中，输入定义的圆盘厚度方向的单元份数 NET，也就是将在选定的线段上划分 2 个网格单元，单击 Apply 按钮对设置确认。

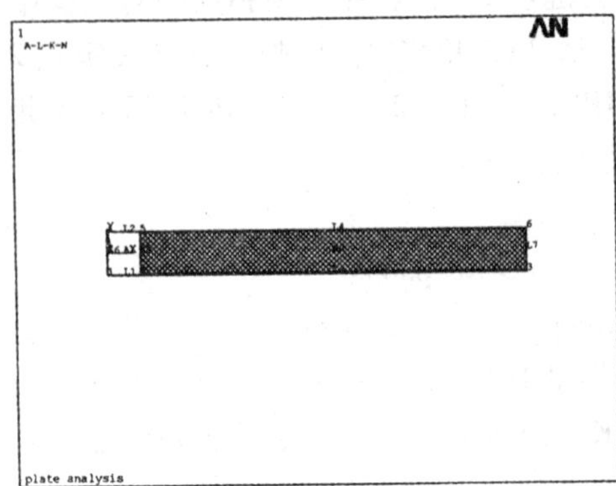

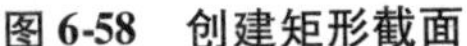

图 6-58 创建矩形截面

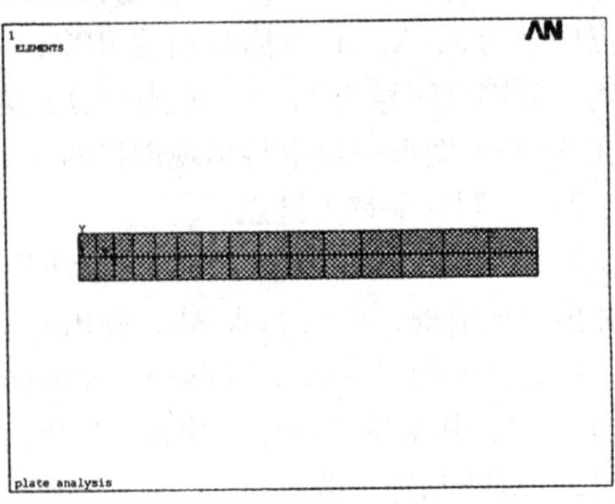

图 6-59 生成网格

（17）重复上面的工作，选中 L1 ~ L2 直线段，划分的单元数目是参数 NEX1，单击 Apply，再选中 L3 ~ L4 直线段，划分的单元数目中输入参数 NEX2，并且在对话框中的 Spacing ratio 文本框中输入“2.5”，即指定在直线 L3 ~ L4 上的单元的大小逐渐增加。单击 OK 按钮，关闭对话框

（18）对面划分网格

GUI：Main Menu > Preprocessor > Meshing > Mesh > Areas > Mapped > 3 or 4 sided

弹出 Mesh Areas（划分面的网格）拾取对话框，单击 Pick All，划分后的结果如图 6-59所示。

（19）合并节点编号、显示节点

GUI：Main Menu > Preprocessor > Numbering Ctrls > Merge Items

弹出一个对话框，单击 OK，接受其缺省设置。

GUI：Utility Menu > PlotCtrls > Numbering

在弹出的对话框中，选中 NODE 后面的复选框，使 Off 变成 On。单击 OK。

GUI：Utility Menu > Plot > Nodes

（20）施加耦合自由度

GUI：Main Menu > Preprocessor > Coupling Ceqn > Couple DOFs

弹出一个拾取框，在图形区域拾取节点 3，10，7，单击 OK，在弹出的对话框中作如图 6-60 所示的设置。

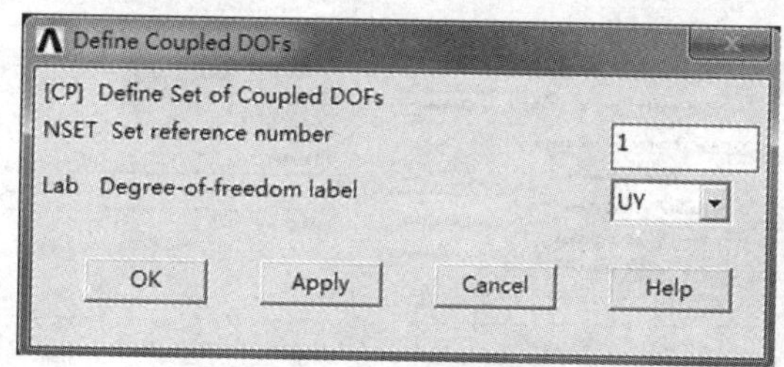

图 6-60 定义耦合自由度对话框

（21）定义位移约束

GUI：Main Menu > Solution > Define Loads > Apply > Structural > Displacement > On Nodes

弹出一拾取框，在图形区域选择节点 1，单击 Apply，在随之弹出的对话框中选择 UY，单击 Apply。重新回到拾取框中，选择节点 2，3，4，单击 OK，在随之弹出的对话框中选择 UX，单击 OK。生成结果如图 6-61 所示。

（22）存盘

（23）定义分析类型

GUI：Main Menu > Solution > Analysis Type > New Analysis

将会弹出 New Analysis（新分析）对话框（图略），单击对话框中的“Static”单选按钮，指定分析类型为静力分析。

（24）设置输出控制选项

GUI：Main Menu > Solution > Analysis Type > Sol'n Controls

弹出如图 6-62 所示的对话框，单击 Basic（基本）选项卡右边的 Write Items to Results File（输出控制区）中的 Frequency（输出频率）下拉框中的“Write every substep”，使所有的求解项目的每一子步都输出到结果文件中去。然后单击对话框上部的“Nonlinear”选

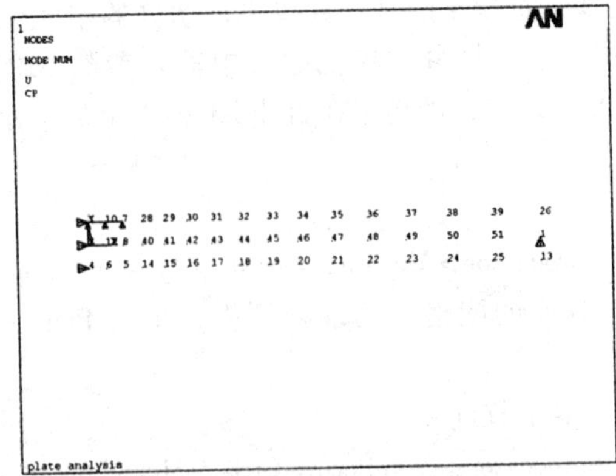

图 6-61 定义位移约束后的节点显示

项卡，将显示非线性控制选项，选择 Nolinear Options（非线性选项）区中的 DOF solution predictor（自由度求解预测器）下拉框中的“On after 1 substp”选项，如图 6-63 所示，然后单击 OK。

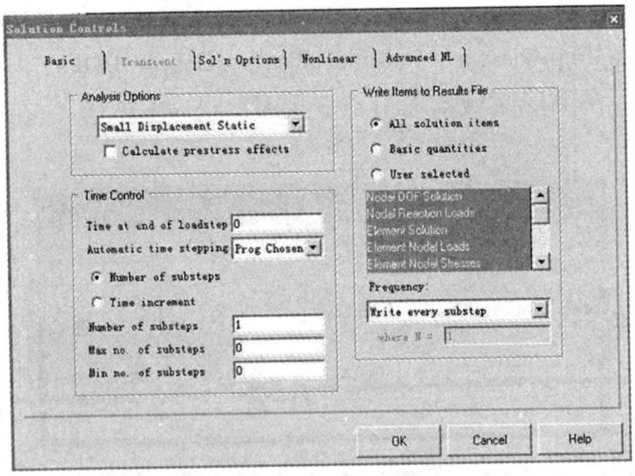

图 6-62 Basic 选项卡

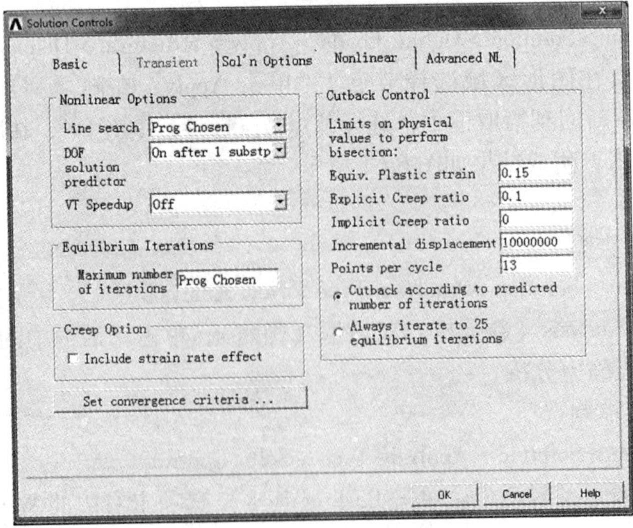

图 6-63 Nonlinear 选项卡

注意：本步的设置也可以按照前面几个例子中讲述的操作方法进行设定，其功能都是相同的，仅仅是操作界面和操作路径不同罢了。

（25）定义第一个载荷步

GUI：Main Menu > Solution > Define Loads > Apply > Structural > Force/Moment > On Nodes

将弹出一拾取框，在图形区域中拾取节点 3，单击 OK，弹出 Apply F/M on Nodes 对话框，作如图 6-64 所示的设置。

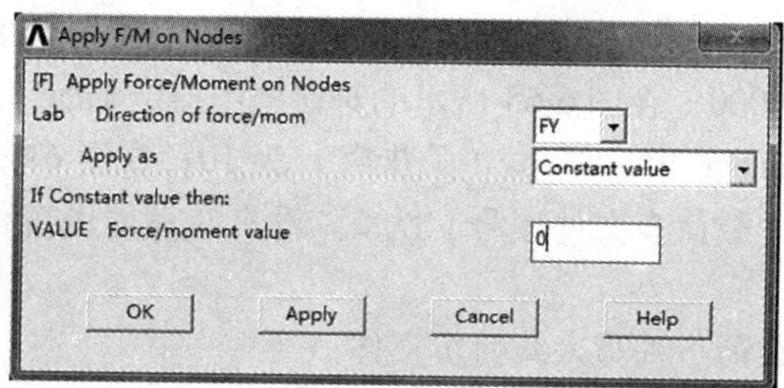

图 6-64　Apply F/M on Nodes 对话框

（26）设置载荷步选项

GUI：Main Menu > Solution > Load Step Opts > Time/Frequenc > Time and Substps

将弹出 Time and Substep Options（时间和载荷子步选项）对话框，在对话框中的载荷步终止时间（Time at end of load step）文本框中输入 1e－6，指定 Number of substeps（子步数）为 1。单击 Automatic Time Steping（自动时间步）的 ON 单选按钮将其选中，指定为自动调整时间步大小。然后单击 OK。如图 6-65 所示。

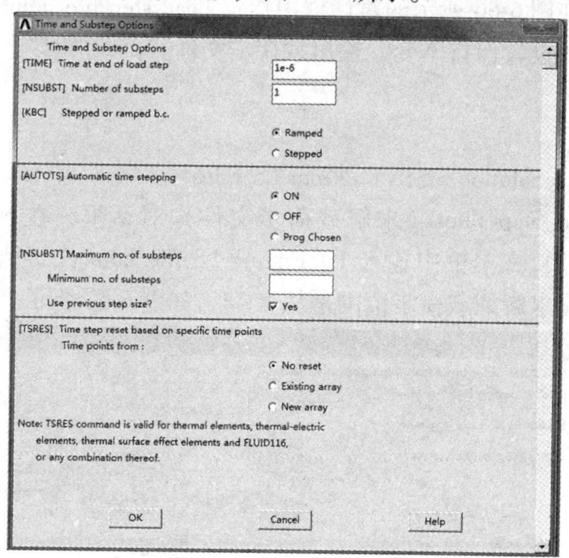

图 6-65　载荷步选项设置

（27）输出载荷步文件

GUI：Main Menu > Solution > Load Step Opts > Write Ls File

将弹出 Write Load Step File（输出载荷步文件）对话框（图 6-66），在对话框中的 Load step file number n（载荷步文件序号）文本框中输入 1，单击按钮 OK 关闭对话框。ANSYS 程序将把第一个载荷步写成文件“plate. s01”。

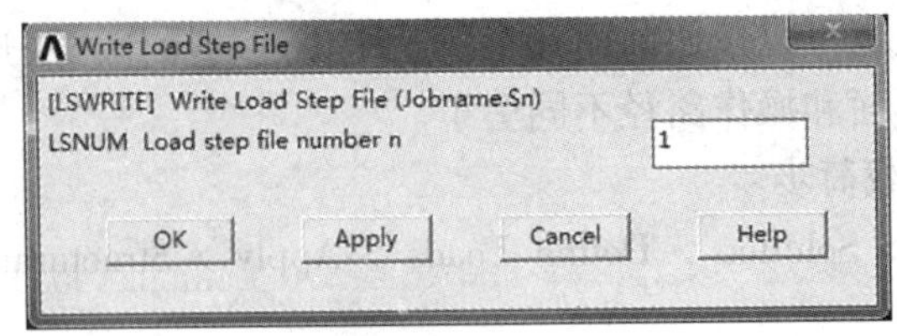
Write Load Step File
[LSWRITE] Write Load Step File (Jobname.Sn)
LSNUM Load step file number n 1
OK Apply Cancel Help

图 6-66 输出载荷步文件

(28) 定义第二个载荷步并写入载荷步文件

重复步骤 (25) ~ (27) 的操作过程，只是在如图 6-64 所示的对话框中将节点 3 的 Y 方向的载荷设置为 -6000；在图 6-65 所示的对话框中指定 Time at end of load step (载荷步终止时间) 为 1，Number of substeps (子步数) 为 10；在图 6-66 所示的对话框中指定 Load step file number n (载荷步文件序号) 为 2。没有改动的设置保持不变，输出载荷步文件 "plate. s02"。

(29) 定义第三个载荷步并写入载荷步文件

重复步骤 (25) ~ (27) 的操作过程，只是在如图 6-64 所示的对话框中将节点 3 的 Y 方向的载荷设置为 750；在图 6-65 所示的对话框中指定 Time at end of load step (载荷步终止时间) 为 2；在图 6-66 所示的对话框中指定 Load step file number n (载荷步文件序号) 为 3。没有改动的设置保持不变，输出载荷步文件 "plate. s03"。

(30) 定义第四个载荷步并写入载荷步文件

重复步骤 (25) ~ (27) 的操作过程，只是在如图 6-64 所示的对话框中将节点 3 的 Y 方向的载荷设置为 -6000；在图 6-65 所示的对话框中指定 Time at end of load step (载荷步终止时间) 为 3；在图 6-66 所示的对话框中指定 Load step file number n (载荷步文件序号) 为 4。没有改动的设置保持不变，输出载荷步文件 "plate. s04"。

(31) 存盘

(32) 求解

GUI：Main Menu > Solution > Solve > From LS Files

将弹出 Solve Load Step Files (求解载荷步文件) 对话框，在 Starting LS file number (开始载荷步文件序号) 文本框中输入 1，Ending LS file number (结束载荷步文件序号) 文本框中输入 4，指定求解的载荷步范围是从 1 ~ 4，如图 6-67 所示，单击 OK。

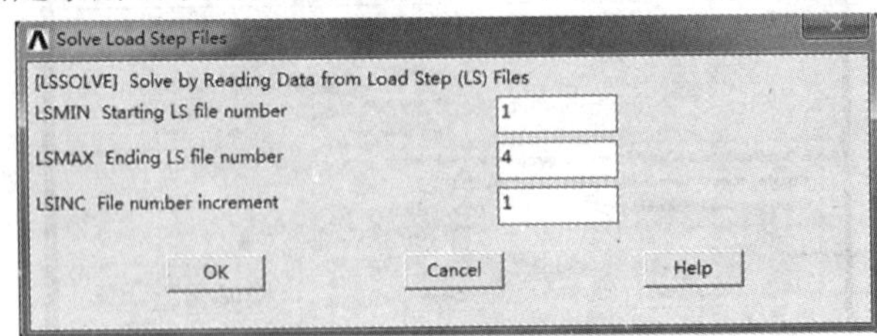
Solve Load Step Files
[LSSOLVE] Solve by Reading Data from Load Step (LS) Files
LSMIN Starting LS file number 1
LSMAX Ending LS file number 4
LSINC File number increment 1
OK Cancel Help

图 6-67 求解载荷步文件

当所有的求解都完成之后，会弹出求解完成提示对话框，单击 Close 按钮，结束非线性静力分析。

(33) 读取最后一个子步

GUI：Main Menu > General Postproc > Read Results > Last Set

(34) 查看变形图

GUI：Main Menu > General Postproc > Plot Results > Deformed Shape

在弹出的对话框中选择 Def + undef edge，结果如图 6-68 所示。

（35）显示应变云图

GUI：Main Menu > General Postproc > Plot Results > Contour Plot > Nodal Solu

在弹出的对话框中单击 Elastic Strain，von Mises elastic strain，单击 OK，生成结果如图 6-69 所示。

（36）存盘，退出

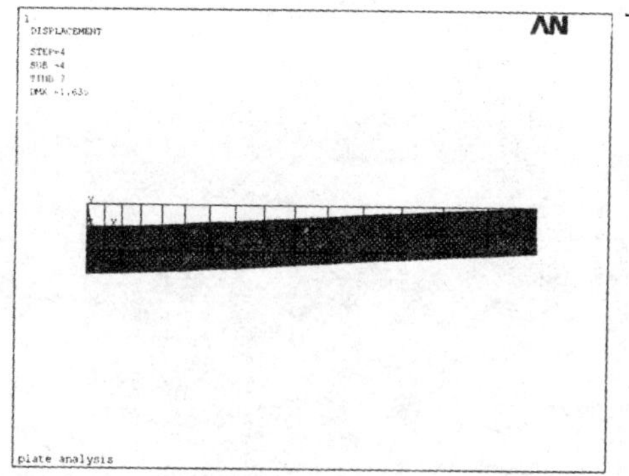

图 6-68　变形结果显示

图 6-69　应变云图显示

上述分析步骤对应的命令流如下：

```
/TITLE, plate analysis
*SET, EXX, 70000
*SET, RPL, 65
*SET, RPU, 5
*SET, H, 6.5
*SET, STS1, 55
*SET, STN1, STS1/EXX
*SET, STS2, 112
*SET, STN2, 0.00575
*SET, STS3, 172
*SET, STN3, 0.02925
*SET, STS4, 241
*SET, STN4, 0.1
*SET, NEX, 15
*SET, NET, 2
*SET, NEX1, nint (0.8*NET)
*SET, NEX2, NEX-NEX1
/PREP7
ET, 1, PLANE42
KEYOPT, 1, 3, 1
MP, EX, 1, EXX
```

```
MP, PRXY, 1, 0.325
TB, KINH, 1, 1, 4, 0
TBTEMP, 0
TBPT,, STN1, STS1
TBPT,, STN2, STS2
TBPT,, STN3, STS3
TBPT,, STN4, STS4
N, 1, RPL, 0, 0,,,,
N, 2, 0, 0, 0,,,,
N, 3, 0, H/2, 0,,,,
K, 1, 0, -H/2, 0,
K, 2, RPU, -H/2, 0,
K, 3, RPL, -H/2, 0,
KGEN, 2, ALL,,,, H,, 3, 0
LSTR, 1, 2
LSTR, 4, 5
LSTR, 2, 3
LSTR, 5, 6
A, 1, 2, 5, 4
A, 2, 3, 6, 5
LESIZE, 5,,, NET,,,,, 1
LESIZE, 6,,, NET,,,,, 1
LESIZE, 7,,, NET,,,,, 1
LESIZE, 1,,, NEX1,,,,, 1
LESIZE, 2,,, NEX1,,,,, 1
LESIZE, 3,,, NEX2, 2.5,,,, 1
LESIZE, 4,,, NEX2, 2.5,,,, 1
MSHKEY, 1
AMESH, ALL
NUMMRG, NODE,,,, LOW
CP, 1, UY, 3, 7, 10
FINISH
/SOL
D, 1, UY
D, 2, UX
D, 3, UX
D, 4, UX
ANTYPE, 0
OUTRES, ERASE
OUTRES, ALL, 1
```

```
PRED, ON
F, 3, FY, 0
TIME, 1e-6
AUTOTS, 1
NSUBST, 1,,, 1
LSWRITE, 1,
F, 3, FY, -6000
TIME, 1
AUTOTS, 1
NSUBST, 10,,, 1
LSWRITE, 2,
F, 3, FY, 750
TIME, 2
AUTOTS, 1
NSUBST, 10,,, 1
LSWRITE, 3,
F, 3, FY, -6000
TIME, 3
AUTOTS, 1
NSUBST, 10,,, 1
LSWRITE, 4,
LSSOLVE, 1, 4, 1,
FINISH
/POST1
SET, LAST
PLDISP, 1
PLNSOL, EPEL, EQV, 0, 1.0
SAVE
FINISH
```

6.5 状态非线性分析

6.5.1 概 述

在日常生活和工程应用中，许多结构表现出一种与状态相关的非线性行为，接触问题就是一种很普遍的状态非线性行为。

接触问题是一种高度非线性行为，需要较大的计算资源，为了进行更为有效的计算，理解问题的特性和建立合理的模型是很重要的。

接触问题存在两个较大的难点：其一，在求解问题之前，不知道接触区域，表面之间是接触或分开是未知的、突然变化的，这随载荷、材料、边界条件和其他因素而定；其二，大多接触问题需要计算摩擦，有几种摩擦模型供挑选，它们都是非线性的，摩擦使问题的收敛性变得困难。

ANSYS 支持 3 种接触方式：点-点、点-面、面-面，每种接触方式使用的接触单元适用于某类问题。表 6-6 列出了在接触分析中常用的单元类型。

为了给接触问题建模，首先必须认识到模型中的哪些部分可能会相互接触，如果相互作用的其中之一是一点，则模型的对应组元是一个节点；如果相互作用的其中之一是一个面，则模型的对应组元是单元。

表 6-6　　ANSYS 中的接触单元

单　元	CONTAC12	CONTAC52	CONTA171，CONTA172，TARGET169	CONTA173，CONTA174，TARGET170	CONTA175	CONTA178
点-点	Y	Y				Y
点-面					Y	
面-面			Y	Y	Y	
2-D	Y		Y		Y	Y
3-D		Y		Y	Y	Y
滑移	小	大	大	大	大	小
曲面			Y	Y		
接触刚度	用户定义	用户定义	半自动	半自动	半自动	半自动
自动划分网格工具	EINTF	EINTF	ESURF	ESURF	ESURF	EINIF
低阶	Y	Y	Y	Y	Y	Y
高阶			Y	Y	Y（2D）	
刚-柔	Y	Y	Y	Y	Y	Y
柔-柔	Y	Y	Y	Y		Y
热接触			Y	Y		

6.5.2　面-面接触分析

（1）概　述

在涉及两个边界的接触问题中，很自然地把一个边界作为“目标”面，而把另一个作为“接触”面，对刚体-柔体的接触，“目标”面总是刚性的，“接触”面总是柔性面，这两个面合起来叫做“接触对”。使用 TARGE169 和 CONTA171 或 CONTA172 来定义 2-D 接触对，使用 TARGE170 和 CONTA173 或 CONTA174 来定义 3-D 接触对，程序通过相同的实常数号来识别“接触对”。

（2）接触分析的步骤

执行一个典型的面-面接触分析的基本步骤如下。

步骤 1：建立模型，并划分网格

在这一步中，用户需要建立代表接触体几何形状的实体模型。与其他分析过程一样，需要设置单元类型、实常数、材料特性。用恰当的单元类型给接触体划分网格。

步骤 2：识别接触对

用户必须判断模型在变形期间哪些地方可能发生接触，一旦已经识别出潜在的接触面，就应该通过目标单元和接触单元来定义它们，目标和接触单元跟踪变形阶段的运动，构成一个接触对的目标单元和接触单元通过共享的实常数号联系起来。

接触环（区域）可以任意定义，然而为了更有效地进行计算（主要指 CPU 时间），用户可能想定义更小的局部化的接触环，但要保证它足以描述所需要的接触行为，不同的接触对必须通过不同的实常数号来定义（即使实常数没有变化）。

由于几何模型和潜在变形的多样性，有时候一个接触面的同一区域可能和多个目标面产生接触关系。在这种情况下，应该定义多个接触对（使用多组覆盖层接触单元）。每个接触对有不同的实常数号。

步骤 3：指定接触面和目标面

接触单元被约束不得渗入目标面，但目标单元可以渗入接触面。对于刚-柔接触模型，目标面总是刚体表面，接触面总是柔体表面。对于柔-柔接触模型，指定目标面和接触面可以按照下面的原则：

◆将凸面定义为接触面，凹面（平面）定义为目标面；

◆划分细网格面为接触面，粗网格面为目标面；

◆较软的面为接触面，较硬的面为目标面；

◆高阶单元面为接触面，低阶单元面为目标面；

◆较小的面为接触面，较大的面为目标面。

步骤 4：定义刚性目标面

◆2-D 目标面的形状可以通过一系列直线、圆弧和抛物线来描述，用 TARGE169 来表示。另外，可以使用它们的任意组合来描述复杂的目标面。

◆3-D 目标面的形状可以通过三角面、圆柱面、圆锥面和球面来描述，用 TARGE170 来表示，对于一个复杂的、任意形状的目标面，应该使用三角面来给它建模。

步骤 5：定义柔性体的接触面

◆2-D 接触面可以用 CONTA171（2 节点低阶线单元）和 CONTA172（3 节点高阶抛物线单元）来模拟。

◆3-D 接触面可以用 CONTA173（4 节点低阶四边形单元）和 CONTA174（8 节点高阶四边形单元）来模拟。

◆定义接触面必须与目标面具有相同的实常数号。

◆选择节点，生成接触单元。

步骤 6：设置实常数和单元关键字

程序使用 9 个实常数和若干个单元关键字来控制面-面接触单元的接触行为。

① 实常数。9 个实常数中，2 个（R1 和 R2）用来定义目标面单元的几何形状，剩下的 7 个用来控制接触行为。

R1 和 R2：定义目标单元的几何形状。

FKN：定义法向接触刚度因子。

FTOLN：定义最大的穿透范围。

ICONT：定义初始靠近因子。

PINB：定义“Pinball”区域。

PMIN（PMAX）：定义初始穿透的容许范围。

TAUMAX：指定最大的接触摩擦。

CNOF：为接触面指定一偏移值。

FKOP：定义接触发生时所给的刚度因子。

② 关键字。大多数的接触问题不需要对关键字进行特殊定义，但在某些情况下，可能需要改变缺省值来控制接触行为。

表 6-7 列出了单元 CONTA172 的关键字。至于关键字的更详细用法，请读者参阅《ANSYS Elements Reference》。

表 6-7 CONTA172 单元关键字的取值及意义

单元关键字	取值	意 义
选择自由度 KEYOPT（1）	0	UX，UY
	1	UX，UY，TEMP
	2	TEMP
	3	UX，UY，TEMP，VOLT
	4	TEMP，VOLT
	5	UX，UY，VOLT
	6	VOLT
	7	AZ
接触算法 KEYOPT（2）	0	罚函数＋拉格朗日算法
	1	罚函数算法
	2	多点约束
	3	接触面法向用拉格朗日乘法器、接触面用罚函数
	4	目标面和接触面法向使用拉格朗日乘法器
出现超单元时的应力状态 KEYOPT（3）	0	使用 H 单元（无超单元）
	1	轴对称（有超单元）
	2	平面应力、平面应变（有超单元）
	3	有厚度输入的平面应力（有超单元）
接触检查点 KEYOPT（4）	0	在高斯点
	1	在接触面法向节点上
	2	在目标面法向节点上
自动调节 KEYOPT（5）	0	不自动调节
	1	关闭空隙自动 CNOF
	2	减少穿透自动 CNOF
	3	关闭空隙、减少穿透
	4	自动 ICONT
时间步长控制 KEYOPT（7）	0	不进行控制
	1	自动二等分
	2	对下一个子步预测一个合理的时间增量
	3	对下一个子步预测一个最小的时间增量
非对称接触选项 KEYOPT（8）	0	没有作用
	2	ANSYS 在求解过程中选择非对称接触对（只有当对称接触被定义时使用）

续表 6-7

单元关键字	取值	意 义
初始穿透（间隙）影响 KEYOPT（9）	0	包括由初始几何形状和接触表面偏移量引起的缝隙和穿透
	1	排除由初始几何形状和接触表面偏移量引起的缝隙和穿透
	2	包括由初始几何形状和接触表面偏移量引起的缝隙和穿透，有渐变效应
	3	包括由用户指定的接触表面偏移量，排除由初始几何形状引起的缝隙或穿透
	4	包括由用户指定的接触表面偏移量，排除由初始几何形状引起的缝隙或穿透
接触刚度矩阵更新 KEYOPT（10）	0	若在载荷步中 FKN 被重新定义，则每一载荷步更新一次接触刚度（pair based）
	1	根据所附实体单元的前一个子步的平均应力（pair based）
	2	每次根据当前所附单元的平均应力迭代（pair based）
	3	若在载荷步中 FKN 被重新定义，则每一载荷步更新一次接触刚度矩阵（individual element based）
	4	根据所附实体单元的前一个子步的平均应力（individual element based）
	5	每次根据当前所附单元的平均应力迭代（individual element based）
梁、壳厚度影响 KEYOPT（11）	0	不考虑
	1	考虑
接触面模式 KEYOPT（12）	0	标准
	1	粗糙
	2	不分离但可以滑动
	3	黏结
	4	不分离
	5	总是黏结
	6	初始黏结（初始接触）

步骤7：控制刚性目标面的运动

刚性目标面是在其原始构形上定义的，而整个面的运动是通过 Pilot 节点上的给定位移来定义的（如果没有定义 Pilot 节点，则通过目标面上的不同节点来定义）。

为控制整个目标面的边界条件（和运动），在下面任何情况下，必须使用 Pilot 节点：

◆目标面上作用着给定的外力；

◆目标面发生旋转；

◆目标面和其他单元相连（例如结构质量单元 MASS21 等）；

◆目标面的运动由平衡条件调节。

Pilot 节点的自由度代表着整个刚性面的运动，包括 2-D 中的 2 个平移和 1 个转动自由度，或 3-D 中的 3 个平移和 3 个转动自由度。用户可以在 Pilot 节点上施加边界条件（位移、初速度）、集中载荷、转动等。为了考虑刚体的质量，在 Pilot 节点上定义一个质量单元。

步骤8：给变形体单元加必要的边界条件

步骤9：定义求解和载荷步选项

接触问题的收敛性随问题不同而不同，下面列出了在一些典型的大多数面-面的接触分析中使用的选项和注意点。

◆打开自动时间步长。

◆时间步长必须足够小，以得到适当的接触区。如果时间步长太大，则接触力的光滑传递会被破坏。时间步长的大小，是由子步数或时间步本身指定的。

◆选择完全的牛顿-拉普森迭代，关闭自适应下降因子。

◆打开线性搜索，使计算稳定。

◆在摩擦滑动占主导地位时，设置不对称求解选项（NROPT，UNSYM，OFF），以避免收敛减慢或发散。

◆设置平衡迭代次数 25 ~ 50。

◆除非在大转动和动态分析中，否则打开时间步长预测器选项。

◆在接触分析中，许多不收敛问题是由于使用了太大的接触刚度引起的（实常数 FKN）。检验是否使用了合适的接触刚度。

步骤 10：求解

现在可以求解接触问题。求解过程与一般的非线性问题的求解过程相同。记住如下几点：

◆总是检查与接触对相关的实常数集，并检查目标面的约束条件。以前的"试验性运行分析"可能改变这些设置。

◆在开始分析时，总是检查目标面的接触状态。如果检查到任何不希望的间隙（或不接触）或过度的渗透，终止分析，然后检查几何模型。

◆认真检查分析结果。

按照下面的步骤来进行求解：

把数据库保存到一个文件；

开始求解；

离开求解器（FINISH）。

步骤 11：查看结果。

◆在 POST1 中查看结果：

从输出文件 Jobname. out 中查看分析是否收敛。如果不收敛，用户可能不想进行后处理，而更在乎查找为什么不收敛。如果已经收敛，继续后处理。

进入 POST1，读入所期望的载荷步和子步的结果，这可以通过载荷步和子步数，也可以通过时间来实现。

显示需要查看的结果，例如变形图、等值线图、动画或者列表显示结果等。

◆在 POST26 中查看结果：

用户也可以用 POST26 来查看一个非线性结构对加载历程的响应。应用 POST26 可以比较一个变量与另一个变量的变化关系。例如，可以画出某个节点位移-载荷的曲线，某个节点的塑性应变-TIME 的关系。一个典型的 POST26 的后处理过程需要分以下几个步骤：

从输出文件中（Jobname. out）检查是否分析已经收敛；

如求解已收敛，进入 POST26，定义在后处理阶段用到的变量；

用图形或列表显示。

Main Menu > TimeHist Postpro > Graph Variables

Main Menu > TimeHist Postpro > List Variables

Main Menu > TimeHist Postpro > List Extremes

6.5.3　点-面接触分析

(1) 概　述

点-面接触单元主要用于给点-面的接触行为建模，例如两根梁的相互接触。如果通过一组节点来定义接触面，生成多个单元，那么可以通过点-面的接触单元来模拟面-面的接触问题，面既可以是刚性体，也可以是柔性体，这类接触问题的一个典型例子是将插头插到插座里。

ANSYS 程序的点-面接触单元允许下列非线性行为：

◆有大变形的面-面接触分析；

◆接触和分开；

◆库仑摩擦滑动；

◆热传递。

点-面接触是工程应用中普遍发生的现象，例如夹具（螺栓、铆钉等）、金属成形、轧钢等，工程技术人员关注由于结构之间的接触而产生的应力、变形、力和温度等的改变。

使用这类接触单元，不需要预先知道确切的接触位置，接触面之间也不需要保持一致的网格，并且允许有大的变形和大的相对滑动。

在 ANSYS 程序中，点-面接触是通过跟踪一个表面（接触面）上的点相对于另一表面（目标面）上的线或面的位置来表示的。程序使用接触单元来跟踪两个面的相对位置。接触单元的形状为三角形、四面体或锥形，其底面由目标面上的节点组成，而顶点为接触面上的节点。

(2) 点-面接触分析的步骤

步骤 1：建立模型，并划分网格

在这一步中，需要建立代表接触体几何形状的模型，设置单元类型、实常数和材料特性，用适当的单元类型划分网格。

◆应该避免使用有中节点的单元，特别是在三维问题中。因为这些单元表面节点上的有效刚度很不均匀。然而，ANSYS 程序的点-面接触算法假定刚度均匀分布在面上的所有节点上。因此，在接触分析中使用这些单元时，可能导致收敛困难。

步骤 2：识别接触对

此步骤同面-面接触相类似，这里不再赘述。

步骤 3：生成接触单元

在生成接触单元之前，首先必须定义单元类型，然后再定义接触单元的实常数。每个不同的接触面应该有一个不同的实常数号，即使实常数的值相同。因为使用不同的实常数号，程序能够较好地区分出壳的顶面和底面之间的接触，以及其他不同的接触区域。接着就是在对应的接触对之间生成接触单元。

步骤 4：设置单元关键字和实常数

① 实常数。

KN：定义法向接触刚度。

KT：定义黏合接触刚度。

TOLN：定义最大穿透容差。

FACT：定义静摩擦与动摩擦之比。

TOLS：为增加目标面长度定义一个小的容差。

COND：定义接触传导率。

② 关键字。对于点-面接触单元 CONTA175 的关键字，见表 6-8 所示。

表 6-8　CONTA175 单元关键字取值及其意义

单元关键字	取值	意　义
选择自由度 KEYOPT（1）	0	UX，UY
	1	UX，UY，TEMP
	2	TEMP
	3	UX，UY，TEMP，VOLT
	4	TEMP，VOLT
	5	UX，UY，VOLT
	6	VOLT
	7	AZ（2-D）或 MAG（3-D）
接触算法 KEYOPT（2）	0	罚函数+拉格朗日算法
	1	罚函数算法
	2	多点约束
	3	接触面法向用拉格朗日乘法器、接触面用罚函数
	4	目标面和接触面法向使用拉格朗日乘法器
接触类型 KEYOPT（3）	0	接触力模型
	1	接触面力模型
接触法线方向 KEYOPT（4）	0	目标面法向
	1	接触点法向
	2	接触点法向（用于壳、梁底面接触，应当考虑壳、梁厚度）
	3	目标面法向（用于壳、梁底面接触，应当考虑壳、梁厚度）
CNOF/ICONT 自动调节 KEYOPT（5）	0	不自动调节
	1	关闭空隙自动 CNOF
	2	减少穿透自动 CNOF
	3	关闭空隙、减少穿透
	4	自动 ICONT
接触刚度矩阵〔当 KEYOPT（10）>0 时用于加强刚度矩阵更新〕KEYOPT（6）	0	使用默认范围的刚度矩阵更新
	1	在允许范围内使用自定义的刚度范围使名义细化到允许的刚度范围
	2	在允许刚度范围作出积极的细化
时间步长控制 KEYOPT（7）	0	不进行控制
	1	自动二等分
	2	对下一个子步预测一个合理的时间增量
	3	对下一个子步预测一个最小的时间增量

续表 6-8

单元关键字	取值	意 义
非对称接触选项 KEYOPT（8）	0	没有作用
	2	ANSYS 在求解过程中选择非对称接触对（只有当对称接触被定义时使用）
初始穿透（间隙）影响 KEYOPT（9）	0	包括由初始几何形状和接触表面偏移量引起的缝隙和穿透
	1	排除由初始几何形状和接触表面偏移量引起的缝隙和穿透
	2	包括由初始几何形状和接触表面偏移量引起的缝隙和穿透，有渐变效应
	3	包括由用户指定的接触表面偏移量，排除由初始几何形状引起的缝隙或穿透
	4	包括由用户指定的接触表面偏移量，排除由初始几何形状引起的缝隙或穿透
接触刚度矩阵更新 KEYOPT（10）	0	若在载荷步中 FKN 被重新定义，则每一载荷步更新一次接触刚度（pair based）
	1	根据所附实体单元的前一个子步的平均应力（pair based）
	2	每次根据当前所附单元的平均应力迭代（pair based）
	3	若在载荷步中 FKN 被重新定义，则每一载荷步更新一次接触刚度矩阵（individual element based）
	4	根据所附实体单元的前一个子步的平均应力（individual element based）
	5	每次根据当前所附单元的平均应力迭代（individual element based）
壳厚度影响 KEYOPT（11）	0	不考虑
	1	考虑
接触面模式 KEYOPT（12）	0	标准
	1	粗糙
	2	不分离但可以滑动
	3	黏结
	4	不分离
	5	总是黏结
	6	初始黏结（初始接触）

步骤5：施加边界条件

值得注意的是，在分析期间，如果两个物体分开，那么刚度矩阵变得奇异和不可求解（在静力分析中）。这是因为，有限单元需要一些刚度来把所有单元联结起来，以及足够的位移约束来阻止刚体运动。如果是刚度矩阵变得奇异，程序将会给出“Pilot ratio”警告信息。但程序仍会设法求解，最终会出现一个“negative main diagonal”或“Dof Limit exleed-ed”的信息。

为了克服这个问题，采用下面的某种建议：

◆建模时，使接触体处于恰好接触的位置；

◆使用给定位移来将它移到某个位置；

◆使用弱弹簧把两个分开的物体连起来；

◆使用动态方法求解。

步骤 6：定义求解和载荷步选项

接触问题的收敛性与特定问题有关。下面列出了一些典型的、在大多数点-面的接触分析中推荐采用的选项：

◆使用 KEYOPT（7）来设置合适的时间步长。

◆时间步长必须足够小，以抓住适当的接触区域。如果时间步长太大，接触力的光滑传递将被破坏。设置精确、可信的时间步长的方法是打开自动时间步长。

◆设置一个合适的平衡迭代次数（25～70）。

◆除在大转动分析外，打开时间步长预测。

◆设置牛顿-拉普森选项到“FULL”，同时打开自适应下降因子。

◆在接触分析中，许多收敛失败是因为应用了太大的接触刚度（实常数 KN）。

◆如在接触分析中发生过度渗入，可能是因为应用了太小的 KN 值。

步骤 7：求解

◆保存数据库到一个文件。

◆开始求解。

◆如果需要，定义多个载荷步。

◆退出求解程序（FINISH）。

步骤 8：查看结果

接触分析的结果包括位移、应力、应变、反力和接触信息（如接触压力、滑动等）。可以采用一般后处理器 POST1 或时间历程后处理器 POST26 来查看结果。

◆在 POST1 中查看结果：

从输出文件（Jobname. out）检查是否在所有载荷步上都收敛。如否，用户可能不想进行结果后处理，而是想找到收敛失败的原因。如是，进行后处理。

进入 POST1。

读入合适的载荷步和子步的结果。可通过载荷步和子步或时间来判别。

显示需要查看的结果，例如变形图、等值线图、动画或者列表显示结果等。

◆用 POST26 进行后处理：

从输出文件（Jobname. out）中检查是否分析已经收敛。

如求解已收敛，进入 POST26。定义在后处理阶段用到的变量。

用图形或列表显示。

Main Menu > TimeHist Postpro > Graph Variables

Main Menu > TimeHist Postpro > List Variables

Main Menu > TimeHist Postpro > List Extremes

6.5.4 点-点接触分析

（1）点-点接触单元

点-点接触只适用于接触面间有较小相对滑动的情况。如果两个面上的节点一一对应，相对滑动又可以忽略不计，两个面挠度（转动）保持小量，那么可以用点-点的接触单元来求解面-面的接触问题。过盈装配问题是一个用点-点的接触单元来模拟面-面接触问题的典型例子。

点-点接触单元主要用于模拟点与点的接触行为，为了使用点-点的接触单元，需要预先知道接触位置，点-点接触单元在节点传递载荷，因此仅可以使用低阶单元。

① CONTAC12 单元。通过总体坐标系 X-Y 平面内两个节点来定义，适用于 2-D 平面应力、平面应变和轴对称分析。程序通过一个相对于总体坐标 X 轴的输入角（单位以度表示）来指定接触面，接触面不一定垂直于节点 I、J 的连线，并且 I、J 节点可以位于同一位置。

单元实常数：

START：单元初始状态。

THETA：界面角，定义接触面的方向。

KN：法向接触刚度。

INTF：初始位移过盈量。

KS：黏附刚度，滑动方向的接触刚度。

单元关键字：

KEYOPT（1）——摩擦类型，包括弹性库仑或刚性库仑。

KEYOPT（2）——方位角来源，包括实常数 THETA 或运动方向。

KEYOPT（4）——过盈量或间隙基于实常数 INTF 或初始接触位置。

KEYOPT（7）——接触时间预测目标，包括最小的时间增量或合理的增量。

② CONTAC52 单元。通过两个节点来定义，节点 I、J 不能位于同一位置，接触面垂直于 I、J 的连线。

单元实常数：

GAP：初始间隙大小。

START：单元初始状态。

KN：法向刚度。

KS：黏附刚度，滑动方向的接触刚度。

单元关键字：

KEYOPT（1）——黏附刚度，包括弹性库仑或刚性库仑。

KEYOPT（4）——间隙大小基于实常数 GAP 或初始接触位置。

KEYOPT（7）——接触时间预测目标，包括最小的时间增量或合理的增量。

③ CONTA178 单元。通过两个节点来定义，CONTA178 单元支持接触面法向方向的压力和切向方向的库仑摩擦。

单元实常数：

GAP：初始间隙方向、大小。

START：单元初始状态。

NX、NY、NZ：定义间隙方向。

TOLN：定义最大穿透容差。

FTOL：最大接触张力。

CV1：阻尼系数。

CV2：非线性阻尼系数。

单元关键字：

CONTA178 的单元关键字的取值及其意义如表 6-9 所示。

表 6-9 CONTA178 单元关键字的取值及其意义

单元关键字	取值	意义
间隙类型 KEYOPT（1）	0	单向间隙
	1	圆柱状间隙
接触算法 KEYOPT（2）	0	拉格朗日算法
	1	罚函数 + 拉格朗日算法
	2	扩大的拉格朗日算法
	3	罚函数算法
微弹簧 KEYOPT（3）	0	不使用微弹簧
	1	在间隙使用微弹簧（仅对刚度有贡献）
	2	在间隙和滑动面上使用微弹簧（仅对刚度有贡献）
	3	在间隙使用微弹簧（对刚度和内力有贡献）
	4	在间隙和滑动面上使用微弹簧（对刚度和内力有贡献）
间隙大小 KEYOPT（4）	0	间隙大小基于实常数 GAP + 初始节点位置
	1	间隙大小基于实常数 GAP
接触面法线方向 KEYOPT（5）	0	实常数 NX，NY，NZ
	1	节点坐标系 X 方向
	2	节点坐标系 Y 方向
	3	节点坐标系 Z 方向
	4	单元坐标系 X 方向
	5	单元坐标系 Y 方向
	6	单元坐标系 Z 方向
时间步长控制 KEYOPT（7）	0	不进行控制
	1	对下一子步预测合理的时间增量
	2	对下一子步预测最小的时间增量
假接触控制 KEYOPT（8）	0	不忽略假接触
	1	检查假接触并忽略
初始间隙影响 KEYOPT（9）	0	施加阶梯状初始间隙
	1	在第一个载荷步施加渐变的初始间隙
接触模式 KEYOPT（10）	0	标准法向单边接触
	1	粗糙接触，无滑动的摩擦接触
	3	不分离的接触，接触后不分开，允许滑动
	4	总是保持不分离的接触
	5	绑定接触，接触后不分开，不允许滑动
	6	初始绑定接触
接触状态 KEYOPT（12）	0	不打印接触状态
	1	打印接触状态和接触刚度

（2）点-点接触分析步骤

步骤 1：建立模型，并划分网格

步骤 2：生成接触单元

可用两种方法生成接触单元：

应用直接生成法；

应用 EINTF 命令自动在重合节点或偏离节点生成接触单元。

步骤3：定义接触面法向方向

在用 CONTA178 单元进行接触分析时，接触法线方向是最重要的问题。缺省〔KEYOPT（5）=0 和 NX，NY，NZ = 0〕时，ANSYS 将根据节点 I 和 J 的初始位置来计算接触法线方向。在下述条件下，用户必须指定接触法线方向：

◆节点 I 和 J 有相同的初始坐标；

◆如果模型有一个初始界面条件，其中下层单元的几何重叠；

◆初始张开的间隙距离太小。

在上述情况下，节点 I 和 J 的顺序就很关键。正确的接触法向一般从节点 I 指向节点 J，除非接触有初始重叠。

可以利用实常数 NX，NY，NZ（与总体坐标系的方向余弦）或单元的 KEYOPT（5）来指定接触法向（参见表 6-9）。

步骤4：定义初始界面或间隙

在用 CONTA178 单元时，可以从 GAP 实常数加上节点位置（在接触法向上的节点 I 到 J 的矢量的投影）来自动计算间隙大小。这是缺省〔KEYOPT（4）=0〕情况。这意味着如果希望初始间隙仅由节点位置决定，则要设置 KEYOPT（4）=0 以及实常数 GAP = 0。

如果 KEYOPT（4）=1，则初始间隙仅根据实常数 GAP（即忽略节点位置）决定。可用负的间隙来模拟初始界面。

步骤5：选择接触算法

对于 CONTA178 单元，用户可选择4种不同的接触算法：

◆纯拉格朗日乘子法；

◆接触法向的拉格朗日乘子，摩擦方向（切向）上的罚方法；

◆增加的拉格朗日方法；

◆纯罚方法。

CONTAC12 和 CONTAC52 仅提供纯罚方法，这时用户必须指定接触刚度。法向刚度 KN 应当基于接触面的刚度。然而，如选择 CONTA178 的纯罚方法或增加的拉格朗日方法，则为接触法向和切向刚度提供了“半自动”设置。

ANSYS 提供一个缺省的法向刚度 FKN（基于弹性模量 E 及下层单元尺寸）。FKN 和 FKS 是系数。如果用户想引入 FKN 和 FKS 的绝对值，应用负值。

步骤6：施加必要的边界条件

此步骤与面-面接触和点-面接触相类似，不再赘述。

步骤7：定义求解选项

接触问题的收敛性强烈地取决于特定问题。下面所列的选项具有典型性，推荐应用于大多数点-点接触问题分析：

◆应用 KEYOPT（7）设置合适的自动时间步。

◆时间步必须足够小，以体现适当的接触区域。如果时间步太大，可能中断接触应力的光滑传递。设置精确时间步的一个可靠方法是打开自动时间步功能。

◆按合理时间步数设置平衡方程数。

◆打开预测-修正选项，除非预期有大转角。

◆把牛顿-拉普森选项设为 FULL，即自适应下降打开。

◆在涉及摩擦的分析中，对于法向和切向（滑动）运动严重耦合的问题，可以应用（NROPT，UNSYM）命令（而且，在摩擦系数 $\mu>0.2$ 时，必须这么做）。

◆支持（NLGEOM，ON），但在分析中不修正接触法向。确保沿接触面只发生小转动（除了圆柱间隙选项外）。

◆在接触分析中，许多收敛失败是因为应用了太大的接触刚度（实常数 KN）。

◆如在接触分析中发生过度渗入，可能是因为应用了太小的 KN 值。

步骤 8：求解

点-点接触分析的求解步骤如下：

① 把数据库保存为一个文件备份；

② 开始求解；

③ 如果需要，定义多个载荷步；

④ 离开求解处理器（FINISH）。

步骤 9：查看结果

查看结果的操作与前面两种接触分析类似，读者可以参考前两种接触分析。

6.5.5 接触分析实例

这里，将对一个盘轴紧配合结构进行接触分析。第一个载荷步分析轴和盘在过盈配合时的应力，第二个载荷步分析将该轴从盘心拔出时轴和盘的接触应力情况。

6.5.5.1 问题描述

在旋转机械中，通常会遇到轴与轴承、轴与齿轮、轴与盘连接的问题，根据各自的不同情况可能有不同的连接形式。但大多数连接形式中存在过盈配合，也就是涉及接触问题的分析。这里以某转子中轴和盘的连接为例，分析轴和盘的配合应力以及将轴从盘中拔出时盘轴连接处的应力情况。

本实例的轴为一等直径空心轴，盘为等厚度圆盘，其结构及尺寸如图 6-70 所示。

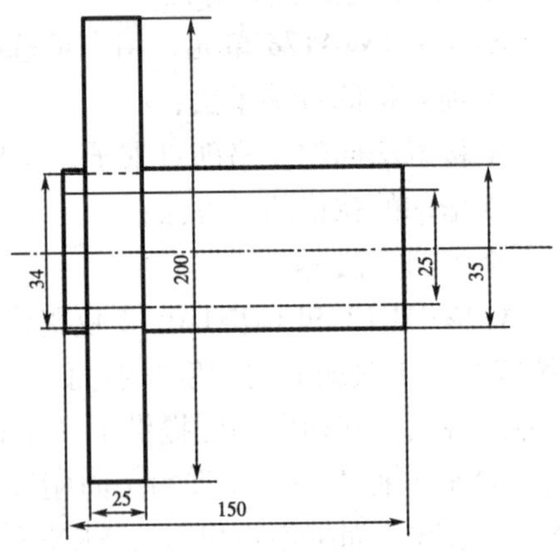

图 6-70 盘轴结构图

由于模型和载荷都是轴对称的，可以用轴对称方法进行分析。这里为了后处理时观察结果更直观，采用整个模型的 1/4 进行建模分析，最后将其进行扩展，来观察整个结构的变形及应力分布、变化情况。盘和轴用同一种材料，其性质如下：弹性模量 EX $=2.1\times10^5$ MPa，泊松比 PRXY = 0.3，接触摩擦系数 MU = 0.2。

6.5.5.2 分析步骤

（1）定义文件名

GUI：Utility Menu > File > Change Jobname

执行该命令后，在弹出对话框中的 Enter new jobname（输入新文件名）文本框中输入

Contact 作为工作文件名，并单击 New log and error files（新的日志和错误文件）单选框，使其变为“Yes”，为分析过程创建新的日志。单击 OK，完成设置。

（2）定义分析标题

GUI：Utility Menu > File > Change Title

在弹出对话框的 Enter new title（输入新标题）文本框中输入文字 Contact Analysis 作为标题名。单击 OK。

（3）刷新显示

GUI：Utility Menu > Plot > Replot

执行该命令后，定义的文件名和分析标题名将出现在对应的区域。

（4）偏好设定

GUI：Main Menu > Preferences

在弹出的菜单中选择 Structual（结构），单击 OK。

（5）定义单元类型

GUI：Main Menu > Preprocessor > Element Type > Add/Edit/Delete

在弹出对话框的左栏中选择 Structural Solid，在右栏中选择 Brick 8node 185，单击 OK，关闭材料库对话框，然后单击 Close。

（6）定义材料属性

GUI：Main Menu > Preprocessor > Material Props > Material Models

在弹出的对话框右边栏中依次双击 Structural、Linear、Elastic、Isotropic，在弹出的对话框中输入杨氏模量 2.1e5，泊松比 0.3，然后单击 OK，关闭材料属性对话框。

（7）创建模型

GUI：Main Menu > Preprocessor > Modeling > Create > Volumes > Cylinder > Partial Cylinder

在弹出的对话框中作如下输入：WP X = 0，WP Y = 0，Rad - 1 = 34，Theta - 1 = 0，Rad - 2 = 100，Theta - 2 = 90，Depth = 25，单击 Apply，创建圆盘。继续输入 WP X = 0，WP Y = 0，Rad - 1 = 25，Theta - 1 = 0，Rad - 2 = 35，Theta - 2 = 90，Depth = 150，单击 OK，创建圆环轴。

（8）等轴测显示

GUI：Utility Menu > PlotCtrls > Pan Zoom Rotate

在弹出的对话框中单击 Iso，则模型在图形区域以等轴测显示。如图 6-71 所示。

（9）将圆环轴移动到合适位置

GUI：Main Menu > Preprocessor > Modeling > Move / Modify > Volumes

执行该命令后，弹出一个拾取框，在图形区域选取圆环轴，单击 OK，弹出 Move Volumes 对话框，在该对话框的 Z-offset in active CS 后面输入 - 10，将该体沿 Z 轴负方向平移 - 10，如图 6-72 所示，单击 OK。

（10）定义单元尺寸

GUI：Main Menu > Preprocessor > Meshing > Mesh Tool

弹出 Mesh Tool 对话框，在网格划分工具对话框（Mesh Tool）中的尺寸控制（Size Controls）区中，单击 Lines（线单元）的 Set 按钮，将弹出 Element Size on …（选定线的单元尺寸定义）拾取对话框，在图形输出窗口中单击轴某个端面上的两条圆弧线，然后单

1
VOLUMES
TYPE NUM
AN
Contact Analysis

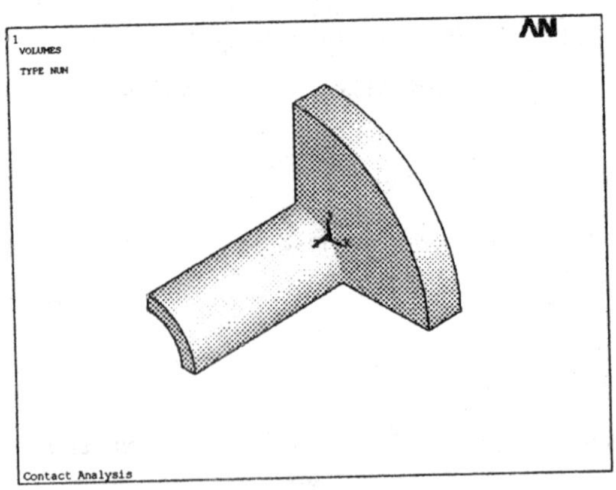

图 6-71　生成模型

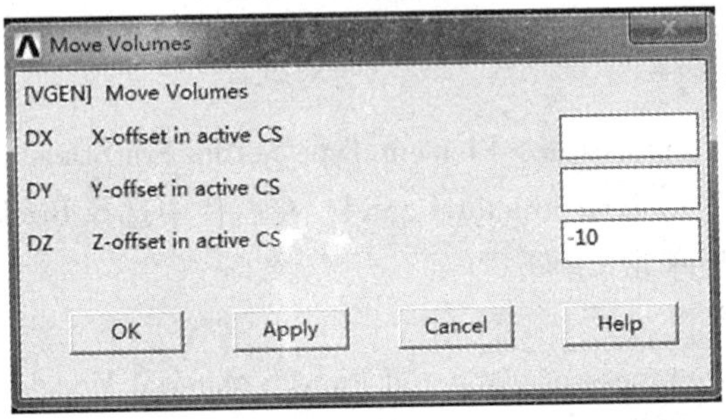

Move Volumes
[VGEN] Move Volumes
DX X-offset in active CS
DY Y-offset in active CS
DZ Z-offset in active CS
-10
OK
Apply
Cancel
Help

图 6-72　Move Volumes 对话框

击拾取对话框中的 Apply 按钮，将弹出 Element Sizes on Picked Lines（选定线的单元尺寸）定义对话框，在 No. of element divisions（单元划分个数）文本框中输入“15”，指定轴沿周向划分 15 个单元。单击 Apply。重复上面的步骤，在图形输出窗口中选择同一端面上的径向边，将它们划分为 2 份。再选择轴的高度上的某条线，将其划分为 20 份。

（11）对圆环轴进行网格划分

单击分网工具对话框中的 Mesh 下拉框中的“Volumes”，指定分网对象为体。再单击 Shape（分网形状）控制区的“Hex/Wedge”单选按钮，指定形状为六面体。单击其下面的“Sweep”单选按钮，指定分网方式为扫掠。再单击对话框中的“Sweep”按钮，将弹出 Volume Sweeping（扫掠体）拾取对话框，单击图形显示窗口中的轴，将其选中，单击拾取对话框中的 OK 按钮，对轴进行网格划分。

（12）显示体

GUI：Utility Menu > Plot > Volumes

（13）对圆盘划分网格

重复（10）~（11）步操作，将盘周向划分 10 份，径向划分 8 份，轴向划分 3 份，同样用扫掠的方式对其进行网格划分，最后单击分网工具对话框中的 Close 按钮，关闭对话框，生成结果如图 6-73 所示。

（14）存盘

（15）创建接触对

① 打开接触管理器。

GUI：Main Menu > Preprocessor > Modeling > Create > Contact Pair

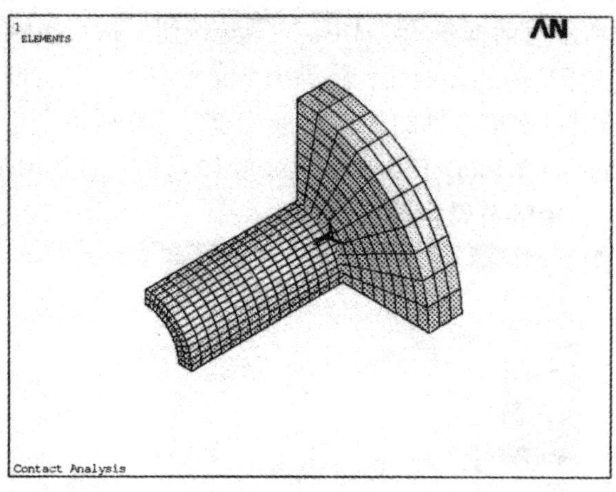

图 6-73 生成网格

执行该命令后，弹出如图 6-74 所示的接触管理器对话框。

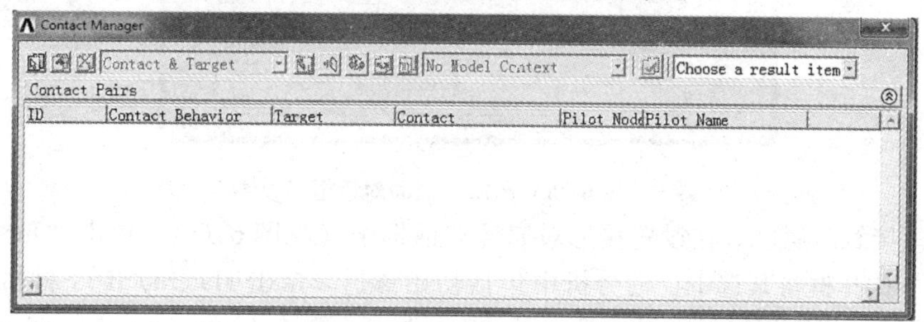

图 6-74 接触管理器对话框

② 单击接触管理器中的工具条上的最左边的按钮，将弹出 Contact Wizard（添加接触对）对话框，如图 6-75 所示，单击对话框中的“Areas”单选按钮，指定接触目标表面为面，然后单击 Pick Target 按钮来选择具体的目标面，将弹出 Select Area for Target（选择目标面）拾取对话框。在图形输出窗口中单击圆盘的盘心面将其选定，然后单击拾取对话框中的 OK 按钮将其关闭。这时，Contact Wizard（添加接触对）对话框中的 Next 按钮被激活，单击 Next 进入下一步，将弹出选中接触面的对话框。如图 6-76 所示。

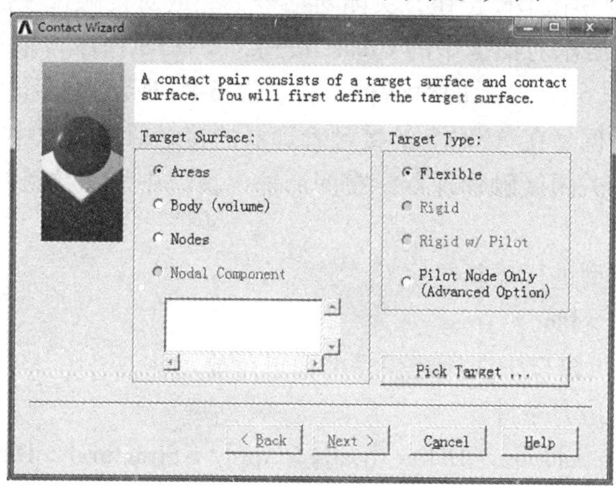

图 6-75 添加接触对对话框

③ 单击如图 6-76 所示对话框中的 "Areas" 单选按钮，指定接触表面为面，然后单击 Pick Contact 按钮，来选择具体的接触面，将弹出 Select Area for Contact（选择目标面）拾取对话框。在图形输出窗口中单击轴的外环面将其选定，然后单击拾取对话框中的 OK 按钮将其关闭。这时，Contact Wizard（添加接触对）对话框中的 Next 按钮将被激活，单击 Next 按钮进入下一步，对接触对属性进行设置。

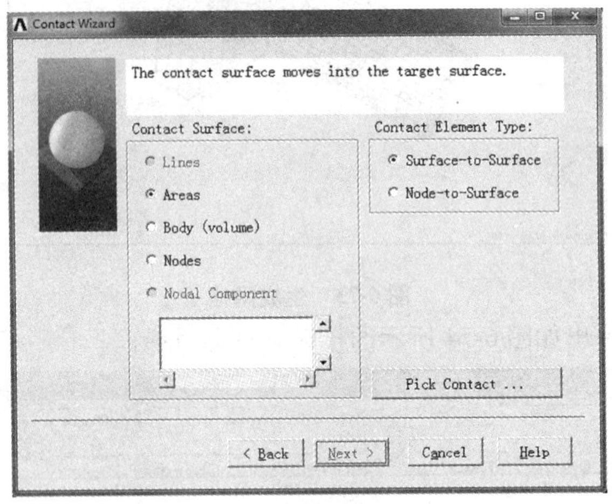

图 6-76　选择接触面对话框

④ 设置接触对属性。在设置接触对属性对话框中（见图 6-77），单击 "Include initial penetration" 选择框将其选中，使分析中包括初始渗透。单击 Material ID（材料代号）下拉框中的 "1"，指定接触材料属性为定义的 1 号材料；并在 Coefficient of Friction（摩擦系数）文本框中输入 "0. 2"，指定摩擦系数为 0. 2。

⑤ 单击 Optional Settings 按钮，来对接触问题的其他选项进行设置，弹出如图 6-78 所示的对话框，在对话框中的 Normal Penalty Stiffness（正则处罚刚度）文本框中输入 "0. 1"，指定接触刚度的处罚系数为 0. 1。然后单击对话框上部的 Friction（摩擦）标签，打开对摩擦选项设置的选项卡，如图 6-79 所示。单击选项卡中的 Stiffness matrix（刚度矩阵）下拉框中的 "Unsymmetric" 选项，将其选中，指定本实例的接触刚度为非对称矩阵。其余的设置保持缺省，单击 OK 按钮，关闭对话框，完成对接触选项的设置。

⑥ 单击如图 6-77 所示对话框中的 Create 按钮，ANSYS 程序将根据前面的设置来创建接触对。然后弹出如图 6-80 所示的对话框。查看图 6-80 所示对话框中的信息，然后单击 Finish 按钮，关闭对话框。在 ANSYS 的接触管理器的接触对列表框中，将列出刚定义的接触对，其实常数为 3。关闭接触管理器。在图形输出窗口中显示接触对。

（16）存盘

（17）对建立的模型进行重新显示

GUI：Utility Menu > Plot > Areas

在 ANSYS 图形输出窗口中对所建模型的面进行显示。

（18）定义轴对称边界条件

GUI：Main Menu > Solution > Define Loads > Apply > Structural > Displacement > Symmetry B. C. > On Areas

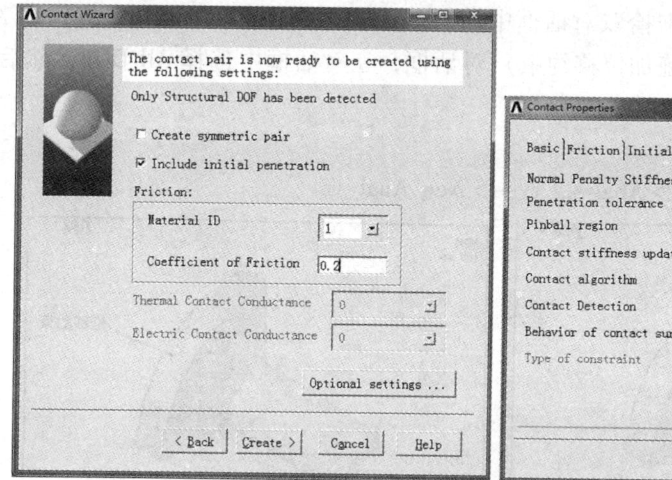

图6-77 设置接触对属性对话框

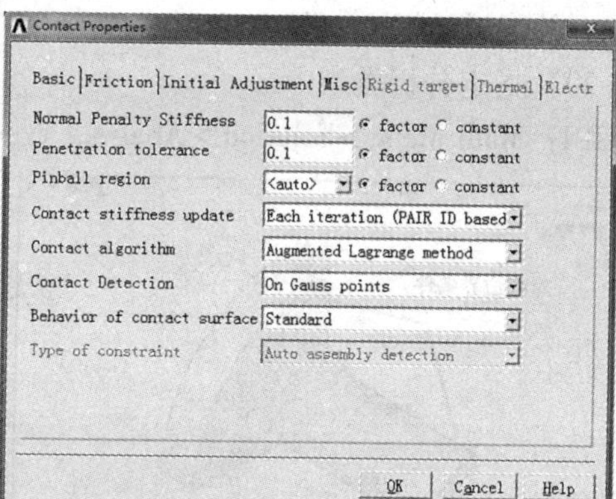

图6-78 基本选项设置卡

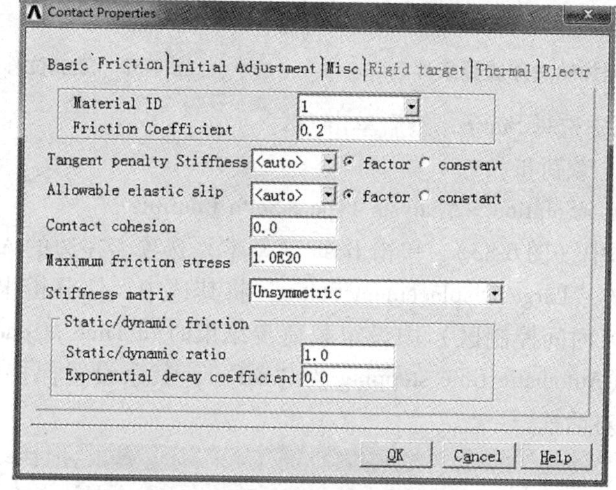

图6-79 摩擦选项设置卡

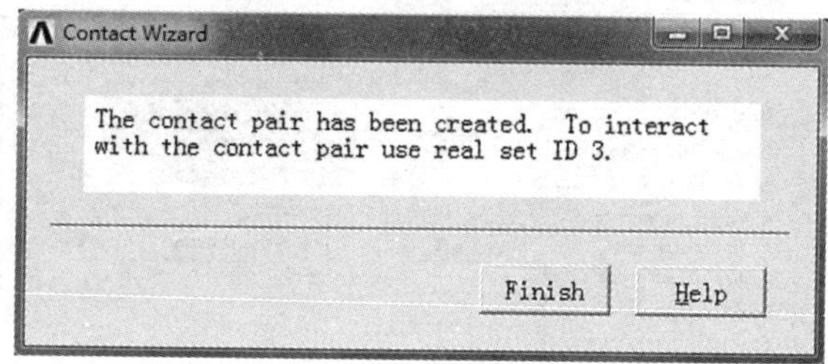

图6-80 完成接触对创建

将弹出 Apply SYMM on Areas（在面上施加轴对称边界条件）拾取对话框。在图形输出窗口中单击选取盘和轴的4个径向截面，如图6-81所示。然后，单击拾取对话框中的OK按钮，关闭对话框，对它们施加轴对称边界条件。

（19）定义外缘位移约束

GUI：Main Menu > Solution > Define Loads > Apply > Structural > Displacement > On Areas

将弹出 Apply U，ROT on Areas（在面上施加位移约束）拾取对话框。在图形输出窗口口中单击盘的外缘面，然后单击拾取对话框中的 OK 按钮，关闭拾取对话框，将弹出 Apply U，ROT on Areas（在面上施加位移约束）对话框，在对话框中选择 All DOF，然后单击 OK，关闭对话框。如图 6-82 所示。

（20）指定分析类型

GUI：Main Menu > Solution > Analysis Type > New Analysis

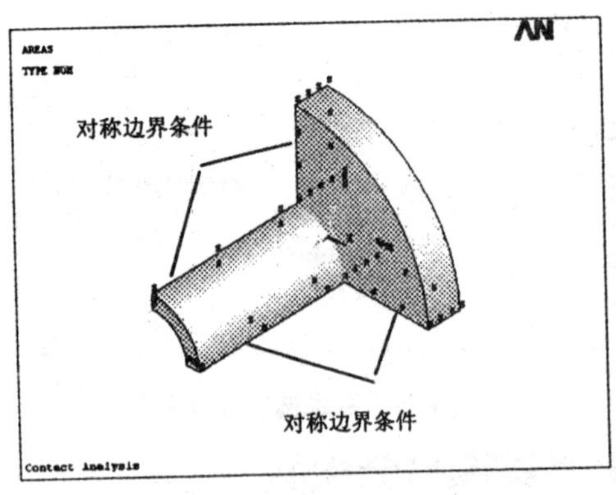

图 6-81　施加轴对称边界条件

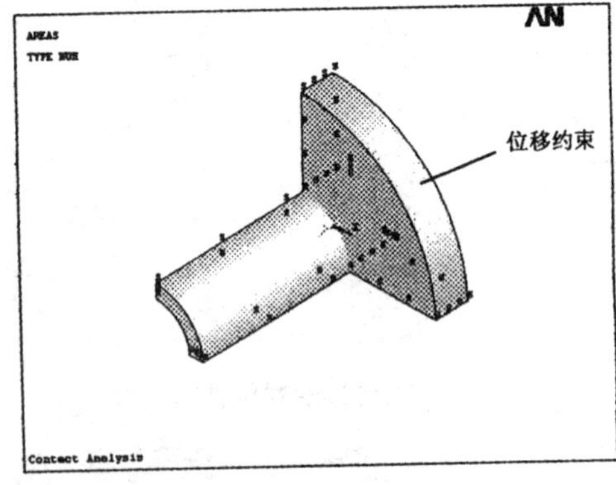

图 6-82　施加位移约束

在弹出的对话框中选择 Static，然后单击 OK。

（21）设置第一个载荷步

GUI：Main Menu > Solution > Analysis Type > Sol'n Controls

在弹出的对话框中（图 6-83），单击 Basic（基本）选项卡左边的 Analysis Options（分析选项）下拉框中的"Large Displacement Static"将其选中，使分析中考虑大变形影响。然后在 Time Control（时间控制区）中设定载荷步结束时间 Time at end of loadstep = 100，并关掉自动时间步（Automatic time stepping 为"Off"）。其余设置保持缺省，然后单击对话框中的 OK，关闭对话框。

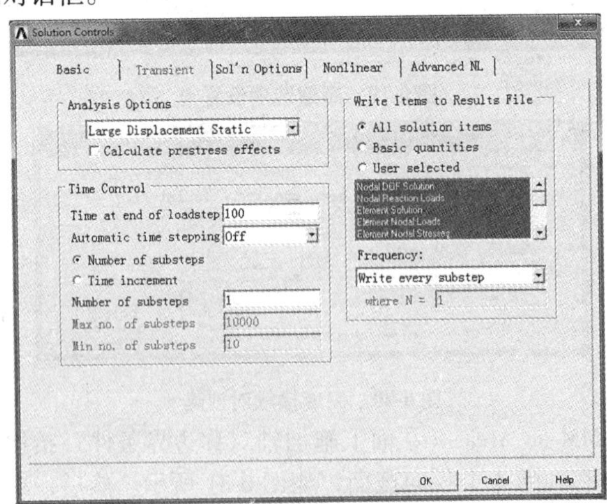

图 6-83　Solution Controls 对话框

（22）进行第一载荷步求解

GUI：Main Menu > Solution > Solve > Current LS

将弹出一个信息窗口和一个对话框，检查信息窗口，准确无误后，关闭信息窗口，然后在对话框中单击 OK。对当前载荷步进行求解。求解完成后单击 Close。

（23）求解完成之后，ANSYS 图形显示窗口中显示的是求解过程的迭代曲线，选择菜单路径 Utility Menu | Replot，可以对窗口中的内容重新显示成盘轴结果的有限元模型。

（24）设置第二个载荷步

GUI：Main Menu > Solution > Analysis Type > Sol'n Controls

在弹出对话框中的 Basic（基本）选项卡中，将 Analysis Options（分析选项）设置为"Large Displacement Static"，指定为大变形分析。将 Time Control（时间控制）区的 Time at end of loadstep（载荷步结束时间）设置为"250"，并打开 Automatic time stepping（自动时间步选项），设置为"On"。并且将 Number of substeps（载荷子步数）文本框设置为"150"，Max no. of substeps（最大子步数）设置为"10000"，Min no. of substeps（最小载荷子步数）设置为"10"。单击对话框右边 Write Items to Results File（结果输出项）设置区下面的 Frequency（输出频率）下拉框中的"Write every substep"，将每个载荷子步结果都输出到结果文件中。如图 6-84 所示。然后单击 OK 按钮，关闭对话框。

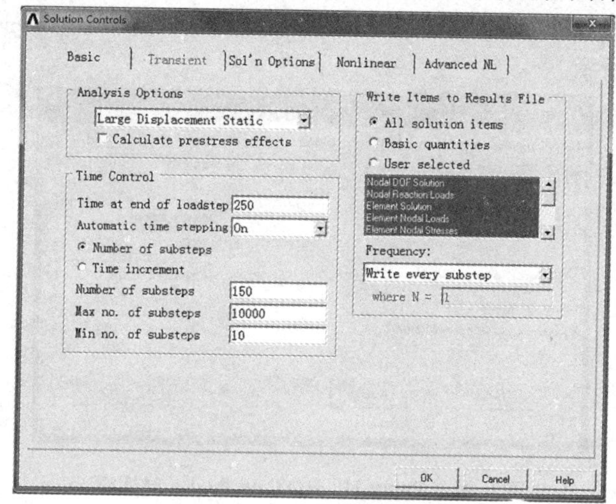

图 6-84 第二个载荷步设置

（25）选择节点

GUI：Utility Menu > Select > Entities

将弹出 Select Entities（选择实体）对话框，单击对话框中最上面下拉框中的"Nodes"，指定选择对象为节点。接着在下面的下拉框中单击"By Location"，指定选择方式为根据坐标值来选取。单击"Z coordinates"单选按钮，在下面的文本框中输入"140"，指定选取 Z 坐标值为 140 的所有节点。单击 Sele All 按钮，然后单击 OK，完成选取。如图 6-85 所示。

（26）施加位移载荷

GUI：Main Menu > Solution > Define Loads > Apply > Structural > Displacement > On Nodes

执行该命令后，将弹出施加节点位移载荷拾取对话框，单击对话框中的 Pick All 按钮，将弹出 Apply U，ROT on Nodes（施加节点位移载荷）对话框，如图 6-86 所示。单击对话框中约束自由度列表框中的"UZ"，使其高亮度显示。然后在 Displacement value（位移值）文本框中输入"40"，其余设置保持缺省，单击 OK 按钮，关闭对话框，完成位移载荷的施加。

（27）选取所有

GUI：Utility Menu > Select > Everything

（28）求解第二载荷步

GUI：Main Menu > Solution > Solve > Current LS

将弹出一个信息窗口和一个对话框，检查信息窗口，准确无误后，关闭信息窗口，然后在对话框中单击 OK。对当前载荷步进行求解。求解完成后单击 Close。在 ANSYS 图形显示窗口中显示的是求解过程的迭代曲线。

（29）扩展模型

GUI：Utility Menu > PlotCtrls > Style > Symmetry Expansion > Periodic/Cyclic Symmetry

将弹出 Periodic/Cyclic Symmetry Expansion（周期、轴对称扩展）对话框，单击对话框中的“1/4 Dihedral Sym”单选按钮，如图 6-87 所示。原来建立的 1/4 模型将会被扩展成为整个的盘轴结构模型，如图 6-88 所示。

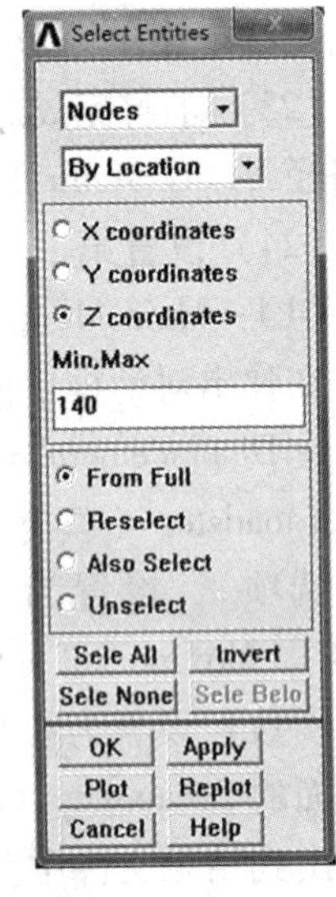

图 6-85　节点选取对话框

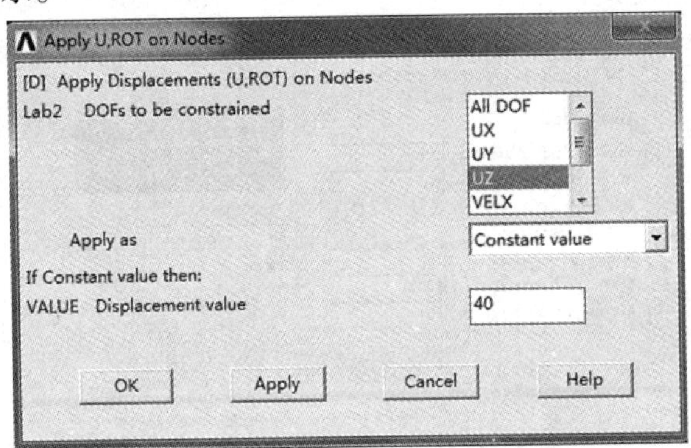

图 6-86　Apply U，ROT on Nodes 对话框

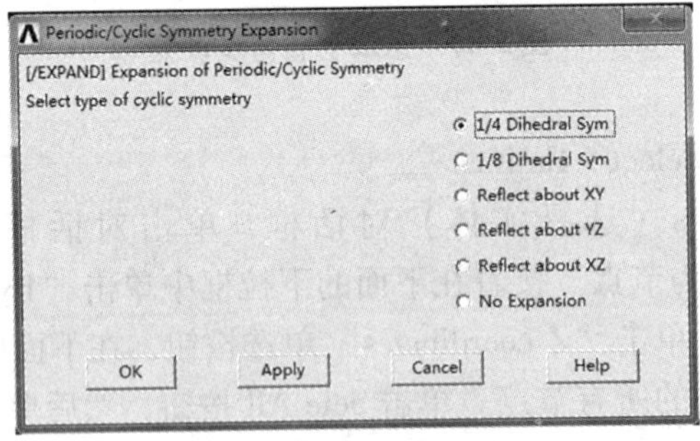

图 6-87　周期对称扩展对话框

（30）读取载荷步

GUI：Main Menu > General Postproc > Read Results > By Load Step

将弹出 Read Results by Load Step Number（根据载荷步数读取结果）对话框，保持对话框中的缺省设置（缺省值为 LSTEP = 1，SBSTEP = LAST），单击 OK 按钮，关闭对话框，读取第一载荷步的最后一个载荷子步的结果。

（31）查看过盈配合时盘轴结构的应力分布情况

GUI：Main Menu > General Postproc > Plot Results > Contour Plot > Nodal Solu

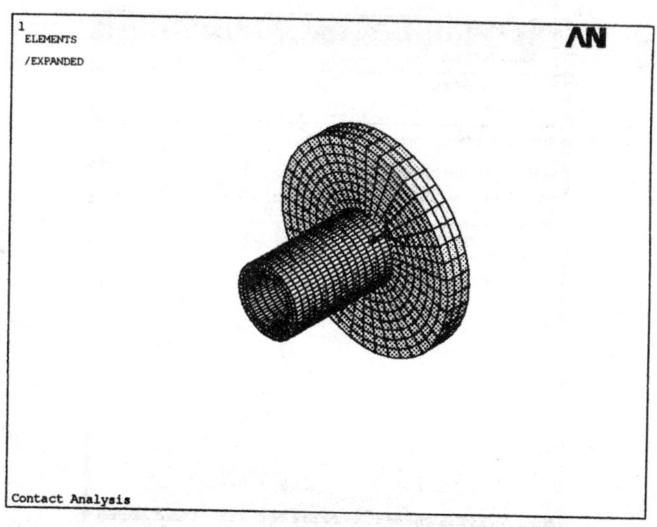

图 6-88 扩展后的盘轴有限元模型

将弹出 Contour Nodal Solution Data（绘制节点解数据的等值线）对话框，在对话框中依次单击 Stress，von Mises stress，然后单击 OK 按钮。在 ANSYS 图形输出窗口中将会显示盘轴结构过盈配合产生的等效应力等值线图，如图 6-89 所示。

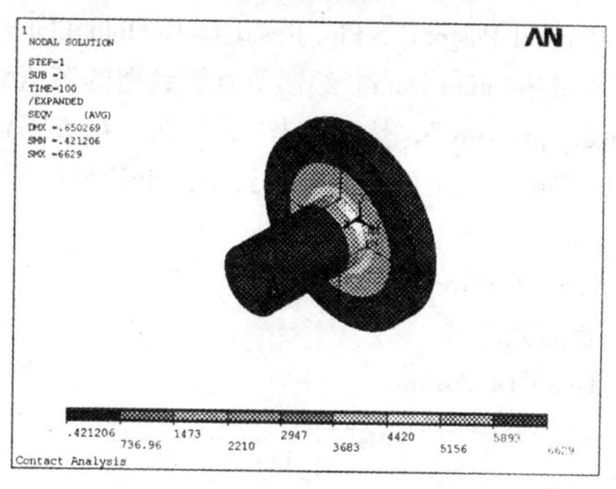

图 6-89 Von Mises 应力等值线图

（32）指定查看时间结果的时间值

GUI：Main Menu > General Postproc > Read Results > By Time/Freq

将弹出 Read Results by Time or Frequency（根据时间和频率来查看结果）对话框，如图 6-90 所示。在对话框中的 Value of time or freq（时间值）文本框中输入“120”，指定时间为 120，然后单击 OK 按钮，关闭对话框。

（33）选出接触单元

GUI：Utility Menu > Select > Entities

将弹出选择实体（Select Entities）对话框。单击对话框中最上面下拉框中的“Elements”，指定选择对象为单元。接着在下面的下拉框中单击“By Elem Name”，指定选择方式为根据单元名来选取。在下面的“Element Name”文本框中输入“174”，指定选取所有接触单元。单击 Sele All 按钮，然后单击 OK 按钮，关闭对话框，完成选取。

（34）显示选择结果

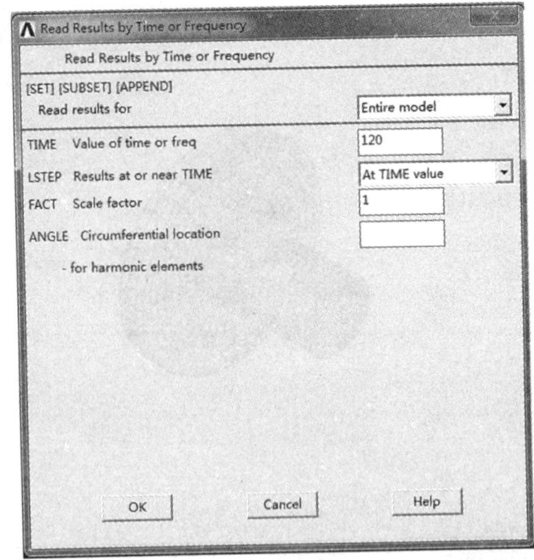

图 6-90　Read Results by Time or Frequency 对话框

GUI：Utility Menu > Plot > Elements

在图形输出窗口中将显示选取的所有接触单元，如图 6-91 所示。

(35) 查看拔出过程中某一时刻轴的接触面上的压力分布

GUI：Main Menu > General Postproc > Plot Results > Contour Plot > Nodal Solu

将会弹出 Contour Nodal Solution Data（绘制节点解数据的等值线）对话框，在列表框中单击“Contact”“Contact pressure”，然后单击 OK 按钮。在 ANSYS 图形输出窗口中，将会显示盘轴结构在 120 时接触单元上的压力分布云图，如图 6-92 所示。

(36) 选择所有

GUI：Utility Menu > Select > Everything

(37) 进入时间-历程后处理器

GUI：Main Menu > TimeHist Postpro

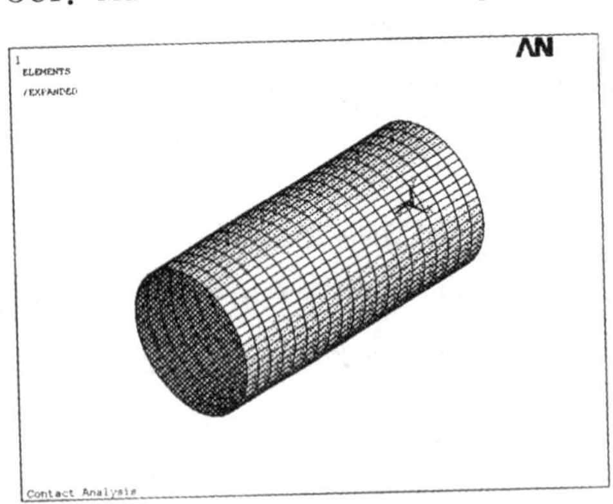

图 6-91　显示接触单元

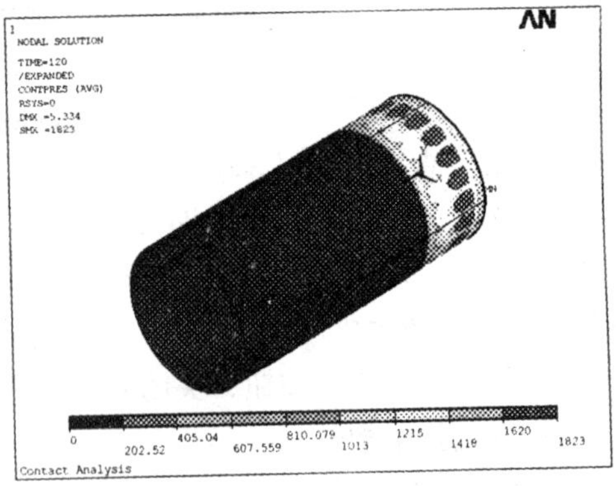

图 6-92　压力分布彩色云图显示

弹出 Time History Variables（时间-历程变量）对话框，如图 6-93 所示。

(38) 定义轴端面上的节点沿 Z 方向的约束反力的时间-历程变量

在时间-历程变量对话框中，单击工具栏上最左边的 + 按钮，将弹出 Add Time-History Variable（添加时间-历程变量）对话框，在添加时间-历程变量对话框中的 Result Item

（结果项目）列表框中，依次单击路径：Reaction Forces、Structural Forces、Z-Component of force。Variable Name（变量名）将会变为："FZ_ 2"，如图 6-94 所示，然后单击 OK 按钮，关闭对话框。将会弹出节点选择对话框，在图形输出窗口中选择轴向坐标为 140 的端面上的某一节点，单击 OK 按钮，将会在时间-历程变量查看器中的变量列表框中显示定义的 2 号变量"FZ_ 2"。

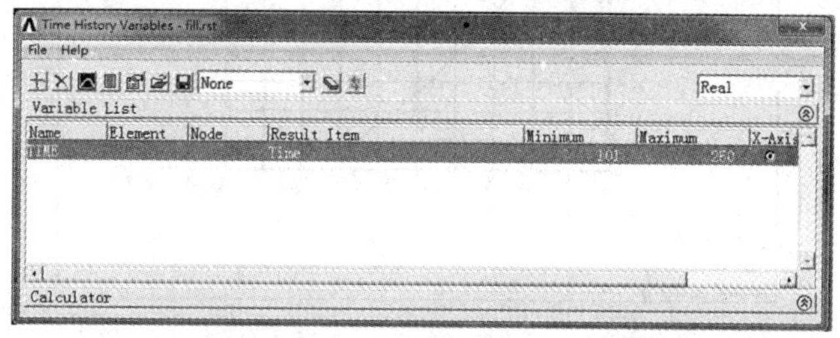

图 6-93　时间-历程变量对话框

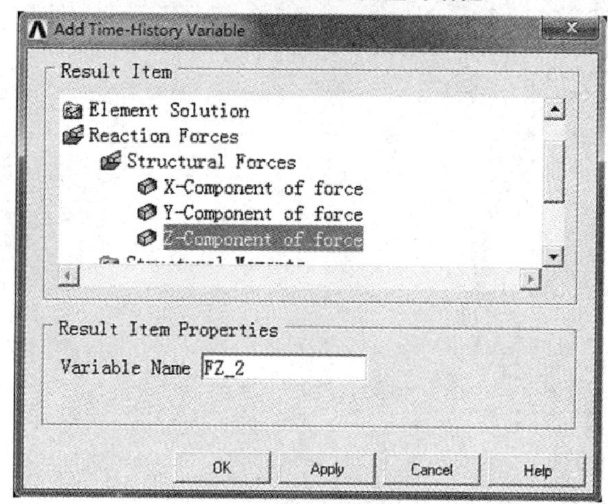

图 6-94　添加时间-历程变量对话框

（39）绘制 Z 方向约束反力随时间的变化曲线

单击时间-历程变量对话框中工具栏上的按钮，ANSYS 将会在图形窗口中绘制出端面节点沿 Z 轴方向的约束反力随时间的变化曲线，如图 6-95 所示。

（40）存盘，退出。

上述分析步骤对应的命令流如下：

```
/TITLE, Contact Analysis
/COM, Structural
/PREP7
ET, 1, SOLID185
MP, EX, 1, 2.1e5
MP, PRXY, 1, 0.3
CYL4, 0, 0, 34, 0, 100, 90, 25
CYL4, 0, 0, 25, 0, 35, 90, 150
VGEN,, 2,,,,, -10,,, 1
LESIZE, 17,,, 15,,,,, 1
```

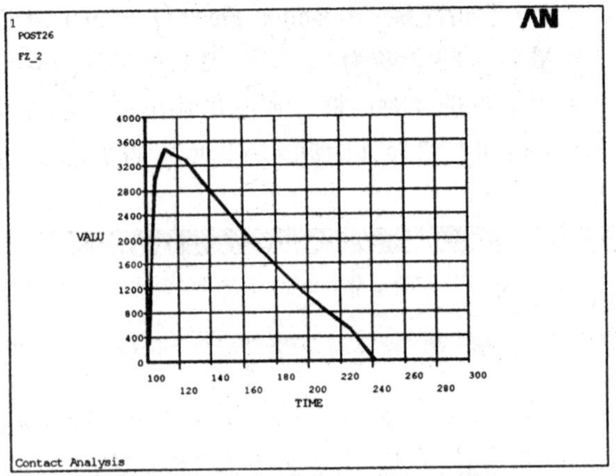

图 6-95 轴端面上节点的约束反力随时间的变化曲线

```
LESIZE, 19,,, 15,,,,, 1
LESIZE, 18,,, 2,,,,, 1
LESIZE, 20,,, 2,,,,, 1
LESIZE, 21,,, 20,,,,, 1
VSWEEP, 2
LESIZE, 5,,, 10,,,,, 1
LESIZE, 7,,, 10,,,,, 1
LESIZE, 9,,, 3,,,,, 1
LESIZE, 10,,, 3,,,,, 1
LESIZE, 8,,, 8,,,,, 1
VSWEEP, 1
! 接触设置部分命令请参照 GUI 进行设置
/COM, CONTACT PAIR CREATION - START
CM, _NODECM, NODE
CM, _ELEMCM, ELEM
CM, _KPCM, KP
CM, _LINECM, LINE
CM, _AREACM, AREA
CM, _VOLUCM, VOLU
/GSAV, cwz, gsav,, temp
MP, MU, 1, 0.2
MAT, 1
MP, EMIS, 1, 7.88860905221e-031
R, 3
REAL, 3
ET, 2, 170
ET, 3, 174
R, 3,,, 0.1, 0.1, 0,
```

```
RMORE,,, 1.0E20, 0.0, 1.0,
RMORE, 0.0, 0, 1.0,, 1.0, 0.5
RMORE, 0, 1.0, 1.0, 0.0,, 1.0
KEYOPT, 3, 4, 0
KEYOPT, 3, 5, 0
NROPT, UNSYM
KEYOPT, 3, 7, 0
KEYOPT, 3, 8, 0
KEYOPT, 3, 9, 0
KEYOPT, 3, 10, 2
KEYOPT, 3, 11, 0
KEYOPT, 3, 12, 0
KEYOPT, 3, 2, 0
KEYOPT, 2, 5, 0
! Generate the target surface
ASEL, S,,, 4
CM, _ TARGET, AREA
TYPE, 2
NSLA, S, 1
ESLN, S, 0
ESLL, U
ESEL, U, ENAME,, 188, 189
NSLE, A, CT2 ! CZMESH patch (fsk qt -40109 8/2008)
ESURF
CMSEL, S, _ ELEMCM
! Generate the contact surface
ASEL, S,,, 9
CM, _ CONTACT, AREA
TYPE, 3
NSLA, S, 1
ESLN, S, 0
NSLE, A, CT2 ! CZMESH patch (fsk qt -40109 8/2008)
ESURF
ALLSEL
ESEL, ALL
ESEL, S, TYPE,, 2
ESEL, A, TYPE,, 3
ESEL, R, REAL,, 3
/PSYMB, ESYS, 1
/PNUM, TYPE, 1
```

```
/NUM, 1
EPLOT
ESEL, ALL
ESEL, S, TYPE,, 2
ESEL, A, TYPE,, 3
ESEL, R, REAL,, 3
CMSEL, A, _NODECM
CMDEL, _NODECM
CMSEL, A, _ELEMCM
CMDEL, _ELEMCM
CMSEL, S, _KPCM
CMDEL, _KPCM
CMSEL, S, _LINECM
CMDEL, _LINECM
CMSEL, S, _AREACM
CMDEL, _AREACM
CMSEL, S, _VOLUCM
CMDEL, _VOLUCM
/GRES, cwz, gsav
CMDEL, _TARGET
CMDEL, _CONTACT
/COM, CONTACT PAIR CREATION - END
/MREP, EPLOT
FINISH
/SOL
DA, 5, SYMM
DA, 6, SYMM
DA, 11, SYMM
DA, 12, SYMM
DA, 3, ALL,
ANTYPE, 0
NLGEOM, 1
AUTOTS, 0
TIME, 100
ALLSEL, ALL
SOLVE
NSUBST, 150, 10000, 10
OUTRES, ERASE
OUTRES, ALL, 1
AUTOTS, 1
```

```
TIME, 250
NSEL, ALL
NSEL, S, LOC, Z, 140
D, ALL,, 40,,,, UZ,,,,,
ALLSEL, ALL
SOLVE
EPLOT
/EXPAND, 4, POLAR, HALF,, 90
/REPLOT
FINISH
/POST1
SET, 1, LAST, 1,
PLNSOL, S, EQV, 0, 1.0
SET,,, 1,, 120,,
ESEL, ALL
ESEL, S, ENAME,, 174
EPLOT
PLNSOL, CONT, PRES, 0, 1.0
ALLSEL, ALL
FINISH
/POST26
RFORCE, 2, 62, F, Z, FZ_ 2
XVAR, 1
PLVAR, 2,
SAVE
FINISH
```

第7章 结构动力学分析

动力学分析就是用来确定惯性（质量效应）和阻尼起重要作用时结构或者构件动力学特性的技术。在实际工程结构的设计工作中，动力学设计和分析是必不可少的一部分。几乎现代的所有工程结构都面临着动力问题。在航空航天、船舶、汽车等行业，动力学问题更加突出，在这些行业中将会接触大量的旋转结构，例如轴、轮盘等结构。这些结构一般来说在整个机械中占有极其重要的地位，它们的损坏大部分是由于共振引起较大振动应力而引起的。同时，由于处于旋转状态，它们所受外界激振力比较复杂，更要求对这些关键部件进行完整的动力设计和分析。

通常来说，动力学分析用于分析下列物理现象：

◆振动，如由于转动机械引起的振动，特别是在潜艇降噪方面振动分析非常重要，潜艇的生存能力与其噪声有着极其重要的关系；

◆冲击，如汽车碰撞、锤击等；

◆交变作用力，如各种动力机械上的曲轴、曲柄及其他回转机械等；

◆地震载荷，如地震、冲击波等；

◆随机振动，如航天飞行器、轨道运输等。

通常来说，动力分析的工作主要由系统的动力特性分析（即求解结构的固有频率和振型）和系统在受到一定载荷时的动力响应分析两部分构成。

根据载荷形式的不同和所求解内容的不同，动力学分析可以分为模态分析、谐响应分析、瞬态动力学分析和谱分析。下面逐一加以介绍。

7.1 模态分析

7.1.1 模态分析概述

（1）模态分析的定义

模态分析用于确定设计结构或机器部件的振动特性，即结构的固有频率和振型，它们是承受动态载荷结构设计中的重要参数。同时，也可以作为其他动力学分析问题的起点，例如瞬态动力学分析、谐响应分析和谱分析。模态分析也是进行谱分析或模态叠加法谐响应分析或瞬态动力学分析所必需的前期分析过程。模态分析在动力学分析过程中是必不可少的一个步骤。在谐响应分析、瞬态动力分析的过程中，均要求先进行模态分析才能进行其他步骤。

模态分析主要分析结构自身的固有振动频率，尽量防止出现结构承受的载荷与其固有频率相同的状况。一旦外载荷与结构的固有频率相同，必然发生共振，造成结构破坏。

（2）模态的提取方法

典型的无阻尼模态分析求解的基本方程是经典的特征值问题：

$$[\boldsymbol{K}]\{\boldsymbol{\Phi}_i\}=\boldsymbol{\omega}_i^2[\boldsymbol{M}]\{\boldsymbol{\Phi}_i\}$$

其中，$[\boldsymbol{K}]$——刚度矩阵；

$\{\boldsymbol{\Phi}_i\}$——第 i 阶模态的振型向量（特征向量）；

$\boldsymbol{\omega}_i$——第 i 阶模态的固有频率（是特征值）；

$[\boldsymbol{M}]$——质量矩阵。

有许多数值方法可用于求解上面的方程。

① Block Lanczos 法。Lanczos 算法是指用一组向量来实现 Lanczos 递归计算。当计算某系统特征值谱所包含一定范围的固有频率时，采用 Block Lanczos 法提取模态特别有效。求解精度高，计算速度较快，特别适用于大型对称特征值求解问题。

② Subspace 法。使用子空间迭代技术，它内部使用广义的 Jacobi 迭代算法，主要适用于大型对称特征值求解问题。可以用几种求解控制选项来控制子空间迭代过程。求解精度高，计算速度慢。

③ PCG Lanczos 法。适用于非常大的模型（500000 个自由度以上）。此法特别适合于只求解结构低阶模态以了解结构将如何响应的情形。

④ Reduced 法。Reduced 法比 Subspace 法快，因为它使用了缩减的系统矩阵来计算解。但是由于缩减质量矩阵是近似矩阵，此法的精度较低。

⑤ Unsymmetric 法。用于系统矩阵为非对称矩阵的问题，例如流体-结构相互作用问题。

⑥ Damped 法。用于阻尼不可忽略的问题，例如轴承问题。

⑦ QR Damped 法。QR Damped 法最关键的思想是，以线性合并无阻尼系统少量数目的特征向量近似表示前几阶复阻尼特征值。采用实特征值求解无阻尼振型之后，运动方程将转化到模态坐标系。然后，采用 QR Damped 法，一个相对较小的特征值问题就可以在特征子空间中求解出来了。该方法能够很好地求解大阻尼系统模态解。由于该方法的计算精度取决于提取的模态数目，所以建议提取足够多的基频模态，这样才能保证得到好的计算结果。

在大多数分析过程中，选用 Subspace 法、Reduced 法、Block Lanczos 法或 PCG Lanczos 法。Unsymmetric 法和 QR Damped 法只在特殊情形下会用到。在指定某种模态提取方法后，ANSYS 会自动选择合适的方程求解器。

7.1.2 模态分析的步骤

模态分析过程由 4 个主要步骤组成，即建模、加载及求解、扩展模态、结果后处理。

步骤 1：建模

（1）定义工作文件名，分析标题和单位

（2）定义单元类型、单元实常数、材料的性质

① 模态分析属于线性分析，在模态分析中只有线性行为是有效的，如果指定了非线性单元，也只能按线性处理。

② 必须通过弹性模量 EX 和密度 DENS 或其他方式对材料的刚度与质量进行定义。材料性质可以是线性的或非线性的、各向同性或正交各向异性的、恒定的或与温度有关的，非线性特性将被忽略。

（3）创建几何实体模型并划分网格得到有限元模型

步骤 2：加载及求解

（1）进入 ANSYS 求解器

GUI：Main Menu > Solution

（2）指定分析类型和分析选项

在模态分析中可以使用的分析选项如表 7-1 所示。

表 7-1　分析类型和分析选项

选　项	命　令	GUI 路径（Main Menu > Solution > ）
New Analysis	ANTYPE	New Analysis
Analysis Type（Modal）	ANTYPE	Analysis Type > New Analysis > Modal
Mode extraction method	MODOPT	Analysis Type > Analysis Options
No. of modes to extract	MODOPT	Analysis Type > Analysis Options
No. of modes to expand	MXPAND	Analysis Type > Analysis Options
Use lumped mass approx	LUMPM	Analysis Type > Analysis Options
Incl prestress effects	PSTRES	Analysis Type > Analysis Options

① 指定分析类型（New Analysis）。

GUI：Main Menu > Solution > Analysis Type > New Analysis

选择新的分析类型为模态分析（Modal）。在模态分析中 Restart（重启动）是无效的。如果需要施加不同的边界条件，则须作一次新的分析。

② 定义求解选项。

GUI：Main Menu > Solution > Analysis Type > Analysis Options

③ 指定模态提取方法（Mode extraction method）。

提取模态的方法见 7.1.1 小节所述，这里不再赘述。

④ 定义所需提取的模态数目（No. of modes to extract）。

◆若采用凝聚法提取模态，则无须设置提取模态数。

◆若采用对称法或阻尼法提取模态，为了降低丢失模态的可能性，应提取比必要的阶数更多的模态。

⑤ 定义模态扩展选项（No. of modes to expand）。

◆指定是否需要扩展模态以及需要扩展的模态数目。

◆指定是否计算单元应力。

⑥ 选定质量矩阵形成方式（Use lumped mass approx）。

使用该选项可以选定采用缺省的质量矩阵形成方式（和单元类型有关）或者集中质量矩阵近似方式。建议在大多数应用中采用缺省形成方式。但对有些包含“薄膜”结构的问题，如细长梁或非常薄的壳，采用集中质量矩阵近似经常可产生较好的结果。另外，用集中质量矩阵时求解时间短，需要的内存少。

⑦ 预应力效应选项（Incl prestress effects）。

选用该选项可以计算有预应力结构的模态。缺省的分析过程不包括预应力，即结构处于无应力状态。如果要在分析中包含预应力的影响，则必须有先前在静力学或瞬态分析中生成的单元文件。如果预应力效果选项是打开的，则当前及随后的求解过程中关于集中质量矩阵的设置应和静力分析中关于集中质量矩阵的设置一致。

完成上述模态求解选项设置后，弹出一个与所指定相对应的对话框。在这里可以详细设置模态提取过程中所用参数。下面介绍各参数及其作用。

◆FREQB 和 FREQE 选项：此命令用于指定模态提取的频率范围。前者指定特征值收敛最快的点，大多数情况下用不到，其默认值为 -1；后者只用于 Reduced 法。

◆PRMODE：要输出的缩减模态数。设置此选项后，在 Jobname. out（输出文件）中会列出所设置数目的缩减振型。该选项只对 Reduced 法有效。

◆RIGID 选项：用于子空间迭代法提取已知存在刚体运动的结构的零频率模态，只对子空间法有效。

◆SUBOPT：指定多种子空间迭代选项，只对子空间法有效。

◆Nrmkey：关于振型归一化的设置。可选择是相对于质量矩阵［**M**］还是单位矩阵进行归一化处理。如果准备在模态分析后进行谱分析或模态叠加法分析，则应该选择相对于质量矩阵进行归一化处理。如要在随后得到各阶模态的最大响应（模态响应），须用模态系数去乘振型。实现的方法是用 * GET 命令（在谱分析完成后）查到模态系数并在 SET 命令中将模态系数用做比例因子。

（3）定义主自由度

此选项在 Reduced（凝聚）法模态提取应用较多。

主自由度（Master of DOFs）指能够描述结构动力学特性的重要的自由度。主自由度选取的规则是至少是感兴趣的模态的 1 倍数目的主自由度。建议采用（M，MGEN）命令，根据对结构的动力学特性的了解定义尽可能多的主自由度，并用 TOTAL 命令使 ANSYS 按照刚度/质量比选择一些附加的主自由度。通过 MLIST 命令可以列出已定义的主自由度，如果对已定义的主自由度进行删除，可以采用 MDELE 命令。

（4）施加载荷

◆在典型的模态分析中，唯一有效的“载荷”是零位移约束（如果在某个 DOF 处指定了一个非零位移约束，程序将以零位移约束替代在该 DOF 处的设置）。

◆可以施加除位移约束之外的其他载荷，但它们将被忽略。在未加约束的方向上，程序将计算刚体运动（零频）以及高阶（非零频）自由体模态。其他类型的载荷，如力、压力、温度、加速度等可以在模态分析中指定，但在模态提取时将被忽略。程序会计算出相应于所加载荷的载荷向量，并将这些向量写到振型文件Jobname. mode 中，以便在模态叠加法谐响应分析或瞬态分析中使用。

（5）指定载荷步选项

模态分析中可用到的载荷步选项如表 7-2 所示。

表 7-2　　　　载荷步选项

选　项		命　令	GUI 路径
阻尼选项	Alpha（质量）阻尼	ALPHAD	Main Menu > Solution > Load Step Opts > Time/Frequenc > Damping
	Beta（刚度）阻尼	BETAD	同上
	恒定阻尼	DMPRAT	同上
	材料阻尼比	MP，DAMP	Main Menu > Preprocessor > Material Props > Material Models
输出控制选项	Printed Output	OUTPR	Main Menu > Solution > Load Step Opts > Output Ctrls > Solu Printout

◆阻尼选项：只有在使用阻尼法提取模态时才需要设置。

◆输出控制选项：设置输出参与系数表。

（6）保存数据文件

（7）开始求解计算

（8）退出求解器（FINISH）

步骤 3：扩展模态

从严格意义上讲，“扩展”这个词意味着将缩减解扩展到完整的 DOF 集上。“缩减解”常用主 DOF 表达。而在模态分析中，用“扩展”这个词指将振型写入结果文件。也就是说，“扩展模态”不仅适用于 Reduced 模态提取方法得到的缩减振型，而且适用于其他模态提取方法得到的完整振型。因此，如果想在后处理器中观察振型，必须先扩展之（也就是将振型写入结果文件）。

模态扩展要求振型文件 Jobname. mode 以及文件 Jobname. emat、Jobname. esav 及 Jobname. tri（如果采用 Reduced 法）必须存在。数据库中必须包含与解算模态时所用模型相同的分析模型。

（1）重新进入 ANSYS 求解器

（2）激活扩展处理及相关选项

ANSYS 提供的扩展处理选项如表 7-3 所示。

表 7-3　扩展处理选项

选　项	命　令	GUI 路径（Main Menu > Solution >）
Expansion Pass On/Off	EXPASS	Analysis Type > ExpansionPass
No. of modes to expand	MXPAND	Load Step Opts > ExpansionPass > Single Expand > Expand Modes
Frequency range	MXPAND	同上
Calculate elem results On/Off	MXPAND	同上

表 7-3 中，各项含义分别如下。

Expansion Pass On/Off：推荐将其设置成 On。

No. of modes to expand：指定要扩展的模态数。需要注意扩展模态只能在后处理中观察到，且程序的默认值为无扩展模态。

Frequency range：是另一种控制要扩展的模态数的方法。如果指定了一个频率范围，那么只有该频率范围内的模态会被扩展。

Calculate elem results On/Off：如果在模态分析后进行谱分析并对产生谱的应力和力感兴趣的话，打开此选项。模态分析中的“应力”并不代表结构中的真实应力，而只是给出一个各阶模态之间相对的应力分布概念。默认为不计算应力。

（3）进行输出控制

◆Printed Output：此选项用来控制结果文件 Jobname. out 中包含的所有数据（扩展得到的振型、应力和力）。

◆Database and results file output：此选项用来控制结果文件 Jobname. rst 中包含的数据。OUTRES 中的 FREQ 域只可为 ALL 或 NONE，即要么输出所有模态，要么不输出任何模态的数据。例如，不可能输出每隔一阶的模态信息。

（4）开始扩展处理

扩展处理的输出包括已扩展的振型，而且还可以要求包含各阶模态的相对应力分布。

（5）退出求解器（FINISH）

步骤4：结果后处理

模态分析的结果（即模态扩展处理的结果）被写入到结构分析结果文件 Jobname. rst 中。分析结果包括固有频率、已扩展的振型、相对应力和力分布（如果需要）。

（1）进入通用后处理器（POST1）

（2）读入结果数据

每阶模态在结果文件中被存为一个单独的子步。比如扩展了6阶模态，结果文件中将有由6个子步组成的一个载荷步。

（3）对结果数据列表或图形显示

通过显示结构变形图可以查看扩展的振型。

7.1.3 特殊的模态分析

（1）有预应力结构的模态分析

有预应力结构的模态分析可以用来计算有预应力结构的固有频率和模态。分析过程与常规的模态分析基本一致。需要特别说明如下几点：

① 在分析模态前应打开预应力效应，得到结构的静力学分析解；

② 重新进入求解器，打开预应力效应，得到结构的模态分析解；

③ 进行模态扩展，在后处理器中观察分析结果；

④ 若进行大变形预应力模态分析，则应在大变形静力分析以后利用 UPCOORD 命令对结构的坐标加以修正。

（2）循环对称结构的模态分析

对于循环对称结构，可以只对其一部分建立模型来计算结构整体的固有频率和振型。基本步骤如下：

① 建立循环对称结构的基本扇区模型；

② 选择最低角度侧面上的节点定义为组件；

③ 运行宏 CYCGEN，生成一个叠加在基本扇区上的扇区；

④ 定义边界条件；

⑤ 进入求解器；

⑥ 指定进行模态分析，并设置模态选项；

⑦ 定义节径范围和扇区角，运行宏 CYCSOL；

⑧ 进入后处理，扩展模型，显示结果。

需要说明的是，循环对称模态分析只可以采用 Subspace 法或 Block Lanczos 法提取模态。

7.1.4 模态分析实例

7.1.4.1 问题描述

如图7-1所示，为一模型飞机的机翼，机翼戴面的轮廓一致，其横截面由直线和样条曲线组成，机翼的一端固定在机体上，另一端为悬空的自由端，通过 ANSYS 有限元分析显示机翼的模态自由度。

机翼的几何尺寸如图7-1所示。

机翼的材料由低密度聚乙烯制成，材料属性为：弹性模量 $E=3.8\times10^3$psi，泊松比为

0.3，密度为 $8.3\times10^{-5}\text{lbf}\cdot\text{sec}^2/\text{in}^4$。

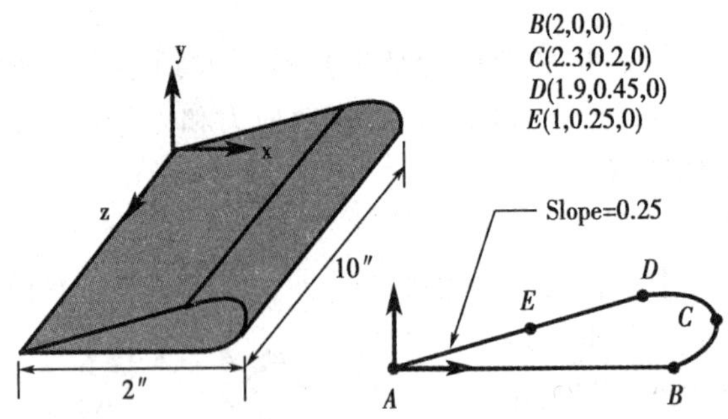

图 7-1　机翼尺寸示意图

7.1.4.2　分析步骤

（1）定义文件名

GUI：Utility Menu > File > Change Jobname

执行该命令后，在弹出对话框的 Enter new jobname（输入新文件名）文本框中输入 Modal 作为工作文件名，并单击 New log and error files（新的日志和错误文件）单选框，使其变为“Yes”，为分析过程创建新的日志。单击 OK，完成设置。

（2）定义分析标题

GUI：Utility Menu > File > Change Title

在弹出对话框的 Enter new title（输入新标题）文本框中输入文字 Modal Analysis 作为标题名。单击 OK。

（3）刷新显示

GUI：Utility Menu > Plot > Replot

执行该命令后，定义的文件名和分析标题将出现在对应的区域。

（4）偏好设定

GUI：Main Menu > Preferences

在弹出的菜单中选择 Structural（结构），单击 OK。

（5）定义单元类型

GUI：Main Menu > Preprocessor > Element Type > Add/Edit/Delete

在弹出对话框的左栏中选择 Structural Solid，在右栏中选择 Quad 4node 42，单击 Apply，然后再在右栏中选择 Brick 8node 45，单击 OK，关闭单元库对话框，然后单击 Close。

（6）定义材料属性

GUI：Main Menu > Preprocessor > Material Props > Material Models

在弹出对话框的右栏中依次双击 Structural、Linear、Elastic、Isotropic，在弹出的对话框中输入杨氏模量 38000，泊松比 0.3，单击 OK，然后双击 Density，在弹出的对话框中输入密度 8.3e－5，单击 OK，关闭材料属性对话框。

（7）关闭三角坐标符号

GUI：Utility Menu > PlotCtrls > Window Controls > Window Options

出现一个对话框，在 Location of triad 后面的下拉列表中选择 Not Shown，单击 OK。

（8）创建关键点

GUI：Main Menu > Preprocessor > Modeling > Create > Keypoints > In Active CS

在弹出的对话框中输入关键点编号 1，XYZ 坐标为（0，0，0），单击 Apply，然后重复操作，依次创建关键点 2（2，0，0），3（2.3，0.2，0），4（1.9，0.45，0），5（1，0.25，0），创建完后，单击 OK。

（9）编号显示关键点

GUI：Utility Menu > PlotCtrls > Numbering

在弹出的窗口中选择 Keypoint numbers，使后面的 OFF 变成 ON。然后单击 OK。

GUI：Utility > Plot > Keypoints > Keypoints

（10）生成直线

GUI：Main Menu > Preprocessor > Modeling > Create > Lines > Lines > Straight Line

弹出一个拾取框，依次拾取关键点 1 和 2，5 和 1，生成两条直线。单击 OK。

（11）生成样条曲线

GUI：Main Menu > Preprocessor > Modeling > Create > Splines > With Options > Spline thru KPs

弹出一个拾取框，在图形区域依次选择关键点 2，3，4，5，单击 OK。弹出 B-Spline 对话框，如图 7-2 所示，在 XV1，YV1，ZV1 后面输入 -1，0，0，在 XV6，YV6，ZV6 后面输入 -1，-0.25，0，单击 OK。生成结果如图 7-3 所示。

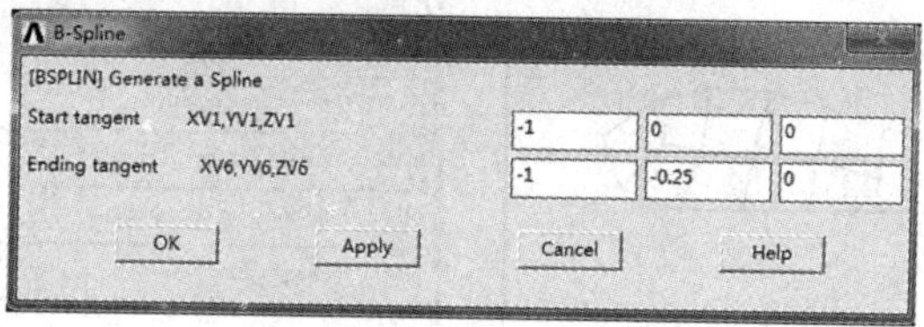

图 7-2　B-Spline 对话框

（12）生成横截面

GUI：Main Menu > Preprocessor > Modeling > Create > Areas > Arbitrary > By Lines

执行该命令后，弹出一个拾取框，在图形区域拾取 3 条线，单击 OK。生成一个横截面，如图 7-4 所示。

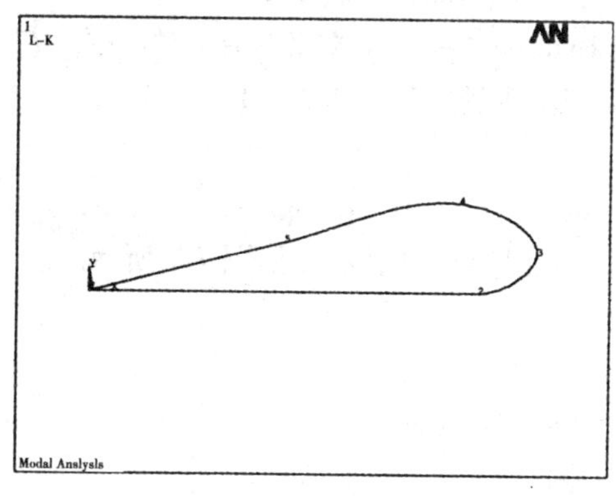

图 7-3　创建关键点和线

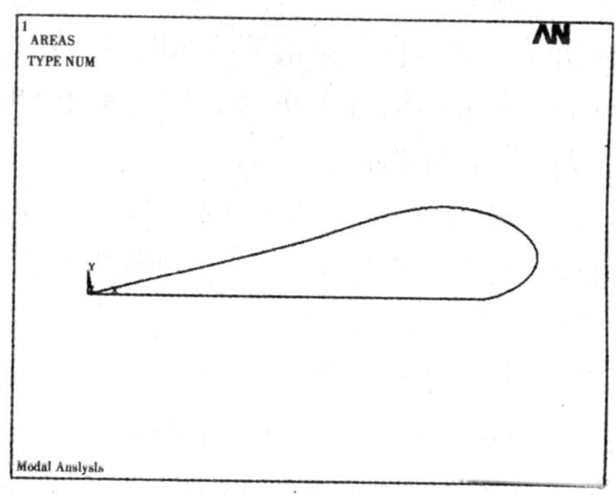

图 7-4　横截面显示

（13）存盘

（14）定义网格密度

GUI：Main Menu > Preprocessor > Meshing > Size Cntrls > MenualSize > Global > Size

将弹出一个 Global Element Sizes 对话框，在 Element Edge Length 后面输入 0. 25，单击 OK。

（15）划分网格

GUI：Main Menu > Preprocessor > Meshing > Mesh > Areas > Free

弹出一个拾取框，单击 Pick All，若出现一个警告框，单击 Close，生成网格如图 7-5 所示。

（16）设置划分等分数

GUI：Main Menu > Preprocessor > Meshing > Size Cntrls > MenualSize > Global > Size

在弹出的对话框中删除 0. 25，在 No. of element divisions 后面输入 10，单击 OK。

（17）赋予单元

GUI：Main Menu > Preprocessor > Meshing > Mesh Attributes > Default Attribs

执行该命令后，弹出 Meshing Attributes 对话框，在 Element type number 后面的下拉菜单中选择 2 SOLID45，单击 OK。如图 7-6 所示。

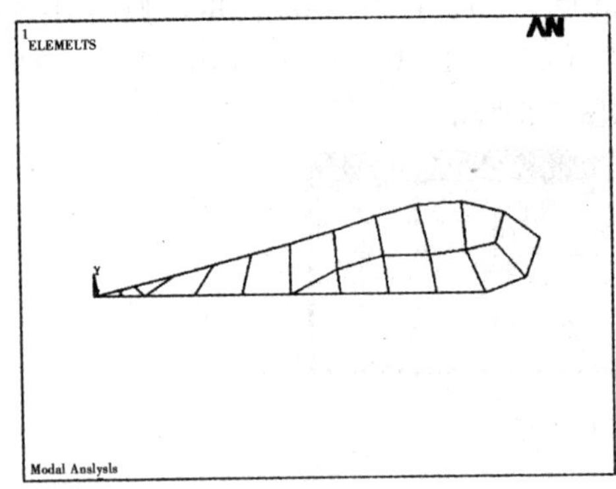

图 7-5　生成截面网格

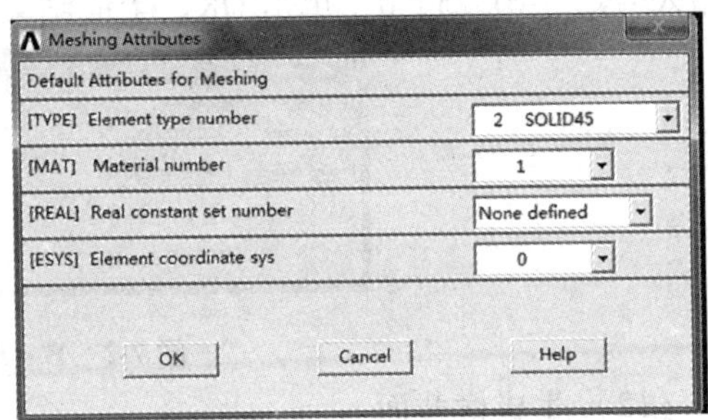

图 7-6　Meshing Attributes 对话框

（18）延伸为体单元

GUI：MainMenu > Preprocessor > Modeling > Operate > Extrude > Areas > By XYZ Offset

弹出一个拾取框，单击 Pick All，出现一个 Extrude Areas by XYZ Offset 对话框，在 Offsets for extrusion 后面输入 0，0，10，单击 OK。若出现警告框，单击 Close，关闭它。

（19）等轴测显示

GUI：Utility Menu > PlotCtrls > Pan Zoom Rotate

在弹出的对话框中单击 Iso，则模型在绘图区域以等轴测显示。如图 7-7 所示。

（20）存盘

（21）定义分析类型

GUI：Main Menu > Solution > Analysis Type > New Analysis

在弹出的对话框中选择 Modal，指定为模态分析。

（22）设置分析选项

GUI：Main Menu > Solution > Analysis Type > Analysis Options

弹出如图 7-8 所示的对话框，在 No. of modes to extract 后面输入 5，单击 OK，又出现一个 Block Lanczos Method 对话框，单击 OK，接受默认设置。

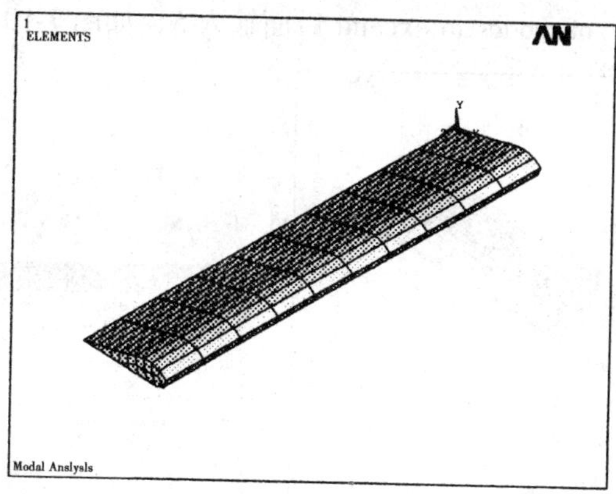

图 7-7　扫掠体网格显示

Modal Analysis
[MODOPT] Mode extraction method
Block Lanczos
PCG Lanczos
Reduced
Unsymmetric
Damped
QR Damped
Supernode
No. of modes to extract　5
(must be specified for all methods except the Reduced method)
[MXPAND]
Expand mode shapes　Yes
NMODE No. of modes to expand　0
Elcalc Calculate elem results?　No
[LUMPM] Use lumped mass approx?　No
[PSTRES] Incl prestress effects?　No
OK　Cancel　Help

图 7-8　设置模态分析选项

（23）选择节点

GUI：Utility Menu > Select > Entities

弹出 Select Entities 对话框，在最上面的两个下拉列表中选择 Elements 和 By Attributes，点击 Elem type num，在输入栏中输入 1，点击 Unselect，单击 Apply；再在最上边的两个下拉列表中选择 Nodes 和 By Location，点击 Z coordinate，在输入栏中输入 0，选择 From Full，单击 OK。

（24）施加约束

GUI：Main Menu > Solution > Define Loads > Apply > Structural > Displacement > On Nodes

在弹出的拾取框中单击 Pick All，在随之弹出的对话框中选择 All DOF，单击 OK。生成结果如图 7-9 所示。

（25）选择所有

GUI：Utility Menu > Select > Everything

（26）指定扩展的模态数

GUI：Main Menu > Solution > Load Step Opts > ExpansionPass > Single Expand > Expand Modes

在弹出对话框的 No. of modes to expand 后面输入 5，如图 7-10 所示，单击 OK。

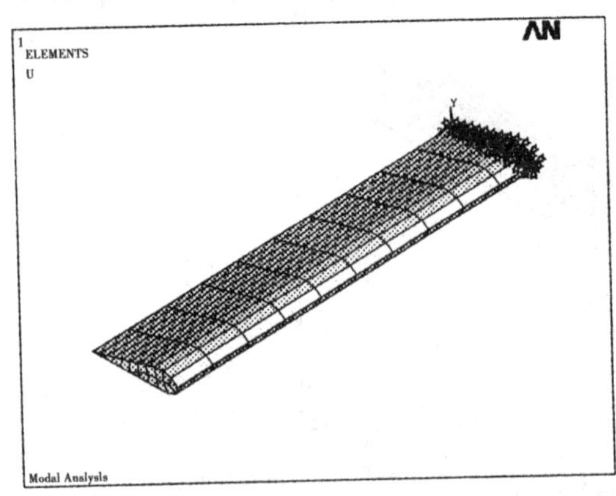

图 7-9 施加约束后图形显示

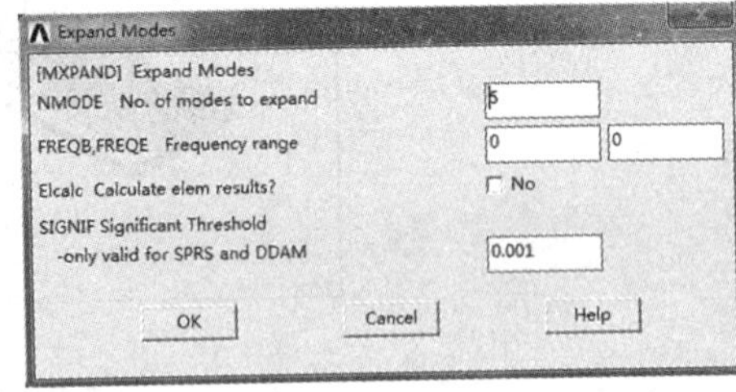

图 7-10 扩展模态对话框

(27) 求解

GUI：Main Menu > Solution > Solve > Current LS

出现一个对话框和一个信息框，检查无误后关闭信息框，单击对话框中的 OK，再单击警告框中的 Yes，开始求解。当警告框显示 Solution is done 时，单击 Close。

(28) 读取第一个结果

GUI：Main Menu > General Postproc > Read Results > First Set

(29) 动画显示

GUI：Utility Menu > PlotCtrls > Animate > Mode Shape

出现一个 Animate Mode Shape 对话框，在该对话框中的 Time delay (second) 后面输入 0.05，单击 OK，则动画出现在图形窗口中，如图 7-11 所示。

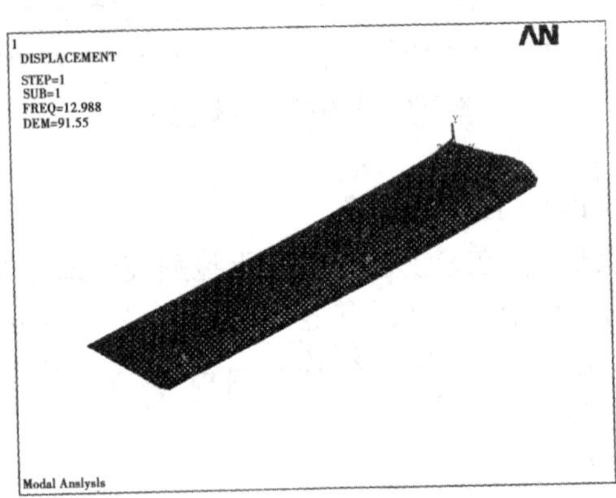

图 7-11 动画截图

(30) 读取第二个结果

GUI：Main Menu > General Postproc > Read Results > Next Set

(31) 动画显示同 (29) 步

(32) 重复 (30) ~ (31) 步，将显示所有的振型图

如图 7-12 所示。

(33) 存盘，退出

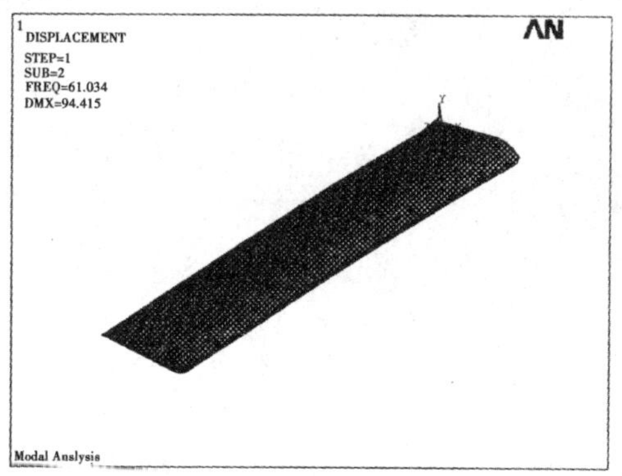

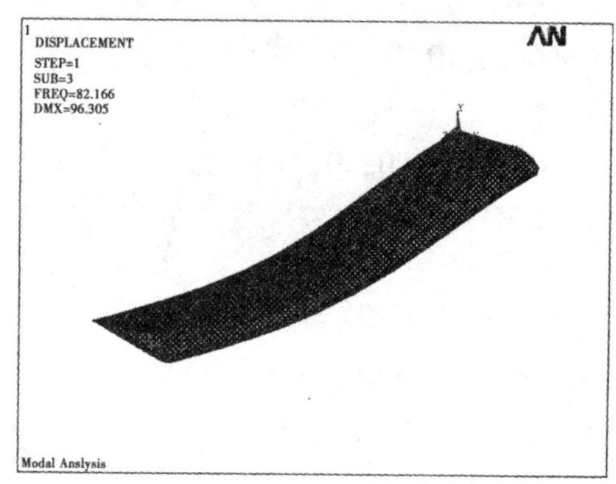

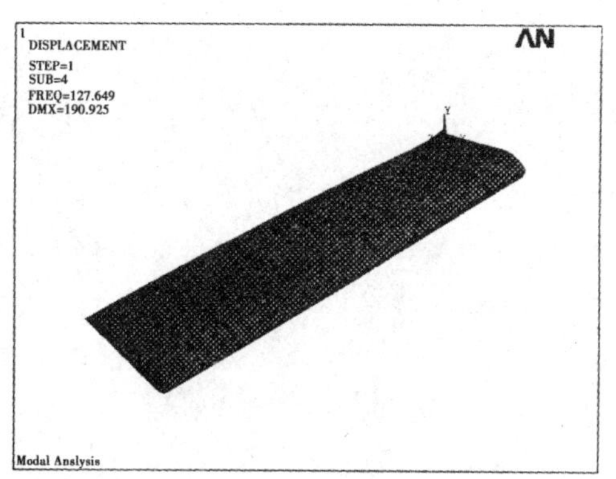

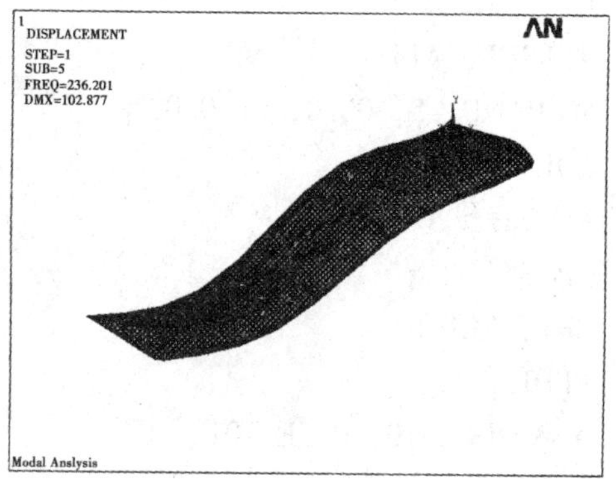

图 7-12　2～5 阶振型动画截图

上述分析步骤对应的命令流如下：

```
/TITLE, Modal Anslysis
/PREP7
ET, 1, PLANE42
ET, 2, SOLID45
MP, EX, 1, 38000
MP, PRXY, 1, 0.3
MP, DENS, 1, 8.3e-5
K, 1, 0, 0, 0,
K, 2, 2, 0, 0,
K, 3, 2.3, 0.2, 0,
K, 4, 1.9, 0.45, 0,
K, 5, 1, 0.25, 0,
LSTR, 1, 2
LSTR, 5, 1
BSPLIN, 2, 3, 4, 5,,, -1, 0, 0, -1, -0.25, 0,
AL, 1, 3, 2
ESIZE, 0.25, 0,
MSHKEY, 0
```

```
AMESH, 1
ESIZE,, 10,
TYPE, 2
VEXT, 1,,, 0, 0, 10,,,,
FINISH
/SOL
ANTYPE, 2
MODOPT, LANB, 5
ESEL, U, TYPE,, 1
NSEL, S, LOC, Z, 0
D, ALL, ALL
ALLSEL, ALL
MXPAND, 5, 0, 0, 0, 0.001,
SOLVE
FINISH
/POST1
SET, FIRST
PLDI,,
ANMODE, 10, 0.5E-01,, 0
SAVE
FINISH
```

7.2 谐响应分析

7.2.1 谐响应分析概述

（1）谐响应分析

任何持续的周期载荷将在线性结构系统中产生持续的周期响应（谐响应）。谐响应分析是用于确定线性结构在承受随时间按正弦（简谐）规律变化的载荷时的稳态响应的一种技术。分析的目的是计算出结构在几种频率下的响应并得到一些响应值（通常是位移）对频率的曲线。从这些曲线上可以找到“峰值”响应，并进一步观察峰值频率对应的应力。该技术只计算结构的稳态受迫振动，而不考虑发生在激励开始时的瞬态振动。谐响应分析使设计人员能预测结构的持续动力特性，从而使设计人员能够验证其设计能否成功地克服共振、疲劳及其他受迫振动引起的有害效果。

（2）谐响应分析的求解方法

ANSYS 中谐响应分析有 3 种求解方法：Full（完全法）、Reduced（缩减法）和 Mode Superposition（模态叠加法）。

7.2.2 Full 法

7.2.2.1 Full 法概述

Full 法是3种方法中最易使用的方法。它采用完整的系统矩阵计算谐响应（没有矩阵缩减）。矩阵可以是对称的或非对称的。Full 法的优点是：

◆容易使用，因为不必关心如何选取主自由度或振型；

◆使用完整矩阵，因此不涉及质量矩阵的近似；

◆允许有非对称矩阵，这种矩阵在声学或轴承问题中很典型；

◆用单一处理过程计算出所有的位移和应力。

Full 法允许定义各种类型的载荷：节点力、外加的（非零）位移、单元载荷（压力和温度）。允许在实体模型上定义载荷。

Full 法的一个缺点是预应力选项不可用；另一个缺点是当采用 Frontal 方程求解器时，这种方法通常比其他方法开销都大。但在采用 JCG 求解器或 ICCG 求解器时，Full 法的效率很高。

7.2.2.2 Full 法谐响应分析步骤

步骤1：建立有限元模型

（1）定义工作文件名、分析标题和单位

（2）定义单元类型、实常数和材料性质

◆应选择线性单元，即使指定了非线性单元也只能按线性单元处理。

◆必须通过弹性模量 EX 和密度 DENS 或其他方式对材料的刚度与质量进行定义。

（3）创建几何实体模型，并划分网格得到有限元模型

步骤2：进行模态分析

计算结构的固有频率，详细求解步骤见7.1节。

步骤3：施加载荷并求解

（1）重新进入 ANSYS 求解器（GUI：Main Menu > Solution）

（2）定义分析的类型，对求解选项进行设置

① 分析类型选 Harmonic（GUI：> New Analysis）。

② 求解选项（GUI：> Analysis Options）。

◆求解方法（HROPT）选择 Full。

◆DOF 输出格式（HROUT）选择按实部 + 虚部（复数形式）或振幅 + 相位角格式。

◆指定是否采用集中质量矩阵近似方式（LUMPM）NO/YES。

③ Full 法谐响应分析选项。选择求解器（EQSLV），包括波前法、JCG、ICCG 及稀疏矩阵求解器。大多数模型推荐使用默认的波前求解器（Frontal solver），若选择其他求解器，可指定容差。

（3）施加载荷

◆谐响应分析的载荷是随时间按简谐规律变化的，可以通过幅值、相位角和频率范围进行描述。通过在加载中输入实部（VALUE）与虚部（VALUE2）来定义幅值和相位角。

◆幅值 = $\sqrt{\text{VALUE}^2+\text{VALUE2}^2}$，相位角 = arctan（VALUE2/VALUE）。

（4）指定载荷步

① 定义载荷步。

◆指定谐响应分析频率范围（HARFRQ）。

◆定义频率范围内谐响应解（子步）的数目（NSUBST）。

◆选定载荷增加方式（KBC）。

◆Ramped：在频率范围内载荷幅值随频率（子步）逐渐增加。

◆Stepped：在频率范围内载荷幅值保持不变。

② 定义阻尼形式。

◆质量阻尼（ALPHAD）：瑞利阻尼常数 α。

◆刚度阻尼（BETAD）：瑞利阻尼常数 β。

$$阻尼矩阵 = ALPHAD \times 质量矩阵 + BETAD \times 刚度矩阵$$

◆恒定阻尼比（DMPRAT）：实际阻尼与临界阻尼之比。

③ 设置输出选项。

◆控制求解输出内容。

◆控制结果文件内容。

（5）保存数据

（6）求解

（7）若有其他载荷和频率范围，重复（3）～（6）

（8）退出求解器

步骤4：查看计算结果

（1）使用POST26查看结果

① 进入POST26。

② 定义变量。

③ 指定变量输出方式。

可以采用两种变量输出方式：列表输出和曲线图表示。

④ 列表或图形显示变量。

（2）使用POST1查看结果

① 进入POST1。

② 读入要查看的子步结果。需要注意的是，结果数据只能按实部或虚部单独读入，两者不能被同时读入。要得到结构的实际结果，就需要对实部数据和虚部数据进行叠加（平方和取平方根）。

③ 列表或图形显示各变量之间的关系。

7.2.3 Reduced法

7.2.3.1 Reduced法概述

Reduced法通过采用主自由度和缩减矩阵来压缩问题的规模。主自由度处的位移被计算出来后，解可以被扩展到初始的完整DOF集上。这种方法的优点是：

◆在采用Frontal求解器时比Full法更快且开销小；

◆可以考虑预应力效果。

Reduced法的缺点是：

◆初始解只计算出主自由度处的位移。要得到完整的位移、应力和力的解，则需要执行被称为扩展处理的进一步处理（扩展处理在某些分析中是可选操作）；

◆不能施加单元载荷（压力、温度等）；

◆所有载荷必须施加在用户定义的主自由度上（这就限制了采用实体模型上所加的载荷）。

7.2.3.2　Reduced 法分析步骤

步骤1：建立有限元模型

与 Full 法谐响应分析相同。

步骤2：进行模态分析

计算结构的固有频率，详细求解步骤见7.1节。

步骤3：施加荷载并求缩减解

（1）重新进入 ANSYS 求解器

（2）定义分析的类型，对求解选项进行设置

① 分析类型选 Harmonic。

② 求解选项。

◆求解方法（HROPT）选择 Reduced。

◆DOF 输出格式（HROUT）选择按实部 + 虚部（复数形式）或振幅 + 相位角格式。

◆指定是否采用集中质量矩阵近似方式（LUMPM）NO/YES。

③ Reduced 法谐响应分析选项。指定是否考虑预应力影响（PSTRES）。

（3）定义主自由度

方法与模态分析相同，详细介绍见7.1节模态分析。

（4）施加载荷

◆只能施加位移和力，方法与 Full 法谐响应分析相同。

◆力和非零位移必须施加在主自由度处。

（5）指定载荷步选项（同 Full 法）

（6）保存数据

（7）开始求解

（8）若有其他载荷和频率范围，重复（4）~（7）

（9）退出求解器

步骤4：查看缩减解数据

（1）进入 POST26

（2）指定结果文件

将 Reduced 法谐响应分析结果文件 Jobname. rfrq 指定为数据读取文件。

（3）定义变量

Reduced 法谐响应分析解只有主自由度处位移，因此只能将主自由度处位移定义为变量。

（4）指定变量输出方式

（5）列表或图形显示变量

步骤5：扩展求解

（1）重新进入求解器

（2）激活扩展选项，打开 Expansion Pass

扩展多个解：

① 指定扩展解频率范围及解的数目；

② 指定是否计算单元解，定义扩展相位角（HREXP）：ALL。

扩展单一解：

① 指定扩展解。可以通过两种方式：一是通过载荷步、子步指定；二是通过频率指定。

② 指定是否计算单元解。

③ 定义扩展相位角（HREXP）：可以指定峰值位移发生时的相位角。

(3) 定义载荷步选项（仅对输出选项进行定义）

(4) 进行扩展求解

(5) 对其他要扩展的解重复步骤（2）～（4）

(6) 退出求解器

步骤6：查看扩展解数据

使用 POST1 和 POST26 可以观察结果数据，方法与 Full 法相同。

7.2.4 Mode Superposition 法

7.2.4.1 Mode Superposition 法概述

Mode Superposition 法通过对模态分析得到的振型（特征向量）乘上因子并求和来计算出结果的响应。它的优点是：

◆对于许多问题，此法比 Reduced 或 Full 法更快且开销小；

◆在模态分析中施加的载荷可以通过 LVSCALE 命令用于谐响应分析中；

◆可以使解按结构的固有频率聚集，这样便可产生更平滑、更精确的响应曲线图；

◆可以包含预应力效果；

◆允许考虑振型阻尼（阻尼系数为频率的函数）。

它的缺点是：不能施加非零位移。

7.2.4.2 Mode Superposition 法分析步骤

步骤1：建立有限元模型

与 Full 法、Reduced 法谐响应分析相同。

步骤2：进行模态分析

求解结构的固有频率，详细步骤见 7.1 节模态分析。但这里需要注意以下几点：

◆模态提取方法不能采用非对称法和阻尼法；

◆若采用 Reduced 法提取模态，应将施加载荷的方位指定成主自由度；

◆若要考虑压力、温度、加速度等单元载荷，应在模态分析中施加，程序会计算相应的载荷向量并写入文件 Jabname. mode；

◆模态叠加法不需要模态扩展。

步骤3：模态叠加法谐响应分析

(1) 重新进入 ANSYS 求解器

(2) 定义分析的类型，对求解选项进行设置

① 分析类型选 Harmonic。

② 求解选项：

◆求解方法（HROPT）选择 Mode Superpos'n。

◆DOF 输出格式（HROUT）选择按实部 + 虚部（复数形式）或振幅 + 相位角格式。

◆指定是否采用集中质量矩阵近似方式（LUMPM）NO/YES。

③ 模态叠加法谐响应分析选项：

◆指定用于求解的模态数（HROPT，MSUP，MAXMODE，MINMODE）；

◆可选定将求解结果按结构的固有频率进行聚集（Cluster），得到更好的响应曲线；

◆指定是否考虑预应力影响（PSTRES）。

（3）施加载荷

只能施加力和加速度，使用与 Full 法谐响应分析相同的方法。可以施加模态分析得到的载荷向量。

（4）指定载荷步选项

可以定义振型阻尼，与 Full 法基本相同。

（5）保存数据

（6）开始求解

（7）若有其他载荷和频率范围，重复步骤（3）～（6）

（8）退出求解器

步骤4：查看模态叠加法解数据

（1）进入 POST26

（2）指定结果文件

将模态叠加法谐响应分析结果文件 Jobname. rfrq 指定为数据读取文件。

（3）定义变量

（4）指定变量输出方式

（5）列表或图形显示变量

步骤5：扩展模态叠加解

（1）重新进入求解器

（2）激活扩展选项

（3）定义输出选项

（4）进行扩展求解

（5）对其他要扩展的解，重复步骤（2）～（4）

（6）退出求解器

方法与 Reduced 法谐响应分析中扩展减缩解相同，详细步骤可参看 7. 2. 3 节。

步骤6：查看扩展解数据

每个求解所用强迫频率处的结果数据包括简谐变化的位移、应力和反作用力。使用 POST1 和 POST26 可以观察结果数据，方法与 Reduced 法相同。

7. 2. 5　分析实例

7. 2. 5. 1　问题描述

图 7-13 所示为一个工作台-电动机系统，当电动机工作时，由于转子偏心引起电动机发生简谐振动，这时电动机的旋转偏心载荷是一个简谐激励，计算系统在该激励下结构的响应。要求计算频率间隔为 10/10 = 1Hz 的所有解，以得到满意的响应曲线，并用 POST26 绘出幅值对频率的关系曲线。

电动机质量 100kg；简谐激励为 $F_x = 100$N，$F_z = 100$N，与 F_x 落后 90°相位角；频率范围 0～10Hz；材料是 A3 钢，相关参数为杨氏模量 2×10^{11} Pa，泊松比 0. 3，密度 7. 8 ×

$10^3 kg/m^3$；工作台板壳厚度 0.02m；工作台支撑梁截面面积 $2 \times 10^{-4} m^2$，惯性矩 $2 \times 10^{-8} m^4$，宽度 0.01m，高度 0.02m。

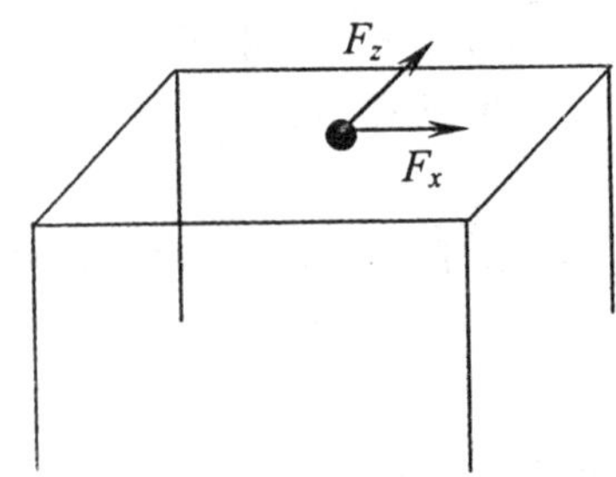

图 7-13 工作台-电动机系统示意简图

7.2.5.2 分析步骤

（1）启动 ANSYS，进入 ANSYS 界面

（2）定义工作文件名

GUI：Utility Menu > File > Change Jobname

单击 Utility Menu 菜单下 File 中的 Change Jobname 按钮，会弹出 Change Jobname 对话框，输入 Harmonic 作为工作文件名，单击 OK。

（3）定义分析标题

GUI：Utility Menu > File > Change Title

在弹出的对话框中，输入 Harmonic Analysis 作为分析标题，单击 OK。

（4）重新显示

GUI：Utility Menu > Plot > Replot

单击该按钮后，所命名的分析标题和工作文件名会出现在 ANSYS 窗口中。

（5）定义单元类型

GUI：Main Menu > Preprocessor > Element Type > Add/Edit/Delete

单击弹出对话框中的 Add 按钮，弹出单元库对话框，在左侧栏中选取 Structural Shell 单元，在右侧栏中选择 Elastic 4node 63 单元。然后单击 Apply。在左侧栏中选取 Structural Beam 单元，在右侧栏中选择 3D Elastic 4 单元。然后单击 Apply。在左侧栏中选取 Structural Mass 单元，在右侧栏中选择 3D mass 21 单元。然后单击 OK。关闭单元库。单击 Close，关闭单元属性对话框。

（6）定义实常数

GUI：Main Menu > Preprocessor > Real Constants > Add/Edit/Delete

弹出 Real Constants 对话框，单击 Add，弹出 Element Type for Real Constants 对话框，在该对话框中选取 Type 1 Shell 63，单击 OK，又出现 Real Constant Set Number1，for SHELL63 对话框，在 TK（I）后面输入 0.02，单击 OK，关闭该对话框。

然后在 Real Constants 对话框中单击 Add 按钮，弹出 Element Type for Real Constants 对话框，在该对话框中选取 Type 2 BEAM4，单击 OK，又出现 Real Constant Set Number2，for BEAM4 对话框，在 AREA 后面输入 2e-4，在 IZZ 后面输入 2e-8，在 IYY 后面输入 2e-8，在 TKZ 后面输入 0.01，在 TKY 后面输入 0.02，单击 OK，关闭对话框。

重复上述操作，对第三个单元的实常数输入 MASSZ = 100，单击 OK，单击 Close，关闭对话框。

（7）定义材料参数

GUI：Main Menu > Preprocessor > Material Props > Material Models

执行该命令后，在弹出的对话框中右边栏中依次双击 Structural、Linear、Elastic、Isotropic，在弹出的对话框中输入杨氏模量2e11，泊松比0.3，然后单击OK，关闭此对话框。再双击Density，弹出定义密度对话框，在其中输入密度7800，单击OK，然后关闭材料属性定义对话框，完成材料属性的定义。

（8）定义矩形

GUI：Main Menu > Proprecessor > Modeling > Create > Areas > Rectangle > By Dimensions

在弹出的对话框中输入 X1 =0，X2 =2；Y1 =0，Y2 =1。单击OK。

（9）创建关键点

GUI：Main Menu > Proprecessor > Modeling > Create > Keypoints > In Active CS

在弹出的菜单中输入关键点编号为5，坐标（0，0，－1），单击Apply，重复操作，创建关键点6（2，0，－1），7（2，1，－1），8（0，1，－1），单击OK，完成关键点的创建。

（10）关闭三角坐标符号

GUI：Utility Menu > PlotCtrls > Window Controls > Window Options

在弹出的对话框中的“Location of triad”后面的下拉列表中选择Not shown，单击OK。

（11）等轴测显示

GUI：Utility Menu > PlotCtrls > Pan Zoom Rotate

在弹出的对话框中单击Iso，则几何模型以等轴测显示。

（12）显示所有的几何元素

GUI：Utility Menu > Plot > Multi－Plots

（13）编号显示关键点

GUI：Utility Menu > PlotCtrls > Numbering

在弹出的对话框中选择Keypoint numbers处于“ON”，单击OK。

（14）生成直线

GUI：Main Menu > Proprecessor > Modeling > Create > Lines > Lines > Straight Line

弹出一个拾取器窗口，在图形区域依次拾取关键点1与5，2与6，3与7，4与8，单击OK，生成结果如图7-14所示。

（15）定义单元尺寸

GUI：Main Menu > Meshing > Size Cntrls > MenualSize > Global > Size

在弹出窗口的Element edge length的后面输入单元尺寸大小0.1，单击OK。

（16）划分面网格

GUI：Main Menu > Proprecessor > Meshing > Mesh > Areas > Free

弹出一个拾取框，在图形窗口中用鼠标选取矩形面，单击OK。

（17）存盘

（18）定义梁单元

GUI：Main Menu > Preprocessor > Meshing > Mesh Attributes > Default Attribs

弹出一个“Meshing Attributes”对话框，在Element type number后面的下拉菜单中选取“2 BEAM4”，在“Real constant set number”后面的下拉菜单中选取2，单击OK。如图

1
1-L-K
Harmonic Analysis

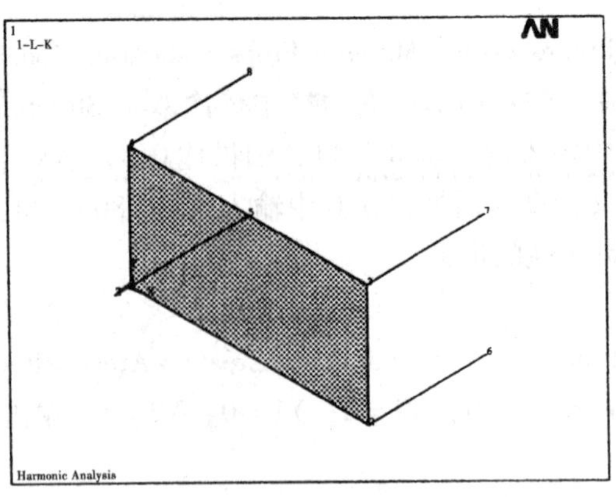

图 7-14 几何模型显示

7-15 所示。

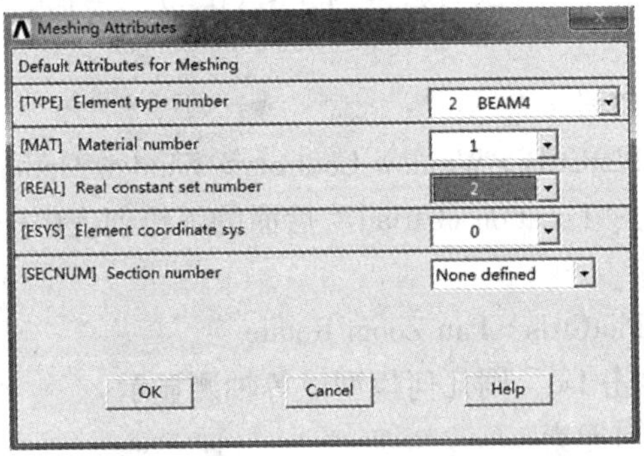

Meshing Attributes
Default Attributes for Meshing
[TYPE] Element type number
2 BEAM4
[MAT] Material number
1
[REAL] Real constant set number
2
[ESYS] Element coordinate sys
0
[SECNUM] Section number
None defined
OK
Cancel
Help

图 7-15 指定梁单元网格的属性

（19）编号显示线

GUI：Utility Menu > PlotCtrls > Numbering

在弹出的对话框中选择 Line numbers 处于“ON”，单击 OK。

GUI：Utility Menu > Plot > Lines

（20）对线划分网格

GUI：Main Menu > Proprecessor > Meshing > Mesh > Lines

弹出一个拾取框，在绘图区域拾取 L5，L6，L7，L8 四条线，单击 OK。生成的结果如图 7-16 所示。

1
ELEMENTS
Harmonic Analysis

图 7-16 生成网格

1
NODES
Harmonic Analysis

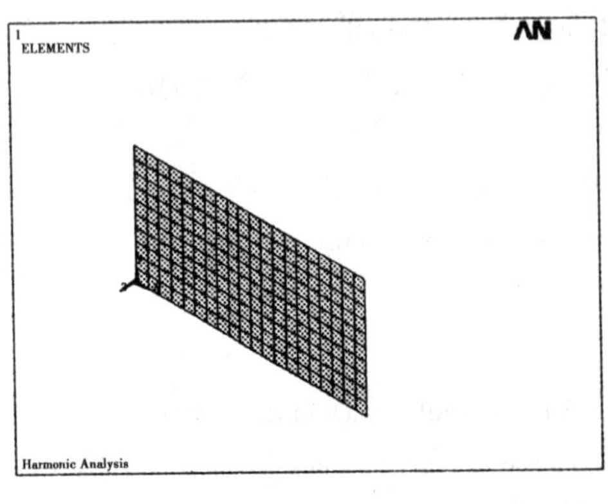

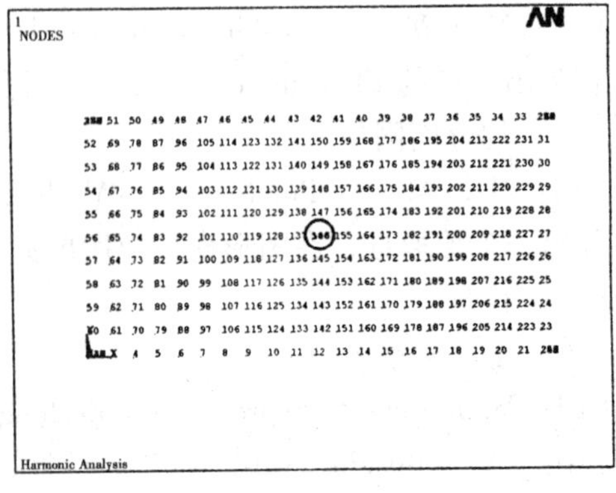

图 7-17 生成节点

（21）存盘

（22）生成节点

GUI：Main Menu > Proprecessor > Modeling > Create > Nodes > In Active CS

在弹出的对话框中输入节点编号500，坐标为（1，0.5，0.1），单击OK。如图7-17所示。

（23）选择质量单元

GUI：Main Menu > Preprocessor > Meshing > Mesh Attributes > Default Attribs

弹出一个"Meshing Attributes"对话框，在Element type number后面的下拉菜单中选取"3 MASS21"，在"Real constant set number"后面的下拉菜单中选取3，单击OK。

（24）显示面板的前视图

GUI：Utility Menu > PlotCtrls > Pan Zoom Rotate

在弹出的对话框中单击Front按钮，则面板朝向读者。

（25）直接生成单元

GUI：Main Menu > Proprecessor > Modeling > Create > Elements > Auto Numbered > Thru Nodes

弹出一个拾取框，在绘图区域面网格的中心区域拾取节点500，单击OK。如图7－17所示。

（26）指定刚化区域

GUI：Main Menu > Preprocessor > Coupling/Ceqn > Rigid Region

弹出一个拾取框，在图形区域拾取编号为500的质量节点，单击OK。在500的附近又拾取136，138，154，156节点，单击OK，又弹出一个对话框，单击OK，接受其默认设置。生成结果如图7-18所示。

（27）指定分析类型

GUI：Main Menu > Solution > Analysis Type > New Analysis

在弹出的对话框中选择Modal，单击OK。

（28）设置Block Lanczos法

GUI：Main Menu > Solution > Analysis Type > Analysis Options

弹出Modal Analysis对话框。如图7-19所示，选择Block Lanczos选项，在No. of modes to extract后面的输入栏中输入10，将Expand mode shapes选项选取为Yes，在No. of modes to expand后面的输入框中输入10，将Calculate elem results选项设为Yes，单击OK，又出现一个对话框，单击OK，接受默认设置。

（29）等轴测显示

GUI：Utility Menu > PlotCtrls > Pan Zoom Rotate

在弹出的对话框中单击Iso，则几何模型以等轴测显示。

（30）施加约束

GUI：Main Menu > Solution > Define Loads > Apply > Structural > Displacement > On Nodes

弹出一个拾取框，在图形中拾取节点232，242，252，262，即4根梁的端部，单击OK，在弹出的对话框中选择All DOF，单击OK，完成设置。

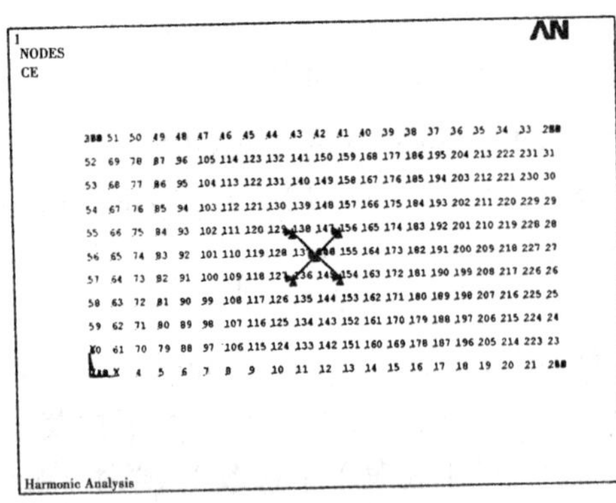

图 7-18　生成刚化区域

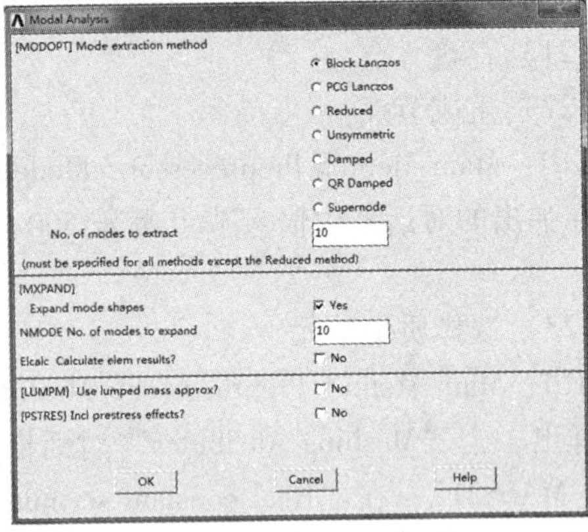

图 7-19　Modal Analysis 对话框

（31）显示单元

GUI：Utility Menu > Plot > Elements

生成结果如图 7-20 所示。

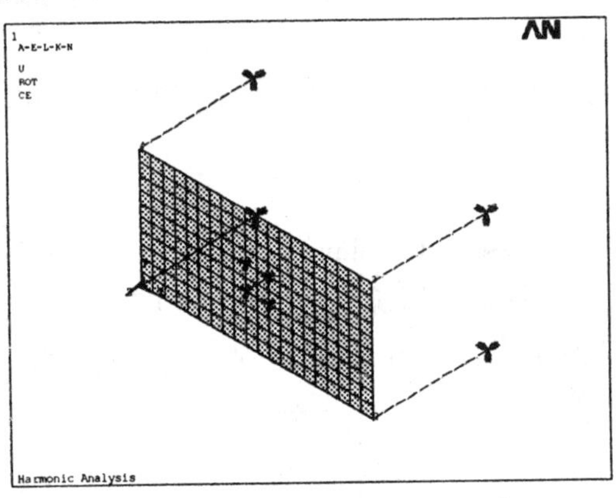

图 7-20　有限元模型

（32）计算求解

GUI：Main Menu > Solution > Solve > Current LS

求解完成后，单击 Close。

（33）设置谐响应分析类型

GUI：Main Menu > Solution > Analysis Type > New Analysis

在弹出的对话框同时弹出一个警告框，在对话框中选择 Harmonic，单击 OK。单击对话框中的 Close。

（33）指定谐响应频率

GUI：Main Menu > Solution > Load Step Opts > Time/Frenquece > Freq and Substaps

在弹出的对话框中的 Harmonic freq range 后面输入 0 和 10，在 Number of substeps 后面输入 10，单击 OK。如图 7-21 所示。

（34）指定阻尼

GUI：Main Menu > Solution > Load Step Opts > Time/Frenquece > Damping

在弹出的对话框的 Mass matrix multiplier 后面输入 5，如图 7-22 所示。

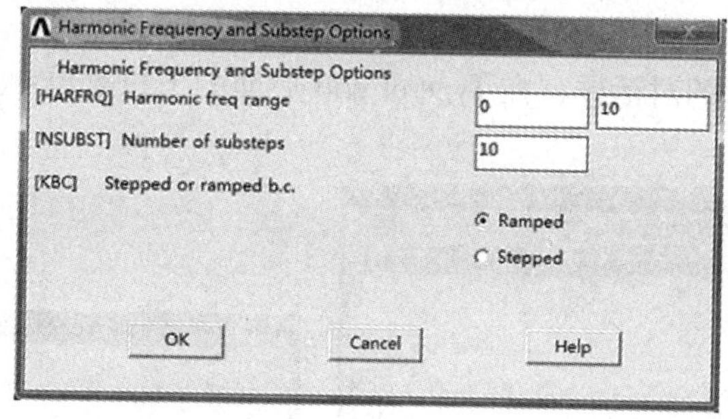

图 7-21　设置谐响应频率

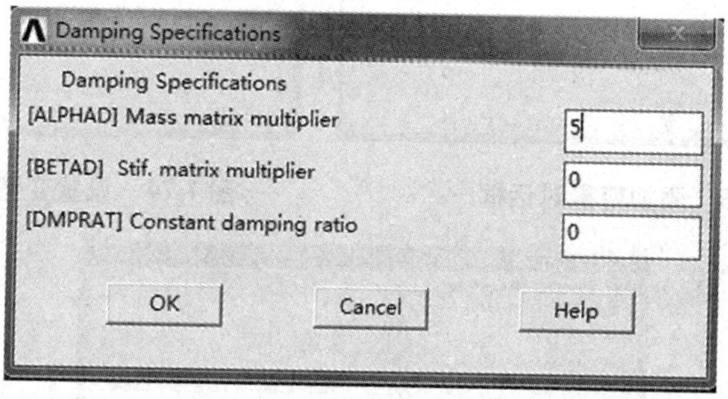

图 7-22　设置阻尼

（35）施加载荷

GUI：Main Menu > Solution > Define Loads > Apply > Structural > Force/Moment > On Nodes

弹出一个拾取框，在图形区域拾取节点 500，单击 OK，在弹出的对话框中的 Direction of force/mom 后面选择 FX，在 Real part of force/mom 的后面输入 100，在 Imag part of force/mom 的后面输入 0，单击 Apply。又出现第二个拾取框，拾取节点 500，单击 OK，又弹出一个同样的对话框，在其中 Direction of force/mom 的后面选择 FZ，在 Real part of force/mom 的后面输入 0，在 Imag part of force/mom 的后面输入 100．单击 OK。

（36）求解

GUI：Main Menu > Solution > Solve > Current LS

会弹出一个对话框和一个信息框，关闭信息框，单击对话框中的 OK。又弹出一个对话框和一个警告框，单击对话框中的 Yes，不理会警告框，求解完成后，警告框中会提示求解完成，单击 Close。

（37）存盘

（38）定义变量

GUI：Main Menu > TimeHist Postpro > Define Variables

弹出一个如图 7-23 所示的对话框，单击 Add，又弹出一个如图 7-24 所示的对话框，接受默认选项“Nodal DOF result”，单击 OK，弹出一个拾取框，拾取节点 500，单击 OK，又弹出如图 7 -25 所示的对话框，在 User-specified label 的后面输入 UX，在右边的滚动栏中选择 Translation UX，单击 OK。

（39）重复上述过程，选择 UY，Translation UY

（40）再次重复上述过程，选择 UZ，Translation UZ

（41）设置栅格显示

GUI：Utility Menu > PlotCtrls > Style > Graphs > Modify Grid

弹出如图 7-26 所示的对话框，在 Type of grid 后面的下拉菜单中选择 X and Y lines，单击 OK。

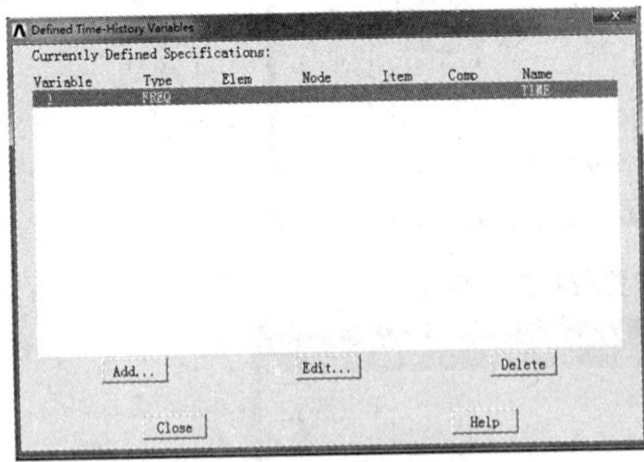

图 7-23　添加变量对话框

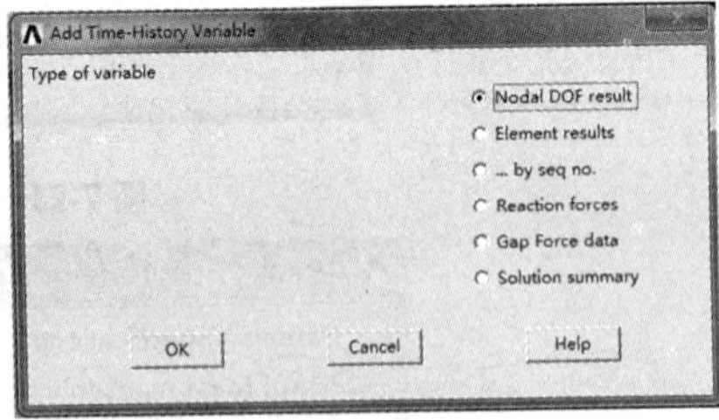

图 7-24　设置变量类型对话框

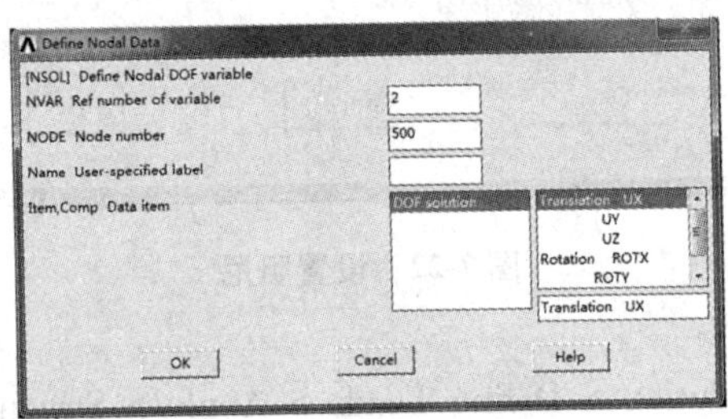

图 7-25　定义变量对话框

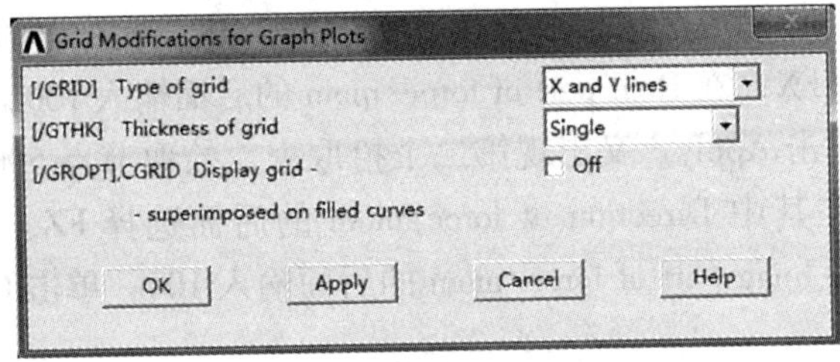

图 7-26　设置栅格对话框

（42）显示图形结果

GUI：Main Menu > TimeHist Postpro > Graph Variables

弹出如图 7-27 所示的对话框。在 1st variable to graph 处输入 2，在 2nd variable 处输入 3，在 3rd variable 处输入 4，单击 OK。生成的结果如图 7-28 所示。

（43）存盘，退出

上述分析步骤对应的命令流如下：

/TITLE，Harmonic Analysis

/PREP7

ET，1，SHELL63

ET，2，BEAM4

ET，3，MASS21

R，1，0.02

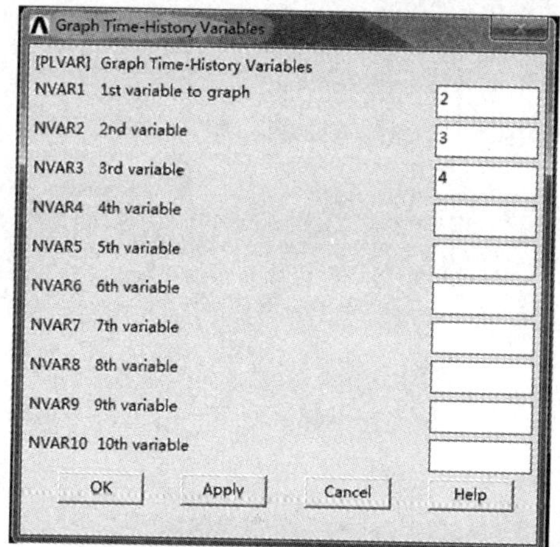

图 7-27 图形显示变量设置

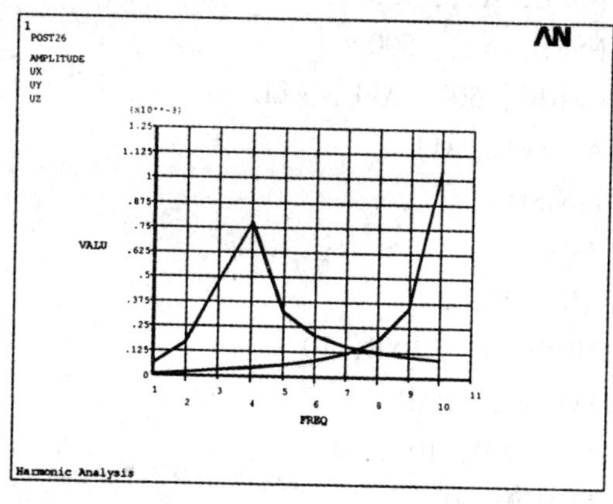

图 7-28 用时间历程表示电动机位移变化曲线

```
R, 2, 2e-4, 2e-8, 2e-8, 0.01, 0.02,,
R, 3,,, 100
MP, EX, 1, 2e11
MP, PRXY, 1, 0.3
MP, DENS, 1, 7800
RECTNG, 0, 2, 0, 1,
K, 5, 0, 0, -1,
K, 6, 2, 0, -1,
K, 7, 2, 1, -1,
K, 8, 0, 1, -1,
LSTR, 1, 5
LSTR, 2, 6
LSTR, 3, 7
LSTR, 4, 8
ESIZE, 0.1, 0,
MSHKEY, 0
AMESH, 1
TYPE, 2
REAL, 2
LMESH, 5, 8, 1
N, 500, 1, 0.5, 0.1,,,,
TYPE, 3
REAL, 3
E, 500
NSEL, S,,, 136
NSEL, A,,, 138
NSEL, A,,, 154
```

```
NSEL, A,,, 156
NSEL, A,,, 500
CERIG, 500, ALL, ALL
ALLSEL, ALL
FINISH
/SOL
ANTYPE, 2
MODOPT, LANB, 10
EQSLV, SPAR
MXPAND, 10,,, 1
LUMPM, 0
PSTRES, 0
MODOPT, LANB, 10, 0, 0,, OFF
NSEL, S, LOC, Z, -1
D, ALL, ALL
ALLSEL, ALL
SOLVE
FINISH
/SOLUTION
ANTYPE, 3
HARFRQ, 0, 10,
NSUBST, 10,
KBC, 0
ALPHAD, 5,
BETAD, 0,
DMPRAT, 0,
F, 500, FX, 100, 0
F, 500, FZ, 0, 100
SOLVE
FINISH
/POST26
NSOL, 2, 500, U, X, UX
NSOL, 3, 500, U, Y, UY
NSOL, 4, 500, U, Z, UZ
/GRID, 1
/GTHK, GRID, 1
/GROPT, CGRID, 0
PLVAR, 2, 3, 4
SAVE
FINISH
```

7.3　瞬态动力学分析

7.3.1　概　述

瞬态动力学分析（亦称时间-历程分析）是用于确定承受任意的随时间变化载荷的结构的动力学响应的一种方法。可以用瞬态动力学分析确定结构在静载荷、瞬态载荷和简谐载荷的随意组合作用下的随时间变化的位移、应变、应力及力。载荷和时间的相关性使得惯性力和阻尼作用比较显著。如果惯性力和阻尼作用不重要，那么可以用静力学分析代替瞬态分析。

瞬态动力学分析比静力学分析更复杂，因为按“工程”时间计算，瞬态动力学分析通常要占用更多的计算机资源和更多的人力。可以先做一些预备工作以理解问题的物理意义，从而节省大量资源。例如，可以做以下预备工作。

首先分析一个比较简单的模型。由梁、质量体、弹簧组成的模型可以以最小的代价对问题提供有效深入的理解，简单模型或许正是确定结构所有的动力学响应所需要的。

如果分析中包含非线性，可以首先通过进行静力学分析尝试了解非线性特性如何影响结构的响应。有时在动力学分析中没必要包括非线性。

了解问题的动力学特性。通过作模态分析计算一下结构的固有频率和振型，便可了解当这些模态被激活时结构如何响应。固有频率同样也对计算出正确的积分时间步长有用。

对于非线性问题，应考虑将模型的线性部分子结构化以降低分析代价。

进行瞬态动力学分析可以采用3种方法：Full（完全法）、Reduced（减缩法）及Mode Superposition（模态叠加法）。

7.3.2　Full法分析步骤

7.3.2.1　Full法概述

Full法采用完整的系统矩阵进行计算，是上述3种方法中功能最强大的，其允许在求解过程中考虑各类非线性特性。

Full法求解的优点：

◆简单易用，不需要关心主自由度如何定义及模态选取；

◆使用完整矩阵，不涉及质量矩阵近似；

◆对矩阵没有特殊要求，适于声学或者轴承问题的分析；

◆采用单一处理进程便可计算出所有的位移和应力；

◆对载荷类型没有特殊要求，可以施加各种类型的载荷，如节点力、非零位移约束、单元载荷等；

◆施加载荷没有限制，可以在实体模型上也可以在有限元模型上施加。

当然，Full法也有它的缺点，那就是不能分析存在预应力的结构谐响应，另外就是采用Frontal求解器时，所需耗费较高，但是采用JCG求解器或者ICCG求解器时效率很高。

7.3.2.2　分析步骤

步骤1：建立有限元模型

（1）定义工作文件名、标题和单位

(2) 定义单元类型、单元实常数和材料性质

◆可以使用线性和非线性单元。

◆必须通过弹性模量 EX 和密度 DENS 或其他方式对材料的刚度与质量进行定义。

(3) 创建几何实体模型，并划分网格得到有限元模型

步骤 2：施加荷载并求解

(1) 进入 ANSYS 求解器

(2) 定义分析的类型对求解选项进行设置

① 分析类型（ANTYPE）：选择 Transient。

② 求解方法（TRNOPT）：选择 Full，指定是否采用集中质量矩阵近似方式（LUMPM）NO/YES。

③ 求解选项：大变形效应（NLGEOM）、应力强化效应（SSTIF）和牛顿-拉普森选项（NROPT）是与非线性相关的选项，有关设置细节可参见非线性分析中的相关内容。

④ 选择求解器（EQSLV）：大多数模型推荐使用自动迭代法（Iterative）求解器。对于大型模型建议采用 PCG 求解器。

(3) 施加载荷

① 定义初始位移和初始速度：默认条件下，初始位移、初始速度和初始加速度均为0。可以通过在一个小的时间间隔内施加加速度载荷来定义初始加速度。

② 施加瞬态载荷：可以是约束、力、面载荷、体载荷和惯性载荷。

(4) 指定载荷步选项

① 普通选项：与静力分析基本相同，需要指出的是，通过时间增量（DELTIM）或子步数（NSUBST）定义积分时间步长。

② 非线性选项：仅当分析中具有非线性特性时才需要设置，细节可参看非线性分析中的相关内容。

③ 动力学选项：打开瞬态效应（TIMINT），定义瞬态积分参数（TINTP），控制 Newmark 时间积分特性，定义阻尼形式。

◆质量阻尼（ALPHAD）：瑞利阻尼常数 α。

◆刚度阻尼（BETAD）：瑞利阻尼常数 β。

◆阻尼矩阵 = ALPHAD × 质量矩阵 + BETAD × 刚度矩阵。

④ 设置输出选项：

◆ 控制求解输出内容。

◆ 控制结果文件内容。

(5) 保存载荷步，将所有载荷步写入载荷步系列文件

(6) 保存数据库文件

(7) 对所有载荷步一次性求解

(8) 退出求解器

步骤 3：查看计算结果

(1) 使用 POST26 查看结果

① 进入 POST26。

② 定义变量。

③ 指定变量输出方式。

可以采用两种输出方式：列表输出变量和曲线图表示变量。

④ 列表或图形显示变量。

（2）使用 POST1 查看结果

① 进入 POST1。

② 读入要查看的载荷步结果。

③ 列表或图形显示各变量之间的关系。

7.3.3 Reduced 法分析步骤

7.3.3.1 Reduced 法概述

Reduced 法借助主自由度和缩减矩阵来压缩问题的规模。主自由度处位移计算得到的结果可以扩展到初始的完整 DOF 集中。

Reduced 法的优点：

◆采用 Frontal 求解器时比 Full 法效率高；

◆可以分析存在预应力的结构谐响应。

Reduced 法的缺点：

◆初始解只能得到主自由度处的位移。需要完整 DOF 的位移，应力和力的结果需要进行扩展处理，在扩展处理过程中可以进行调整。

◆对载荷类型有限制，不能施加单元载荷。载荷位置限制严格，只能施加载荷到用户定义的主自由度上。

◆步长限制严格。不允许采用自动时间步长，整个瞬态分析过程中时间步长恒定。

◆只能考虑非常简单的非线性即点对点接触（存在间隙）。

7.3.3.2 分析步骤

步骤 1：建立有限元模型

与 Full 法瞬态动力学基本相同，但不支持非线性特性。

步骤 2：施加载荷并求缩减解

（1）进入 ANSYS 求解器

（2）定义分析的类型，对求解选项进行设置

① 分析类型选择 Transient。

② 求解选项：

◆求解方法（TRNOPT）选择 Reduced。

◆指定是否采用集中质量矩阵近似方式（LUMPM）。

③ Reduced 法瞬态动力学分析选项。

◆指定是否考虑阻尼影响。

◆指定是否考虑预应力影响（PSTRES）：若考虑预应力效应，则应在分析之前进行考虑预应力的静力学分析。

（3）定义主自由度

在定义间隙条件、力或位移的位置处定义主自由度。

（4）间隙条件的处理

可以在主节点之间或主节点和基础之间定义间隙条件，以考虑瞬态分析过程中间隙关闭时所产生的间隙力。

（5）施加初始条件（第 1 载荷步），定义载荷并指定载荷步选项

① 普通选项。与静力分析基本相同，需要指出的是，通过时间增量（DELTIM）或子步数（NSUBST）定义积分时间步长。

② 动力学选项。

◆定义瞬态积分参数（TINTP），控制 Newmark 时间积分特性。

◆定义阻尼形式。

③ 设置输出选项。将第一个载荷步写入载荷步文件。需要注意的是，Full 法瞬态动力学分析中，通过命令 IC 定义初始条件的方法在 Reduced 法瞬态动力学分析中不可用。

（6）定义瞬态载荷部分

只能施加位移、力和平移加速度，力与位移必须施加在主自由度处；定义载荷步（TIME）和载荷变化方式（KBC）；定义输出选项；将每一载荷步写入一载荷步文件。

（7）保存数据库文件

（8）开始求解，得到缩减解

（9）退出求解器

步骤 3：查看缩减解数据

（1）进入 POST26

（2）指定 Jobname. rdsp 为数据读取文件

（3）定义变量

（4）列表或图形显示变量

缩减法瞬态动力学分析解只有主自由度处的位移，因此，只能将主自由度处的位移定义为变量。

步骤 4：扩展求解

（1）重新进入求解器

（2）激活扩展选项

◆打开 Expansion pass。

◆指定扩展解时间范围及扩展解的数目（NUMEXP）。

◆通过载荷步、子步或时间指定扩展单一解（EXPSOL）。

◆指定是否计算单元解。

（3）定义输出选项

（4）进行扩展求解

（5）对其他要扩展的解重复步骤（2）~（4）

（6）退出求解器

步骤 5：查看扩展解数据

扩展解结果文件为 Jobname. rst，可以使用 POST1 和 POST26 观察结果数据，方法与 Full 法相同。

7.3.4 模态叠加法分析步骤

7.3.4.1 模态叠加法概述

模态叠加法通过对模态分析得到的模态（即特征向量）与参与因子的乘积进行积分来计算结构的响应。

模态叠加法的优点：

◆在很多问题求解上，比 Full 法或者 Reduced 法效率更高；

◆在模态分析中施加的载荷可以通过 LBSCALE 命令引入瞬态动力学分析；

◆可以使解按结构的固有频率聚集，产生更平滑、更精确的响应曲线图；

◆可以考虑阻尼因素（通过将阻尼系数定义为频率函数引入阻尼因素）。

模态叠加法的缺点：

◆唯一可以计算的非线性就是点-点接触；

◆不接受外加的非零位移；

◆不能用于不连续或者不稳定的结构分析；

◆计算过程中时间步长恒定。

7.3.4.2　分析步骤

步骤 1：建立有限元模型

与 Reduced 法瞬态动力学分析相同，不支持非线性特性。

步骤 2：进行模态分析

求解结构的固有频率，详细步骤参见模态分析。但是在求解过程中需要注意以下几点：

◆模态提取方法不能采用非对称法和阻尼法；

◆若采用 Reduced 法提取模态，就应将施加载荷的方位指定成主自由度；

◆若要考虑压力、温度、加速度等单元载荷，应在模态分析中施加，程序会计算相应的载荷向量并写入文件 Jobname. mode；

◆模态叠加法不需要模态扩展。

步骤 3：模态叠加法瞬态动力学分析

（1）进入 ANSYS 求解器

（2）定义分析的类型，对求解选项进行设置

① 分析类型选择 Transient。

② 求解方法（TRNOPT）选择 Mode Superpos'n，指定是否采用集中质量矩阵近似方式（LUMPM）NO/YES。

③ 模态叠加法瞬态动力学分析求解选项：指定用于求解的模态数（TRNOPT，MSUP，MAXMODE，Dmpkey，MINMODE）。

（3）指定间隙条件。方法与 Reduced 法相同

（4）施加初始条件（第 1 载荷步），定义载荷，指定载荷步选项

① 普通选项：基本同静力分析，所不同的是通过时间增量（ DELTIM）或子步数（NSUBST）来定义积分时间步长。

② 动力学选项。

◆定义瞬态积分参数（TINTP），控制 Newmark 时间积分特性。

◆定义阻尼形式。

◆设置输出选项。

③ 将第一个载荷步写入载荷步文件。需要注意的是，Full 法瞬态动力学分析中，通过命令 IC 定义初始条件的方法在模态叠加法瞬态动力学分析中不可用。

（5）定义瞬态载荷部分

只能施加力和平移加速度，可以施加模态分析得到载荷向量。定义载荷步（TIME）和载荷变化方式（KBC），定义输出选项，将每一载荷步写入一载荷步文件。

（6）保存数据库文件

（7）开始求解

（8）退出求解器

步骤 4：查看模态叠加法解数据

（1）进入 POST26

（2）指定 Jobname. rdsp 为数据读取文件

（3）定义变量

（4）列表或图形显示变量

步骤 5：扩展模态叠加解

（1）重新进入求解器

（2）激活扩展选项

（3）定义输出选项

（4）进行扩展求解

（5）对其他要扩展的解重复步骤（2）~（4）

（6）退出求解器

步骤 6：查看扩展解数据

扩展解结果文件为 Johname. rst，可以使用 POST1 和 POST26 观察结果数据，方法与 Full 法相同。

7.3.5 分析实例

7.3.5.1 问题描述

本实例要用缩减法进行瞬态结构动力学分析以确定对有限上升时间的恒定力的动力学响应。如图 7-29 所示，问题的实际结构是一根钢梁支撑着集中质量并承受一个动态载荷。钢梁长为 L，支撑着一个集中质量 M。这根梁承受着一个上升时间为 t、最大值为 F 的动态载荷 $F(t)$。梁的质量可以忽略，确定产生最大位移响应时的时间 t_{max} 及响应 y_{max}。同时要确定梁中的最大弯曲应力 σ_{max}。

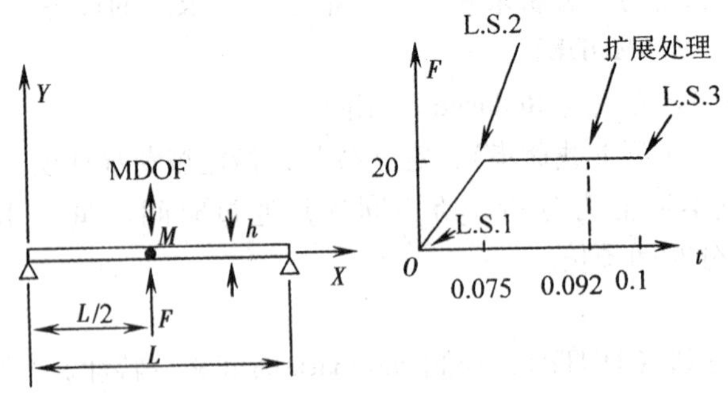

图 7-29 几何模型

求解过程中用不到梁的特性，其截面积可以算 1 个单位值。取加载结束时间为 0. 1s，以使质量体达到最大弯曲。在质量体的侧向设定一个主自由度。第一个载荷步用于静力学求解。根据本实例的结构关系和载荷分布可以在此模型中使用对称性。在进行后处理时，选定在最大响应时间（0. 092s）处作扩展计算。已知数据如下：

材料特性：杨氏模量 EX $=2\times10^{5}$ MPa，质量 $M=0.0215$t，质量阻尼 ALPHAD $=8$；

几何尺寸：$L=450\text{mm}$，$I=800.6\text{mm}^4$，$h=18\text{mm}$；

载荷：F=20N，t=0.075sec。

7.3.5.2 **分析步骤**

（1）启动ANSYS，进入ANSYS界面

（2）定义工作文件名

GUI：Utility Menu > File > Change Jobname

单击Utility Menu菜单下File中的Change Jobname按钮，会弹出Change Jobname对话框，输入Transient作为工作文件名，单击OK。

（3）定义分析标题

GUI：Utility Menu > File > Change Title

在弹出的对话框中，输入Transient Analysis作为分析标题，单击OK。

（4）重新显示

GUI：Utility Menu > Plot > Replot

单击该按钮后，所命名的分析标题和工作文件名会出现在ANSYS窗口中。

（5）定义单元类型

GUI：Main Menu > Preprocessor > Element Type > Add/Edit/Delete

单击弹出对话框中的Add按钮，弹出单元库对话框，在左侧栏中选取Structural Beam单元，在右侧栏中选择2D Elastic 3单元。然后单击Apply。在左侧栏中选取Structural Mass单元，在右侧栏中选择3D Mass 21单元。然后单击OK。关闭单元库。单击Close，关闭单元属性对话框。

（6）定义实常数

GUI：Main Menu > Preprocessor > Real Constants > Add/Edit/Delete

弹出Real Constants对话框，单击Add，弹出Element Type for Real Constants对话框，在Real Constants对话框中单击Add按钮，弹出Element Type for Real Constants对话框，在该对话框中选取Type 1 BEAM3，单击OK，又出现Real Constants for BEAM3对话框，在AREA后面输入1，在IZZ后面输入800.6，在HEIGHT后面输入18，单击OK，关闭对话框。

重复上述操作，对第二个单元的实常数输入MASSY=0.0215，单击OK，单击Close，关闭对话框。

（7）定义材料参数

GUI：Main Menu > Preprocessor > Material Props > Material Models

执行该命令后，在弹出的对话框中右边栏中依次双击Structural、Linear、Elastic、Isotropic，在弹出的对话框中输入杨氏模量2e5，单击OK。分析中梁单元的质量忽略，而密度DENS就不必定义了。然后关闭材料属性定义对话框，完成材料属性的定义。

（8）存盘

（9）定义节点

GUI：Main Menu > Preprocessor > Modeling > Create > Nodes > In Active CS

在弹出的对话框中，在Node number（节点编号）文本框中输入1，在节点坐标文本框中输入X，Y，Z的坐标分别为0，0，0，单击Apply，重复操作，生成节点2（225，0，0），节点3（450，0，0），单击OK。

（10）赋予梁单元属性

GUI：Main Menu > Preprocessor > Modeling > Create > Elements > Elem Attributes

弹出单元属性对话框，如图 7-30 所示，在对话框中，单击 Element type number（单元类型序号）下拉框中的“1 BEAM3”，在实常数序号下拉框中 Real constant set number（指定实常数序号）为“1”，指定要创建单元的类型为梁单元，并设定其对应的实常数。单击对话框中的 OK 按钮，关闭对话框，完成对单元属性的设置。

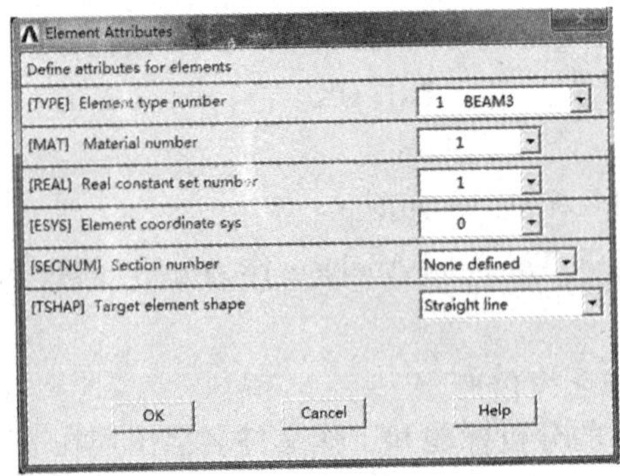

图 7-30 单元属性对话框

（11）创建梁单元

GUI：Main Menu > Preprocessor > Modeling > Create > Elements > Auto Numbered > Thru Nodes

弹出节点拾取对话框，在 ANSYS 图形输出窗口中，拾取节点 1 和 2，单击 Apply，在图形窗口中选中的节点间将出现一条线，为梁单元 1。拾取节点 2 和 3，单击 OK，在图形窗口中选中的节点间将出现一条线，为梁单元 2。

（12）赋予质量单元属性

重复步骤（10），指定 Element type number（单元类型序号）为“2 MASS21”，对应的 Real constant set number（实常数的序号）为“2”，单击 OK 按钮，完成对将要创建的单元属性的设置。

（13）生成质量单元

GUI：Main Menu > Preprocessor > Modeling > Create > Elements > Auto Numbered > Thru Nodes

弹出拾取框。在图形输出窗口拾取节点“2”，然后单击节点拾取对话框中的 OK 按钮。程序将会在节点 2 上创建一个集中质量单元。

（14）编号显示

GUI：Utility Menu > PlotCtrls > Numbering

在弹出的对话框中打开节点序号（Node numbers：On），在 Elem / Attrib numbering（单元序号）下拉框中单击“Element numbers”，单击 OK 按钮，关闭对话框。

GUI：Utility Menu > Plot > Elements

则在图形窗口中显示节点序号和单元序号，如图 7-31 所示。

（15）存盘

（16）指定分析类型

GUI：Main Menu > Solution > Analysis Type > New Analysis

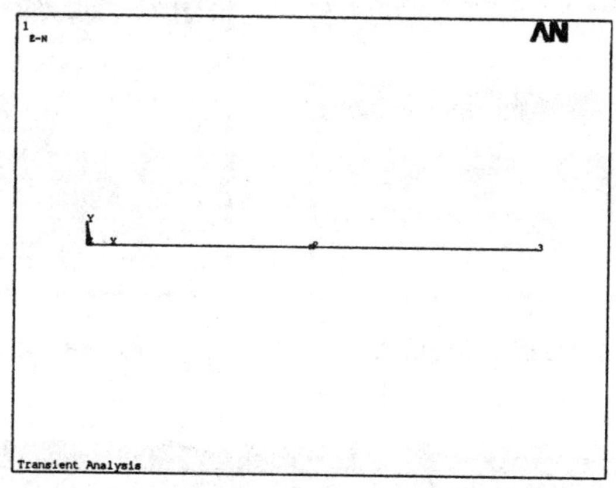

图7-31　节点和单元显示

弹出 New Analysis（新分析）对话框，选择 Transient 选项，然后单击 OK，弹出瞬态结构动力分析对话框，单击单选按钮“Reduced”，指定 Solution method（分析方法）为 Reduced（缩减法）。单击 OK 按钮，关闭对话框。如图7-32所示。

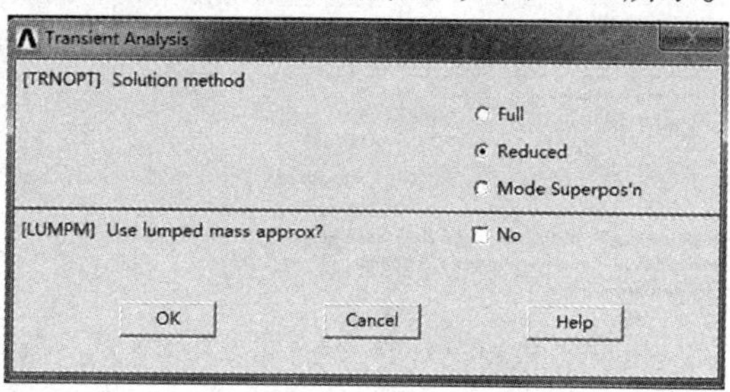

图7-32　指定为缩减法瞬态分析

（17）包含阻尼效应

GUI：Main Menu > Solution > Analysis Type > Analysis Options

将弹出 Reduced Transient Analysis（缩减法瞬态分析）选项对话框，如图7-33所示。在 Damping effects（阻尼效应）下拉框中单击“Include”选项，使瞬态动力分析中包含阻尼效应，其余选项保持缺省（即不包括预应力效应），单击 OK 按钮，关闭对话框。

（18）定义主自由度

GUI：Main Menu > Solution > Master DOFs > User Selected > Define

将弹出一个拾取框，在图形区域拾取节点2，单击 OK，弹出 Define Master DOFs（定义主自由度）对话框，如图7-34所示。在对话框中的 1st degree of freedom（第一个自由度）下拉框中，单击“UY”将其选中。然后单击 OK 按钮，关闭对话框。完成对主自由度的定义。

（19）设置载荷步选项

GUI：Main Menu > Solution > Load Step Opts > Time/Frequenc > Time – Time Step

将弹出 Time and Time Step Options（时间和时间步选项）对话框，如图7-35所示。在对话框中的 Time step size（时间步大小）文本框中输入“0.004”，指定求解的积分时间步长为0.004秒。单击 OK 按钮，关闭对话框。

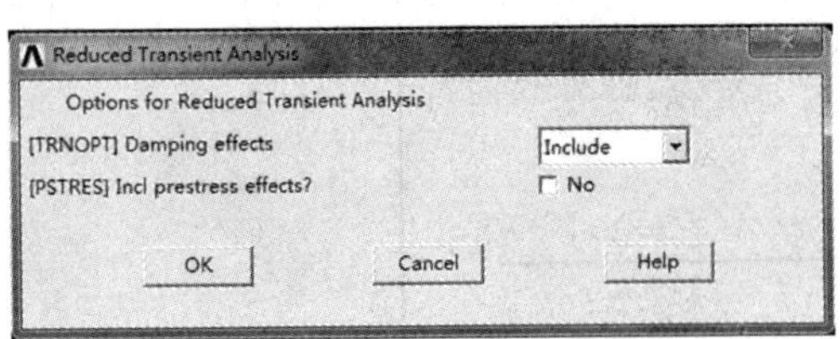

图 7-33　缩减法瞬态分析选项对话框

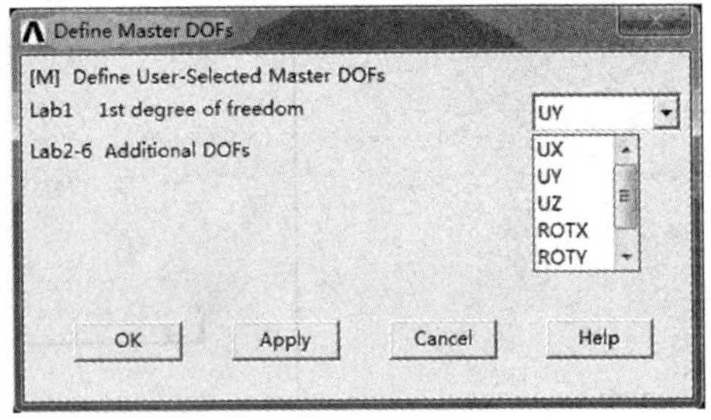

图 7-34　定义主自由度对话框

Time and Time Step Options
Time and Time Step Options
[TIME] Time at end of load step　1
[DELTIM] Time step size　0.004
[KBC] Stepped or ramped b.c.　Ramped　Stepped
[AUTOTS] Automatic time stepping　ON
[DELTIM] Minimum time step size　0
Maximum time step size　0
Use previous step size?　No
[TSRES] Time step reset based on specific time points
Time points from :
No reset
Existing array
New array
Note: TSRES command is valid for thermal elements, thermal-electric elements, thermal surface effect elements and FLUID116, or any combination thereof.
OK　Cancel　Help

图 7-35　时间和时间步选项对话框

（20）定义阻尼

GUI：Main Menu > Solution > Load Step Opts > Time/Frequenc > Damping

弹出 Damping Specifications（阻尼定义）对话框，如图 7-36 所示。在 Mass matrix multiplier（质量矩阵系数）文本框中输入“8”，指定本实例结构的质量阻尼系数为 8。

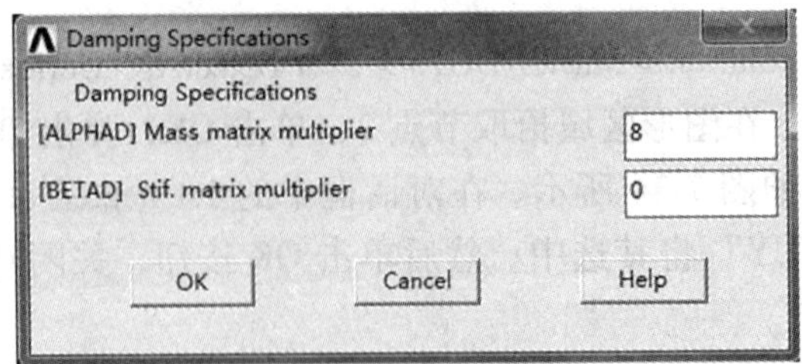

图 7-36　定义阻尼对话框

（21）施加约束

GUI：Main Menu > Solution > Define Loads > Apply > Structural > Displacement > On Nodes

将会弹出 Apply U，ROT on Nodes 拾取对话框，拾取节点 1，单击 Apply，弹出 Apply U，ROT on Nodes（在节点上施加位移约束）对话框，单击 UY，单击 Apply，拾取对话框将再次弹出，在图形输出窗口中单击节点 3，然后在拾取对话框中单击 OK 按钮，在弹出的对话框中单击 UX，UY，单击 OK。

（22）施加第一个载荷步

GUI：Main Menu > Solution > Define Loads > Apply > Structural > Force/Moment > On Nodes

将会弹出 Apply F/M on Nodes 拾取对话框，拾取节点 2，单击 OK，将弹出 Apply F/M on Nodes（在节点上施加力/力矩载荷）对话框，在 Direction of force/moment（力/力矩的方向）后面的滚动框中选择 FY，单击 OK。

（23）数据库和结果文件写入控制

GUI：Main Menu > Solution > Load Step Opts > Output Ctrls > DB/Results File

将弹出 Controls for Database and Results File Writing（数据库和结果文件写入控制）对话框，如图 7-37 所示。单击“Every substep”，指定将所有子步的结果都写入结果文件和数据库文件，其他设置保持缺省值。单击 OK。

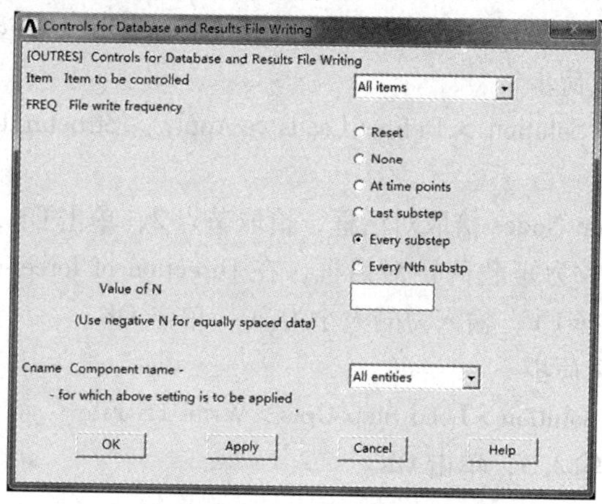

图 7-37　数据库和结果文件写入控制对话框

（24）输出第一个载荷步

GUI：Main Menu > Solution > Load Step Opts > Write LS File

在弹出的对话框中输入 1，单击 OK。如图 7-38 所示。

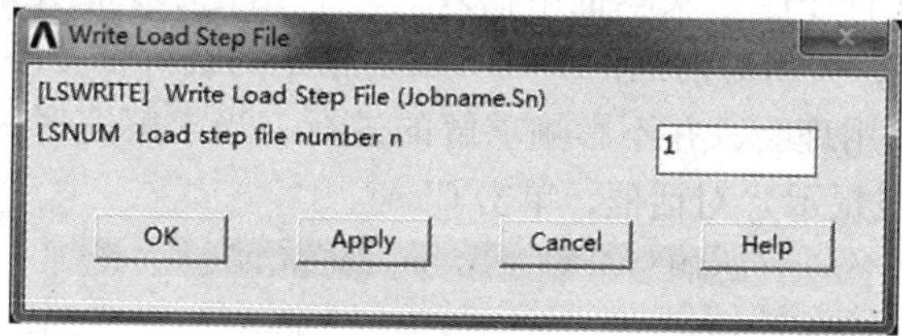

图 7-38　载荷步输出对话框

（25）设置第二个载荷步

GUI：Main Menu > Solution > Load Step Opts > Time/Frequenc > Time – Time Step

将弹出 Time and Time Step Options（时间和时间步选项）对话框，在 Time at end of load step（载荷步结束时间）文本框中输入“0.075”，在 Time step size（时间步大小）文本框中输入“0.004”，指定求解的积分时间步长为 0.004 秒。单击 OK 按钮，关闭对话框。

（26）施加第二个载荷步

GUI：Main Menu > Solution > Define Loads > Apply > Structural > Force/Moment > On Nodes

将弹出 Apply F/M on Nodes 拾取对话框，拾取节点 2，单击 OK，将弹出 Apply F/M on Nodes（在节点上施加力/力矩载荷）对话框，在 Direction of force/moment（力/力矩的方向）后面的滚动框中选择 FY，输入力的大小为 20，单击 OK。

（27）输出第二个载荷步

GUI：Main Menu > Solution > Load Step Opts > Write LS File

在弹出的对话框中输入 2，单击 OK。

（28）设置第三个载荷步

GUI：Main Menu > Solution > Load Step Opts > Time/Frequenc > Time － Time Step

将弹出 Time and Time Step Options（时间和时间步选项）对话框，在 Time at end of load step（载荷步结束时间）文本框中输入“1”，在 Time step size（时间步大小）文本框中输入“0.004”，指定求解的积分时间步长为 0.004 秒。单击 OK 按钮，关闭对话框。

（29）施加第三个载荷步

GUI：Main Menu > Solution > Define Loads > Apply > Structural > Force/Moment > On Nodes

将弹出 Apply F/M on Nodes 拾取对话框，拾取节点 2，单击 OK，将弹出 Apply F/M on Nodes（在节点上施加力/力矩载荷）对话框，在 Direction of force/moment（力/力矩的方向）后面的滚动框中选择 FY，输入力的大小为 20，单击 OK。

（30）输出第三个载荷步

GUI：Main Menu > Solution > Load Step Opts > Write LS File

在弹出的对话框中输入 3，单击 OK。

（31）求解

GUI：Main Menu > Solution > Solve > From LS Files

将弹出 Solve Load Step Files（求解载荷步文件）对话框，如图 7-39 所示。在对话框中的 Starting LS file number（开始载荷步文件序号）文本框中输入“1”，在 Ending LS file number（结束载荷步文件序号）文本框中输入“3”，指定求解的是载荷步文件 1～3。单击对话框中的 OK 按钮，关闭对话框，ANSYS 将对指定的载荷步文件进行求解。在求解中间会出现警告信息，不用理会，并不影响求解的进行。当求解完时，ANSYS 将弹出 Solution is done!（求解完成提示）对话框，单击 Close。

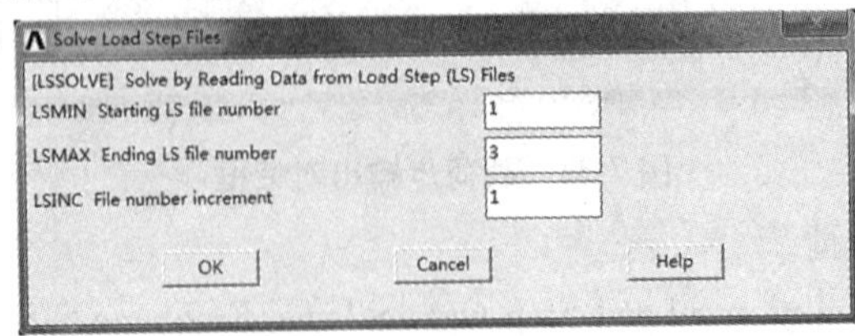

图 7-39 求解载荷步文件对话框

（32）完成分析

GUI：Main Menu > Finish

（33）存盘

（34）文件设置

GUI：Main Menu > TimeHist Postpro > Settings > File

将弹出 File Settings（文件设置）对话框，如图 7-40 所示。单击 Browse 按钮，将弹出指定结果文件的对话框，在对话框中的文件列表中选择文件 Transient. rdsp，单击“打开”按钮，关闭对话框，然后单击 OK。

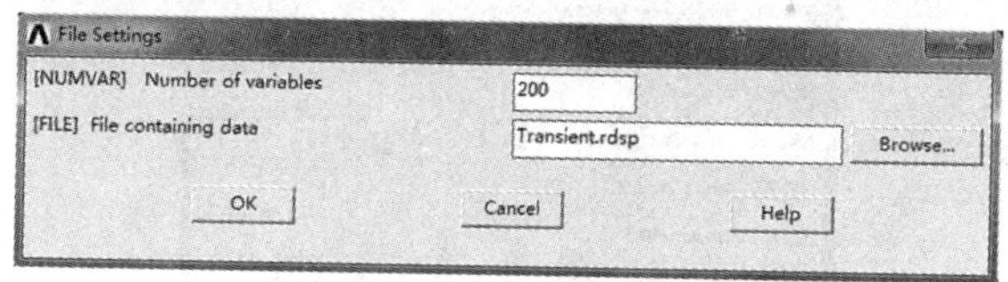

图 7-40 文件设置对话框

（35）定义变量

GUI：Main Menu > TimeHist Postpro > Define Variables

将弹出 Defined Time-History Variables（定义时间-历程变量）对话框，如图 7-41 所示，单击 Add，将弹出 Add Time-History Variable（添加时间-历程变量）对话框，如图 7-42 所示。

单击对话框中的 Nodal DOF result（节点位移结果）单选按钮，单击 OK，将弹出一个拾取框，拾取节点 2，单击 OK。将弹出 Define Nodal Data（定义节点数据）对话框，如图 7-43 所示，在对话框中的 User-specified label（用户指定标签）文本框中输入“NOSL”，单击 Comp Data item（数据项目选项）右边列表框中的“Translation UY”，单击 OK。单击 Close。

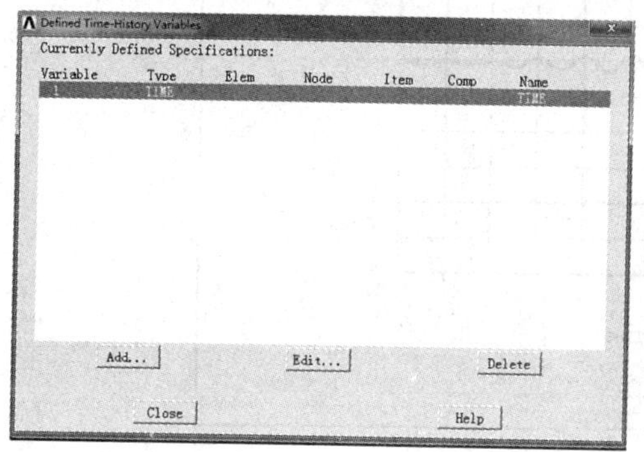

图 7-41 定义变量对话框

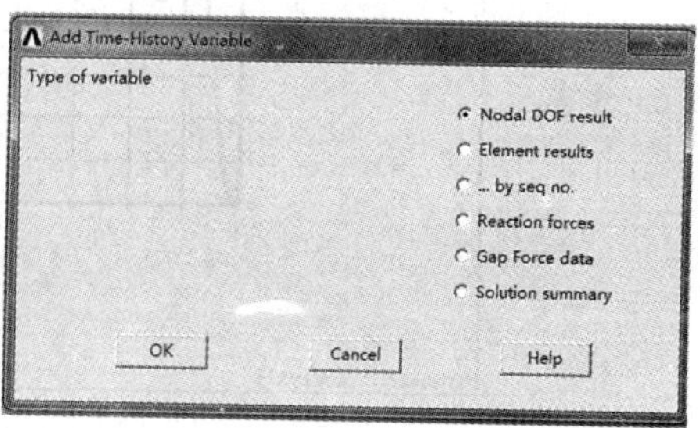

图 7-42 添加变量对话框

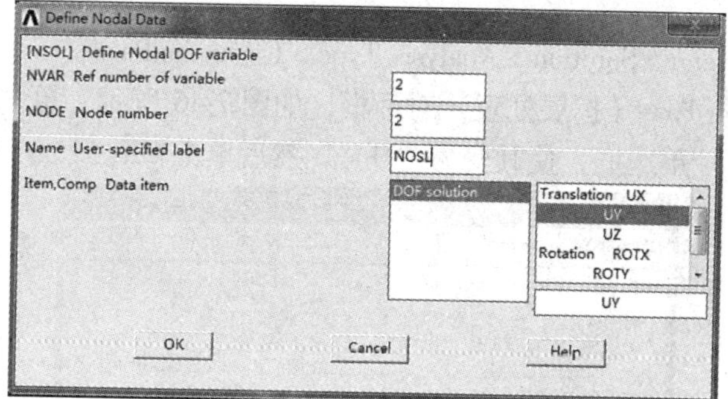

图 7-43 Define Nodal Data 对话框

（36）绘制曲线

GUI：Main Menu > TimeHist Postpro > Graph Variables

将弹出 Graph Time-History Variables（绘制时间-历程变量曲线）对话框，在对话框中的 1st variable to graph（要绘制曲线的第一个变量）文本框中输入“2”，单击 OK。如图 7-44 所示。在绘图区域输出图形曲线。如图 7-45 所示。

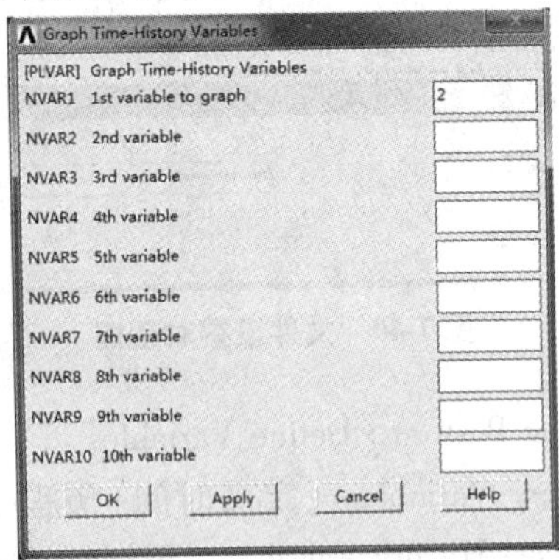

图 7-44　绘制时间-历程变量曲线对话框

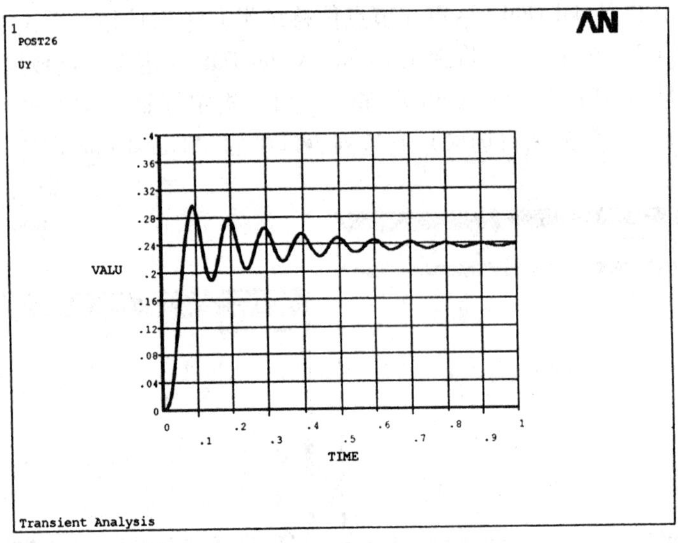

图 7-45　节点 2 振动响应曲线

(37) 扩展处理

① GUI：Main Menu > Solution > Analysis Type > ExpansionPass

将弹出 Expansion Pass（扩展处理）对话框，如图 7-46 所示。单击对话框中的 Expansion pass（扩展处理）单选框，使其变为“On”，然后单击 OK。

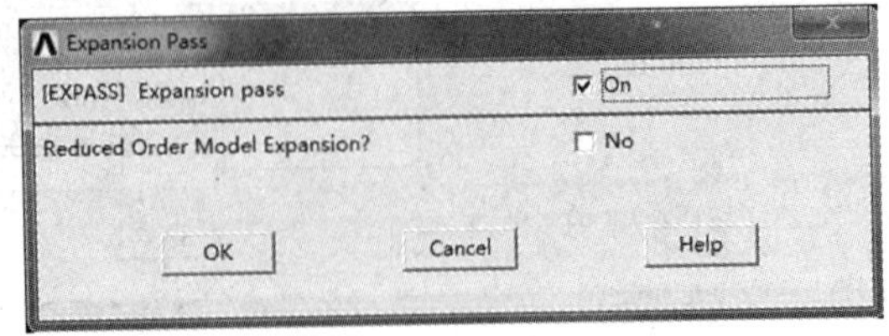

图 7-46　扩展处理对话框

② GUI：Main Menu > Solution > Load Step Opts > ExpansionPass > Single Expand > By Time/Freq

将弹出 Expand Single Solution by Time/Frequency（根据时间扩展单个解）对话框，如图 7-47 所示。在对话框中的 Time-point/Frequency（时间点）文本框中输入“0.092”，单击 OK。

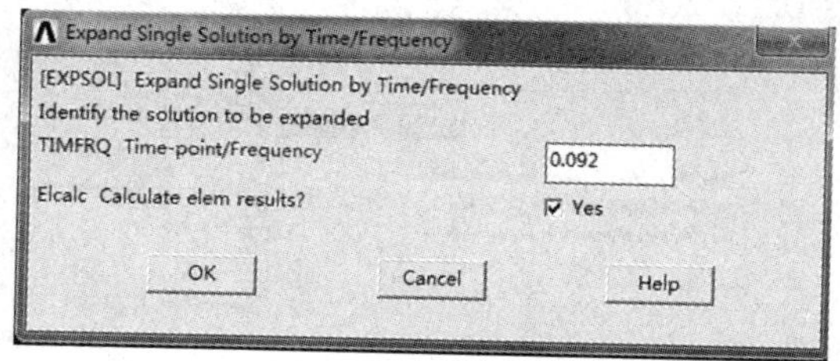

图 7-47 根据时间扩展单个解对话框

③ 求解。

GUI：Main Menu > Solution > Solve > Current LS

当求解完时，ANSYS 将弹出求解完成提示“Solution is done”对话框，单击 OK 按钮，结束分析。

（38）利用 POST1 观察结果

① 读取第一子步。

GUI：Main Menu > General Postproc > Read Results > First Set

② 显示变形图。

GUI：Main Menu > General Postproc > Plot Results > Deformed Shape

在弹出的对话框中选择 Def + undeformed（变形和未变形）单选按钮，然后单击 OK。在图形输出窗口中绘制出结构系统在 0.092 秒时的总的变形图，如图 7-48 所示。从图中可以看出系统的最大响应点在集中质量点处，其最大值为 DMX = 0.297107mm。

③ GUI：Main Menu > General Postproc > Element Table > Define Table

在弹出的对话框中单击 Add，将弹出 Define Additional Element Table Items（定义附加单元表）对话框，如图 7-49 所示。在文本框内输入“SMAX”，左边选择“By sequence num”，右边选择“NMISC”，然后在其下面的文本框中输入“NMISC，1，3”，指定所定义的表为单元 BEAM3 的最大弯曲应力，单击 OK。单击 Close。

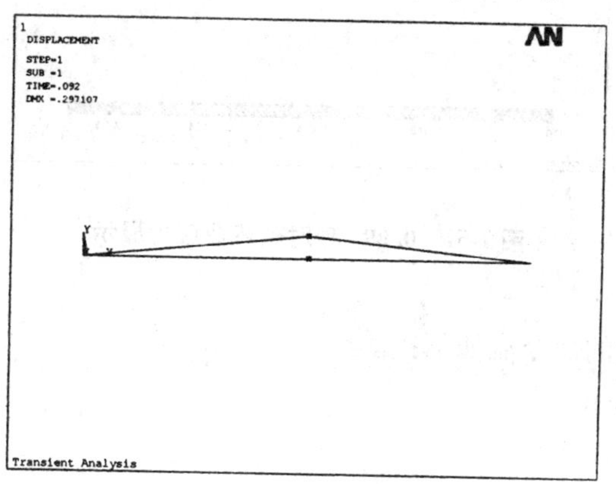

图 7-48 位移变形显示

④ GUI：Main Menu > General Postproc > Element Table > Plot Elem Table

将弹出 Contour Plot of Element Table Data（云图显示单元表数据）对话框，如图 7-50

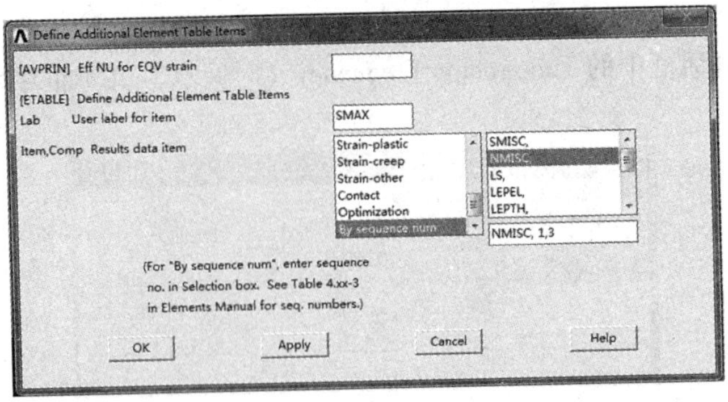

图 7-49　定义附加单元表对话框

所示，单击对话框中的 Average at common nodes?（在公共节点平均）下拉框中的“Yes-average”，然后单击 OK 按钮，关闭对话框，图形输出窗口中将会显示出 0.092 秒时刻系统中的弯曲应力情况，如图 7-51 所示。从图中可以看出梁中间应力最大，两端最小，最大弯曲应力值为 31.691MPa。

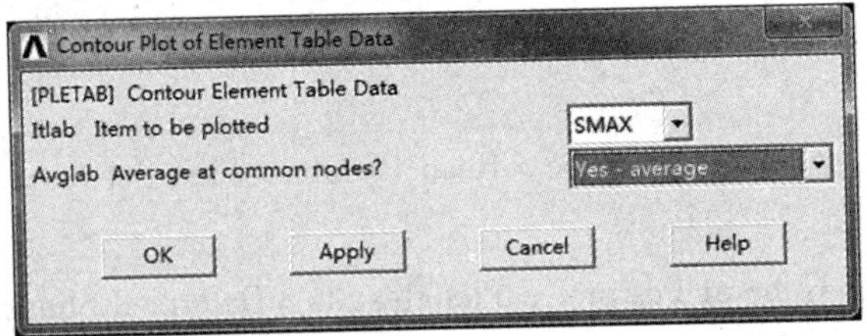

图 7-50　云图显示单元表数据对话框

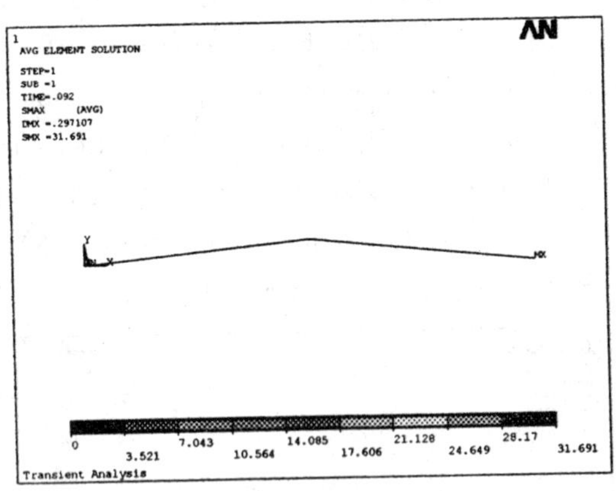

图 7-51　0.092 秒时刻弯曲应力显示

(39) 存盘，退出

上述分析步骤对应的命令流如下：

```
/FILNAME, Transient, 1
/TITLE, Transient Analysis
/PREP7
ET, 1, BEAM3
ET, 2, MASS21
R, 1, 1, 800.6, 18
```

```
R, 2,, 0.0215,
MP, EX, 1, 2e5
N, 1, 0, 0, 0
N, 2, 225, 0, 0
N, 3, 450, 0, 0
MAT, 1
REAL, 1
ESYS, 0
SECNUM,
E, 1, 2
E, 2, 3
TYPE, 2
MAT, 1
REAL, 2
ESYS, 0
SECNUM,
E, 2
FINISH
/SOL
ANTYPE, 4
TRNOPT, REDUC
LUMPM, 0
TRNOPT, REDUC,, DAMP
PSTRES, 0
M, 2, UY
TIME, 0
AUTOTS, -1
DELTIM, 0.004,,, 1
ALPHAD, 8,
BETAD, 0,
D, 1, UY
D, 3, UX,,,,, UY,
F, 2, FY,
OUTRES, ALL, ALL,
LSWRITE, 1,
TIME, 0.075
AUTOTS, -1
DELTIM, 0.004,,, 1
F, 2, FY, 20
LSWRITE, 2,
```

```
TIME, 1
AUTOTS, -1
DELTIM, 0.004,,, 1
F, 2, FY, 20
LSWRITE, 3,
LSSOLVE, 1, 3, 1,
FINISH
/POST26
FILE, 'Transient', 'rdsp',
NSOL, 2, 2, U, Y,
PLVAR, 2
FINISH
/SOL
EXPASS, 1
EXPSOL,,, 0.092, 1
SOLVE
FINISH
/POST1
SET, FIRST
PLDISP, 1
AVPRIN, 0,,
ETABLE, SMAX, NMISC, 1, 3
PLETAB, SMAX, AVG
SAVE
FINISH
```

7.4 谱分析

7.4.1 概 述

（1）谱分析的定义

谱分析是一种将模态分析的结果与一个已知的谱联系起来计算模型的位移和应力的分析技术。谱分析替代时间-历程分析，主要用于确定结构对随机载荷或随时间变化载荷（如地震、风载、海洋波浪、喷气发动机推力、火箭发动机振动等）的动力响应情况。谱是谱值与频率的关系曲线，它反映了时间-历程载荷的强度和频率信息。

（2）谱分析的类型

谱分析有 3 种类型，即响应谱分析、动力设计分析方法和随机振动分析。其中，响应谱和动力设计分析方法都是定量分析技术，分析的输入输出数据都是实际的最大值。随机振动分析是一种概率分析技术，分析的输入输出数据都只代表它们在一特定值时发生的可能性。下面对这 3 种类型分别进行阐述。

① 响应谱分析。一个响应谱代表单自由度系统对一个时间-历程载荷函数的响应。它是一个响应与频率的关系曲线，其中，响应可以是位移、速度、加速度、力等。响应谱又分为如下两种形式。

◆Single-point Response Spectrum（SPRS，单点响应谱）：在模型的一个点集上定义一条（或一族）响应谱曲线。

◆Multi-point Response Spectrum（MPRS，多点响应谱）：在模型的不同点集上定义不同的响应谱曲线。

② Dynamic Design Analysis Method（DDAM，动力设计分析方法）。该方法是用于分析船用装备抗振性的技术。它所使用的谱是从美国海军研究实验室报告（NRL-1396）中一系列经验公式和振动设计表得到的。

③ Power Spectral Density（PSD，功率谱密度，也称为随机振动分析）。功率谱密度是结构对随机动力载荷响应的概率统计，用于随机振动分析，是功率谱密度-频率的关系曲线。功率谱密度有位移功率谱密度、速度功率谱密度、加速度功率谱密度、力功率谱密度等形式。与响应谱分析相似，随机振动分析也可以是单点的或多点的。在单点随机振动分析时，要求在结构的一个点集上指定一个功率谱密度谱；在多点随机振动分析时，则要求在模型的不同点集上指定不同的功率谱密度谱。

（3）谱分析涉及的几个概念

① 参与系数。参与系数（PF）是一定功率上结构响应的量度，亦即参与系数代表每阶模态在特定方向上对变形（也就是应力）的贡献。

② 模态系数。在讨论响应谱过程中，参照“有效放大系数”，即特征矢量的乘子，用于计算每阶模态的真实位移大小。这个放大系数就是模态系数。

③ 模态合并。响应谱分析计算每一阶扩展模态在结构中的最大位移响应和应力，因而可以得到系统各阶模态的最大响应。由于所有模态的最大值不可能同时出现，单纯的响应求和计算是比较保守的算法。在ANSYS中提供了6种合并计算方法：CQC法、GRP法、DSUM法、SPSS法、NRLSUM法、PSDCOM法。

7.4.2 单点响应谱分析步骤

步骤1：建立有限元模型

（1）定义工作文件名、标题和单位

（2）定义单元类型、单元实常数、材料性质

◆使用线性单元，不支持非线性特性，指定了非线性单元也按线性处理。

◆必须通过弹性模量EX和密度DENS或其他方式对材料的刚度与质量进行定义。

（3）创建几何实体模型，并划分网格得到有限元模型

步骤2：进行模态分析

求解结构的固有频率与振型，详细步骤可见7.1节模态分析。但需注意以下几点：

◆模态提取方法不能采用非对称法、阻尼法；

◆提取的模态数应能够足以描述结构在关心的频率范围内的所有响应；

◆若考虑与材料相关的阻尼，则必须在模态分析中指定；

◆模态分析中应施加激励谱位置处的自由度约束；

◆没有必要同时进行所有模态的扩展计算，可以随后有选择地扩展模态。

步骤3：获得谱分析的解

（1）重新进入 ANSYS 求解器

（2）定义分析的类型，对求解选项进行设置

◆分析类型选择 Spectrum。

◆求解选项。

选择谱分析类型：单点响应谱（SPRS）分析，定义求解所需扩展模态数（NMODE），使用的模态越多求解越精确，指定是否计算单元应力（Elcalc）。

（3）载荷步选项

① 指定响应谱的类型。响应谱类型可以是位移、速度、加速度、力或 PSD。除力谱以外，其余类型的响应谱都假定只能作用在结构的基础之上，力谱可以作用在非基础节点上。施加响应谱的方法和静力分析中施加载荷的方法相同。

② 通过矢量定义激励力方向。

③ 定义谱值与频率关系曲线。

④ 定义频率表。

⑤ 定义频率对应的谱值。

⑥ 阻尼选项。

◆刚度阻尼（BETAD）：与刚度矩阵相关的阻尼比。

◆恒定阻尼比（DMPRAT）：所有频率上取恒定的阻尼比。

◆振型阻尼（MDAMP）：对不同的振型指定不同的阻尼比。

（4）开始求解

（5）若要获得更多的响应谱，可重复步骤（3）和（4）

（6）退出求解器

步骤 4：扩展模态

模态扩展的几点说明：

◆方法与模态分析中扩展模态基本相同，详细步骤可参见模态分析相应部分；

◆可以通过设置 MXPAND 命令的参数 SIGNIF，只选择有意义的模态进行模态扩展；

◆只有扩展模态，才能进行模态合并操作；

◆若关心谱产生的应力，应在扩展过程中指定进行应力计算；

◆如果需要扩展所有模态，那么可以在模态分析阶段激活模态扩展选项，没必要进行单独的扩展求解。

步骤 5：合并模态

（1）重新进入 ANSYS 求解器

（2）定义分析的类型，对求解选项进行设置

① 分析类型（ANTYPE）选择 Spectrum。

② 求解选项。选择谱分析类型：单点响应谱（SPRS）分析。

（3）选择模态合并方法

① 选择合并方法：ANSYS 提供的方法有 CQC 法、SRSS 法、DSUM 法、GRP 法、NRLSUM 法。

② 通过参数 SIGNIF 定义要合并的模态范围。

◆只有重要性指标大于 SIGNIF 的模态才被合并。

◆重要性指标 = 模态系数/最大模态系数。

③ 通过 Label 定义响应计算输出项（缺省时计算位移响应）。

◆Label = DISP：位移、应力和载荷等。

◆Label = VELO：速度、应力速度和力速度。

◆Label = ACEL：加速度、应力加速度和力加速度等。

（4）求解

◆模态合并方法决定了结构模态响应的合并方式。

◆模态合并时将建立一命令流文件 Jobname. MCOM。在 POST1 中读入此文件，程序会利用模态扩展的结果文件进行模态合并。

（5）退出求解器

注意：若要得到除位移响应以外的其他响应（速度或加速度）计算结果，应在对位移响应进行后处理以后，在模态合并命令中激活 VELO 或 ACEL 选项。再重复模态合并过程，原先的 Jobname. MCOM 文件将会被覆盖。

步骤6：查看结果

（1）进入 POST1

（2）读入 Jobname. MCOM 文件

在 POST1 中读入此命令流文件，其实质是程序从模态扩展结果文件读取数据，定义载荷工况（Load Case），并根据模态合并方式对载荷工况进行数学运算。

对于应力解，缺省时得到的是基本应力分量（Sx，Sy，Sz，Sxy，Syz，Sxz），若要得到衍生应力（如主应力 S1，S2，S3 和等效应力 SEQV，SINT 等），就应在读入 Jobname. MCOM 文件之前执行 SUMTYPE，PRIN 命令进行定义。

（3）将当前结果保存到指定载荷步

（4）显示响应解结果

◆图形显示结果（变形图、梯度线图、矢量图）。

◆列表显示结果。

若响应计算得到的不是位移响应，而是速度（加速度）响应，则在后处理中位移项实际上代表的是速度（加速度），而此时应力及应变项将不具有实际意义。

7.4.3 随机振动分析步骤

步骤1：建立有限元模型

与单点响应谱分析相同。

步骤2：进行模态分析

与单点响应谱分析基本相同。若要施加压力功率谱密度，则在模态分析时施加压力。

步骤3：扩展模态

◆方法与模态分析中扩展模态基本相同。

◆可以只选择有意义的模态进行模态扩展。

◆只有扩展模态，才能进行模态合并操作。

◆若关心谱产生的应力，就应在扩展过程中指定进行应力计算。

需要注意的是，在这里扩展模态当做一单独步骤进行。实际上，如果在模态求解阶段包含了 MXPAND 命令，则程序将在求解模态时对指定模态进行扩展。

步骤4：获得谱分析的解

（1）重新进入 ANSYS 求解器

（2）定义分析的类型，对求解选项进行设置

① 分析类型选 Spectrum。

② 求解选项。选择谱分析类型：功率谱密度（PSD）分析，定义求解所需扩展模态数（NMODE），指定是否计算单元应力（Elcalc）。

（3）载荷步选项

① 指定功率谱密度类型：功率谱密度类型可以是位移、速度、加速度，也可以是力、压力。

② 定义功率谱密度与频率二维表。应按频率递增方式建立功率谱密度与频率关系二维表。

③ 阻尼选项：

◆质量阻尼（ALPHD）：与质量矩阵相关的阻尼。

◆刚度阻尼（BETAD）：与刚度矩阵相关的阻尼。

◆恒定阻尼比（DMPRAT）：所有频率取恒定的阻尼。

（4）施加功率谱密度激励

① 使用命令 D（DK）或者 F（FK）只需在节点指定 1.0 的值，非 1.0 的值将被当做激励缩放系数。

② 施加基础激励（Base excitation）：基础激励只能作用在模态分析中有约束的节点上。

③ 施加节点激励（Nodal excitation）：力和压力功率谱密度只能作为节点激励施加在非基础（无约束）节点上。

（5）开始计算 PSD 激励参与系数

若模型上有多个 PSD 激励，就可重复步骤（3）～（5）。若定义了多个 PSD 激励，就必须使用下列方法确定各激励之间的相关程度：共谱值、二次谱值、波传播关系、空间关系。

（6）设置输出选项

① 通过 Lab 定义 PSD 分析输出项。

◆Lab = DISP：位移、应力、应变和力，将作为载荷步 3 存于文件 Jobname. rst 中。

◆Lab = VELO：速度、应力速度和力速度，将作为载荷步 4 存于文件 Jobname. rst 中。

◆Lab = ACEL：加速度、应力加速度和力加速度，将作为载荷步 5 存于文件 Jobname. rst 中。

② 通过 RelKey 定义输出项类型。

◆RelKey = REL：输出相对结果。

◆RelKey = ABS：输出绝对结果。

◆RelKey = OFF：不输出此项。

缺省时输出相对于基础激励的位移解。

（7）求解计算

（8）退出求解器

步骤5：合并模态

（1）重新进入 ANSYS 求解器

（2）定义分析的类型，对求解选项进行设置

分析类型（ANTYPE）选 Spectrum。

（3）使用PSD法进行模态合并

（4）求解

（5）退出求解器

步骤6：查看结果

（1）.rst文件的组成

◆载荷步1：模态分析扩展模态解，子步数代表模态阶数。

◆载荷步2：基础PSD激励单位静力解，子步数代表PSD表序号。

◆载荷步3：1σ 位移解。

◆载荷步4：1σ 速度解。

◆载荷步5：1σ 加速度解。

（2）基本步骤

① 在POST1中列表或图形显示结果。

② 在POST26中分析结果。

◆进入POST26存储频率向量。

◆定义要分析的结果变量，计算响应PSD并保存到指定变量。

◆计算协方差。

7.4.4 多点响应谱分析步骤

步骤1：建立有限元模型

与单点响应谱分析相同。

步骤2：进行模态分析

与单点响应谱分析相同。

步骤3：扩展模态

与随机振动分析相同。

步骤4：获得谱分析的解

（1）重新进入ANSYS求解器

（2）定义分析的类型，对求解选项进行设置

① 分析类型选 Spectrum。

② 求解选项。选择谱分析类型：多点响应谱（MPRS）分析，定义求解所需扩展模态数（NMODE）。

（3）载荷步选项

① 指定功率谱密度类型（PSDUNIT，TBLNO，Type，GVALUE），定义谱值与频率二维表，按频率递增方式建立谱值与频率二维表。

② 阻尼选项。

◆质量阻尼（ALPHD）：与质量矩阵相关的阻尼。

◆刚度阻尼（BETAD）：与刚度矩阵相关的阻尼。

◆恒定阻尼比（DMPRAT）：所有频率取恒定的阻尼。

（4）在节点施加激励

（5）开始计算激励参与系数

◆指定谱值-频率表。

◆指定激励方位：基础激励或节点激励。

(6) 定义其他激励，可重复步骤（3）～（5）

(7) 设置输出选项

(8) 求解计算

(9) 退出求解器

步骤 5：合并模态

(1) 重新进入 ANSYS 求解器

(2) 定义分析的类型，对求解选项进行设置

分析类型（ANTYPE）选 Spectrum。

(3) 选择模态合并方法

方法与单点响应谱分析相同。

(4) 求解

与单点响应谱分析一样，模态合并时将建立一命令流文件 Jobname. MCOM。在 POST1 中读入此文件的程序，会利用模态扩展的结果文件进行模态合并。

(5) 退出求解器

步骤 6：查看结果

(1) 进入 POST1

(2) 读入 Jobname. MCOM 文件

方法与单点响应谱相同。

(3) 将当前分析结果保存到指定荷载步

方法与单点响应谱相同。

(4) 列表或图形显示结果

与单点响应谱分析相同，若响应计算得到的不是位移响应，而是速度（加速度）响应，则在后处理中位移项实际上代表的是速度（加速度），而此时应力及应变项不具有实际意义。

7.4.5 分析实例——随机振动分析

7.4.5.1 问题描述

某板-梁结构如图 7-52 所示，计算在 Y 方向的地震位移激励谱作用下整个结构的响应情况。板-梁结构的基本尺寸如图 7-52 所示，地震谱如表 7-4 所示，其他材料属性和几何特性数据如下。

A3 钢的材料特性：杨氏模量 $EX = 2.1\times10^{11}$ Pa，泊松比 PRXY = 0.3，密度 DENS = $7.8\times10^{3}\text{kg/m}^{3}$；板壳：厚度 = 2×10^{-3}m；梁几何特性：截面面积 = $1.6\times10^{-5}\text{m}^{2}$，宽度 = 4×10^{-3}m，高度 = 4×10^{-3}m，惯性矩 = $21.333\times10^{-12}\text{m}^{4}$。

表 7-4 位移激励谱

频率/Hz	0.5	1.0	2.4	3.8	17	18	20	32
位移/$\times10^{-3}$m	0.01	0.016	0.03	0.02	0.005	0.01	0.015	0.01

7.4.5.2 分析步骤

(1) 启动 ANSYS，进入 ANSYS 界面

(2) 定义工作文件名

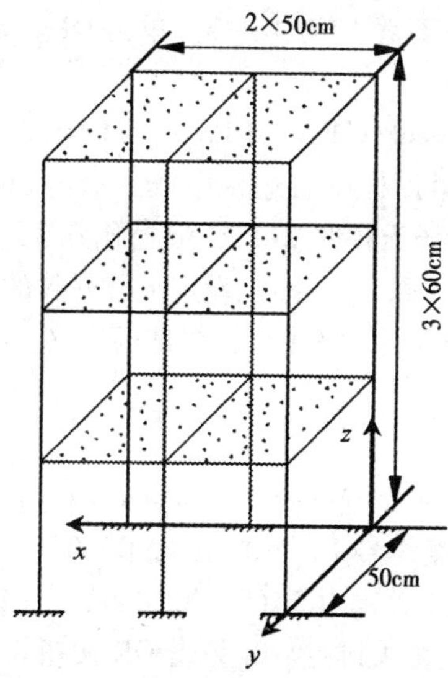

图7-52　模型示意简图

GUI：Utility Menu > File > Change Jobname

单击 Utility Menu 菜单下 File 中的 Change Jobname 按钮，会弹出 Change Jobname 对话框，输入 PSD 作为工作文件名，单击 OK。

（3）定义分析标题

GUI：Utility Menu > File > Change Title

在弹出的对话框中输入 PSD Analysis 作为分析标题，单击 OK。

（4）重新显示

GUI：Utility Menu > Plot > Replot

单击该按钮后，所命名的分析标题和工作文件名会出现在 ANSYS 窗口中。

（5）定义单元类型

GUI：Main Menu > Preprocessor > Element Type > Add/Edit/Delete

单击弹出对话框中的 Add 按钮，弹出单元库对话框，在左侧栏中选取 Structural Shell 单元，在右侧栏中选取 Elastic 4node 63 单元。然后单击 Apply。在左侧栏中选取 Structural Beam 单元，在右侧栏中选择 3D Elastic 4 单元。然后单击 OK。关闭单元库。单击 Close，关闭单元属性对话框。

（6）定义实常数

GUI：Main Menu > Preprocessor > Real Constants > Add/Edit/Delete

将弹出 Real Constants（实常数定义）对话框。单击对话框中的 Add 按钮，将弹出 Element Type for Real Constants（选择定义实常数的单元类型）对话框，在选择单元类型列表框中，选择“Type 1 SHELL63”，然后单击 OK，将弹出 Real Constant Set Number1，for SHELL63（为 SHELL63 单元定义实常数）对话框，在对话框中的 Shell thickness at node I TK（I）（壳的厚度）文本框中输入 2e－3，定义板壳的厚度为 2e－3 m。单击 OK。

重复操作，在弹出的 Element Type for Real Constants（选择定义实常数的单元类型）对话框的列表框中选择“Type 2 BEAM4”，单击 OK，弹出 Real Constant Set Number2，for BEAM4（为 BEAM4 单元定义实常数）对话框，输入下列数据：AREA 为 1.6e－5，IZZ 和

IYY 均为 21.333e－12，TKZ 和 TKY 均为 4e－3。单击 OK。单击 Close。

(7) 定义材料参数

GUI：Main Menu > Preprocessor > Material Props > Material Models

执行该命令后，在弹出的对话框中右边栏中依次双击 Structural、Linear、Elastic、Isotropic，在弹出的对话框中输入杨氏模量 2e11，泊松比 0.3，单击 OK。接着双击 Density，在弹出对话框的 DENS 文本框中输入 7.8e3，设定 1 号材料的密度为 $7.8\times10^3 kg/m^3$。单击 OK。然后关闭材料属性定义对话框，完成材料属性的定义。

(8) 存盘

(9) 创建关键点

GUI：Main Menu > Preprocessor > Modeling > Create > Keypoints > In Active CS

在弹出的对话框中输入节点编号 1，坐标（0，0，0），单击 Apply。对下面的关键点及 X，Y，Z 位置重复这一过程：关键点 2（0，0，0.6）；关键点 3（0，0，1.2）；关键点 4（0，0，1.8）；输入完最后一个关键点后，单击 OK 按钮。

(10) 显示关键点

GUI：Utility Menu > PlotCtrls > Pan Zoom Rotate

在弹出的对话框中单击 Bot，单击 Close。

(11) 创建直线

GUI：Main Menu > Preprocessor > Modeling > Create > Lines > Lines > Straight line

将弹出拾取对话框，在图形窗口中单击关键点 1、2 创建直线 L1。然后依次单击关键点 2、3 和关键点 3、4，创建直线 L2，L3，单击 OK。

(12) 编号显示

GUI：Utility Menu > PlotCtrls > Numbering

在弹出的对话框中使 Keypoint numbers、Line numbers 和 Area numbers 所对应的复选框变为“On”，然后单击 OK

GUI：Utility Menu > Plot > Multi－Plots

对图形输出窗口中的所建几何模型根据前面的设置重新显示。

(13) 设置属性

GUI：Main Menu > Preprocessor > Meshing > MeshTool

将弹出 Mesh Tool（网格划分工具）对话框，单击对话框中的单元属性设置区中的下拉框中的 Lines，选定设置对象为线。单击其后的 Set 按钮，将弹出线属性设置拾取对话框，单击 Pick All，将弹出 Line Attributes（线单元属性设置）对话框，设置 Material number 为 1，Real constant set number 为 2，Element type number 为 2 BEAM4，单击 OK。如图 7-53 所示。

(14) 定义单元尺寸

在 Mesh Tool（网格划分工具）对话框中的 Size Controls（尺寸控制）区中，单击线单元的 Set 按钮，在弹出的拾取框中单击 Pick All，将弹出 Element Sizes on Picked Lines（选定线的单元尺寸）定义对话框，在对话框中的 No. of element divisions（分割单元数）文本框中输入“6”，定义在选定的每条线上将划分为 6 个单元。单击 OK。

(15) 划分线单元

在网格划分工具对话框中，单击 Mesh 下拉框中的 Lines，选定分网对象是线，然后单

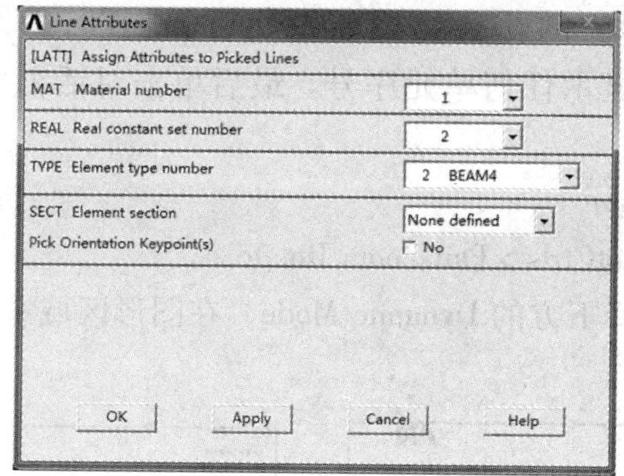

图7-53 属性设置对话框

击 Mesh，在弹出的拾取框中单击 Pick All。

(16) 编号显示单元

GUI：Utility Menu > PlotCtrls > Numbering

在弹出的对话框中单击 Elem/ Attrib numbering 下拉框中的 Element numbers 选项，单击 OK。

GUI：Utility Menu > Plot > Elements

(17) 复制线

GUI：Main Menu > Preprocessor > Modeling > Copy > Lines

在弹出的拾取框中单击 Pick All，将弹出 Copy Lines（线拷贝）对话框，Y-offset in active CS（在激活坐标系 Y 方向平移量）文本框中输入“0. 5”，Items to be copied（拷贝项目）下拉框中选择 Lines and mesh，设置拷贝项目为线及其网格。然后单击 OK。

(18) 重复操作（17），在弹出的线拷贝对话框中删掉 Y-offset in active CS 文本框中的“0. 5”，在 X-offset in active CS 文本框中输入“0. 5”。然后单击 OK

(19) 选择线

GUI：Utility Menu > Select > Entities

将弹出 Select Entities（实体选择）对话框，在对话框中最上面的下拉框中单击 Lines 选项，指定选择对象为线。在接下来的下拉框中单击 By Location 选项，指定选择方式为根据坐标位置。单击“X coordinates”单选按钮，并在下面的 Min，Max 文本框中输入“0. 5”，指定选择对象位置为 X 坐标值为“0. 5”的所有对象。单击“From Full”单选按钮，指定选取范围为全部。然后单击 Sele All 按钮，单击 OK。

(20) 重复操作（18），在弹出的 Copy Lines（线拷贝）对话框中单击 OK，保持其弹出时的缺省值并关闭对话框，对选定的线按照设置的值进行拷贝

(21) 选择所有

GUI：Utility Menu > Select > Everything

(22) 显示单元

GUI：Utility Menu > Plot > Elements

(23) 关闭编号

GUI：Utility Menu > PlotCtrls > Numbering

在弹出的 Plot Numbering Controls（序号显示控制）对话框中，单击 Line numbers（线的序号）和 Area numbers（面的序号）所对应的复选框，使其变为“Off”。仅保留 Keypoint numbers（关键点序号）的设置为“On”。然后单击 Elem/ Attrib numbering 下拉框中的 No numbering 选项，不显示任何单元序号。最后单击对话框中的 OK 按钮，关闭对话框。

（24）以合适的视角显示

GUI：Utility Menu > PlotCtrls > Pan Zoom Rotate

在弹出的对话框中选择下方的 Dynamic Mode，在图形区域右击移动鼠标，使图形如图 7-54 所示，然后单击 Close。

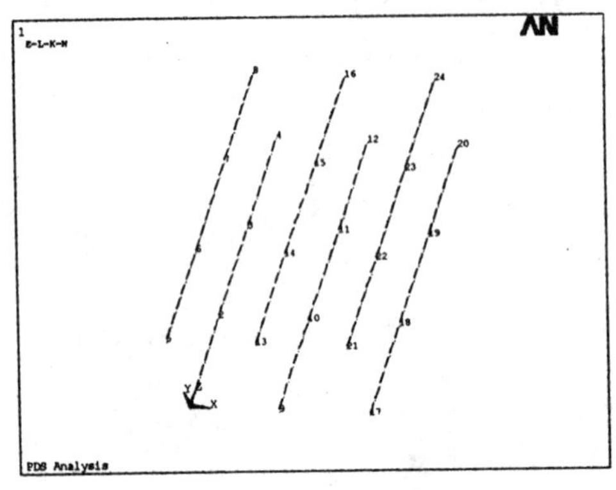

图 7-54　生成关键点和线

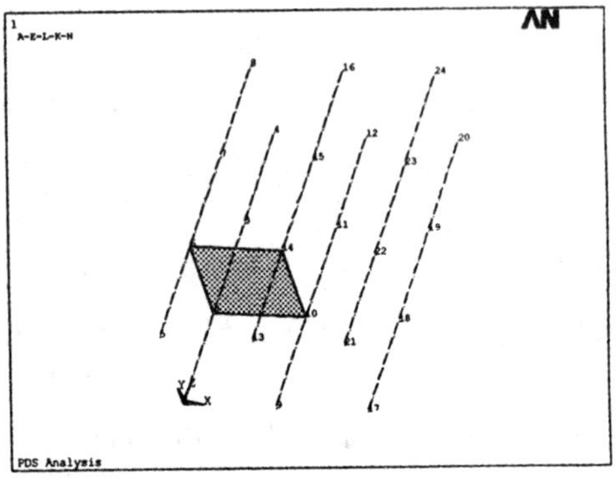

图 7-55　生成一个面

（25）创建面

GUI：Main Menu > Preprocessor > Modeling > Create > Areas > Arbitrary > Through KPs

将弹出一个拾取框，在图形区域拾取关键点：2，6，14 和 10，然后单击 OK，生成结果如图 7-55 所示。

（26）设置面单元属性

GUI：Main Menu > Preprocessor > Meshing > MeshTool

单击对话框中 Element Attributes（单元属性）下拉框中的“Global”，然后单击下拉框右边的 Set 按钮，将弹出单元属性设置对话框，设置 Element type number 为“1 SHELL63”，Material number 为“1”，Real constant set number 为“1”，Element coordinate sys 为“0”，单击 OK。

（27）GUI：Utility Menu > Select > Everything Below > Selected Areas

对创建的面以及面上的线、点进行选择，作为显示和操作对象。

（28）分网设置

在 Mesh Tool（网格划分工具）对话框中的 Size Controls（尺寸控制）区中，单击线单元的 Set 按钮，将弹出 Element Size on Picked Lines（选定线的单元尺寸定义）拾取对话框，单击对话框中的 Pick all 按钮。将弹出 Element Sizes on Picked Lines（选定线的单元尺寸）定义对话框，在对话框中的 No. of element divisions（单元分割数）文本框中输入“5”，然后单击 OK 按钮，关闭对话框，完成对面上各边的分网设置。

（29）划分面网格

在网格划分工具对话框中，单击 Mesh 下拉框中的“Areas”，选定分网对象是面。单击 Shape（形状控制）设置选项：Quad 单选按钮和 Free 单选按钮。单击 Mesh，将会弹出 Mesh Areas（对选定的面进行分网）拾取对话框。单击 Pick All。单击 Close。

（30）选择所有

GUI：Utility Menu > Select > Everything

（31）刷新显示

GUI：Utility Menu > Plot > Replot

（32）复制面

GUI：Main Menu > Preprocessor > Modeling > Copy > Areas

将弹出 Copy Areas（面拷贝）拾取对话框。单击对话框中的 Pick All 按钮，选择所有的面。将弹出 Copy Areas（面拷贝）对话框，在面拷贝对话框中的 X-offset in active CS（激活坐标系 X 方向平移量）文本框中输入“0. 5”，Items to be copied（拷贝项目）下拉框中选择 Areas and mesh，设置拷贝项目为面及其网格。单击 OK。

（33）重复操作（32），在弹出的面拷贝对话框中的 Number of copies（拷贝份数）文本框中输入“3”。删除 X-offset in active CS（激活坐标系 X 方向平移量）文本框中的“0. 5”，然后在 Z-offset in active CS（激活坐标系 Z 方向平移量）文本框中输入“0. 6”。单击 OK

（34）GUI：Utility Menu > Plot > Multi – Plots

将建立的完整的梁-板壳有限元模型在图形窗口中进行显示。生成结果如图7-56所示。

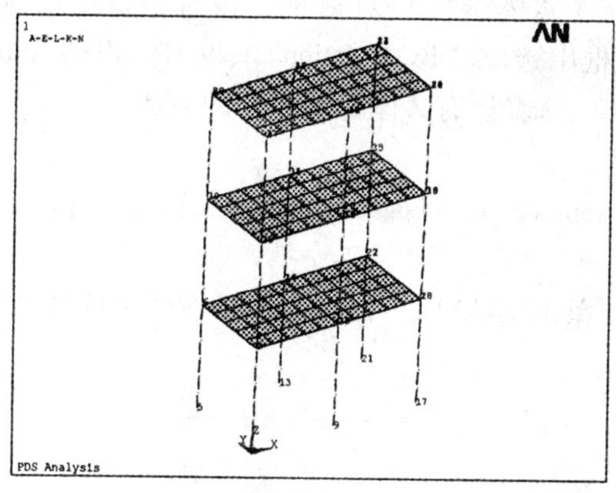

图 7-56　梁–板结构有限元模型

（35）合并重复节点

GUI：Main Menu > Preprocessor > Numbering Ctrls > Merge Items

将弹出 Merge Coincident or Equivalently Defined Items（合并定义的重复项目）对话框，如图 7-57 所示。单击对话框中 Type of item to be merge（合并项目类型）下拉框中的“All”，指定合并所有的项目，保持其余设置缺省，单击 OK。

（36）对项目编号进行压缩

GUI：Main Menu > Preprocessor > Numbering Ctrls > Compress Numbers

将弹出 Compress Numbers（压缩编号）对话框，如图 7-58 所示，单击对话框中的 Label Item to be compressed（压缩项目标签）下拉框中的“All”，对所有项目编号进行压缩。单击 OK。

（37）GUI：Utility Menu > Plot > Multi – Plots

（38）存盘

（39）选择节点

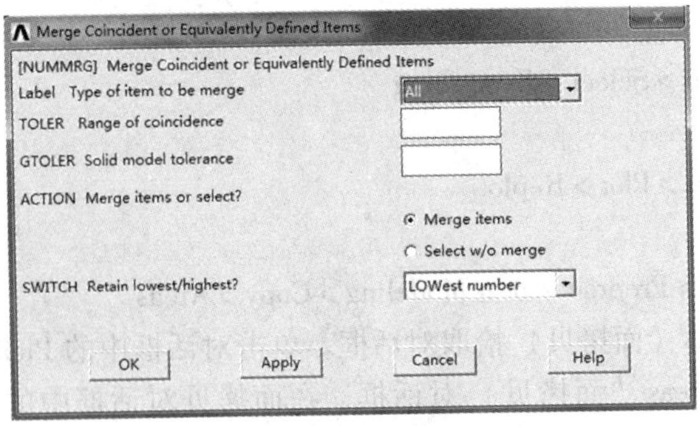

Merge Coincident or Equivalently Defined Items

[NUMMRG] Merge Coincident or Equivalently Defined Items

Label Type of item to be merge All

TOLER Range of coincidence

GTOLER Solid model tolerance

ACTION Merge items or select?

Merge items

Select w/o merge

SWITCH Retain lowest/highest? LOWest number

OK Apply Cancel Help

图 7-57 合并定义的重复项目对话框

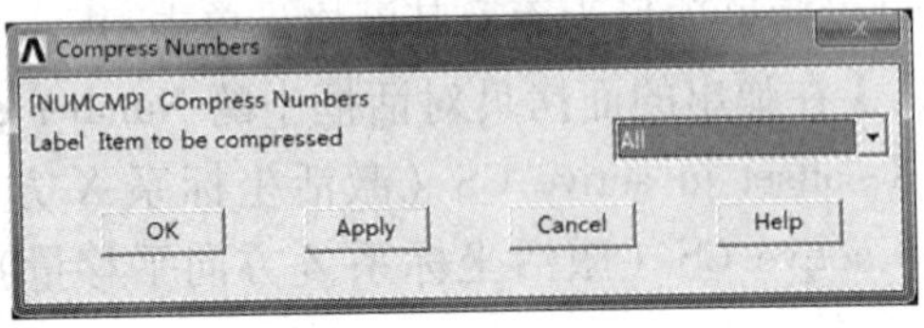

Compress Numbers

[NUMCMP] Compress Numbers

Label Item to be compressed All

OK Apply Cancel Help

图 7-58 压缩编号对话框

GUI：Utility Menu > Select > Entities

将弹出 Select Entities（实体选择）对话框，在对话框中的选择项目下拉框中选取“Nodes”，选择方式下拉框中选取“By Location”。单击“Z coordinates”单选按钮，然后单击 Sele All，再单击 OK，选择所有 Z 坐标值为 0 的节点。

（40）施加位移约束

GUI：Main Menu > Preprocessor > Loads > Define Loads > Apply > Structural > Displacement > On Nodes

将弹出拾取对话框。单击 Pick All，在弹出的对话框中选择 All DOF，单击 OK。如图 7-59 所示。

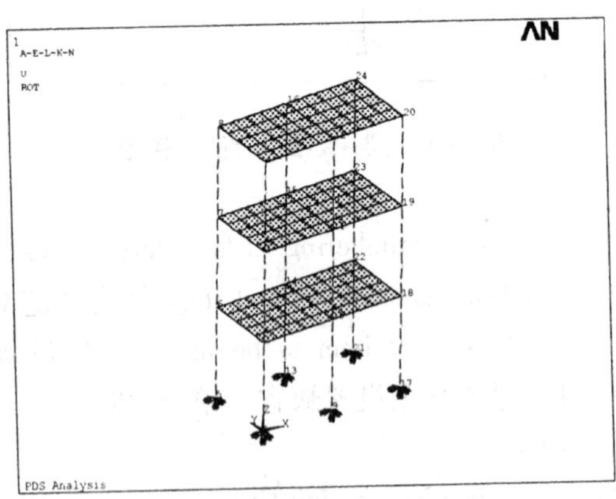

图 7-59 施加位移约束后图形显示

（41）选择所有

GUI：Utility Menu > Select > Everything

（42）存盘

步骤（43）～（45）是进行模态求解。

（43）选定分析类型

GUI：Main Menu > Solution > Analysis Type > New Analysis

将弹出 New Analysis（新分析）对话框。在对话框中单击 Modal 单选按钮，指定分析类型为模态分析（Modal）。单击 OK。

（44）设置模态分析选项

GUI：Main Menu > Solution > Analysis Type > Analysis Options

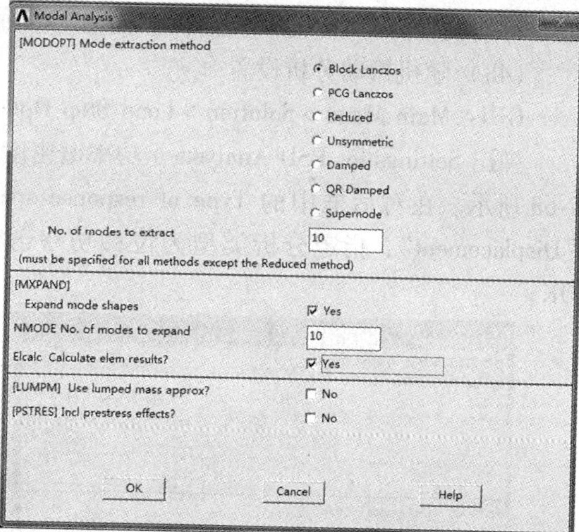

图 7-60 模态分析选项对话框

将弹出 Modal Analysis（模态分析）选项对话框，如图 7-60 所示，指定 Mode extraction method（模态提取方法）为 Block Lanczos（分块兰索斯法），并指定 No. of modes to extract（提取模态的阶数）为 10。单击 Expand mode shapes（扩展模态）单选框，将其设置为“Yes”。在 No. of modes to expand（扩展模态阶数）文本框中输入“10”，指定扩展模态阶数为 10。然后，单击 Calculate elem results（求解单元结果）单选框，将其设置为“Yes”，程序将在进行模态分析的同时计算单元结果。单击 OK。将弹出 Block Lanczos Method（兰索斯法）模态分析选项对话框，如图 7-61 所示，在 End Frequency（终止频率）文本框中输入“100”，保持其余设置为缺省，单击 OK。

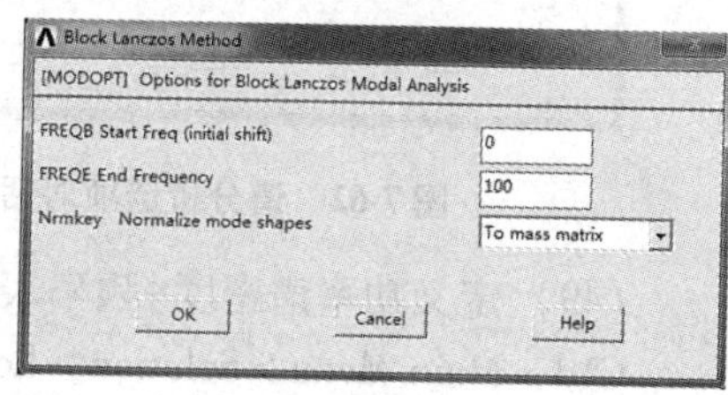

图 7-61 兰索斯法模态分析选项对话框

（45）求解

GUI：Main Menu > Solution > Solve > Current LS

将弹出一个信息窗口和一个对话框，检查信息无误后，关闭信息窗口，单击对话框中的 OK，开始求解。当求解完时，ANSYS 将弹出求解完成提示对话框，单击 Close。

至此，完成了梁-板结构的模态分析求解，为后面的功率谱密度求解准备好了必要的数据。

步骤（46）~（53）是获得谱解。

（46）指定分析类型

GUI：Main Menu > Solution > Analysis Type > New Analysis

将弹出 New Analysis（新分析）对话框。在对话框中单击 Spectrum 单选按钮，指定分析类型为 Spectrum（谱分析）。单击 OK。在这个过程中会出现警告窗口，不必管它，完成本步操作后，单击 Close 即可。

（47）设定谱分析选项

GUI：Main Menu > Solution > Analysis Type > Analysis Options

将弹出 Spectrum Analysis（谱分析选项）对话框，在对话框中单击 P. S. D 单选按钮，指定谱分析类型为（功率谱密度分析）随机振动分析。然后，在 No. of modes for solu（求解的模态阶数）文本框中输入“10”。单击 Calculate elem stresses?（求解单元应力）单选框，将其设置为“Yes”。单击 OK。如图 7-62 所示。

（48）随机振动分析设置

GUI：Main Menu > Solution > Load Step Opts > Spectrum > PSD > Settings

弹出 Settings for PSD Analysis〔功率谱密度分析（随机振动分析）〕设置对话框，如图 7-63 所示。在对话框中的 Type of response spct（功率谱密度分析类型）下拉框中单击“Displacement”，指定分析类型为位移功率谱密度分析。保持其余选项为缺省值，单击 OK。

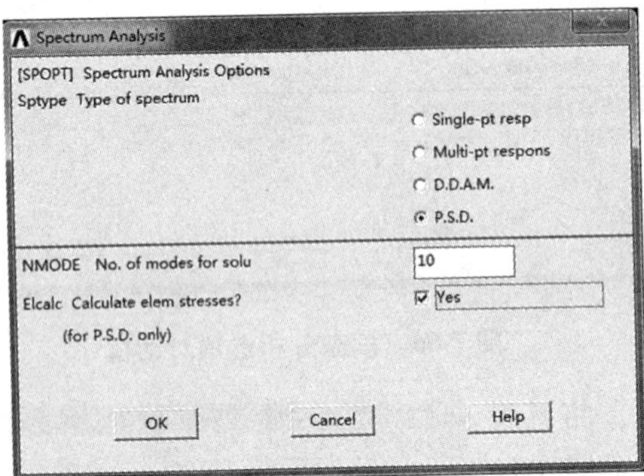

图 7-62 谱分析选项对话框

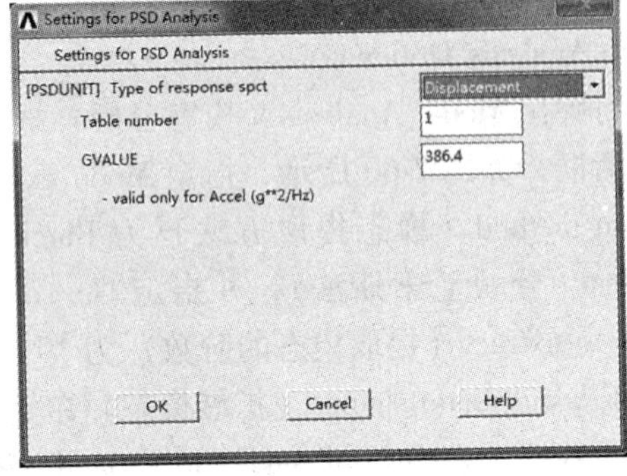

图 7-63 随机振动分析设置对话框

（49）定义功率谱密度-频率表

GUI：Main Menu > Solution > Load Step Opts > Spectrum > PSD > PSD vs Freq

将弹出 Table for PSD vs Frequency（功率谱密度-频率表）对话框，如图 7-64 所示。单击 OK。同时弹出 PSD vs Frequency Table（功率谱密度-频率）对话框，如图7-65所示，在对话框中的 FREQ1、FREQ2…FREQ8 文本框中依次输入 0.50，1.0，2.4，3.8，17，18，20 和 32；PSD1，PSD2，…，PSD8 文本框对应上述频率依次输入 0.01e－3，0.02e－3，0.016e－3，0.02e－3，0.005e－3，0.01e－3，0.015e－3 和 0.01e－3。然后单击 OK，完成对功率谱密度-频率表的定义。

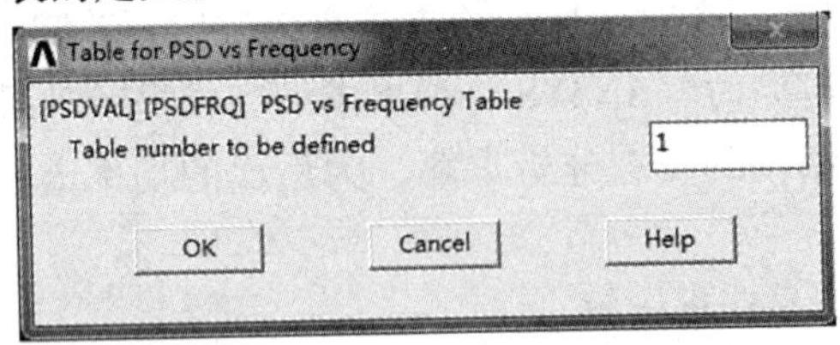

图 7-64 功率谱密度-频率表对话框

（50）施加基础功率谱密度激励

GUI：Main Menu > Solution > Define Loads > Apply > Structural > Spectrum > Base PSD Excit > On Nodes

将弹出 Apply Base PSD on Nodes（在节点上施加基础功率谱密度激励）拾取对话框。在图形窗口中单击拾取节点 1、20、39、58、77 和 96（也可利用实体选择功能选取 Z 坐标为 0 的节点来实现节点的选取），单击 OK，将弹出 Apply Base PSD on Nodes（在节点上施加基础功率谱密度激励）对话框，如图 7-66 所示。单击对话框中的 Excitation direction（激励方向）下拉框中的“Nodal Y”，指定激励方向为 Y 方向。然后单击 OK。

（51）设置计算缩放系数

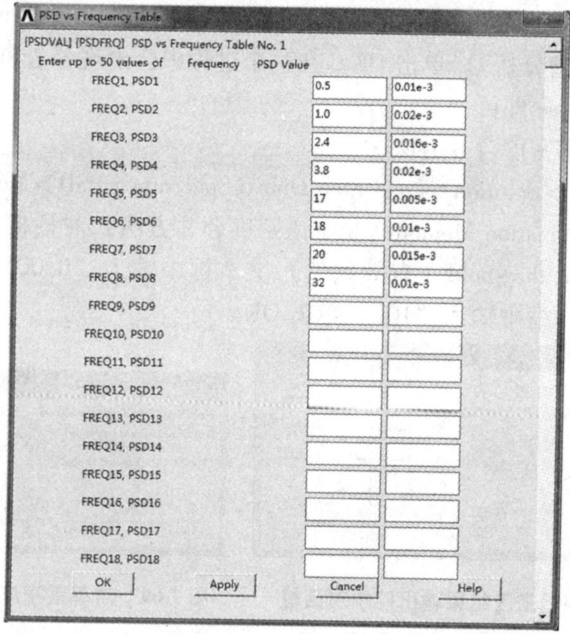

图 7-65　功率谱密度-频率对话框

GUI：Main Menu > Solution > Load Step Opts > Spectrum > PSD > Calculate PF

将弹出 Calculate Participation Factors（计算缩放系数）对话框，保持对话框中各选项的缺省值，单击 OK。如图 7-67 所示。会出现一个警告框，提示求解完成，单击警告框中的 Close，将其关闭。

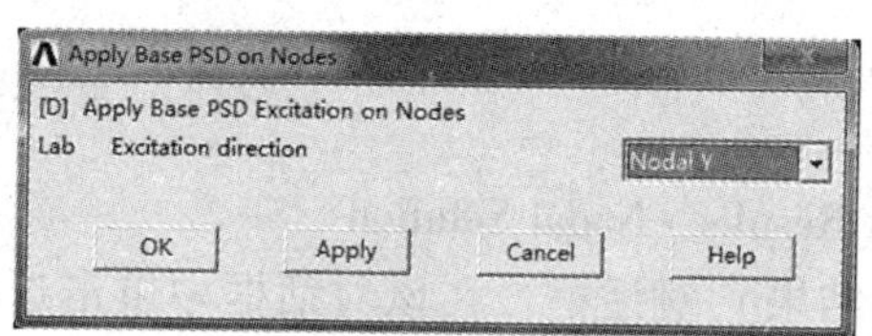

图 7-66　在节点上施加基础功率谱密度激励

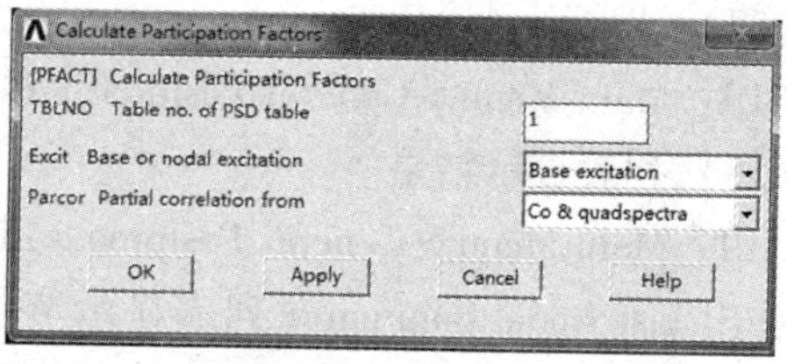

Calculate Participation Factors
[PFACT] Calculate Participation Factors
TBLNO　Table no. of PSD table　1
Excit　Base or nodal excitation　Base excitation
Parcor　Partial correlation from　Co & quadspectra
OK　Apply　Cancel　Help

图 7-67　计算缩放系数对话框

（52）设置功率谱结果输出控制

GUI：Main Menu > Solution > Load Step Opts > Spectrum > PSD > Calc Controls

弹出 PSD Calculation Controls（功率谱密度结果输出控制）对话框，如图 7-68 所示。依次单击对话框中的 Displacement solution（位移求解）、Velocity solution（速度求解）和 Acceleration solution（加速度求解）下拉框中的“Absolute”，将求解结果都设置为绝对值。然后单击 OK。

（53）求解

GUI：Main Menu > Solution > Solve > Current LS

将弹出一个信息窗口和一个对话框，检查信息无误后，关闭信息窗口，单击对话框中的 OK，开始求解。当求解完时，ANSYS 将弹出求解完成提示对话框，单击 Close。

下面的步骤（54）～（56）是模态合并。

（54）指定分析类型

GUI：Main Menu > Solution > Analysis Type > New Analysis

将弹出 New Analysis（新分析）对话框。在对话框中单击 Spectrum 单选按钮，指定分析类型为 Spectrum（谱分析）。单击 OK。在这个过程中会出现警告窗口，不必管它，完成本步操作后，单击 Close 即可。

（55）设置功率谱密度合并方法

GUI：Main Menu > Solution > Load Step Opts > Spectrum > PSD > Mode Combine

将弹出 PSD Combination Mehtod（功率谱密度合并方法）对话框，如图 7-69 所示。在对话框中的 Signifcent threshold（有效阈值）文本框中输入“0.005”，在 Combined mode（合并模态阶数）文本框中输入“10”，单击 OK。

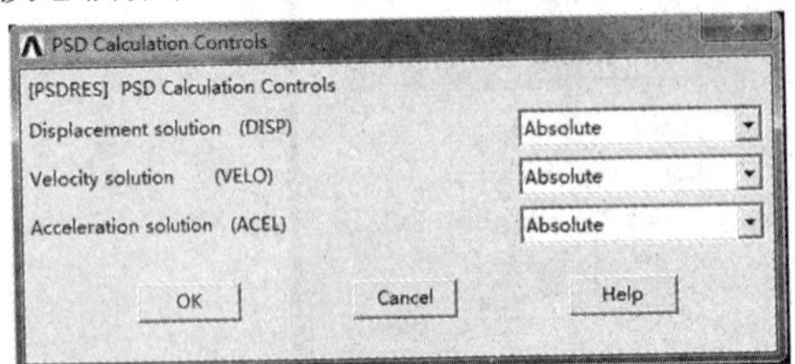

图 7-68　功率谱密度结果输出控制对话框

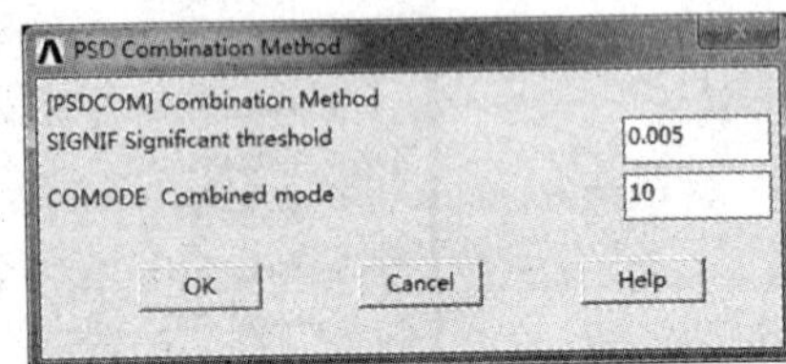

图 7-69　功率谱密度合并方法对话框

（56）求解

GUI：Main Menu > Solution > Solve > Current LS

将弹出一个信息窗口和一个对话框，检查信息无误后，关闭信息窗口，单击对话框中的 OK，开始求解。当求解完时，ANSYS 将弹出求解完成提示对话框，单击 Close。

至此，本例分析求解过程完毕，后面所有的步骤为后处理过程。

（57）读取第一载荷步

GUI：Main Menu > General Postproc > Read Results > First Set

（58）列表显示结果

GUI：Main Menu > General Postproc > List Results > Nodal Solution

弹出 List Nodal Solution（列表显示节点结果）对话框，在该对话框中单击选择 DOF Solution，Displacement vector sum。单击 OK，弹出结果显示窗口，如图 7-70 所示。

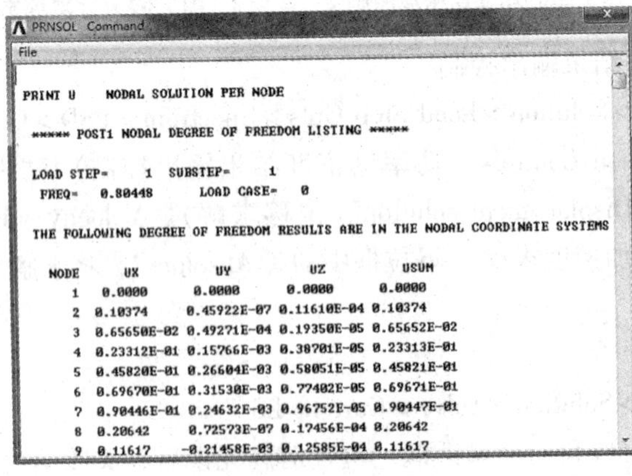

```
PRNSOL Command
File

PRINT U    NODAL SOLUTION PER NODE

 ***** POST1 NODAL DEGREE OF FREEDOM LISTING *****

 LOAD STEP=     1  SUBSTEP=     1
  FREQ=   0.80448      LOAD CASE=   0

 THE FOLLOWING DEGREE OF FREEDOM RESULTS ARE IN THE NODAL COORDINATE SYSTEMS

    NODE      UX          UY          UZ          USUM
       1   0.0000      0.0000      0.0000      0.0000
       2  0.10374     0.45922E-07 0.11610E-04 0.10374
       3  0.65650E-02 0.49271E-04 0.19350E-05 0.65652E-02
       4  0.23312E-01 0.15766E-03 0.38701E-05 0.23313E-01
       5  0.45820E-01 0.26604E-03 0.58051E-05 0.45821E-01
       6  0.69670E-01 0.31530E-03 0.77402E-05 0.69671E-01
       7  0.90446E-01 0.24632E-03 0.96752E-05 0.90447E-01
       8  0.20642     0.72573E-07 0.17456E-04 0.20642
       9  0.11617    -0.21458E-03 0.12585E-04 0.11617
```

图 7-70　列表显示节点结果窗口

（59）读取第三载荷步

GUI：Main Menu > General Postproc > Read Results > By Set Number

将弹出 Read Results by Datas Set Number 对话框，如图 7-71 所示。在对话框中指定 Data set number 为“12”，然后单击 OK。选择载荷步 3 为结果处理对象。

Read Results by Data Set Number

Read Results by Data Set Number

[SET] [SUBSET] [APPEND]

Read results for　Entire model

NSET　Data set number　12

(List Results Summary to determine data set number)

FACT　Scale factor　1

ANGLE　Circumferential location

- for harmonic elements

OK　Cancel　Help

图 7-71　**Read Results by Data Set Number 对话框**

（60）彩色云图显示应力

GUI：Main Menu > General Postproc > Plot Results > Contour Plot > Nodal Solu

将弹出 Contour Nodal Solution Data（云图显示节点数据）对话框，单击对话框中的 Item to be contoured（云图显示项目）列表框左侧的 Stress、右侧的 von Mises stress，将 von Mises 应力作为显示对象，然后单击 OK，显示结果如图 7-72 所示。

（61）列表显示结果

GUI：Main Menu > General Postproc > List Results > Sorted Listing > Sort Nodes

将弹出 Sort Nodes（归类节点）对话框，如图 7-73 所示，单击 Order in which to sort（排序方法）下拉框中的“Descending order”使结果按降序排列。单击 List sorted nodes for 下拉框中的“Results”指定排列内容为节点解算结果。在 Item，Comp Sort nodes based on（排列依据）列表框左侧选择“Stress”，在右侧选择“von Mises SEQV”。然后单击 OK，弹出结果显示窗口。如图 7-74 所示。

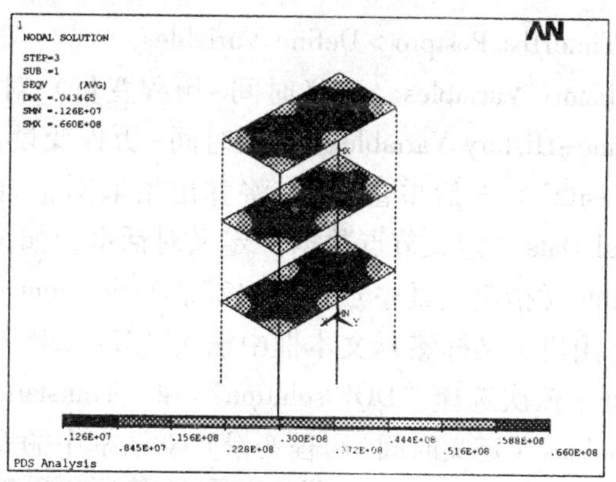

图 7-72　**Von Mises 应力分布云图**

从结果中可以看出在该载荷步时的最大应力值。

（62）在 POST26 处理器中计算 PSD 响应

① 选取菜单路径 Main Menu > TimeHist Postpro，进入时间相关后处理器（POST26），将弹出 Spectrum Usage（谱分析目的选择）对话框，如图 7-75 所示，单击对话框中的 Create response power spectral density（PSD）（创建功率谱密度响应）单选按钮，指定分析类型为功率谱密度分析。然后单击 OK。同时将弹出 Time History Variables（时间历程变量浏

览器），将其关闭。

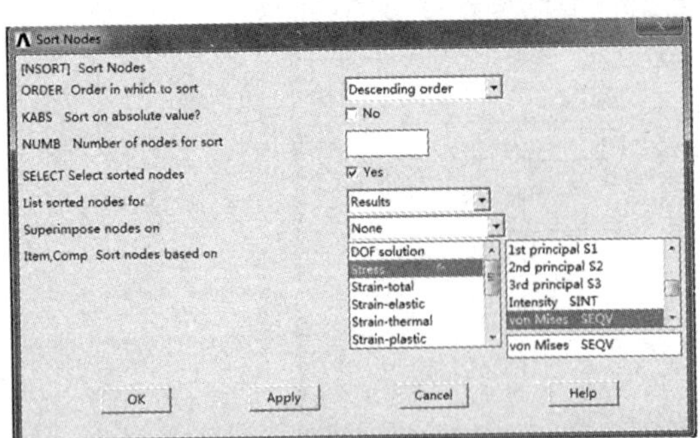

图 7-73　Sort Nodes 对话框

PRNSOL Command

File

```
***** POST1 NODAL STRESS LISTING *****

LOAD STEP=     3  SUBSTEP=     1
 FREQ=    0.0000      LOAD CASE=   0
SHELL NODAL RESULTS ARE AT TOP

  NODE    S1          S2          S3          SINT        SEQV
    27   0.0000      0.0000      0.0000      0.0000      0.65975E+08
    84   0.0000      0.0000      0.0000      0.0000      0.65975E+08
     8   0.0000      0.0000      0.0000      0.0000      0.65975E+08
   103   0.0000      0.0000      0.0000      0.0000      0.65975E+08
    21   0.0000      0.0000      0.0000      0.0000      0.61161E+08
    78   0.0000      0.0000      0.0000      0.0000      0.61161E+08
     2   0.0000      0.0000      0.0000      0.0000      0.61161E+08
    97   0.0000      0.0000      0.0000      0.0000      0.61161E+08
    14   0.0000      0.0000      0.0000      0.0000      0.57870E+08
    33   0.0000      0.0000      0.0000      0.0000      0.57870E+08
    90   0.0000      0.0000      0.0000      0.0000      0.57870E+08
   109   0.0000      0.0000      0.0000      0.0000      0.57870E+08
```

图 7-74　结果显示

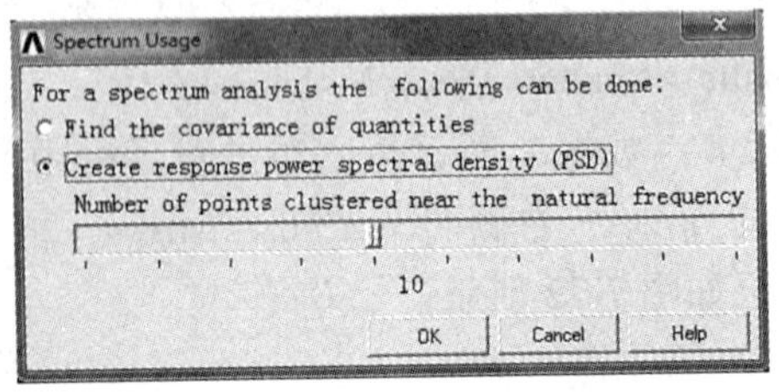

图 7-75　谱分析目的选择对话框

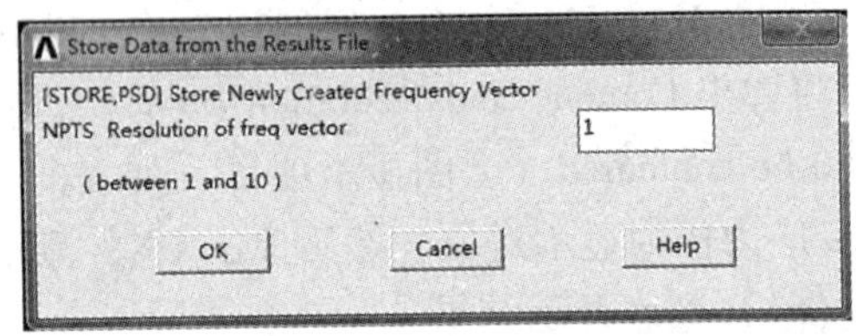

图 7-76　从结果文件中存储数据对话框

② GUI：Main Menu > TimeHist Postpro > Store Data

弹出 Store Data from the Results File（从结果文件中存储数据）对话框，如图 7-76 所示。在对话框中的 Resolution of freq. vector（频率向量分辨率）文本框中输入“1”，然后单击 OK。

③ 定义变量。

GUI：Main Menu > TimeHist Postpro > Define Variables

弹出 Define Time-History Variables（定义时间-历程变量）对话框。在对话框中单击 Add 按钮，弹出 Add Time-History Variable（添加时间-历程变量）对话框，如图 7-77 所示。选择“Nodal DOF result”。然后单击 OK。将弹出拾取对话框。拾取节点 245，单击 OK。将弹出 Define Nodal Data（定义节点数据）定义对话框，如图7-78所示。在对话框中输入 Ref number of variable（指定变量序号）为“2”，Node number（节点号）为“245”。在 User-specified label（用户定义标签）文本框中输入“UY-245”，在 Item，Comp Data item（数据项目）列表框中依次选择“DOF solution”和“Translation UY”，单击 OK。单击 Define Time-History Variables（定义时间-历程变量）对话框中的 Close 按钮。

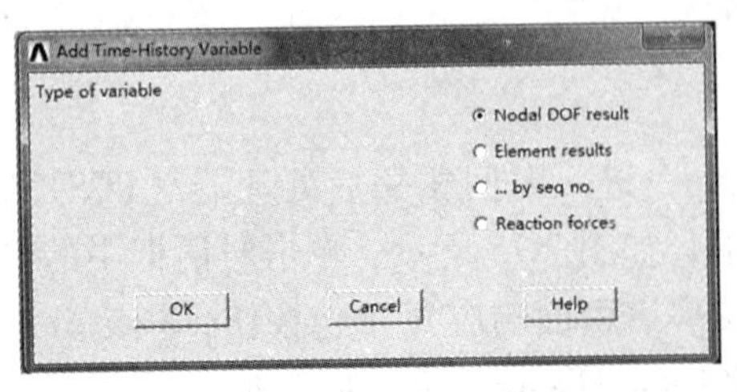

图 7-77　添加时间-历程变量对话框

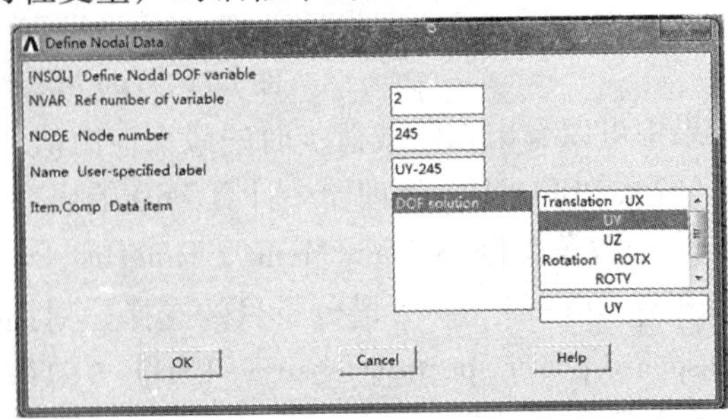

图 7-78　定义节点数据定义对话框

④ GUI：Main Menu > TimeHist Postpro > Calc Resp PSD

弹出 Calculate Response PSD（计算功率谱密度响应）对话框，如图 7-79 所示。在对话框中的 Reference number of resulting variable（结果变量序号）文本框中输入“3”，将 Reference no. of variables to be operated on（被操作的变量的序号）文本框中输入“2”和空值。单击 Type of response PSD（功率谱密度响应类型）下拉选择框中的“Displacement”，指定为位移。将 Ref w. r. t. which resp PSD is calculated 设置为“Absolute value”，然后单击 Apply，完成对变量 3 的定义。本对话框将重新显示，同时弹出警告信息对话框，单击 Close，在重新弹出的 Calculate Response PSD（计算功率谱密度响应）对话框中（Reference number of resulting variables 文本框中自动变为“4”），单击 Type of response PSD（功率谱密度响应类型）下拉选择框中的“Velocity”，指定为速度。其余设置保持缺省值，然后单击 Apply。完成对变量 4 的定义。在重新弹出的 Calculate Response PSD（计算功率谱密度响应）对话框中（Reference number of resulting variables 文本框中自动变为“5”），单击 Type of response PSD（功率谱密度响应类型）下拉选择框中的“Acceleration”，指定为加速度。其余设置保持缺省值，然后单击 OK，完成对变量 5 的定义。

⑤ GUI：Main Menu > TimeHist Postpro > Settings > Graph

将弹出 Graph Settings（绘图设置）对话框，如图 7-80 所示。在对话框中的图形时间范围设置区的 Maximum Time（最大时间值）文本框中输入“4”，然后单击 OK。

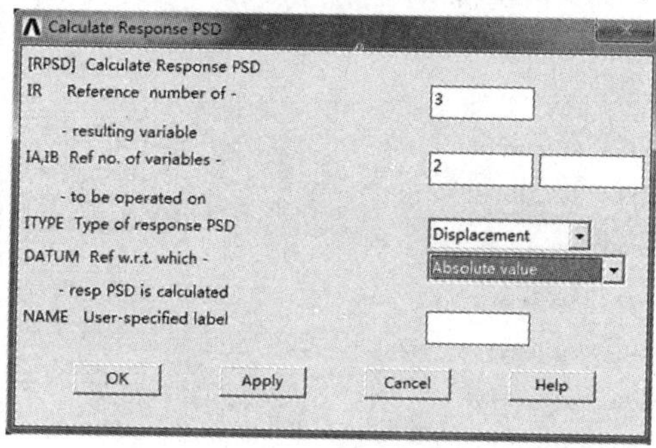

图 7-79　计算功率谱密度响应对话框

⑥ GUI：Utility Menu > PlotCtrls > Style > Graphs > Modify Axes

将弹出 Axes Modifications for Graph Plots（图形显示坐标轴设置）对话框，如图 7-81 所示。在对话框中的 X-axis label（X 轴标签）文本框中输入“Frequency”，指定图形中横坐标的标签为“Frequency”。在 Y-axis label（Y 轴标签）文本框中输入“Displacement-Y”，指定图形中纵坐标的标签为“Displacement-Y”。对话框中的其余选项保持缺省设置，单击 OK。

⑦ GUI：Main Menu > TimeHist Postpro > Graph Variables

将弹出 Graph Time-History Variables（绘图时间-历程变量曲线）对话框，如图 7-82 所示。在 1st variable to graph（第一个绘制变量）文本框输入“3”，单击 OK，将在图形窗口中绘制出节点 245 的位移响应曲线，如图 7-83 所示。

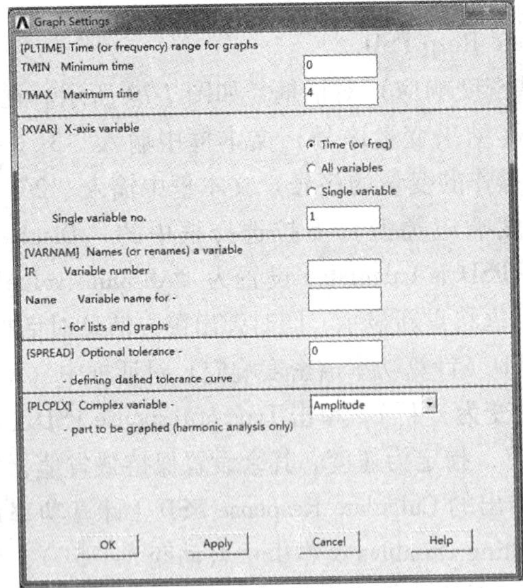

图 7-80 Graph Settings 对话框

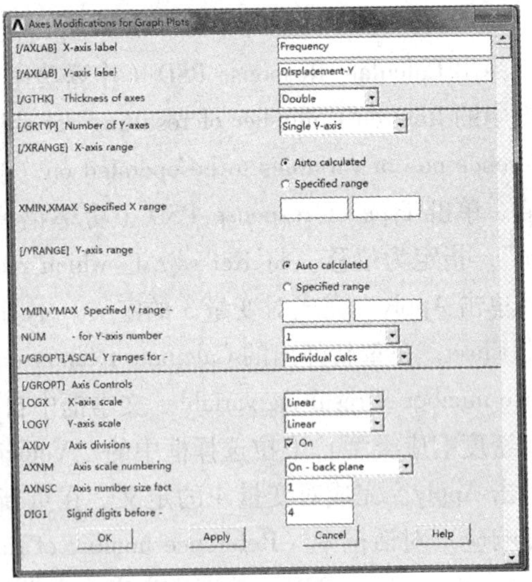

图 7-81 Axes Modifications for Graph Plots 对话框

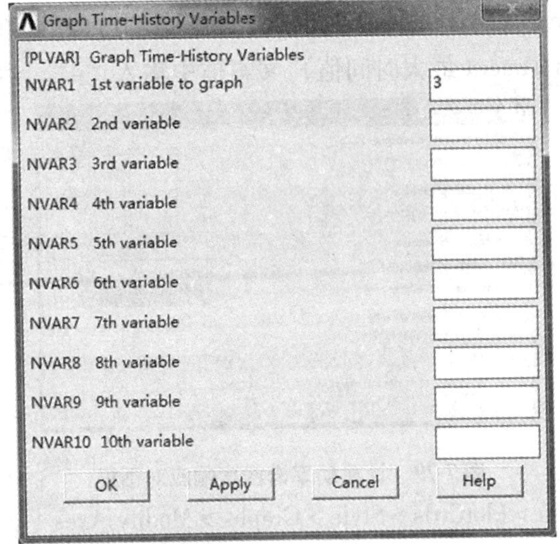

图 7-82 Graph Time-History Variables 对话框

⑧ 重复步骤⑥ ~⑦，将 Axes Modifications for Graph Plots（图形显示坐标轴设置）对话框中 Y-axis label（Y 轴标签）文本框中改为 “Velocity-Y”，Graph Time-History variables（绘图时间-历程变量曲线）对话框中的 1st variable to graph（第一个绘制变量）文本框中的值改为 “4”，便可以绘制出节点 245 在 Y 方向上的速度响应谱曲线，如图 7-84 所示。

⑨ 重复步骤⑥ ~⑦，将 Axes Modifications for Graph Plots（图形显示坐标轴设置）对话框中的 Y-axis label（Y 轴标签）文本框中的值改为 “Acceleration-Y”，Graph Time-History variables（绘图时间-历程变量曲线）对话框中的 1st variable to graph（第一个绘制变量）文本框中的值改为 “5”，便可以绘制出节点 245 在 Y 方向上的加速度响应谱曲线，如图 7-85 所示。

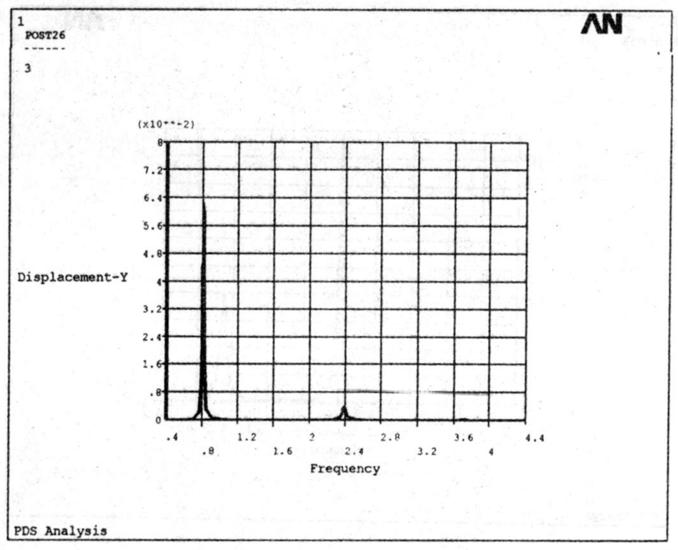

图7-83　节点245在Y方向上的位移响应曲线

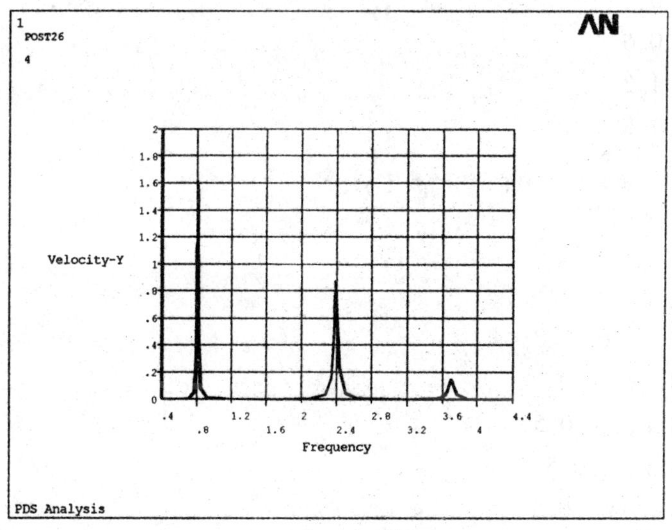

图7-84　节点245在Y方向上的速度响应曲线

（63）存盘，退出。

上述分析步骤对应的命令流如下：

```
/TITLE, PDS Analysis
/PREP7
ET, 1, SHELL63
ET, 2, BEAM4
R, 1, 2e-3
R, 2, 1.6e-5, 21.333e-12, 21.333e-12, 4e-3, 4e-3,
MP, EX, 1, 2e11
MP, PRXY, 1, 0.3
MP, DENS, 1, 7.8e3
```

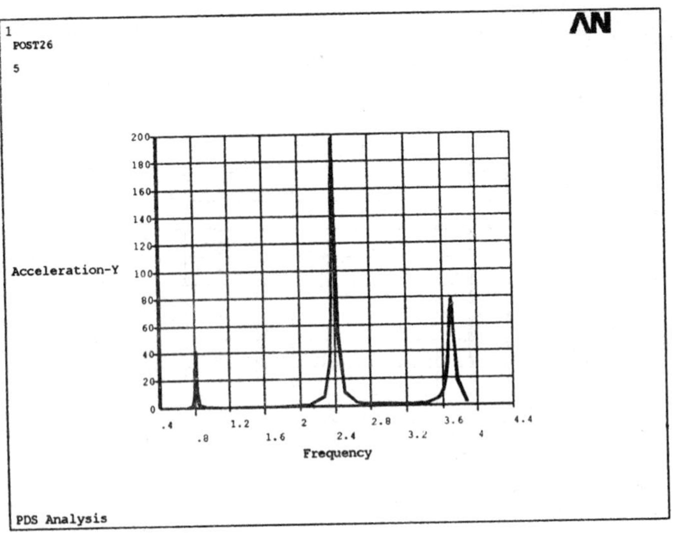

图 7-85 节点 245 在 Y 方向上的加速度响应曲线

```
K, 1, 0, 0, 0
K, 2, 0, 0, 0.6
K, 3, 0, 0, 1.2
K, 4, 0, 0, 1.8
L, 1, 2
L, 2, 3
L, 3, 4
LATT, 1, 2, 2,
LESIZE, ALL,,, 6
LMESH, ALL
LGEN, 2, ALL,,,, 0.5
LGEN, 2, ALL,,, 0.5
LSEL, S, LOC, X, 0.5
LGEN, 2, ALL,,, 0.5
ALLSEL, ALL
A, 2, 6, 14, 10
AATT, 1, 1, 1, 0,
ALLSEL, BELOW, AREA
LESIZE, ALL,,, 5
AMESH, ALL
ALLSEL, ALL
AGEN, 2, ALL,,, 0.5,,,, 0
AGEN, 3, ALL,,,,, 0.6,, 0
NUMMRG, ALL,,,, LOW
NUMCMP, ALL
```

```
NSEL, S, LOC, Z, 0
D, ALL, ALL
ALLSEL, ALL
FINISH
/SOL
ANTYPE, 2
MODOPT, LANB, 10
EQSLV, SPAR
MXPAND, 10,,, 1
MODOPT, LANB, 10, 0, 100,, OFF
SOLVE
FINISH
/SOLUTION
ANTYPE, 8
SPOPT, PSD, 10, 1
PSDUNIT, 1, DISP, 386.4,
PSDFRQ, 1,, 0.5, 1.0, 2.4, 3.8, 17
PSDFRQ, 1,, 18, 20, 32,,
PSDVAL, 1, 0.01e-3, 0.02e-3, 0.016e-3, 0.02e-3, 0.005e-3
PSDVAL, 1, 0.01e-3, 0.015e-3, 0.01e-3,,
NSEL, S, LOC, Z, 0
D, ALL, UY, 1.0
ALLSEL, ALL
PFACT, 1, BASE,
PSDRES, DISP, ABS
PSDRES, VELO, ABS
PSDRES, ACEL, ABS
SOLVE
FINISH
/SOLUTION
ANTYPE, 8
PSDCOM, 0.005, 10,
SOLVE
FINISH
/POST1
SET, FIRST
PRNSOL, U, COMP
SET,,, 1,,,, 12,
PLNSOL, S, EQV, 0, 1.0
NSORT, S, EQV, 0, 1,, 0
```

```
PRNSOL, S, PRIN
FINISH
/POST26
STORE, PSD, 1,
NSOL, 2, 245, U, Y, UY-245
RPSD, 3, 2,, 1, 1,
RPSD, 4, 2,, 2, 1,
RPSD, 5, 2,, 3, 1,
VARNAM,,
PLTIME, 0, 4
/AXLAB, X, Frequency
/AXLAB, Y, Displacement-Y
PLVAR, 3
/AXLAB, Y, Velocity-Y
PLVAR, 4
/AXLAB, Y, Acceleration-Y
PLVAR, 5
FINISH
/EXIT, ALL
```

第8章　结构热力学分析

8.1　概　述

热分析用于计算一个系统或部件的温度分布及其他热物理参数，如热量获取或损失、热梯度、热流密度（热通量）等。热分析在许多工程应用中扮演着重要角色，如内燃机、换热器、管路系统、电子元件等。通常来说，热分析后进行结构应力分析，计算由于热膨胀或收缩引起的热应力。

8.1.1　ANSYS 热分析的特点

ANSYS 热分析是指基于能量守恒原理的平衡方程，利用有限元方法计算各节点的温度，并导出其他热物理参数。ANSYS 热分析包括热传导、热对流和热辐射 3 种热传递方式。此外，还可以分析相变、内热源、接触热阻等问题。

ANSYS 热分析的内容包括稳态传热和瞬态传热。在稳态传热中，系统的温度场不随时间变化；而在瞬态传热中，系统的温度场随时间明显变化。ANSYS 热耦合分析包括热-结构耦合、热-流体耦合、热-电耦合、热-磁耦合和热-电-磁-结构耦合等。

ANSYS 热分析的边界条件或初始条件可分为温度、热流率、热流密度、对流、辐射、绝热和生热 7 种。表 8-1 给出了 ANSYS 热分析中使用的符号和单位。

表 8-1　　ANSYS 热分析中使用的符号和单位

项　目	国际单位	英制单位	ANSYS 代号
长度	m	ft	
时间	s	s	
质量	kg	lbm	
温度	℃	℉	
力	N	lbf	
能量（热量）	J	BTU	
功率（热流）	W	BTU/s	
热流密度	W/m^2	$BTU/(s \cdot ft^2)$	
生热率	W/m^3	$BTU/(s \cdot ft^3)$	
导热系数	W/（m·℃）	BTU/（s·ft·℉）	KXX
对流系数	$W/(m^2 \cdot ℃)$	$BTU/(sec \cdot ft^2 \cdot ℉)$	HF
密度	kg/m^3	lbm/ft^3	DENS
比热容	J/（kg·℃）	BTU/（lbm·℉）	C
焓	J/m^3	BTU/ft^3	ENTH

8.1.2　ANSYS 热分析的单元

（1）热分析的单元

热分析涉及的单元大约有 40 多种，表 8-2 列出了专门用于热分析的 14 种单元。

表 8-2 热分析单元

单元类型	ANSYS 单元	说 明
线性	LINK31	2 节点热辐射单元
	LINK32	二维 2 节点热传导单元
	LINK33	三维 2 节点热传导单元
	LINK34	2 节点热对流单元
二维实体	PLANE35	6 节点三角形单元
	PLANE55	4 节点四边形单元
	PLANE75	4 节点轴对称单元
	PLANE77	8 节点四边形单元
	PLANE78	8 节点轴对称单元
三维实体	SOLID70	8 节点六面体单元
	SOLID87	10 节点四面体单元
	SOLID90	20 节点六面体单元
壳	SHELL57	4 节点
点	MASS71	质量单元

（2）表面效应单元

表面效应单元利用实体表面的节点形成单元，覆盖在实体单元表面。因此，表面效应单元只增加单元数量，不会增加节点数量。

ANSYS 中可用于热分析的表面效应单元有 SURF151（2D）和 SURF152（3D）。

在 ANSYS 热分析中，利用表面效应可以更加灵活地定义表面载荷：

◆在一表面上同时施加热流密度和热对流边界条件时，必须将其中一个施加于实体单元表面，另一个施加在表面效应单元上；

◆为了灵活地控制对流载荷，可以将流体温度施加在孤立节点上，将对流系数施加在表面效应单元上；

◆可以使用表面效应单元来模拟点与面的辐射传热；

◆当选择的 SURF151 单元行为是 Plane with thick 时，需要定义面的厚度（缺省为 1）。

使用表面效应单元施加对流或热密度边界条件时，一般不需要定义材料属性，若对流系数随温度变化，则最好单独设定一材料编号，定义材料的对流系数随温度变化的数据表；在表面效应单元上施加对流边界条件时，应输入带负号的材料编号。表面效应单元的关键字设置如表 8-3 和表 8-4 所示。

表 8-3 表面效应单元的关键字设置

关键字	取 值	意 义
KEYOPT（4）	0	包含中间节点
	1	不包含中间节点
KEYOPT（5）	0	包含多余节点
	1	不包含多余节点
KEYOPT（6）	0	使用多余节点温度
	1	使用隔热墙温度

续表 8-3

关键字	取 值	意 义
KEYOPT（7）	0	不使用经验公式计算
	1	使用经验公式与对流系数相乘
KEYOPT（8）	0	忽略热流密度和对流边界条件
	1	施加热流密度，忽略对流边界条件
	2	根据平均温度〔固体与液体（TS+TB）/2〕计算对流系数
	3	根据固体表面温度 TS 计算对流系数
	4	根据液体温度 TB 计算对流系数
	5	根据固体表面与液体温差计算对流系数
KEYOPT（9）	0	不考虑辐射
	1	考虑辐射

表 8-4 **KEYOPT（3）的意义**

关键字	取 值	单元行为（SURF151）	单元行为（SURF152）
KEYOPT（3）	0	Plane	关于整体坐标系 X 轴对称
	1	Axisymmetric	关于整体坐标系 Y 轴对称
	2	Plane with thick	关于整体坐标系 Z 轴对称
	3	Underlying solid	

8.1.3 ANSYS 热分析误差估计

在 ANSYS 热分析中，误差估计主要用于以下情况：

◆仅用于评估由于网格密度不够带来的误差；

◆仅适用于 SOLID 或 SHELL 的热分析单元（只有温度一个自由度）；

◆基于单元边界的热流密度的不连续；

◆仅对线性、稳态热分析有效。

使用自适应网格划分可以对误差进行控制。

8.2 稳态传热分析

稳态传热分析用于研究稳态的热载荷对系统或部件的影响。通常在进行瞬态传热分析以前，进行稳态传热分析，用于确定初始温度分布。稳态热分析可以通过有限元计算，确定由于稳态的热载荷引起的温度、热梯度、热对流、热流密度等参数。

8.2.1 稳态热分析的基本步骤

ANSYS 稳态热分析可以分为如下 3 个步骤：前处理，建模；求解，施加载荷计算；后处理，查看结果。

（1）建立模型

① 定义工作文件名（Jobname）、标题（Title）和单位（Unit）。

② 定义单元类型，设定单元选项。

③ 定义单元实常数。

④ 定义材料热性能参数，并划分网格得到有限元模型。对感兴趣的区域，应划分较细的有限元网格。

(2) 施加载荷并求解

① 进入 ANSYS 求解器（Main Menu > Solution）。

② 定义分析类型，分析类型选 Steady-state（GUI：> New Analysis）。

③ 定义求解选项（GUI：> Analysis Options）。

◆Newton-Raphson 选项：仅对非线性分析有效。

◆选择求解器：与一般非线性分析类似，除包括超单元的热分析、热辐射分析和相变分析外，可以选用 Iterative 选项进行快速求解。

◆确定绝对零度：进行热辐射分析时，需要将目前的温度值换算为绝对温度。若使用的温度单位是摄氏度，此值应为 273；若使用的温度单位是华氏度，此值应为 460。

④ 施加载荷：热分析的载荷可以是温度、热流率、对流、热流密度和生热率。

◆温度。温度作为自由度约束施加在温度已知的边界上，其施加方法如下：

命令：D，NODE，Lab，VALUE，VALUE2，NEND，NINC，Lab2，Lab3，Lab4，Lab5，Lab6

GUI：Main Menu > Solution > Define Loads > Apply > Thermal > Temperature > On Nodes

◆热流率。热流率作为节点集中载荷，只能用于线单元模型。输入正值时，代表热流流入节点，即单元获取热量。其施加方法如下：

命令：F，NODE，Lab，VALUE，VALUE2，NEND，NINC

GUI：Main Menu > Solution > Define Loads > Apply > Thermal > Heat Flow > On Nodes

如果在实体单元的某一节点上施加热流率，则此节点周围的单元要密一些，在两种导热系数差别很大的两个单元的公共节点上施加热流率时，尤其要注意单元网格密度。此外，尽可能使用热生成或热流密度边界条件，这样结果会更精确些。

若在节点上同时施加温度和热流率，ANSYS 读取温度值进行计算。

◆对流。对流作为面载荷施加在实体的外表面或表面效应单元上，计算与流体的热交换。其施加方法如下：

命令：SF，Nlist，Lab，LALUE，VALUE2

GUI：Main Menu > Preprocessor > Loads > Define Loads > Apply > Thermal > Convection > On Nodes

只有实体和壳模型上可以施加对流边界条件，对于线模型可以考虑通过对流线单元 LINK34 施加。

◆热流密度。热流密度是通过单位面积的热流率，作为面载荷施加在实体的外表面或表面效应单元上。输入正值时，代表热流流入单元。其施加方法如下：

命令：SF，Nlist，Lab，VALUE，VALUE2

GUI：Main Menu > Solution > Define Loads > Apply > Thermal > Heat Flux > On Nodes

在外表面上可以同时施加热流密度和对流，但 ANSYS 只读取最后的面载荷进行计算。

◆生热率。生热率作为体载荷施加在单元上，可以模拟化学反应生热或电流生热，单位是单位体积的热流率。其施加方法如下：

命令：BF，NODE，Lab，VAL1，VAL2，VAL3

GUI：Main Menu > Solution > Define Loads > Apply > Thermal > Heat Genera > On Nodes

⑤ 设定载荷步选项。

◆普通选项：使用载荷步和载荷子步。

◆非线性选项：迭代次数、自动施加步长、收敛准则、线性搜索和求解预测等。

◆输出选项：控制打印输出和控制结果文件内容。

⑥ 保存数据文件，单击 ANSYS 工具条的 SAVE_ DB。

⑦ 求解计算。

命令：SOLVE

GUI：Main Menu > Solution > Solve > Current LS

⑧ 退出求解器。

（3）检查计算结果

① 进入通用后处理器（POST1），ANSYS 将热分析的结果写入文件中，包括如下数据。

◆基本数据：节点温度。

◆导出数据：节点与单元的热流密度、节点及单元的热梯度、单元热流率、节点的反作用热流率等。

② 读入结果数据。

③ 对结果数据列表或图形显示。

◆彩色云图显示：

命令：PLNSOL，PLESOL，PLETAB 等

GUI：Main Menu > General Postproc > Plot Results > Contour Plot > Nodal Solu

Main Menu > General Postproc > Plot Results > Contour Plot > Element Solu

Main Menu > General Postproc > Plot Results > Contour Plot > Elem Table

◆矢量图显示

命令：PLVECT

GUI：Main Menu > General Postproc > Plot Results > Vector Plot > Predefined or Userdefined

◆列表显示

命令：PRNSOL，PRESOL，PRRSOL 等

GUI：Main Menu > General Postproc > List Results > Nodal Solution

Main Menu > General Postproc > List Results > Element Solution

Main Menu > General Postproc > List Results > Reaction Solu

8.2.2 稳态热分析实例

8.2.2.1 问题描述

如图 8-1 所示，一高度为 0.5m 的空心圆柱由两层组成，$R_1 = 0.5$m，$R_2 = 0.4$m，$R_3 = 0.2$m。外层为铁，导热系数为 70W/(m·℃)；内层为铜，导热系数为 383 W/(m·℃)。底面和外壁温度为 0℃，内壁温度为 10℃，顶面温度为 40℃，求空心圆柱的温度分布。假设空心圆柱为轴对称结构，因此可以只取 1/8 建立有限元模型进行研究。

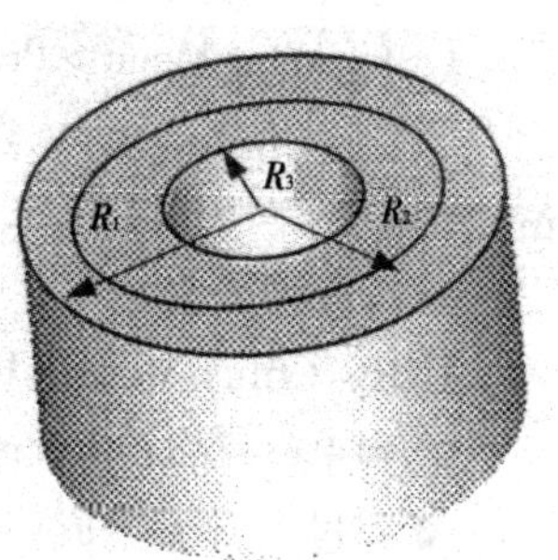

图 8-1 空心圆柱

8.2.2.2 GUI 分析步骤

（1）建立模型

① 定义分析标题。

GUI：Utility Menu > File > Change Title

输入 Temperature Distribution in a Hollow Cylinder，单击 OK。

② 定义单元类型。

GUI：Main Menu > Preprocessor > Element Type > Add/Edit/Delete

出现 Element Types 列表框。单击 Add，出现单元类型库对话框，在其左侧栏中选择 Thermal Solid，在右侧列表中选择 Brick 20 node 90。单击 OK 后，再单击 Close，关闭对话框。

③ 定义材料特性。

GUI：Main Menu > Preprocessor > Material Props > Material Models

在 Define Material Model Behavior 对话框右侧材料列表中，依次双击 Thermal、Conductivity、Isotropic，在出现的对话框的 KXX 中输入 383，单击 OK。然后选择菜单 Material > New model，出现 Define Material ID 对话框，单击 OK，Material Model Number 2 出现在 Material Models Defined 对话框左侧列表中。在 Define Material Model Behavior 对话框右侧材料列表中，依次双击 Thermal、Conductivity、Isotropic，在出现的对话框的 KXX 中输入 70。单击 OK 后，选择菜单 Material > Exit，退出。

④ 建立几何模型。

◆定义整体圆柱坐标系为当前坐标系。

GUI：Utility Menu > WorkPlane > Change Active CS to > Global Cylindrical

◆创建关键点。

GUI：Main Menu > Preprocessor > Modeling > Create > Keypoints > In Active CS

出现 Create Keypoints in Active Coordinate System 对话框。在 X、Y、Z Location in Active CS 中输入 0.2，0，0，单击 Apply，生成关键点 1。再次在 X、Y、Z Location in Active CS 中输入 0.2，45，0，单击 Apply，生成关键点 2。执行类似操作，分别输入（0.4，0，0）、（0.4，45，0）、（0.5，0，0）和（0.5，45，0），即可生成关键点 3、4、5、6。如图 8-2 所示。

◆拷贝所有关键点。

GUI：Main Menu > Preprocessor > Modeling > Copy > Keypoints

得到 Copy Keypoints 选择框。单击 Pick All，出现 Copy Keypoints 对话框，在“Z-offset in active CS”中输入 0.5，单击 OK。

◆改变视角显示。

GUI：Utility Menu > Plotctrls > Pan Zoom Rotate

得到 Pan-Zoom-Rotate 工具框，单击 Iso，图形窗口显示 12 个关键点。如图 8-3 所示。

◆通过关键点生成体。

GUI：Main Menu > Preprocessor > Modeling > Create > Volumes > Arbitrary > Through KPs

得到 Create Volume Thru KPs 选择框。在图形窗口中依次选择关键点 1、2、4、3、7、8、10 和 9，单击 Apply，生成体 1。再次在图形窗口依次选择关键点 4、3、5、6、10、9、11 和 12，单击 OK，生成体 2。

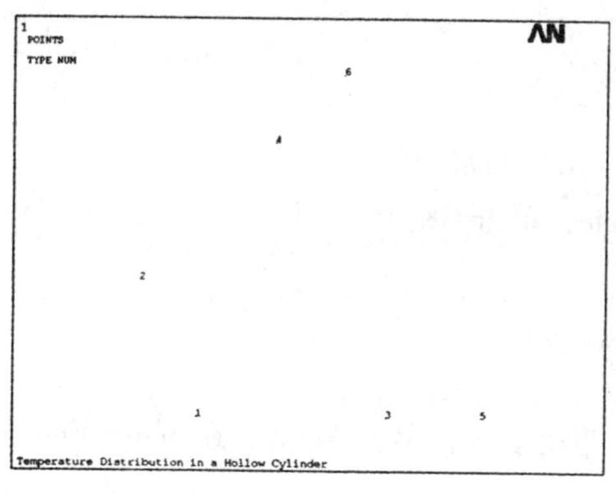

图 8-2　创建关键点

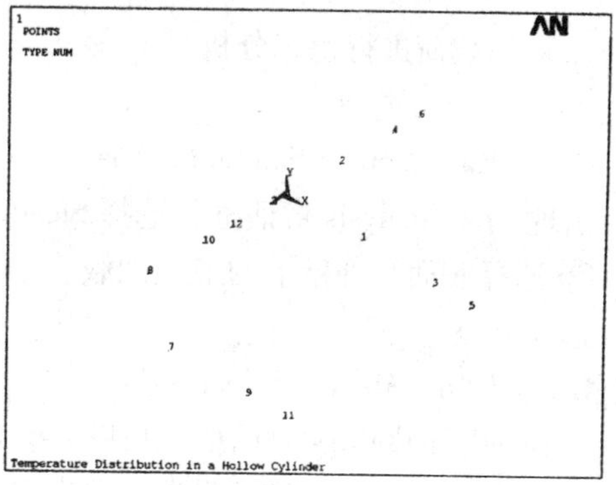

图 8-3　拷贝关键点

◆编号显示体。

GUI：Utility Menu > PlotCtrls > Numbering

在图形窗口中显示体，如图 8-4 所示。

⑤ 划分网格。

◆赋予材料号。

GUI：Main Menu > Preprocessor > Meshing > Mesh Attributes > Picked Volumes

出现 Volume Attributes 选择框。在图形窗口中选择体 1，单击 Apply，得到 Volume Attributes 对话框。在 Material number 中选择 1，其他保留缺省设置，单击 Apply。在图形窗口选择 2，在 Volume Attributes 选择框中单击 Apply，得到 Volume Attributes 对话框，在 Material number 中选择 2，其他保留缺省设置，单击 OK。

◆设置单元尺寸，生成体网格。

GUI：Main Menu > Preprocessor > Meshing > Mesh Tool

出现 Mesh Tool 对话框。单击 Line 右侧的 Set，出现 Element Size On Picked 对话框，在图形窗口中选择一条与 Z 轴平行的直线（如关键点 1，7 的直线）。单击 OK，出现 Element Sizes On Picked Lines 对话框，在 No. of element divisions 中输入 10，单击 OK，此时直线被分为 10 段。

单击 Global 右侧的 Set，出现 Global Element Sizes 对话框。在 No. of element divisions 中输入 6，单击 OK，网格形状 Shape 选 Hex，划分方式选 Sweep，单击 Sweep，出现 Volume Sweeping 对话框，单击 Pick All 生成单元。如图 8-5 所示。

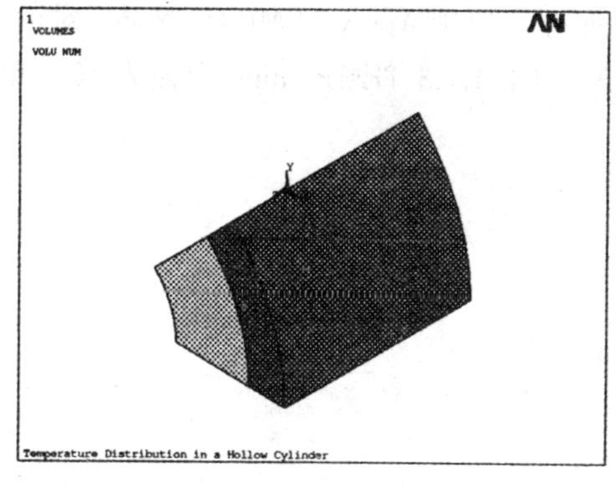

图 8-4　生成体

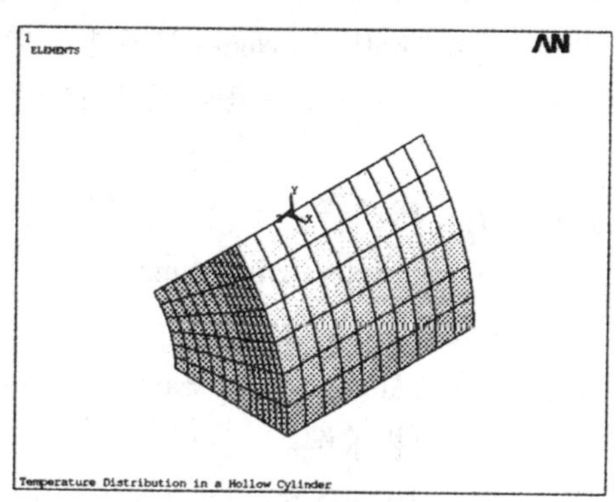

图 8-5　扫掠体网格

(2) 加载荷进行稳态分析

① 定义分析类型。

GUI：Main Menu > Solution > Analysis Type > New Analysis

出现 New Analysis 对话框。选择 Steady-State，单击 OK。

② 选择底面和外壁上的节点加载。

选择节点：

GUI：Utility Menu > Select > Entities

得到 Select Entities 对话框，按图 8-6（a）进行设置，单击 Apply，在 Select Entities 对话框中，按图 8-6（b）进行设置，单击 OK。

施加温度载荷：

GUI：Main Menu > Solution > Define Loads > Apply > Thermal > Temperature > On Nodes

出现 Apply TEMP on Nodes 选择框。单击 Pick All，出现 Apply TEMP on Nodes 对话框，在 DOFs to be constrained 选项中选中 TEMP，在 VALUE Load TEMP value 中输入 0，单击 OK。

③ 选择顶面上的节点施加载荷。

选择节点：

GUI：Utility Menu > Select > Entities

得到 Select Entities 对话框，按图 8-6（c）进行设置，单击 OK。

施加温度载荷：

GUI：Main Menu > Solution > Define Loads > Apply > Thermal > Temperature > On Nodes

出现 Apply TEMP on Nodes 选择框。单击 Pick All，出现 Apply TEMP on Nodes 对话框，在 DOFs to be constrained 选项中选中 TEMP，在 VALUE Load TEMP value 中输入 40，单击 OK。

④ 选择内壁上的节点施加载荷。

选择节点：

GUI：Utility Menu > Select > Entities

得到 Select Entities 对话框，按图 8-6（d）进行设置，单击 OK。

施加温度载荷：

Main Menu > Solution > Define Loads > Apply > Thermal Temperature > On Nodes

出现 Apply TEMP On Nodes 选择框。单击 Pick all，出现 Apply TEMP On Nodes 对话框，在 DOFs to be constrained 选项中选中 TEMP，在 VALUE Load TEMP value 中输入 10，单击 OK。

选择所有实体：

Utility Menu > Select Everything

⑤ 保存数据库文件。

GUI：Utility Menu > File > Save as Jobname. db

⑥ 稳态热分析求解。

GUI：Main Menu > Solution > Solve > Current LS

查看求解信息，关闭求解状态窗口，单击 OK 开始求解，求解完成后单击 Close，关闭求解信息框。

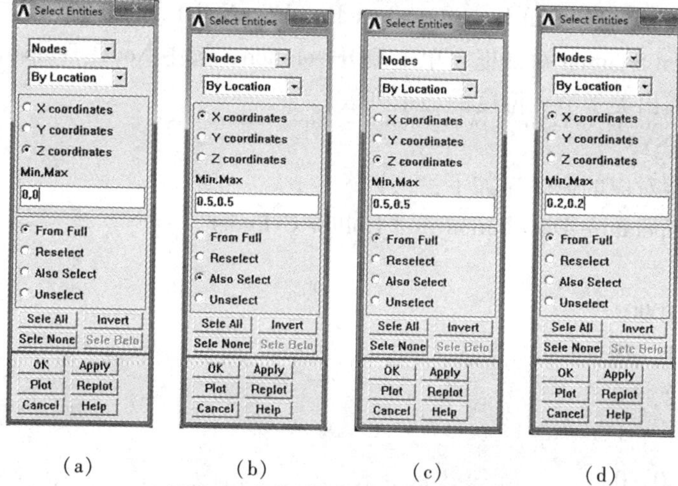

(a)　(b)　(c)　(d)

图 8-6　选择底面和壁上节点设置

（3）查看求解结果

① 读入结果数据。

GUI：Main Menu > General Postproc > Read Results > Last Set

② 观察温度分布。

GUI：Main Menu > General Postproc > Plot Results > Contour Plot > Nodal Solu

出现 Contour Nodal Solution Data 对话框，单击 Item to be contoured 列表中的 DOF solution，选中 Nodal Temperature，单击 OK。在图形窗口得到温度分布的彩色云图，如图 8-7 所示。

③ 显示等温面。

GUI：Utility Menu > PlotsCtrls > Style > Contours > Contour Style

出现 Contour Style 对话框。在 Style of contour plot 列表中选择 Isosurface，单击 OK。执行 Main Menu > General Postproc > Plot > Results > Nodal Solu，出现 Contour Nodal Solution Data 对话框。在 Item to be contoured 列表中单击 DOF solution，选中 Nodal Temperature，单击 OK。在图形窗口得到空心圆柱的等温面显示，如图 8-8 所示。

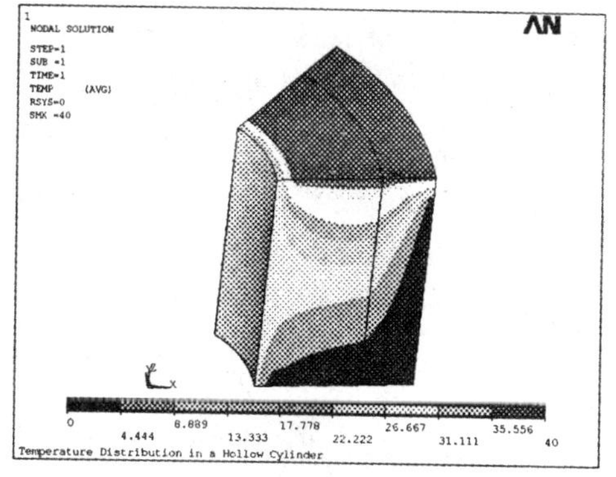

图 8-7　温度分布彩色云图

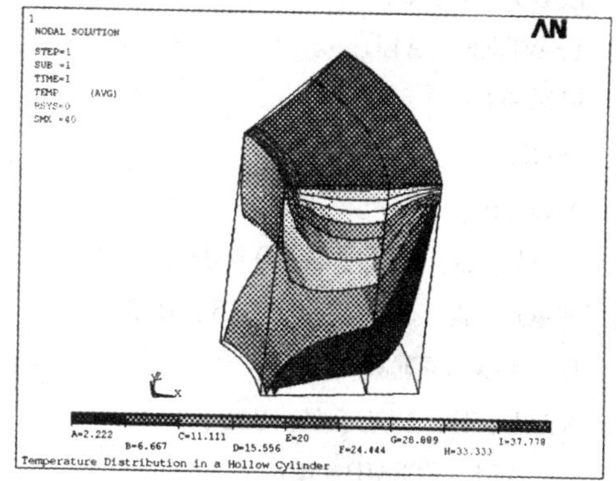

图 8-8　等温面显示图

④ 列表显示。

GUI：Main Menu > General Postproc > List Results > Nodal Solution

弹出 List Nodal Solution 对话框，单击 DOF solution，选中 Nodal Temperature，单击 OK，关闭此对话框，弹出关于节点温度的显示列表。

(4) 退出 ANSYS

上述分析步骤对应的命令流如下：

```
/TITLE, Temperature Distribution in a Hollow Cylinder
/PREP7
ET, 1, SOLID90
MP, KXX, 1, 383
MP, KXX, 2, 70
CSYS, 1
K, 1, 0.2, 0, 0
K, 2, 0.2, 45, 0
K, 3, 0.4, 0, 0
K, 4, 0.4, 45, 0
K, 5, 0.5, 0, 0
K, 6, 0.5, 45, 0
KGEN, 2, ALL,,,,, 0.5
V, 1, 2, 4, 3, 7, 8, 10, 9
V, 4, 3, 5, 6, 10, 9, 11, 12
VSEL, S,,, 1
VATT, 1,, 1, 0
VSEL, S,,, 2
VATT, 2,, 1, 0
ALLSEL, ALL
LESIZE, 7,,, 10,,,,, 1
ESIZE, 0, 6,
VSWEEP, ALL
FINISH
/SOL
ANTYPE, 0
NSEL, S, LOC, Z, 0, 0
NSEL, A, LOC, X, 0.5, 0.5
D, ALL, TEMP, 0
NSEL, S, LOC, Z, 0.5, 0.5
D, ALL, TEMP, 40
NSEL, S, LOC, X, 0.2, 0.2
D, ALL, TEMP, 10
ALLSEL, ALL
```

```
SOLVE
FINISH
/POST1
SET, LAST
PLNSOL, TEMP,, 0
/CTYPE, 1
/SSCALE, ALL, 0
/REPLOT
PRNSOL, TEMP
FINISH
/EXIT, ALL
```

8.3 瞬态传热分析

瞬态传热分析用于计算一个系统随时间变化的温度场及其他热参数。在工程上，一般用瞬态热分析计算温度场，并将其作为热载荷进行应力分析。

瞬态热分析的基本步骤与稳态热分析类似，瞬态热分析中使用的单元与稳态热分析相同，主要的区别是瞬态热分析中的载荷是随时间变化的。为了表达随时间变化的载荷，首先必须将载荷-时间曲线分为载荷步。载荷-时间曲线的每一个拐点为一个载荷步。对于每一个载荷步，必须定义载荷值及时间值，同时必须选择载荷步为渐变或阶跃的。

8.3.1 瞬态热分析的主要步骤

（1）建立模型

① 定义工作文件名（Jobname）、标题（Title）和单位（Unit）。

② 在前处理器（PREP7）定义单元类型，设定单元选项。

③ 定义单元实常数。

④ 定义材料热性能参数、导热系数、密度和比热容。它们可以是恒定的，也可以随温度变化。

⑤ 创建几何实体模型，并划分网格得到有限元模型。对感兴趣的区域，应划分较细的有限元网格。

（2）施加载荷并求解

① 进入 ANSYS 求解器（Main Menu > Solution）。

② 定义分析类型。分析类型选 Transient（GUI：Solution > Anlalysis Type > New Analysis）。

指定瞬态热分析求解方法与结构分析类似，包括完全法、缩减法和模态叠加法。

③ 定义求解选项（GUI： > Analysis Options）。

（a）非线性瞬态热分析选项如下：

◆命令：THOPT，Refopt，REFORMTOL，NTABPOINTS，TEMPMIN，TEMPMAX

◆Refopt = FULL：使用完全的 N-S 求解选项修改热矩阵（缺省情况）。

◆Refopt = QUASI：基于 REFORMTOL，有选择地修改热矩阵。

◆Refopt = LINEAR：使用线性求解选项，不修改热矩阵。

注意：重启动后分析不支持 QUASI 和 LINEAR。

（b）选择求解器：与一般的非线性分析类似。

◆命令：EQSLV，Lab，TOLER，MULT

（c）确定绝对零度：

◆命令：TOFFST，VALUE

若使用的温度单位是摄氏度，此值应为 273；若使用的温度单位是华氏度，此值应为 460。

④ 获得瞬态分析的初始条件。

（a）定义均匀温度场：

设定所有节点的初始温度：

◆命令：TUNIF，TEMP

◆GUI：Main Menu > Preprocessor > Loads > Define Loads > Settings > Uniform Temp

Main Menu > Solution > Define Loads > Settings > Uniform Temp

设定节点温度：

◆命令：D，NODE，TEMP，VALUE，，NEND，NINC，

◆GUI：Main Menu > Preprocessor > Loads > Define Loads > Apply > Thermal > Temperature > On Nodes

Main Menu > Solution > Define Loads > Thermal > Apply > Temperature > On Nodes

注意：初始的均匀温度场仅对分析的第 1 个子步有效，而设定的节点温度将在整个瞬态热分析过程中保持。

（b）定义非均匀温度场。

◆命令：IC，NODE，TEMP，VALUE，，NEND，NINC

◆GUI：Main Menu > Preprocessor > Loads > Define Loads > Apply > Initial Condit'n > Define

Main Menu > Solution > Define Loads > Apply > Initial Condit'n > Define

若初始温度场是不均匀而且是未知的，就必须首先进行稳态热分析，将稳态热分析结果作为瞬态热分析的初始条件。步骤如下：

首先，设定载荷（如已知的温度、热对流等），然后关闭时间积分。

◆命令：TIMINT，OFF，THERM

◆GUI：Main Menu > Preprocessor > Loads > Load Step Opts > Time/Frequenc > Time Integration

Main Menu > Solution > Load Step Opts > Time/Frequenc > Time Integration

接着设定仅包含一个子步的小载荷步，最后写入载荷步文件或先求解。

⑤ 设定载荷步选项。

（a）普通选项：设定载荷步、载荷子步以及载荷增加方式（阶跃或渐变）。

（b）非线性选项：定义平衡迭代次数、自动时间步长和时间积分效应。

（c）输出选项：控制结果文件的输出。

⑥ 保存数据文件。

⑦ 开始求解计算。

⑧ 退出求解器。

（3）检查计算结果

① 进入通用后处理器（POST1）。

② 读入结果数据。

③ 对某一时刻的结果数据列表或图形显示。

④ 进入时间-历程后处理器（POST26）。

⑤ 图形或列表显示变量随时间的变化情况。

8.3.2　相变问题

ANSYS 热分析最强大的功能之一就是可以分析相变问题。相变过程（如凝固或熔化）是一个非线性的瞬态的问题。

分析相变问题时，时间步长应取足够小，并且激活自动时间步长。

分析相变问题时，应选用低阶热单元（PLANE55 或 SOLID70），若必须使用高阶单元，就应将单元关键字 K1 取为 1。

◆命令：KEYOPT（1） =1

◆GUI：Main Menu > Preprocessor > Element Type > Add/Edit/Delete

分析相变问题时，使用线性搜索有助于加速相变问题的求解。

◆命令：LNSRCH，ON

◆GUI：Main Menu > Solution > Load Step Opts > Nonlinear > Line Search

分析相变问题时，应将瞬态积分参数 THETA 设置为 1。

◆命令：TINTP，，，，1，，

◆GUI：Main Menu > Solution > Load Step Opts > Time/Frequenc > Time Integration

分析相变问题时，需要考虑相变过程中吸收和释放的热量，即熔融潜热。ANSYS 通过定义材料随温度变化的焓来考虑熔融潜热。焓是密度和比热容的乘积对温度的积分。

8.3.3　瞬态热分析实例

8.3.3.1　问题描述

如图 8-9 所示，钢桶在 4h 内浇注完成，砂铸模尺寸 R_1 = 15in，R_2 = 21in，R_3 = 24in，R_4 = 30in。求浇注过程中钢铸件与砂铸模的温度分布。

取单位厚度进行平面分析，作为轴对称结构。为减小模型尺寸，可以只取 1/8 建立有限元模型进行研究。

砂的材料特性：导热系数 k = 0.025Btu/（hr · in · ℉），密度 $DENS$ = 0.054lb/in^3，比热容 c = 0.28Btu/（lb · ℉）。钢的材料特性如表 8-5 所示。初始条件：钢的温度 2875℉，砂的温度 80℉。对流系数 0.014Btu/（hr · in^2 · ℉），环境温度 80℉。

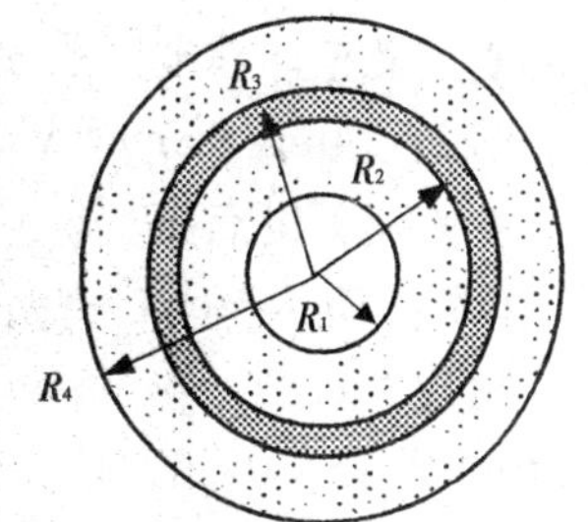

图 8-9　钢铸件 – 砂铸模平面图

表 8-5　钢的材料特性

温度/℉	0	2643	2750	2875
导热系数 Btu/（hr · in · ℉）	1.44	1.54	1.22	1.22
焓 Btu/in^3	0.0	128.1	163.8	174.2

8.3.3.2 GUI 求解步骤

(1) 建立模型

① 定义分析标题。

GUI：Utility Menu > File > Change Title

键入“Casting Solidification”，单击 OK。

② 定义单元类型。

GUI：Main Menu > Preprocessor > Element Type > Add/Edit/Delete

出现 Element Types 列表框。单击 Add，出现单元类型库对话框，在左侧列表中选择 Thermal Solid，在右侧列表中选择 Quad 4 node 55，单击 OK，单击 Close，关闭 Element Types 列表框。

③ 定义材料特性。

GUI：Main Menu > Preprocessor > Material Props > Material Models

定义砂的材料特性：在 Define Material Model Behavior 对话框右侧材料列表中，依次双击 Thermal、Conductivity、Isotropic，在出现的对话框的 KXX 中输入 0.025，单击 OK。依次双击 Thermal、Specific Heat，在出现的对话框中，在 C 中输入 0.28，单击 OK。依次双击 Thermal、Density，在出现的对话框中，在 DENS 中输入 0.054，单击 OK。

定义钢的材料特性：选择菜单 Material > New Model，出现 Define Material ID 对话框，单击 OK，Material Model Number2 出现在 Material Models Defined 对话框左侧列表中。在 Define Material Model Behavior 对话框右侧材料列表中，依次双击 Thermal、Conductivity、Isotropic，在出现的对话框中，单击 Add Temperature 3 次，得到 Temperatures、KXX 列表，输入（0，1.44），(2643，1.54)，(2750，1.22）和（2875，1.22）4 组数据，单击 OK。

在 Define Material Model Behavior 对话框右侧材料列表中，依次双击 Thermal、Enthalpy，在出现的对话框中，单击 Add Temperature 3 次，得到 Temperatures、ENTH 列表，输入（0，0），（2643，128.1），（2750，163.8）和（2875，174.2）4 组数据，单击 OK，选择菜单 Material > Exit，退出。

④ 建立几何模型：

◆定义整体柱坐标系为当前坐标系。

GUI：Utility Menu > WorkPlane > Change Active CS to > Global Cylindrical

◆创建关键点。

GUI：Main Menu > Preprocessor > Modeling > Create > Keypoints > In Active CS

出现 Creat Keypoints in Active Coordinate System 对话框，在 X、Y、Z Location in active CS 中输入 15、0、0，单击 Apply，生成关键点 1。再次在 X、Y、Z Location in active CS 中输入 15、45、0，单击 Apply，生成关键点 2。执行类似操作，分别输入（21，0，0），(21，45，0)，(24，0，0)，(24，45，0)，(30，0，0）和（30，45，0)，即可生成关键点 3、4、5、6、7、8。如图 8-10 所示。

◆通过关键点生成面。

GUI：Main Menu > Preprocessor > Modeling > Create > Areas > Arbitrary > Through KPs

得到 Create Area thru KPs 选择框。在图形窗口中依次选择关键点 1、2、4、3，单击 Apply，生成面 1。再次在图形窗口中依次选择关键点 4、3、5、6，单击 Apply，生成面 2。再次在图形窗口中依次选择关键点 5、6、8、7，单击 OK，生成面 3。

编号显示面。

Utility Menu > PlotCtrls > Numbering，在弹出的对话框中单击面 AREA 后面的复选框，使 OFF 变成 ON。Utility Menu > Plot > Areas，即可在图形窗口显示面，如图 8-11 所示。

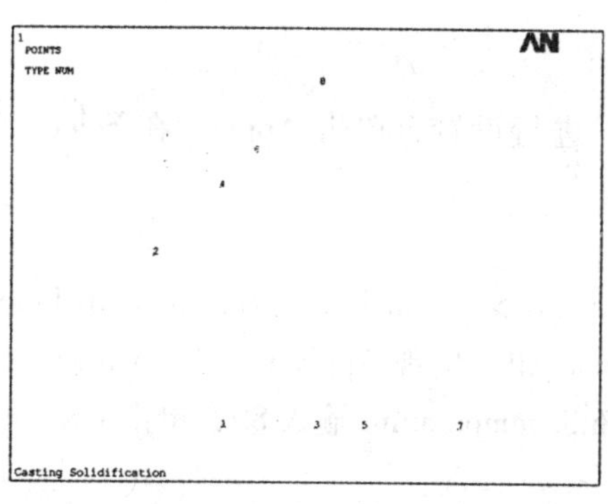

图 8-10 创建关键点

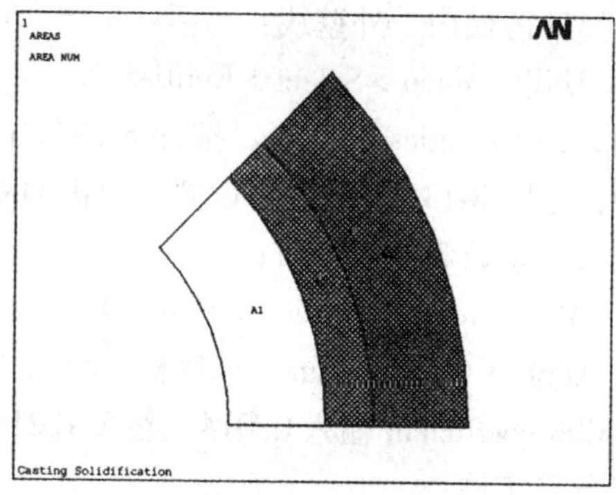

图 8-11 编号显示面

⑤ 划分网格。

◆赋予材料属性：

GUI：Main Menu > Preprocessor > Meshing > Mesh Attributes > Picked Areas

出现 Area Attributes 选择框。在图形窗口中选择面 1 和面 3，单击 Apply，得到 Area Attributes 对话框。在 Material number 中选择 1，其他保留缺省设置，单击 Apply。在图形窗口中选择面 2，在 Area Attributes 选择框中单击 Apply，得到 Area Attributes 对话框。在 Material number 中选择 2，其他保留缺省设置，单击 OK。

◆划分网格：

GUI：Main Menu > Preprocessor > Meshing > Mesh Tool

出现 MeshTool 对话框，激活 Smart Size，通过移动滑动条定义网格疏密程度为 4；指定网格形状：在 Shape 项选 Quad，划分方式选 Free；单击 Mesh，出现 Mesh Areas 选择框，单击“Pick All”生成单元。结果如图 8-12 所示。

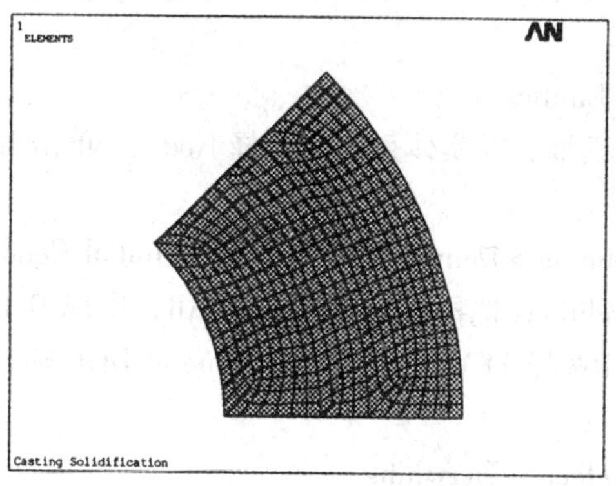

图 8-12 生成网格

（2）施加载荷进行瞬态分析

① 定义分析类型。

GUI：Main Menu > Solution > Analysis Type > New Analysis

出现 New Analysis 对话框，选择 Transient，单击 OK。在弹出的对话框中，选中 Full，单击 OK。

② 施加温度载荷。

◆选择砂铸模内、外壁线：

GUI：Utility Menu > Select > Entities

得到 Select Entities 对话框。按图 8-13（a）进行设置，单击 Apply。在 Select Entities 对话框中，按图 8-13（b）进行设置，单击 OK。

施加对流系数和温度载荷：

GUI：Main Menu > Solution > Define Loads > Apply > Thermal > Convection > On Lines

出现 Apply CONV on Lines 选择框。单击 Pick All，出现 Apply CONV on lines 对话框，在 VALI Film coefficient 输入 0.014，在 VAL2I Bulk temperature 输入 80，单击 OK。

选择所有实体：

GUI：Utility Menu > Select > Everything

显示面：

GUI：Utility Menu > Plot > Areas

◆选择钢铸件面（2 号面）：

GUI：Utility Menu > Select > Entities

得到 Select Entities 对话框。按图 8-13（c）进行设置，单击 OK，得到 Select areas 对话框。在图形窗口中选择代表钢铸件的面，单击 OK。

选择钢铸件上节点：

GUI：Utility Menu > Select > Entities

得到 Select Entities 对话框。按图 8-13（d）进行设置，单击 OK。

施加初始温度载荷：

GUI：Main Menu > Solution > Define Loads > Apply > Initial Condit'n > Define

出现 Define Initial Conditions 选择框，单击 Pick All，出现 Define Initial Conditions 对话框。在 DOF to be specified 选择 TEMP，在 Initial value of DOF 输入 2875，单击 OK。

◆选择砂铸模上节点：

Utility Menu > Select > Entities

得到 Select Entities 对话框，在实体列表中选择 Nodes，单击 Invert。

施加初始温度载荷：

GUI：Main Menu > Solution > Define Loads > Apply > Initial Condit'n > Define

出现 Define Initial Conditions 选择框，单击 Pick All，出现 Define Initial Conditions 对话框。在 DOF to be Specified 选择 TEMP，在 Initial value of DOF 输入 80，单击 OK。

选择所有实体

GUI：Utility Menu > Select > Everything

③ 载荷步选项。

GUI：Main Menu > Solution > Load Step Opts > Solution Ctrl

出现 Nonlinear Solution Control 对话框，激活 Solution Control。

定义载荷步、载荷子步：

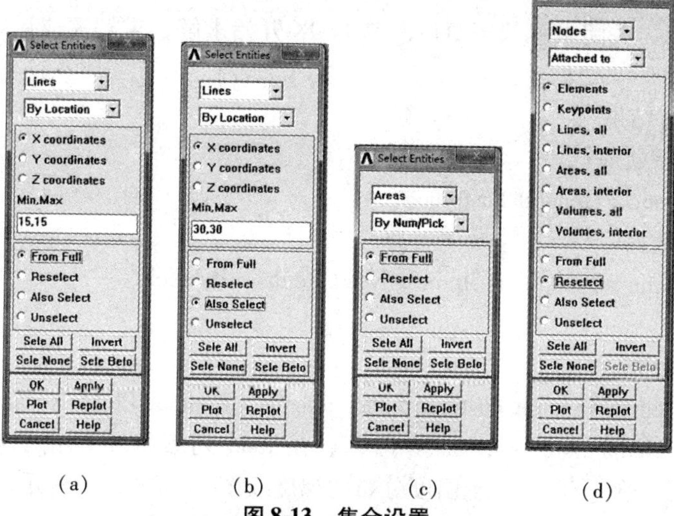

图 8-13　集合设置

GUI：Main Menu > Solution > Load Step Opts > Time/Frequenc > Time–Time Step

得到 Time and Time Step Options 对话框。按图 8-14 进行设置，单击“OK”。

输出控制：

GUI：Main Menu > Solution > Load Step Opts > Output Ctrls > DB/Results File

得到 Controls for Database and Results File Writing 对话框。在 Item 列表选择 All items，在 FREQ 选中 Every substep，单击 OK。

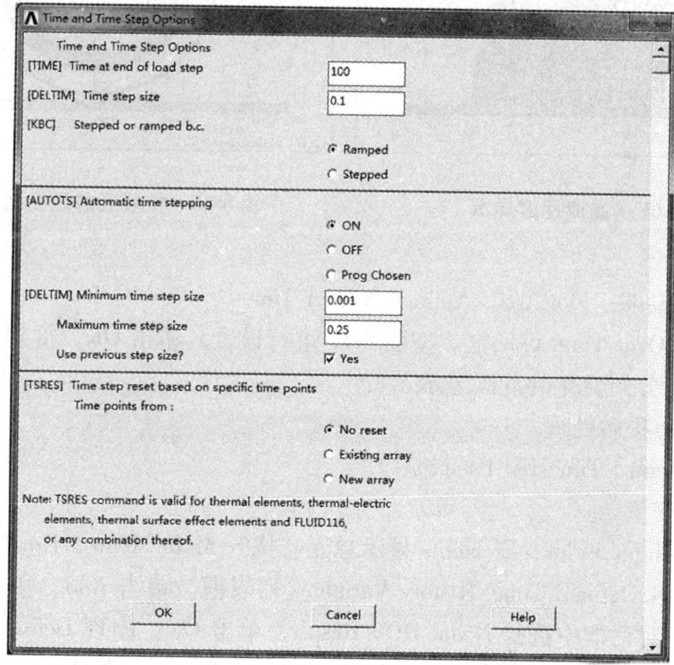

图 8-14　Time and Time Step Options 对话框

④ 保存数据库文件。

GUI：Utility Menu > File > Save as Jobname. db

⑤ 求瞬态热分析解。

GUI：Main Menu > Solution > Solve > Current LS

查看求解信息，关闭求解状态窗口，单击 OK 开始求解，求解完成后单击 Close，关闭求解信息框。

(3) 查看求解结果

① 进入通用后处理器。

GUI：Main Menu > General Postproc。

② 读入结果数据。

GUI：Main Menu > General Postproc > Read Reults > By Pick

选择第 57 步。

③ 观察温度分布。

GUI：Main Menu > General Postproc > Plot Results > Contour Plot > Nodal Solu

出现 Contour Nodal Solution Data 对话框。在 Item 列表框中单击选择 DOF Solution、Nodal Temperature，单击 OK，得到温度分布的梯度线图。如图 8-15 所示。

扩展 1/8 模型，得到扩展后的云图显示，如图 8-16 所示。

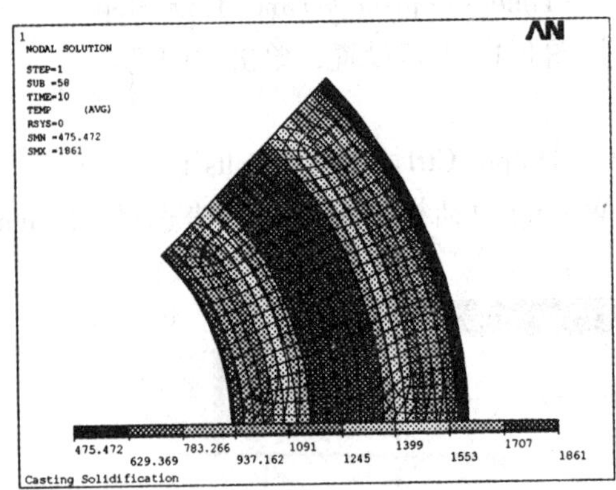

图 8-15　温度梯度显示

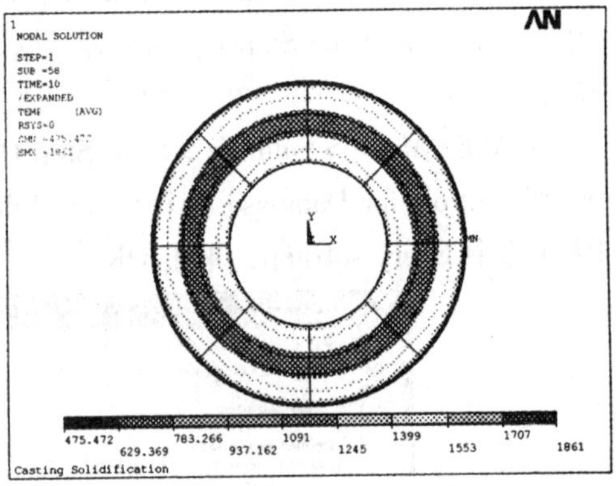

图 8-16　扩展后的温度梯度显示

④ 生成动画。

GUI：Utility Menu > PlotCtrls > Animate > Over Time

得到 Animate Over Time 对话框。按图 8-17 进行设置，单击 OK，得到整个凝固过程钢铸件及砂铸模温度分布变化的动画显示。

⑤ 进入时间历程后处理。

GUI：Main Menu > TimeHist Postpro

⑥ 定义分析变量。

GUI：Utility Menu > Plot > Elements 显示单元。执行 Main Menu > TimeHist Postpro > Define Variables，出现 Defined Time-History Variables 列表框。单击 Add，在出现的 Add Time-History Variable 对话框中选择 Nodal DOF Result，单击 OK，出现 Define Nodal Data 选择框。在图形窗口选择钢铸件中部节点，单击 OK，出现 Define Nodal Data 对话框。单击 OK，单击 Close，关闭 Defined Time-History Variables 列表框。

⑦ 图形输出设置。

GUI：Utility Menu > PlotCtrls > Style > Graphs > Modify Axes

出现 Axes Modifications for Graph Plots 对话框。定义坐标轴名称，在 Y-axis label 输入

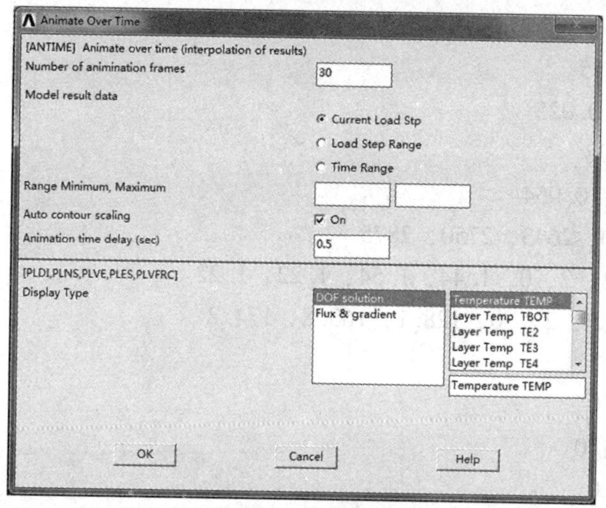

图 8-17　**Animate Over Time 设置**

TEMP；定义坐标刻度大小，在 Axis number size fact 输入 1.3，单击 OK。

设定曲线图的网格线：

GUI：Utility Menu > PlotCtrls > Style > Graphs > Modify Grid

出现 Grid Modifications for Graph Plots 对话框。在 Type of grid 选择 X and Y lines，单击 OK。

⑧ 观察载荷-位移历程曲线。

GUI：Main Menu > TimeHist Postpro > Graph Variables

出现 Graph Time-History Variables 对话框。在 NVAR1 输入 2，单击 OK，钢铸件内侧边上中部节点的温度-时间历程曲线出现在图形窗口，如图 8-18 所示。

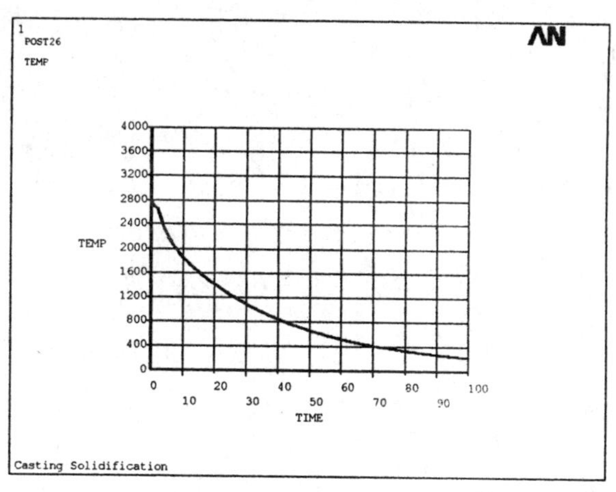

图 8-18　铸钢件上中部节点的温度-时间历程曲线

（4）退出 ANSYS

在工具条窗口选择 QUIT，在弹出的 Exit from ANSYS 对话框中选择要执行的操作，单击 OK，退出 ANSYS。

上述分析步骤对应的命令流如下：

/TITLE，Casting Solidification

```
/PREP7
ET, 1, PLANE55
MP, KXX, 1, 0.025
MP, C, 1, 0.28
MP, DENS, 1, 0.054
MPTEMP, 1, 0, 2643, 2750, 2875
MPDATA, KXX, 2, 0, 1.44, 1.54, 1.22, 1.22
MPDATA, ENTH, 2,, 0, 128.1, 163.8, 174.2
CSYS, 1
K, 1, 15, 0, 0
K, 2, 15, 45, 0
K, 3, 21, 0, 0
K, 4, 21, 45, 0
K, 5, 24, 0, 0
K, 6, 24, 45, 0
K, 7, 30, 0, 0
K, 8, 30, 45, 0
A, 1, 2, 4, 3
A, 4, 3, 5, 6
A, 5, 6, 8, 7
ASEL, S,,, 1, 3, 2
AATT, 1,, 1, 0,
ASEL, S,,, 2
AATT, 2,, 1, 0,
ALLSEL, ALL
SMRT, 4
MSHAPE, 0, 2D
MSHKEY, 0
AMESH, ALL
FINISH
/SOL
ANTYPE, 4
TRNOPT, FULL
LSEL, S, LOC, X, 15, 15
LSEL, A, LOC, X, 30, 30
SFL, ALL, CONV, 0.014,, 80,
ALLSEL, ALL
ASEL, S,,, 2
NSLA, R, 1
IC, ALL, TEMP, 2875,
```

```
NSEL, INVE
IC, ALL, TEMP, 80,
ALLSEL, ALL
SOLCONTROL, ON, 0
TIME, 100
AUTOTS, 1
DELTIM, 0.1, 0.001, 0.25
OUTRES, ALL, ALL,
SOLVE
FINISH
/POST1
SET,,,,,,, 57
PLNSOL, TEMP,, 0
/EXPAND, 8, POLAR, HALF,, 45
PLNS, TEMP,
ANTIME, 10, 0.5,, 1, 0, 0, 0
FINISH
/POST26
NSOL, 2, 269, TEMP
/AXLAB, Y, TEMP
/GROPT, AXNSC, 1.3,
PLVAR, 2
FINISH
/EXIT, ALL
```

8.4　结构热应力分析

当结构体系的温度发生变化时，结构会膨胀或收缩。若结构上各部分膨胀与收缩程度不同，或结构膨胀和收缩受到限制，就会产生热应力。因此，不仅需要关心结构的温度分布，而且需要了解温度变化引起的结构应力分布。

8.4.1　热应力分析方法

（1）热应力分析的类型

在 ANSYS 中，根据不同情况，用户可以从如下 3 种热应力分析方法中选择使用。

① 直接法：适用于节点温度已知的情况，在结构分析中，将节点温度作为体载荷，通过 BF，BFE 或 BFK 命令直接施加到节点上。

② 间接法：适用于节点温度未知的情况，首先进行热分析，然后将求得的节点温度作为体载荷施加到结构分析中的节点上。

③ 热 – 结构耦合法：考虑热 – 结构的耦合作用，使用具有温度和位移自由度的耦合单元，同时得到热分析和结构分析的结果。

提示：对于大多数问题，推荐使用间接法进行热应力分析。

（2）间接法热应力分析的求解步骤

① 首先进行热分析。可以使用热分析的所有功能，使用传导、对流、辐射及表面效应单元进行稳态或瞬态热分析。建模时应充分考虑热分析和结构分析的要求。

② 重新进入前处理，将热单元转换为相应的结构单元，热分析单元与结构分析单元的对应关系如表 8-6 所示。

命令：ETCHG，STT

GUI：Main Menu > Preprocessor > Element Type > Switch Elem Type

表 8-6　热分析单元与对应的结构分析单元

热分析单元	结构分析单元	热分析单元	结构分析单元	热分析单元	结构分析单元
LINK32	LINK1	PLANE67	PLANE42	PLANE77	PLANE82
LINK33	LINK8	LINK68	LINK8	PLANE78	PLANE83
PLANE35	PLANE2	SOLID70	SOLID45	SOLID87	SOLID92
PLANE55	PLANE42	MASS71	MASS21	SOLID90	SOLID95
SHELL57	SHELL63	PLANE75	PLANE25	SHELL157	SHELL63

③ 定义结构分析的材料属性（如弹性模量、热膨胀系数）以及其他前处理选项（如节点耦合、约束方程等）。

④ 读入热分析的节点温度。

命令：LDREAD，TEMP，LSTEP，SBSTEP，TIME，KIMG，Fname，Ext，Dir

GUI：Main Menu > Solution > Define Loads > Apply > Thermal > Temperature > From Therm Analy

选择热分析结果文件 . rth，对于瞬态热分析，需要指定时间点或载荷步。

⑤ 定义参考温度。

命令：TREF，TREF

GUI：Main Menu > Solution > Define Loads > Settings > Reference Temp

⑥ 进行结构分析。

⑦ 后处理。

8.4.2　热应力分析实例

8.4.2.1　问题描述

取与稳态热分析相同的实例进行热应力分析。高度为 0.5m 的空心圆柱由两层组成，$R_1=0.5\text{m}$，$R_2=0.4\text{m}$，$R_3=0.2\text{m}$。外层为铁，导热系数 $k=70\text{W/(m℃)}$，热膨胀系数 $a=1.2\times10^{-5}$，弹性模量 $E=2.0\times10^{8}\text{kPa}$，泊松比 $\upsilon=0.25$。内层为铜，导热系数 $k=383\text{W/(m·℃)}$，热膨胀系数 $\alpha=2.0\times10^{-5}$，弹性模量 $\upsilon=1.5\times10^{8}\text{kPa}$，泊松比 $\upsilon=0.30$。底面和外壁温度为 0℃，内壁温度为 10℃，顶面温度为 40℃，求空心圆柱的应力分布。

考虑空心圆柱为轴对称结构，因此可以只取 1/8 建立有限元模型进行研究。

8.4.2.2　GUI 分析步骤

（1）进行热分析

热应力分析中，首先进行热分析确定结构温度分布，即 8.2.2 节中的分析结果。

（2）热应力分析

① 重新进入前处理器。

GUI：Main Menu > Preprocessor

② 将热单元转换为相应的结构分析单元。

GUI：Main Menu > Preprocessor > Element Type > Switch Elem Type

出现 Switch Elem Type 对话框。在 Change element type 列表框中选择 Thermal to Struc，单击 OK。

③ 定义材料特性。

GUI：Main Menu > Preprocessor > Material Props > Material Models

在 Material Models Defined 对话框的左侧列表中选中 Material Model Number 1，在 Material Models Available 窗口中，依次双击 Structural、Linear、Elastic、Isotropic，在出现的对话框中，在 EX 处输入 1.5e11，在 PRXY 处输入 0.3，单击 OK。依次双击 Structural、Thermal Expansion、Secant Coefficient、Isotropic，在出现的对话框中的 ALPX 处输入 2.0e－5，单击 OK。

在 Material Models Defined 对话框的左侧列表中选中 Material Model Number2，在 Material Models Available 窗口中，依次双击 Structural、Linear、Isotropic，在出现的对话框中，在 EX 处输入 2e11，在 PRXY 处输入 0.25，单击 OK。依次双击 Structural、Thermal Expansion、Secant Coefficient、Isotropic，在出现的对话框中的 ALPX 处输入 1.2e－5，单击 OK。选择菜单 Material > Exit，退出。

④ 进入求解器施加约束。

GUI：Main Menu > Solution > Define Loads > Apply > Structural > Displacement > Symmetry B. C > On Areas

得到 Apply SYMM on Arears 选择框。在图形窗口中选择空心圆柱的两个剖面，单击 OK。执行 Main Menu > Solution > Define Loads > Apply > Structural > Displacement > On Nodes，出现 Apply U，ROT on Nodes 选择框。在图形窗口中选择底面 4 个角点，在选择框中单击 OK，出现 Apply U，ROT on Nodes 对话框。选中 ALL DOF，单击 OK。

⑤ 读入热分析结果。

GUI：Main Menu > Solution > Define Loads > Apply > Structrual > Temperature > From Therm Analy

得到 Apply TEMP from Thermal Analysis 对话框，选择稳态热分析结果文件（分析文件名.rth）。

⑥ 设置参考温度。

GUI：Main Menu > Solution > Define Loads > Settings > Reference Temp

出现 Reference Temperature 对话框，在（TREF）定义参考温度 0，单击 OK。

⑦ 热应力求解。

GUI：Main Menu > Solution > Solve > Current LS

查看求解信息，关闭求解状态窗口，单击 OK 开始求解，求解完成后单击 Close，关闭求解信息框。

（3）后处理

① 读入结果数据。

GUI：Main Menu > General Postproc > Read Results > Last Set

② 观察变形。

GUI：Main Menu > General Postproc > Plot Results > Contour Plot > Deformed Shape

出现 Plot Deformed Shape 对话框。选择 Def + undeformed，单击 OK，结构变形前后的形状同时出现在图形窗口。如图 8-19 所示。

③ 观察应力分布。

GUI：Main Menu > General Postproc > Plot Results > Contour Plot > Nodal Solu

出现 Contour Nodal Solution Data 对话框。在 Item to be Contoured 列表框中单击 Stress，Y - Component of stress，单击 OK，在图形窗口得到 Y 方向应力分布云图。如图 8-20 所示。扩展模型后 Y 方向应力分布云图如图 8-21 所示。

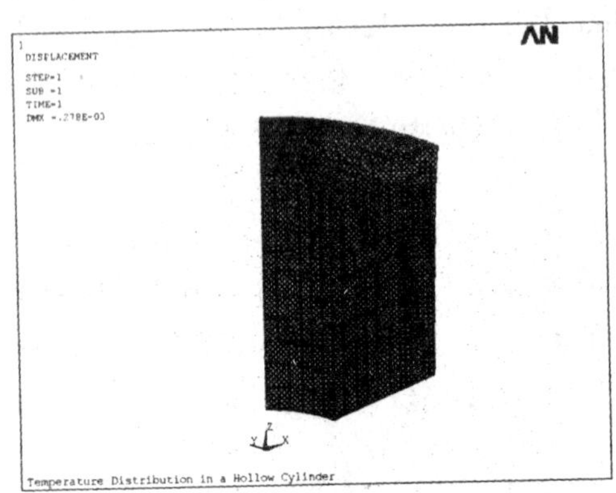

图 8-19 结构变形显示

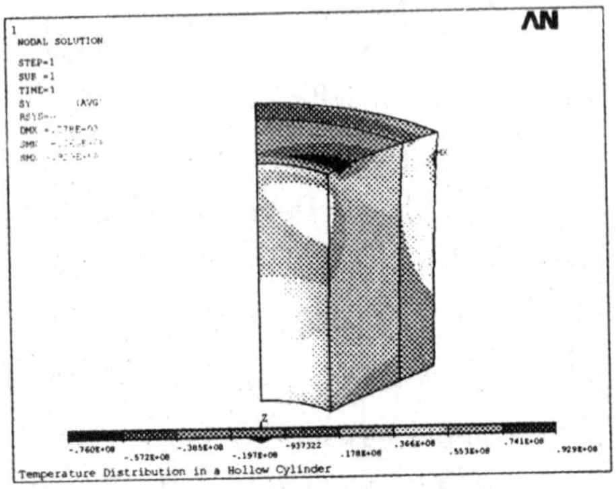

图 8-20 Y 方向应力分布

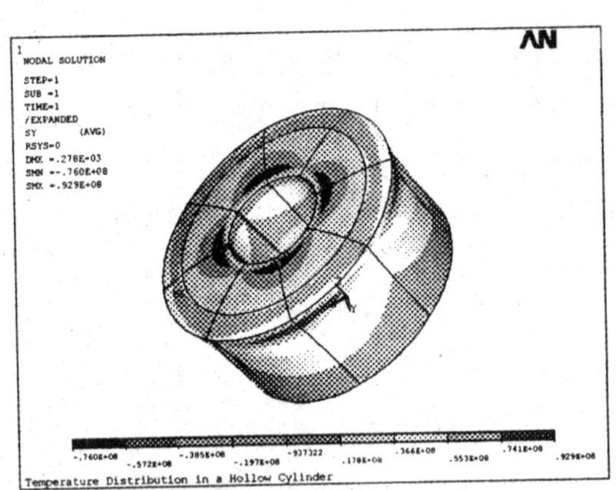

图 8-21 扩展模型后 Y 方向应力分布显示

上述分析步骤对应的命令流如下：

```
FINISH
/PREP7
ETCHG, TTS
MP, EX, 1, 1.5e11
MP, PRXY, 1, 0.3
MP, ALPX, 1, 2e-5
MP, EX, 2, 2e11
```

```
MP, PRXY, 2, 0.25
MP, ALPX, 2, 1.2e-5
DA, 3, SYMM
DA, 5, SYMM
DA, 8, SYMM
DA, 10, SYMM
D, 453, ALL
D, 639, ALL
D, 910, ALL
D, 1176, ALL
LDREAD, TEMP,,,,, 'fill', 'rth', ''
TREF, 0,
FINISH
/SOLU
SOLVE
FINISH
/POST1
SET, LAST
PLDISP, 1
PLNSOL, S, Y, 0, 1.0
FINISH
```

第9章 结构优化设计

9.1 优化设计的基本概念

9.1.1 优化设计概述

优化设计是一种寻找确定最优设计方案的技术。最优方案是最有效率的方案，可以满足所有的设计要求，而且所需的支出（如质量、面积、体积、应力、费用等）最小。可以对设计方案的所有方面进行优化，比如尺寸（如厚度）、形状（如过渡圆角的大小）、支撑位置、制造费用、自然频率、材料特性等。实际上，所有可以参数化的 ANSYS 选项都可以作优化设计。

ANSYS 程序提供了两种优化方法，分别是零阶方法和一阶方法。这两种方法可以处理绝大多数的优化问题。零阶方法是一种很完善的处理方法，可以很有效地处理大多数的工程问题。一阶方法基于目标函数对设计变量的敏感程度，因此更适合于精确的优化分析。

对于这两种方法，ANSYS 程序提供了一系列的分析—评估—修正的循环过程。就是对于初始设计进行分析，对分析结果就设计要求进行评估，然后修正设计。这一循环过程重复进行，直到所有的设计要求都满足为止。

除了这两种优化方法，ANSYS 程序还提供了一系列的优化工具以提高优化过程的效率。例如，随机优化分析的迭代次数是可以指定的；随机计算结果的初始值可以作为优化过程的起点数值。

9.1.2 基本概念

（1）设计变量（DVs）

设计变量（DVs）为自变量，优化结果的取得就是通过改变设计变量的数值来实现的。每个设计变量都有上下限，它定义了设计变量的变化范围。ANSYS 优化程序中最多可以定义 60 个设计变量。

（2）状态变量（SVs）

状态变量（SVs）是约束设计的数值。它们是“因变量”，是设计变量的函数。状态变量可能会有上下限，也可能只有单方面的限制，即只有上限或只有下限。ANSYS 优化程序中最多可以定义 100 个状态变量。

（3）目标函数

目标函数是设计变量的函数，改变设计变量的数值将改变目标函数的数值。在 ANSYS 优化程序中，只能设定一个目标函数。

设计变量、状态变量和目标函数总称为优化变量。在 ANSYS 优化中，这些变量是由用户定义的参数来指定的。用户必须指出在参数集中哪些是设计变量，哪些是状态变量，哪个是目标函数。最优设计是既满足所有约束条件（设计变量的约束和状态变量的约束），又能使目标函数最小的设计。合理设计是指满足所有给定的约束条件的设计，不考虑目标函数。若所有的设计序列都是不合理的设计，那么最优设计是最接近合理设计的方案。

（4）分析文件

分析文件是一个 ANSYS 命令流输入文件，包括一个完整的分析过程（前处理、求解、后处理）。它必须包含一个参数化的模型，用参数定义模型并指出设计变量、状态变量和目标函数。由该文件可以自动生成优化循环文件（Jobname. loop），并在优化计算中循环处理。

一次循环指一个分析周期（可以理解为执行一次分析文件）。最后一次循环的输出存储在文件 Jobname. opo 中。优化迭代（或仅仅是迭代过程）是产生新的设计序列的一次或多次分析循环。一般来说，一次迭代等同于一次循环。对于一阶方法，一次迭代代表多次循环。

优化数据库记录当前的优化环境，包括优化变量定义、参数、所有优化设定和设计序列集合。该数据库可以存储在文件 Jobname. opt，也可以随时读入优化处理器中。

图 9-1 表示优化分析中的数据流向。分析文件必须作为一个单独的实体存在，优化数据库不是 ANSYS 模型数据库的一部分。

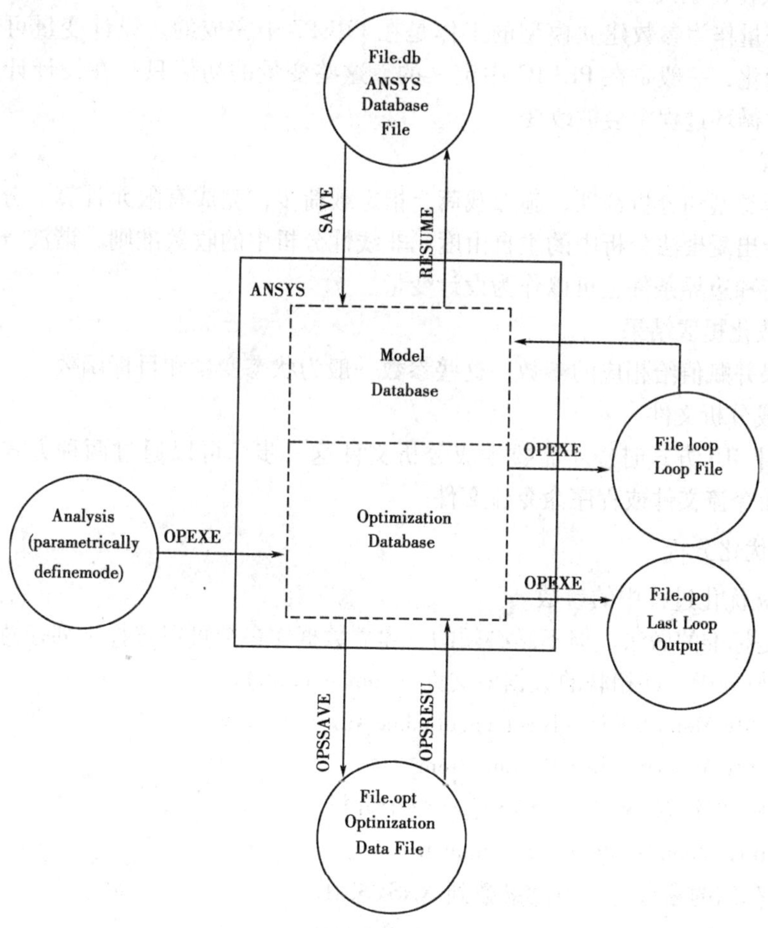

图 9-1 优化数据流向

9.2 优化设计的步骤

9.2.1 生成分析文件

生成分析文件是 ANSYS 优化设计过程中的关键部分。ANSYS 程序运用分析文件构造循环文件，进行循环分析。分析文件中可以包括 ANSYS 提供的任意分析类型（结构、热、电磁等，线性或非线性）。

在分析文件中，模型的建立必须是参数化的（通常是设计变量为参数），结果也必须用参数来提取（用于状态变量和目标函数）。优化设计中只能使用数值参数。

分析文件应当覆盖整个分析过程并且是简练的，不是必须的语句（如完成图形显示功能和列表功能的语句等）应当从分析文件中省略掉。只有在交互过程中希望看到的显示（EPLOT 等）可以包含在分析文件中，或者将其定位到一个显示文件中（/SHOW）。

请注意：分析文件是要多次执行的，与优化分析本身无关的命令都会不必要地耗费机时，降低循环效率。

（1）参数化建立模型

用设计变量作为参数建立模型的工作是在 PREP7 中完成的。设计变量可以在程序的任何部分初始化，一般是在 PREP7 中定义的。这些变量的初值只是在设计计算的开始用得到，在优化循环过程中会被改变。

（2）求解

定义分析类型和分析选项、施加载荷、指定载荷步，完成有限元计算。分析中所用到的数据都要指出凝聚法分析中的主自由度、非线性分析中的收敛准则、谐波分析中的频率范围等。载荷和边界条件也可以作为设计变量。

（3）参数化提取结果

提取结果并赋值给相应的参数。这些参数一般为状态变量和目标函数。

（4）生成分析文件

只有采用 GUI 方式时，才需要生成分析文件这一步。可以通过两种方式完成本步操作：数据库命令流文件或程序命令流文件。

9.2.2 进行优化分析

（1）建立优化过程中的参数

这一步是标准的做法，但不是必须的。建立数据库参数可以选择下列任意一种方法。

① 读入与分析文件相联的数据库文件（Jobname. db）。

GUI：Utility Menu > File > Resume Jobname. db

GUI：Utility Menu > File > Resume from

② 将分析文件直接读入 ANSYS 进行整个分析。

GUI：Utility Menu > File > Read Input from

③ 仅从存储的参数文件中读参数到 ANSYS 中。

GUI：Utility Menu > Parameters > Restore Parameters

④ 重新定义分析文件中存在的参数。

GUI：Utility Menu > Parameters > Scalar Parameters

可以选择使用以上任意一种方式，然后用 OPVAR 命令（GUI：Main Menu > Design Opt > Design Variables）来指定优化变量。

（2）进入优化处理器，指定分析文件

GUI：Main Menu > Design Opt > Analysis File > Assign

注意：采用 GUI 方式时，用户必须指定分析文件名。

（3）指定优化变量

指定设计变量：GUI：Main Menu > Design Opt > Design Variables

指定目标函数：GUI：Main Menu > Design Opt > Objective

指定状态变量：GUI：Main Menu > Design Opt > State Variables

（4）选择优化工具和方法

ANSYS 程序提供了一些优化工具和方法。缺省方法是单次循环。

GUI：Main Menu > Design Opt > Method/Tool

优化方法是使单个函数（目标函数）在控制条件下达到最小值的传统化的方法。有两种方法是可用的：零阶方法和一阶方法。

优化工具是搜索和处理设计空间的技术。因为求最小值不一定是优化的最终目标，所以目标函数在使用这些优化工具时可以不指出。但是，必须要指定设计变量。可用的优化工具有单步运行、随机搜索法、等步长搜索法、乘子计算法、最优梯度法。

（5）指定优化循环控制方式

每种优化方法和工具都有相应的循环控制参数，比如最大迭代次数等。所有这些控制参数的设定都在同一个路径下：

GUI：Main Menu > Design Opt > Method/Tool

程序还提供了几个总体控制来设定优化过程中数据的存储方法：

GUI：Main Menu > Design Opt > Controls

（6）进行优化分析

所有的控制选项设定好以后，就可以进行分析了。

GUI：Main Menu > Design Opt > Run

9.2.3　查看优化设计结果

（1）使用后处理器（POST1 或 POST26）处理优化结果

缺省条件下，最后一个设计序列的结果存储在 .rst（或 .rth）文件中，最优结果存储在 .brst（或 .brth）文件中，最优数据库存储在 .bdb 文件中。

（2）查看优化设计序列。

◆列表设计序列结果。

GUI：Main Menu > Design Opt > Design Sets > List

◆图形显示优化设计结果随序列号的变化。

GUI：Main Menu > Design Opt > Design Sets > Graphs/Tables

◆缺省情况下，曲线图的 X 轴是序列号，使用下面的命令将参数定义为 X 轴：

GUI：Main Menu > Design Opt > Design Sets > Graphs/Tables

◆列表查看优化数据（分析文件名、优化技术、设计序列数、优化变量等）：

GUI：Main Menu > Design Opt > Opt Database > Status

（3）查看优化工具结果

◆列表显示等步长搜索工具结果。

◆列表显示乘子工具结果。

◆列表显示梯度工具结果。

◆图形显示等步长搜索工具结果。

GUI：Main Menu > Design Opt > Design Sets > Tool Results > Graph > Sweeps

◆图形显示乘子工具结果。

GUI：Main Menu > Design Opt > Design Sets > Tool Results > Graph > Factorial

◆图形显示梯度工具结果。

GUI：Main Menu > Design Opt > Design Sets > Tool Results > Graph > Gradient

（4）对设计序列进行操作

◆选择设计序列。

◆删除设计序列。

GUI：Main Menu > Design Opt > Design Sets > Select/Defete

◆对两个既有的设计序列执行加运算生成新的设计序列。

GUI：Main Menu > Design Opt > Design Sets > Combine

◆利用当前的数值参数值生成一个新的设计序列。

GUI：Main Menu > Design Opt > Design Sets > Create

9.3 三杆桁架的优化设计

9.3.1 问题描述

如图 9-2 所示，为一个由 3 根杆组成的桁架结构，它承受纵向和横向载荷，求该桁架的最小质量。已知桁架的材料特性为：弹性模量 $E=2\times10^5$MPa，泊松比为 0.3，密度为 7800kg/m^3，许用应力为 2.76MPa。

几何属性如下：截面的尺寸变化范围：$0.6\times10^{-3}\sim0.645\text{m}^2$；基本尺寸 B 的变化范围：10 ~ 25m；集中载荷：$F=900$kN。

假设结构的初始质量为 500t，缺省允差由计算机自动选择，但是为了便于收敛，一阶方法的优化分析中将目标函数的允差定为 1。3 根杆的横截面积设为 A_1，A_2，A_3。

根据分析问题的性质，选择 3 根杆的横截面积 A_1、A_2、A_3 以及基本尺寸 B 为设计变量，状态变量为杆内应力值，目标函数为桁架的最小质量。综上所述，该问题的优化数学模型为

$$
\begin{cases}
\min f(x) \\
X=\{x_1,\ x_2,\ x_3,\ x_4\}=[A_1,\ A_2,\ A_3,\ B] \\
\text{s. t. } 0.6\times10^{-3}\leqslant A_i\leqslant 0.645\ (i=1,\ 2,\ 3) \\
10\leqslant B\leqslant 25 \\
0<\max(\sigma_j)\leqslant 2.76\text{MPa}\ (j=1,\ 2,\ 3)
\end{cases}
$$

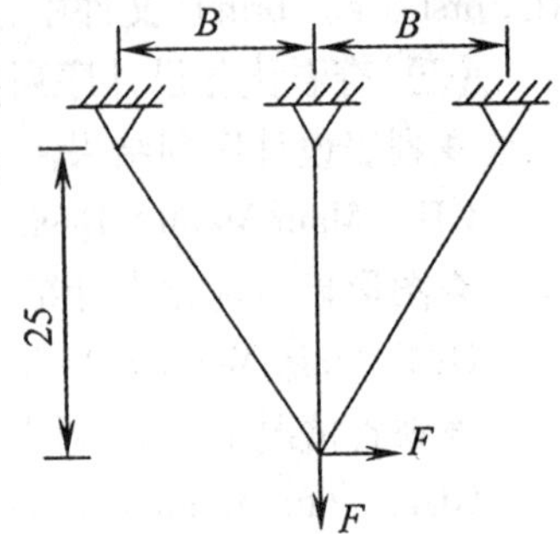

图 9-2 桁架结构模式

9.3.2 分析步骤

（1）定义文件名

GUI：Utility Menu > File > Change Jobname

执行该命令后，在弹出对话框中的 Enter new jobname（输入新文件名）文本框中输入 Truss 作为工作文件名，单击 OK，完成设置。

（2）定义分析标题

GUI：Utility Menu > File > Change Title

在弹出对话框的 Enter new title（输入新标题）文本框中输入文字“The Optimal Design of Truss”作为分析题目。单击 OK。

（3）定义参数初始值

GUI：Utility Menu > Parameters > Scalar Parameters

弹出数值参数对话框，在 Selection 下面输入栏中输入 B =25，单击 Accept 键；A1 = 0.645，单击 Accept 键；A2 =0.645，单击 Accept 键；A3 =0.645，单击 Accept 键。参数将在菜单中显示出来。在数值参数对话框中单击“Close”。

（4）定义材料属性

GUI：Main Menu > Preprocessor > Material Props > Material Models

在弹出的对话框右边栏中依次双击 Structural、Linear、Elastic、Isotropic，在弹出的对话框中输入杨氏模量 2e11，泊松比 0.3，单击 OK，然后双击 Density，在弹出的对话框中输入密度 7800，单击 OK，关闭材料属性对话框。

（5）定义单元类型

GUI：Main Menu > Preprocessor > Element Type > Add/Edit/Delete

在弹出对话框的左栏中选择 Structural Link，在右栏中选择 2D spar 1，单击 OK，关闭材料库对话框，然后单击 Close。

（6）定义实常数

GUI：Main Menu > Preprocessor > Real Constants > Add/Edit/Delete

打开实参对话框，单击“Add”，单击 OK，弹出一个“Real Constant Set Number 1，for LINK 1”对话框，在“Cross-sectional area”后面输入栏输入“A1”，单击 OK；再单击“Add”，弹出一个“Real Constant Set Number 2，for LINK1”对话框，在同样位置输入“A2”，单击 OK；又单击“Add”，输入“A3”，单击 OK，单击“Real Constants”对话框上的“Close”。

（7）生成有限元节点

GUI：Main Menu > Preprocessor > Modeling > Create > Nodes > In Active CS

在弹出的对话框中输入节点编号 1，XYZ 坐标为（-B，0，0），单击 Apply，然后重复操作，依次创建节点 2（0，0，0），3（B，0，0），4（0，-25，0），创建完后，单击 OK。

（8）关闭三角坐标符号

GUI：Utility Menu > PlotCtrls > Window Controls > Window Options

出现一个对话框，在 Location of triad 后面的下拉列表中选择 Not Shown，单击 OK。

（9）编号显示节点

GUI：Utility Menu > PlotCtrls > Numbering

在弹出的窗口中选择 NODE，使后面的 OFF 变成 ON。然后单击 OK。

（10）生成第一个单元

GUI：Main Menu > Preprocessor > Modeling > Create > Elements > Auto Numbered > Thru Nodes

出现一个拾取对话框，在图形窗口拾取节点 1 和 4（按照该顺序）。单击 OK。

（11）改变第二个单元的属性

GUI：Main Menu > Preprocessor > Modeling > Create > Elements > Elem Attributes

弹出一个对话框，在“Real constant set number”后面的下拉选择栏中选择“2”，单击 OK。

（12）生成第二个单元

GUI：Main Menu > Preprocessor > Modeling > Create > Elements > Auto Numbered > Thru Nodes

出现一个拾取对话框，在图形窗口中拾取节点 2 和 4（按照该顺序），单击 OK。

（13）改变第三个单元的属性

GUI：Main Menu > Preprocessor > Modeling > Create > Elements > Elem Attributes

弹出一个对话框，在“Real constant set number”后面的下拉选择栏中选择“3”，单击 OK。

（14）生成第三个单元

GUI：Main Menu > Preprocessor > Modeling > Create > Elements > Auto Numbered > Thru Nodes

出现一个拾取对话框，在图形窗口中拾取节点 3 和 4（按照该顺序），单击 OK。

（15）施加边界约束

GUI：Main Menu > Solution > Define Loads > Apply > Structural > Displacement > On Nodes

出现一个拾取对话框，在图形窗口中拾取节点 1，2 和 3，在随之弹出的对话框中选择 All DOF，单击 OK。

（16）施加集中载荷

GUI：Main Menu > Solution > Define Loads > Apply > Structural > Force/Moment > On Nodes

出现一个拾取对话框，在图形窗口中拾取节点 4，单击 OK。弹出“Apply F/M on Nodes”对话框，在“Direction of force/mom”后面的下拉式选择栏中选择“FX”，在“Force/moment value”后面输入栏中输入“9e5”，单击“Apply”；重复上述过程，再次在“Direction of force/mom”后面的下拉式选择栏中选择“FY”，在“Force/moment value”后面输入栏中输入“-9e5”，单击 OK，则完成集中载荷的施加，所得结果如图 9-3 所示。

（17）存盘

（18）求解运算

GUI：Main Menu > Solution > Solve > Current LS

求解目标和载荷步选项出现在状态窗口，查看状态窗口中的目标信息，并在菜单条上单击 Close，关闭对话框，在该对话框中单击 OK。求解完毕后，将出现信息框告诉用户求解完毕。单击 Close，关闭对话框。

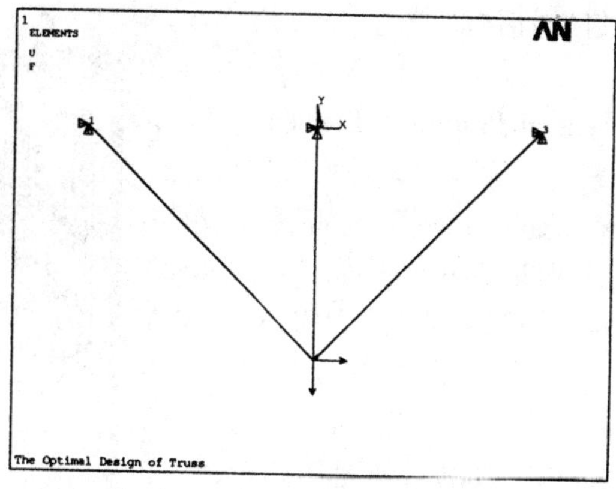

图9-3　施加集中载荷后的结果显示图

（19）保存优化结果到文件

GUI：Utility Menu > File > Save as

在弹出的对话框中输入文件名 Truss_ resu. db，单击 OK。

（20）定义单元表

GUI：Main Menu > General Postproc > Element Table > Define Table

弹出一个“Element Table Data”对话框，单击“Add”，弹出一个“Define Additional Element Table Items”对话框，在“User label for item”后面输入“EVOLUME”，又在“Item，Comp Results data item”菜单的左列单击“Geometry”，在右列单击“Elem volume VOLU”。单击 OK，关闭对话框。

（21）计算单元体积的总和

GUI：Main Menu > General Postproc > Element Table > Sum of Each Item

弹出一个对话框，单击 OK，出现一个信息窗口，在窗口显示体积总和为“61.7334”。关闭信息窗口。

（22）取出体积值

GUI：Utility Menu > Parameters > Get Scalar Data

弹出一个“Get Scalar Data”对话框，在“Type of Data to be retrieved”的左列单击 Results data，在右列单击 Elem table sums，单击 OK，弹出一个如图 9-4 所示的对话框，在“Name of parameter to be defined”内输入“VTOT”，单击 OK 关闭对话框。

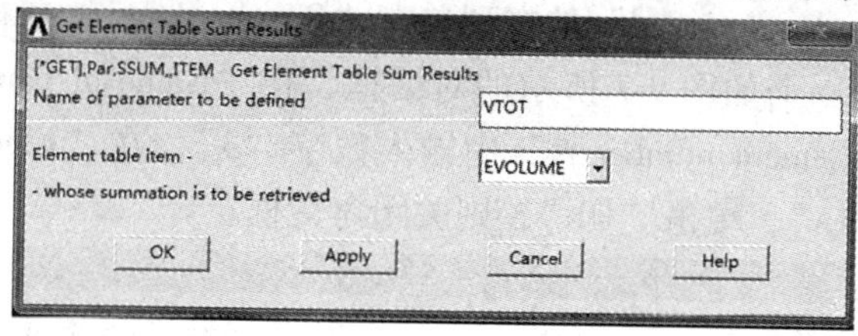

图9-4　读出总体积值的对话框

（23）计算初始质量

GUI：Utility Menu > Parameters > Scalar Parameters

弹出一个对话框，在“Selection”栏中输入“DENS = 7800”，按 Accept 键；又输入“WT = DENS * VTOT”并按 Accept 键；总质量的计算结果为“481520.422”，并显示在图

9-5 中，单击“Close”，关闭对话框。

（24）设置单元表

GUI：Main Menu > General Postproc > Element Table > Define Table

弹出一个“Element Table Data”对话框，单击“Add”，弹出一个“Define Additional Element Table Items”对话框，在“User lable for item”中键入“SIGMA”，又在“Item，Comp Results data item”菜单左列单击“By sequence num”，在右列单击“LS”，在其下面出现的“LS”后面键入数字“1”，单击 OK，其结果如图 9-6 所示，单击“Close”，关闭对话框。

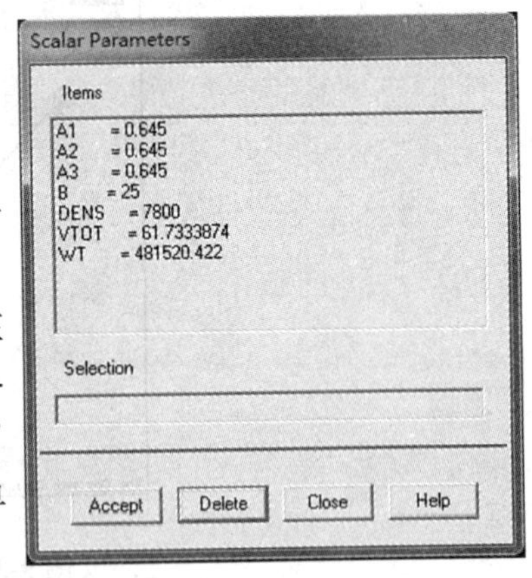

图 9-5 总质量的结果显示

（25）得到第一杆的轴向应力

GUI：Utility Menu > Parameters > Get Scalar Data

弹出一个“Get Scalar Data”对话框，在“Type of data to be retrieved”的左列单击“Results Data”，在右列单击“Elem table data”，单击 OK，弹出一个如图 9-7 所示的对话框，在“Name of parameter to be defined”中输入“sig1”，在“Element number N”中输入数字“1”，在“Elem table data to be retrieved”中选择“SIGMA”，单击“Apply”，则关闭对话框，又打开“Get Scalar Data”对话框。

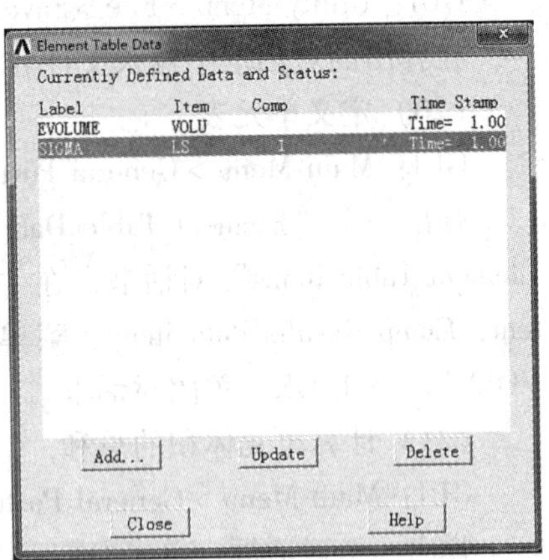

图 9-6 设置单元表格对话框

（26）得到第二杆的轴向应力

在“Type of data to be retrieved”的左列单击“Results data”，在右列单击“Elem table data”，单击 OK，弹出一个如图 9-7 所示的对话框，在“Name of parameter to be defined”中输入“sig2”，在“Element number N”中输入数字“2”，在“Elem table data to be retrieved”中选择“SIGMA”，单击“Apply”，则关闭对话框，又打开“Get Scalar Data”对话框。

（27）得到第三杆的轴向应力

在“Type of data to be retrieved”的左列单击“Results data”，在右列单击“Elem table data”，单击 OK，弹出一个如图 9-7 所示的对话框，在“Name of parameter to be defined”中输入“sig3”，在“Element number N”中输入数字“3”，在“Elem table data to be retrieved”中选择“SIGMA”，单击“OK”，则关闭对话框。

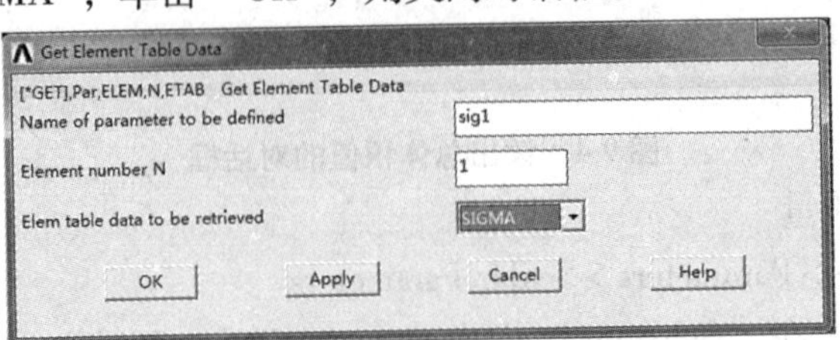

图 9-7 得到单元表格数据对话框

（28）计算轴向应力的绝对值

GUI：Utility Menu > Parameters > Scalar Parameters

在弹出的对话框 Selection 中分别输入以下信息：“sig1 = abs（sig1）”，单击 Accept；又输入“sig2 = abs（sig2）”，单击 Accept；再次输入“sig3 = abs（sig3）”，单击 Accept，单击 Close，关闭对话框。

（29）显示杆的当前设计

GUI：Utility Menu > PlotCtrls > Style > Size and Shape

弹出一个“Size and Shape”对话框，将“Display of element shapes based on real constant descriptions”设置为“On”，在“Real constant multiplier ”中输入数字“2”，如图 9-8 所示，单击 OK。

（30）改变视图方向

GUI：Utility Menu > PlotCtrls > Pan Zoom Rotate

弹出一个“Pan-Zoom-Rotate”工具条，单击“Iso”，再执行 Utility Menu > Plot > Elements，所得到的结果如图 9-9 所示。

（31）生成优化分析文件

GUI：Utility Menu > File > Write DB Log File

弹出一个“Write Database Log”对话框，在“Write Database Log to”中输入分析文件名“Trus_ Opt”，单击 OK。

（32）进入优化处理器并指定分析文件

GUI：Main Menu > Design Opt > Analysis File > Assign

弹出一个“Assign Analysis File”对话框，在“Assign Analysis file”内添加文件名“Trus_ Opt. lgw”，单击 OK，关闭对话框。

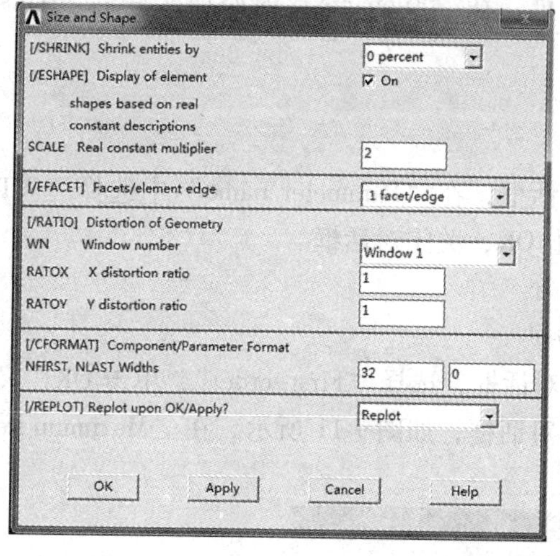

图 9-8　大小与形状显示对话框

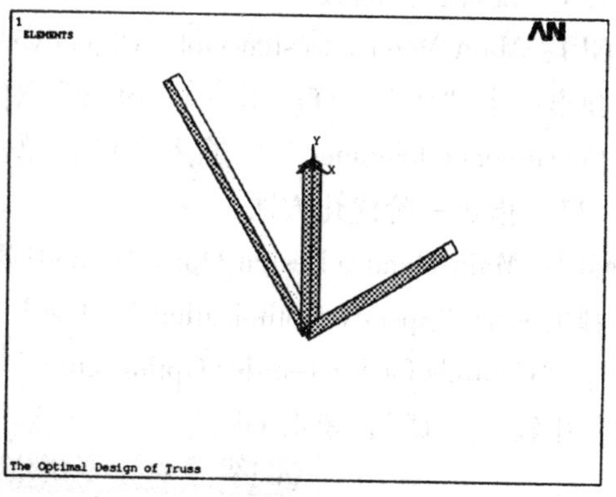

图 9-9　单元大小与形状的显示

（33）定义优化设计变量

GUI：Main Menu > Design Opt > Design Variables

弹出一个“Design Variables”对话框，单击“Add”，打开“Define a Design Variable”对话框，如图 9-10 所示，在“Parameter name”中选择“A1”，然后在其下面栏中输入：“0. 6e－3”和“0. 645”，单击“Apply”，重复上述过程，依次输入“A2，0. 6e－3，

0.645”“A3, 0.6e-3, 0.645”“B, 10, 25”，最后单击 OK，关闭对话框。单击 Close。

（34）定义优化状态变量

GUI：Main Menu > Design Opt > State Variables

弹出一个“State Variables”对话框，单击“Add”，打开“Define a State Variable”对话框，在“Parameter name”下选择“SIG1”，在“Upper limit ”内输入“2.76e6”，单击“Apply”。重复上述过程，选择“SIG2”，输入“2.76e6”，单击“Apply”；选择“SIG3”，输入“2.76e6”，最后单击 OK，关闭对话框。单击 Close。

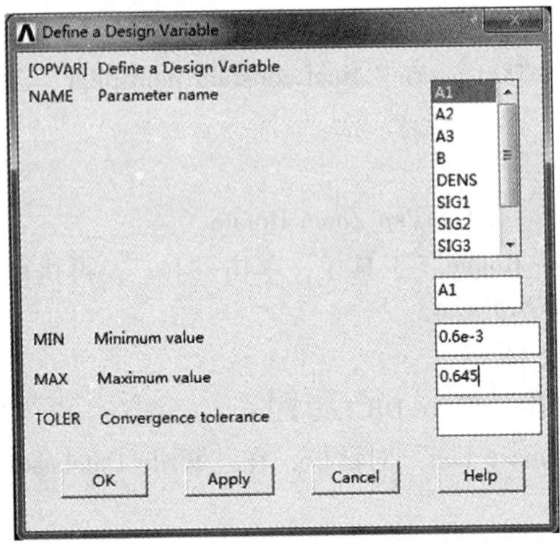

图 9-10 指定设计优化变量对话框

（35）存储优化数据库

GUI：Main Menu > Design Opt > Opt Database > Save

弹出一个“Save Optimization Data”对话框，在“Filename”内添加文件名“Trus_var. Opt”，单击 OK，关闭对话框。

（36）设置目标函数

GUI：Main Menu > Design Opt > Objective

弹出一个“Define Objective Function”对话框，在“Parameter name”中选择“WT”，在“Convergence tolerance”内输入“1”，单击 OK，关闭对话框。

（37）指定一阶优化方法

GUI：Main Menu > Design Opt > Method/Tool

弹出一个“Specify Optimization Method”对话框，选择“First-order”，单击 OK，又弹出一个“Controls for First-order Optimization”对话框，如图 9-11 所示，在“Maximum iterations”中输入“15”，单击 OK。

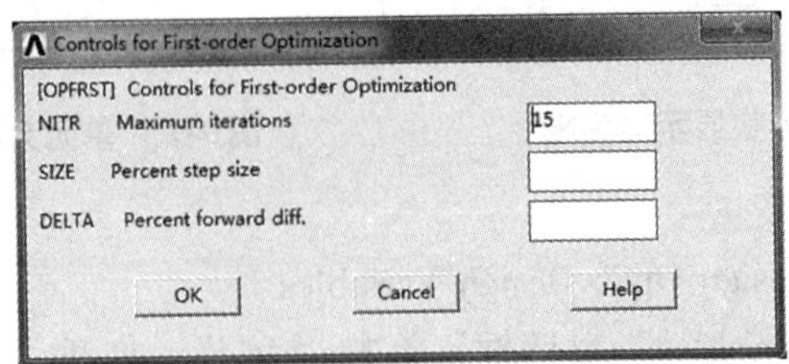

图 9-11 Controls for First-order Optimization 对话框

（38）保存数据

单击工具条上的“SAVE_ DB”。

（39）运行优化

GUI：Main Menu > Design Opt > Run

弹出一个如图 9-12 所示的对话框，查看分析信息后，单击 OK 开始优化运算，当系统出现一个黄色信息框和如图 9-13 所示的一个“Execution summary”后，表明优化设计过程已经结束，单击 OK。

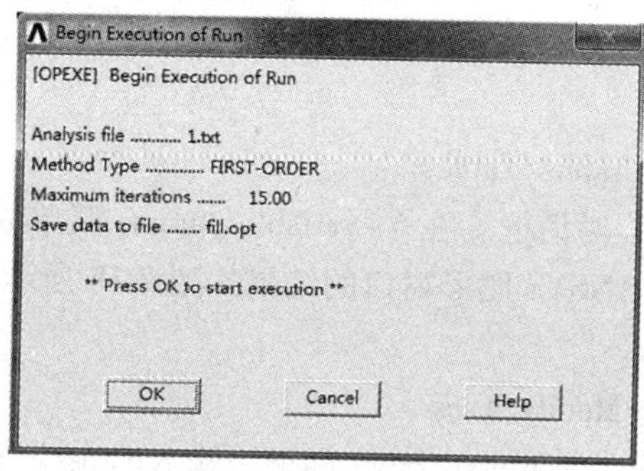

图 9-12　优化开始运算信息显示框

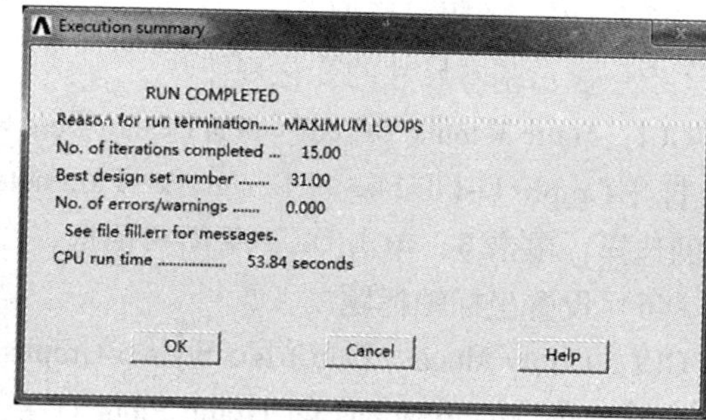

图 9-13　优化运行结果汇总

（40）保存优化结果到文件

GUI：Utility Menu > File > Save as

在弹出的对话框中，输入文件名称为“Trus_ Opt_ resu. db”，单击 OK。

（41）查看优化结果

GUI：Main Menu > Design Opt > Design Sets > List

弹出一个如图 9-14 所示的对话框，选择“BEST Set”，单击 OK，弹出一个如图9-15所示的信息提示窗口，最佳迭代序列的结果即每个设计变量、状态变量和目标函数的值都列在该窗口中。

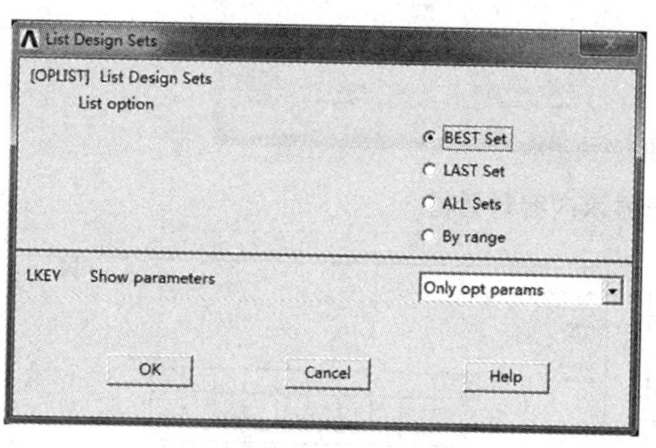

图 9-14　设计序列选择框

```
OPLIST Command
File

LIST OPTIMIZATION SETS FROM SET   16 TO SET   16 AND SHOW
ONLY OPTIMIZATION PARAMETERS

                    SET 16
                  <FEASIBLE>
SIG1      <SV>    0.27240E+07
SIG2      <SV>     47870.
SIG3      <SV>    0.26696E+07
A1        <DV>    0.47058
A2        <DV>    0.60000E-03
A3        <DV>    0.33055E-01
B         <DV>     21.780
WT        <OBJ>   0.13037E+06
```

图 9-15　结果显示

（42）设置坐标轴标题

GUI：Utility Menu > PlotCtrls > Style > Graphs > Modify Axes

出现 Axes Modifications for Graph Plots 对话框，在 X-axis label 标记域输入 Iteration Number，在 Y-axis label 标记域输入 Structural Weight，单击 OK，关闭对话框。

（43）显示目标函数的变化规律

GUI：Main Menu > Design Opt > Design Sets > Graphs/Tables

打开 Graph/List Tables of Design Set Parameters 对话框，如图 9-16 所示。在 Y-variable params 菜单单击 WT，单击 OK，关闭对话框，在 ANSYS 图形窗口将显示结果。如图 9-17 所示。

（44）设置坐标轴标题

GUI：Utility Menu > PlotCtrls > Style > Graphs > Modify Axes

出现 Axes Modifications for Graph Plots 对话框，在 Y-axis label 标记域输入 Base Dimension，单击 OK，关闭对话框。

（45）显示基本尺寸的变化规律

GUI：Main Menu > Design Opt > Design Sets > Graphs/Tables

打开 Graph/List Tables of Design Set Parameters 对话框。在 Y-variable params 菜单取消 WT 的选择，单击 B，单击 OK，关闭对话框，在 ANSYS 图形窗口的结果如图 9-18 所示。

（46）设置坐标轴标题

GUI：Utility Menu > PlotCtrls > Style > Graphs > Modify Axes

出现 Axes Modifications for Graph Plots 对话框，在 Y-axis label 标记域输入 Cross_ Sectional Area，单击 OK，关闭对话框。

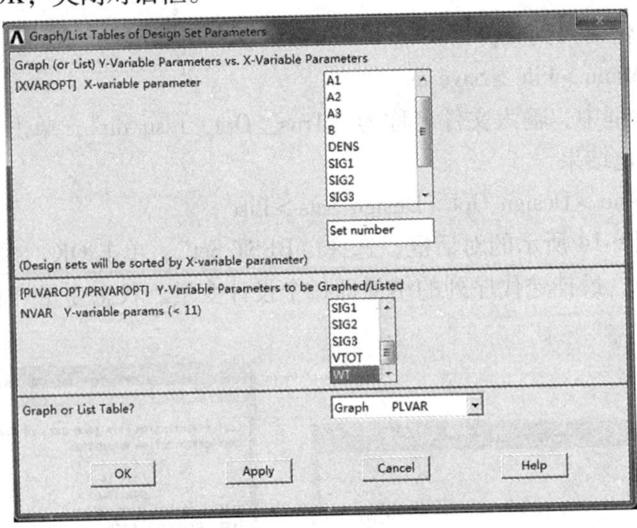

图 9-16　选择显示内容对话框

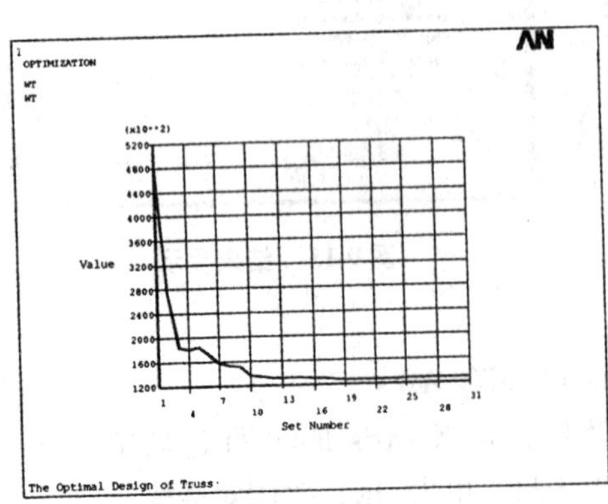

图 9-17　目标函数的变化规律显示

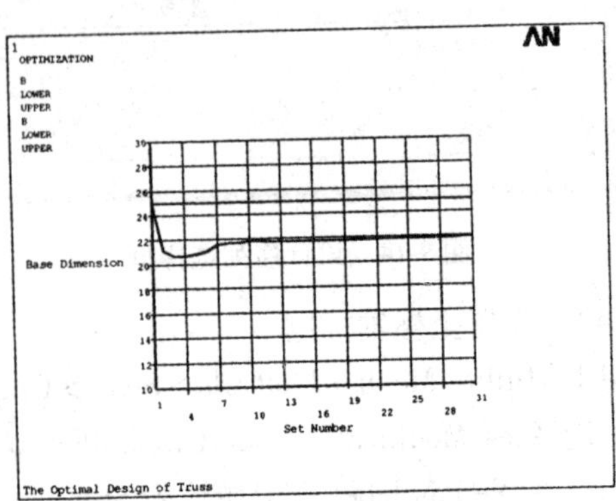

图 9-18　基本尺寸 B 的变化规律

（47）显示截面的变化规律

GUI：Main Menu > Design Opt > Design Sets > Graphs/Tables

打开 Graph/List Tables of Design Set Parameters 对话框。在 Y-variable params 菜单取消 B 的选择，单击 A1，A2，A3，单击 OK，关闭对话框，在 ANSYS 图形窗口将显示结果，如图 9-19 所示。

（48）设置坐标轴标题

GUI：Utility Menu > PlotCtrls > Style > Graphs > Modify Axes

出现 Axes Modifications for Graph Plots 对话框，在 Y-axis label 标记域输入 Maximum Stress，单击 OK，关闭对话框。

（49）显示杆中应力的变化规律

GUI：Main Menu > Design Opt > Design Sets > Graphs/Tables

打开 Graph/List Tables of Design Set Parameters 对话框。在 Y-variable params 菜单取消 A1，A2，A3 的选择，单击 SIG1，SIG2，SIG3，单击 OK，关闭对话框，在 ANSYS 图形窗口将显示结果，如图 9-20 所示。

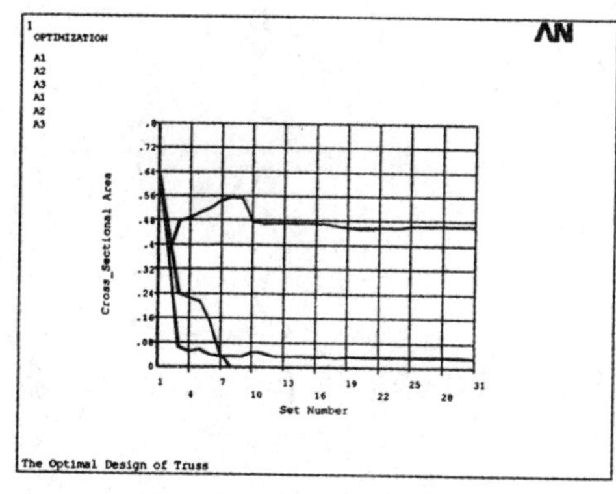

图 9-19　杆的截面变化规律

图 9-20　杆中应力的变化规律

（50）退出 ANSYS

上述分析步骤对应的命令流如下：

```
/TITLE, The Optimal Design of Truss
*SET, B, 25
*SET, A1, 0.645
*SET, A2, 0.645
*SET, A3, 0.645
/PREP7
MP, EX, 1, 2e11
MP, PRXY, 1, 0.3
MP, DENS, 1, 7800
ET, 1, LINK1
R, 1, A1
R, 2, A2
```

```
R, 3, A3
N, 1, -B, 0, 0
N, 2, 0, 0, 0
N, 3, B, 0, 0
N, 4, 0, -25, 0
E, 1, 4
REAL, 2
E, 2, 4
REAL, 3
E, 3, 4
FINISH
/SOL
D, 1, ALL,,, 3, 1
F, 4, FX, 9e5
F, 4, FY, -9e5
SOLVE
FINISH
/POST1
AVPRIN, 0,,
ETABLE, EVOLUME, VOLU,
SSUM
*GET, VTOT, SSUM,, ITEM, EVOLUME
*SET, DENS, 7800
*SET, WT, DENS*VTOT
ETABLE, SIGMA, LS, 1
*GET, sig1, ELEM, 1, ETAB, SIGMA
*GET, sig2, ELEM, 2, ETAB, SIGMA
*GET, sig3, ELEM, 3, ETAB, SIGMA
*SET, sig1, abs (sig1)
*SET, sig2, abs (sig2)
*SET, sig3, abs (sig3)
FINISH
! 生成 Trus_ Opt. lgw 文件
! 下面是优化部分
/OPT
OPANL, 'job name', 'lwg', ''
OPVAR, A1, DV, 0.6e-3, 0.645,,
OPVAR, A2, DV, 0.6e-3, 0.645,,
OPVAR, A3, DV, 0.6e-3, 0.645,,
OPVAR, B, DV, 10, 25,,
```

```
OPVAR, SIG1, SV,, 2.76e6,,
OPVAR, SIG2, SV,, 2.76e6,,
OPVAR, SIG3, SV,, 2.76e6,,
OPSAVE, 'Trys_ var', 'Opt', ''
OPVAR, WT, OBJ,,, 1,
OPTYPE, FIRS
OPFRST, 15,,,
OPEXE
OPLIST
/AXLAB, X, Iteration Number
/AXLAB, Y, Strucyural Weight
XVAROPT, ''
PLVAROPT, WT
/AXLAB, Y, Base Dimension
PLVAROPT, B
/AXLAB, Y, Cross_ Sectional Area
PLVAROPT, A1, A2, A3
/AXLAB, Y, Maximum Stress
PLVAROPT, SIG1, SIG2, SIG3
FINSH
/EXIT
```

第 10 章 结构可靠度分析

10.1 概 述

可靠度分析技术可以用来评估模型中的不确定因素对有限元分析结果的影响程度。所谓不确定因素或随机因素，是指那些在特定的时间点（如果是随时间变化）或空间位置（如果是随空间变化）无法给出准确值的因素，它们是随时间或空间随机变化的，如环境温度。在可靠度分析中，这些不确定因素是通过统计分布函数来进行描述的，常见的分布函数包括正态分布、均匀分布和指数分布等。

传统的确定性分析中，随机因素的影响或者被忽略或者通过使用比较保守的假定来考虑，使用保守的假定就意味着设计中将不涉及那些不确定的随机量。通常，保守的假定表现为引入安全系数，这种意义不明确的安全系数有时会导致不经济的设计。使用概率的方法可以在保证构件安全的基础上避免不经济的设计。

可靠度方法甚至可以定量研究构件的安全性。实际上，结构的破坏受设计中的不确定因素影响，使用可靠度方法将得到结构发生“失效”的概率（可能性），当结构发生“失效”的概率超过允许值时需要对设计进行改进。

可靠度设计可用于确定一个或多个变量对分析结果的影响程度。除了可靠度设计技术，ANSYS 程序还提供了一系列重要的工具来提高可靠度设计分析的效率。例如，用户可以图形显示一输入变量对输出变量的影响；用户可以非常容易地添加样本和分析循环，从而对分析进行改进。

10.2 可靠度分析的步骤

10.2.1 创建分析文件

① 在 PREP7 中建立参数化模型。

② 求解。

③ 在 POST1/POST26 中提取并定义随机输入变量（RVs）和随机输出变量（RPs）。

10.2.2 进行可靠度分析

（1）进入 PDS 处理器，指定分析文件名

◆进入 PDS 处理。

Command：/PDS

GUI：Main Menu > Prob Design

◆指定可靠度分析文件名。

Command：PDANL，Fname，Ext，Dir

GUI：Main Menu > Prob Design > Analysis File > Assign

（2）定义随机输入变量

Command：PDVAR，Name，Type，PAR1，PAR2，PAR3，PAR4

GUI：Main Menu > Prob Design > Prob Definitns > Random Input

定义随机输入变量时，需要定义统计分布函数类型，ANSYS 提供了 10 种分布函数，分别为高斯正态分布、截断的正态分布、对数正态分布 1、对数正态分布 2、三角形分布、均匀分布、指数分布、β 分布、γ 分布和韦伯分布。

◆图形显示随机输入变量。

Command：PDPLOT，Name，PLOW，PUP

GUI：Main Menu > Prob Design > Prob Definitns > Plot

◆计算随机输入变量的统计特性。

Command：PDINQR，Rpar，Name，Type，VAL

GUI：Main Menu > Prob Design > Prob Definitns > Inquire

◆定义随机输入变量之间的关系。

Command：PDCORR，Namel，Name2，CORR

GUI：Main Menu > Prob Design > Prob Definitns > Correlation

◆计算相关域。

Command：PDCFLD，ParR，Entity，Ctype，CLENGTH

GUI：Main Menu > Prob Design > Prob Definitns > Correl Field

（3）定义随机输出变量

Command：PDVAR，Name，RESP

GUI：Main Menu > Prob Design > Prob Definitns > Random Output

（4）选择可靠度设计工具或方法

Command：PDMETH，Method，Samp

GUI：Main Menu > Prob Design > Prob Method > Monte Carlo Sims

Main Menu > Prob Design > Prob Method > Response Surface

（5）执行可靠度设计循环分析

Command：PDEXE，Slab，MRUN，NFAIL，FOPT，Fname

GUI：Main Menu > Prob Design > Run > Exec Serial > Run Serial

Main Menu > Prob Design > Run > Exec Parallel > Run Parallel

（6）拟合响应曲面

Command：RSFIT，RSlab，Slab，Name，Rmod，Ytrans，Yval，Xfilt，CONF

GUI：Main Menu > Prob Design > Response Surf > Fit Resp Surf

◆图形显示响应面。

Command：RSPLOT，RSlab，YName，X1Name，X2Name，Type，NPTS，PLOW，PUP

GUI：Main Menu > Prob Design > Response Surf > Plt Resp Surf

◆列表显示响应面。

Command：RSPRNT，RSlab，YName

GUI：Main Menu > Prob Design > Response Surf > Prn Resp Surf

◆在响应面上执行蒙特卡洛模拟。

Command：RSSIMS，RSlab，NSIM，Seed

GUI：Main Menu > Prob Design > Response Surf > RS Simulation

10.2.3 查看可靠度分析结果

可靠度分析完成后，可以使用下面的方法查看分析结果。

（1）查看统计学项目

◆图形显示采样历程。

Command：PDSHIS

GUI：Main Menu > Prob Design > Prob Results > Statistics > Sampl History

◆图形显示柱状图。

Command：PDHIST

GUI：Main Menu > Prob Design > Prob Results > Statistics > Histogram

◆图形显示累计分布函数。

Command：PDCDF

GUI：Main Menu > Prob Design > Prob Results > Statistics > CumulativeDF

◆列表显示设计变量大于（或小于）某限值的概率。

Command：PDPROB，Rlab，Name，Relation，LIMIT，－－，CONF

GUI：Main Menu > Prob Design > Prob Results > Statistics > Probabilities

◆列表显示概率大于（或小于）某限值的设计变量。

Command：PDPINV，Rlab，Name，PROB，－－，CONF

GUI：Main Menu > Prob Design > Prop Results > Statistics > Inverse Prob

（2）查看变量趋势

◆散点图显示设计变量间的关系。

Command：PDSCAT，Rlab，Name1，Name2，Type，ORDER，NMAX

GUI：Main Menu > Prob Design > Prob Results > Trends > Scatter Plot

◆图形显示概率灵敏度。

Command：PDSENS，Rlab，Name，Chart，Type，SLEVEL

GUI：Main Menu > Prob Design > Prob Results > Trends > Sensitivities

◆列表显示相关系数矩阵。

Command：PDCMAT，Rlab，Matrix，Name1，Name2，Corr，SLEVEL，Popt

GUI：Main Menu > Prob Design > Prob Results > Trends > Correl Matrix

（3）创建可靠度分析报告

◆设置报告选项。

Command：PDROPT，RVAR，CORR，STAT，SHIS，HIST，CDF，SENS，CMAT，CONF

GUI：Main Menu > Prob Design > Prob Results > Report > Report Options

◆生成报告。

Command：PDWRITE，File，Fnam，Lnam

GUI：Main Menu > Prob Design > Prob Results > Report > Generate Report

（4）其他命令

◆清空可靠度设计数据库。

Command：PDCLR，Type

GUI：Main Menn > Prob Design > Prob Datebase > Clear&Reset

◆恢复可靠度设计模型。

Command：PDRESU，Fname，Ext，Dir

GUI：Main Menu > Prob Design > Prob Datebase > Resume

◆将可靠度设计模型写入到文件。

Command：PDSAVE，Fname，Ext，Dir

CtUI：Main Menn > Prob Design > Prob Datebase > Save

10.3 可靠度分析实例

10.3.1 问题描述

如图 10-1 所示，长度 $L=2\text{m}$ 的悬臂梁，自由端受集中力 50000N 作用，弹性模量 $E=3.0\times10^{10}\text{Pa}$，泊松比为 0.17，悬臂梁横截面：面积 $A=0.04\text{m}^2$，$I=0.003\text{m}^4$，$H=0.2\text{m}$。

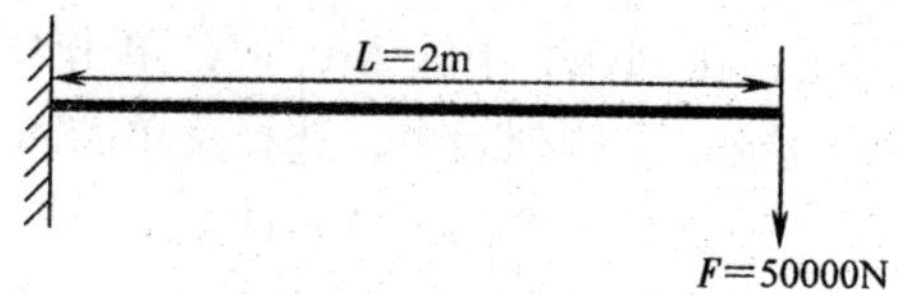

图 10-1 悬臂梁结构示意简图

10.3.2 分析步骤

（1）定义工作文件名

GUI：Utility Menu > File > Change Jobname

在弹出的对话框中输入 Probabilistic Design 作为工作文件名。单击 OK。

（2）定义分析标题

GUI：Utility Menu > File > Change Title

在弹出的对话框中输入 Probabilistic Design Analysis 作为标题名，单击 OK。

（3）定义参数初始值

GUI：Utiliiy Menu > Parameters > Scalar Parameters

打开数值参数对话框。在 Selection 编辑栏中输入 F = 50000，按 Accept 键，输入 E = 3.0e10，按 Accept 键，单击 Close，关闭数值参数对话框。

（4）定义单元类型

GUI：Main Menu > preprocessor > Element Type > Add/Edit/Delete

出现 Element Types 列表框。单击 Add，出现类型库对话框，在左侧列表中选择 Structural Beam，在右侧列表中选择 2D elastic 3，单击 OK。

（5）定义实常数

GUI：Main Menu > Preprocessor > Real Constants > Add/Edit/Delete

出现 Real Constants 列表框。单击 Add，出现 Element Type for Real Constants 对话框，单击 OK，出现 Real Constants for BEAM3 对话框。在 AREA 中输入 0.04，在 IZZ 中输入 0.0003，在 HEIGHT 中输入 0.2，单击 OK。单击 Close，关闭 Real Constants 列表框。如图 10-2 所示。

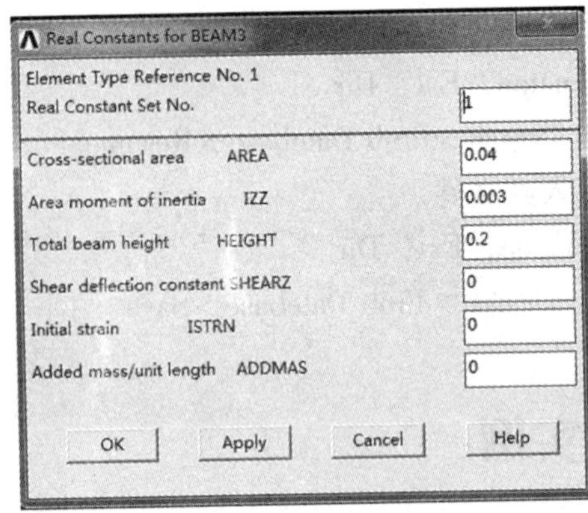

图 10-2 定义实常数对话框

（6）定义材料特性

GUI：Main Menu > Preprocessor > Material Props > Material Models

在 Define Material Model Behavior 窗口中，双击 Structural、Linear 、Elastic、Isotropic。在出现的对话框的 EX 中输入 E，在 PRXY 中输入 0.17，单击 OK，Material Model Number 1 出现在 Material Models Defined 窗口左侧列表中，选择菜单 Material > Exit 退出。

（7）创建关键点

GUI：Main Menu > Preprocessor > Modeling > Create > Keypoints > In Active CS

出现 Creat Keypoints in Active Coordinate System 对话框。在 X，Y，Z Location in active CS 中输入 0，0，0，单击 Apply，输入 2，0，0，单击 OK，图形窗口出现 2 个关键点。

（8）创建直线

GUI：Main Menu > Preprocessor > Modeling > Create > Lines > Lines > Straight Line

出现 Creat Straight Line 选择框。在图形窗口中依次选择 1、2 关键点，单击 OK，生成一直线段。

（9）定义线的属性

GUI：Main Menu > Preprocessor > Meshing > Mesh Attributes > All Lines

出现 Line Attributes 对话框，按照图 10-3 所示设置，单击 OK。

（10）划分网格

GUI：Main Menu > Preprocessor > Meshing > Mesh Tool

出现 MeshTool 对话框。单击 Lines 右侧的 Set，出现 Element Size on Picked 选择框，单击 Pick All，出现 Element Sizes on Picked Lines 对话框。在 NDIV 中输入 20，单击 OK。在 MeshTool 对话框中单击 Mesh，出现 Mesh Lines 选择框。单击 Pick All 生成单元。

（11）定义分析类型

GUI：Main Menu > Solution > Analysis Type > New Analysis

出现 New Analysis 对话框，选择 Static，单击 OK。

（12）施加自由度约束

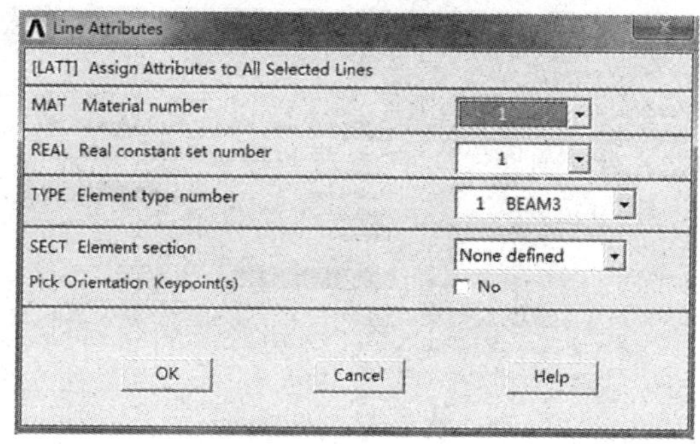

图 10-3　线属性对话框

GUI：Main Menu > Solution > Define Loads > Apply > Structural > Displacement > On Nodes

出现 Apply U，ROT on Nodes 选择框，在图形窗口中选择左端节点，单击 OK，出现 Apply U，ROT on Nodes 对话框，选中 All DOF，单击 OK。

（13）施加载荷

GUI：Main Menu > Solution > Define Loads > Apply > Structural > Force/Moment > On Nodes

出现一个拾取框，拾取右端节点，单击 OK，弹出 Apply F/M on Nodes 对话框。在 Lab 中选择 FY，在 VALUE 中输入 -F，单击 OK。

（14）保存数据库文件

GUI：Utility Menu > File > Save as Jobname. db

（15）求解

GUI：Main Menu > Solution > Solve > Current LS

弹出一个信息框和一个对话框，查看求解信息，无误后关闭信息框，单击对话框中的 OK 开始求解，求解完成后单击 Close，关闭求解信息框。

（16）读出数据

GUI：Main Menu > General Postproc > Element Table > Define Table

出现 Element Table Data 对话框。单击 Add，得到 Define Additional Element Table Items 对话框，如图 10-4 所示。在 User label for item 编辑框中输入 SMIN_ I，在 Item 列表框中选择 By seqence num，在 Comp 列表框中选择 NMISC，在 Comp 列表框下方的编辑框中输入 NMISC，2，单击 Apply，再次在 User label for item 编辑框输入 SMIN_ J，在 Item 列表框中选择 By seqence num，在 Comp 列表框中选择 NMISC，在编辑框中输入 NMISC，4，单击 OK，关闭对话框，在 Element Table Data 对话框中单击 Close，关闭对话框。

（17）单元表应力数据排序

GUI：Main Menu > General Postproc > List Results > Sorted Listing > Sort Elems

出现 Sort Elements 对话框。在 ORDER 中选择 Descending order，在 KABS 中激活 Yes 选项，在 Item，Comp 中选择 SMIN_ I，单击 OK，对单元表数据 SMIN_ I 按绝对值降序排列。如图 10-5 所示。

提取应力数据：在输入对话框中输入 * GET，SMINI，SORT，，MAX，提取单元 I 端绝对值最大的应力数据。

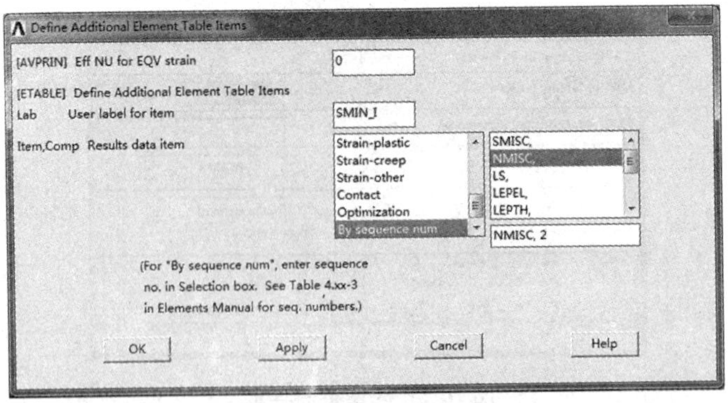

图 10-4　Define Additional Element Table Items 对话框

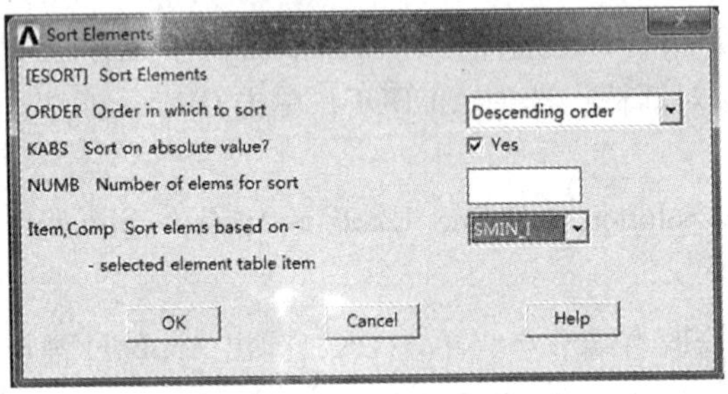

图 10-5　Sort Elements 对话框

执行类似的操作，在 ORDER 中选择 Descending order，在 KABS 中激活 Yes 选项，在 Item，Comp 中选择 SMIN_ J，单击 OK。对单元表数据 SMIN_ J 按绝对值降序排列。

提取应力数据：在输入对话框中输入 * GET，SMINJ，SORT，，MAX，提取单元 J 端绝对值最大的应力数据。

（18）定义应力极值

GUI：Utility Menu > Parameters > Scalar Parameters

打开数值参数对话框，在 Selection 编辑栏中输入 SMIN = ABS（SMINI） - ABS（SMINJ），按 Accept 键，单击 Close，关闭数值参数对话框。

（19）生成优化分析文件

GUI：Utility Menu > File > Write DB log file

打开 Write Database Log 对话框，在 Write Database Log to 编辑框中输入“beam. lgw ”，单击 OK，关闭对话框。如图 10-6 所示。

（20）～（24）步为可靠度分析。

（20）指定分析文件

GUI：Main Menu > Prob Design > Analysis File > Assign

出现 Assign Deterministic Model File 对话框，如图 10-7 所示，单击 Browse，选择 beam. lgw，单击 OK。

（21）定义随机输入变量

GUI：Main Menu > Prob Design > Prob Definitns > Random Input

出现 Random Input Variables 对话框，如图 10-8 所示。单击 Add，出现 Define a Random

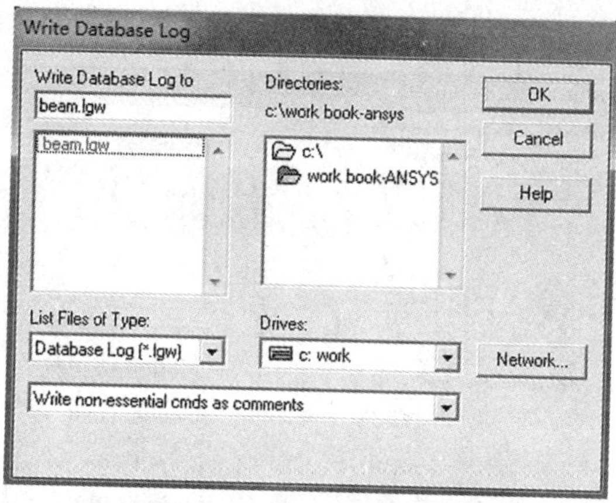

图 10-6　Write Database Log 对话框

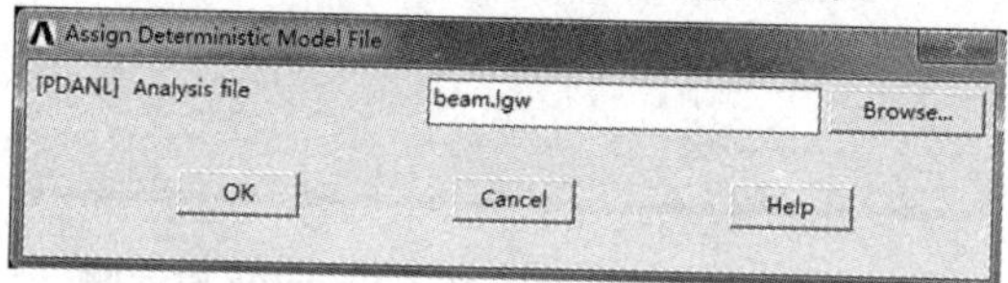

图 10-7　Assign Deterministic Model File 对话框

Variable 对话框，如图 10-9 所示，在 Name 列表框中选择 E，在 TYPE 列表框中选择 Gauss GAUS，单击 OK，出现 Quantify Gaussian Distribution 对话框，如图 10-10 所示，在 MEAN 和 SIGMA 中分别输入 3.0e10 和 100000000，单击 OK；在 Random Input Variables 对话框中单击 Add，出现 Define a Random Variable 对话框。在 Name 列表框中选择 F，在 TYPE 列表框中选择 Gauss GAUS，单击 OK，出现 Quantify Gaussian Distribution 对话框，在 MEAN 和 SIGMA 中分别输入 -50000 和 10000，单击 OK，单击 Close，关闭 Random Input Variables 对话框。

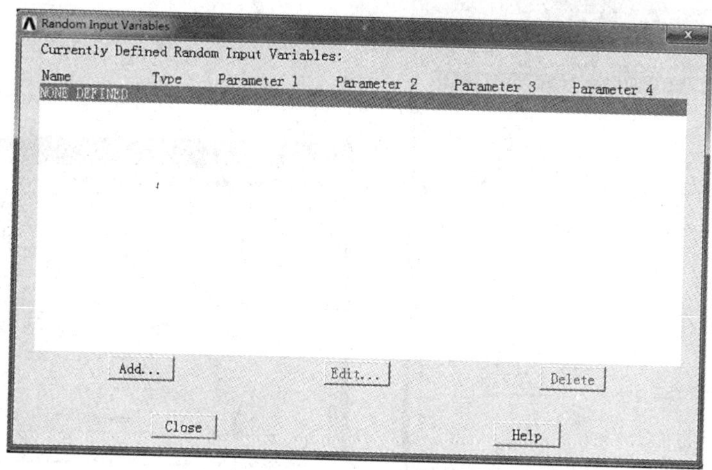

图 10-8　Random Input Variables 对话框

（22）定义随机输出变量

GUI：Main Menu > Prob Design > Prob Definitns > Random Output

出现 Random Output Parameters 对话框，如图 10-11 所示，单击 Add，出现 Dcfine a Random Output Parameter 对话框，如图 10-12 所示，在 Name 列表框中选择 SMIN，单击

OK，单击 Close，关闭 Random Output Parameters 对话框。

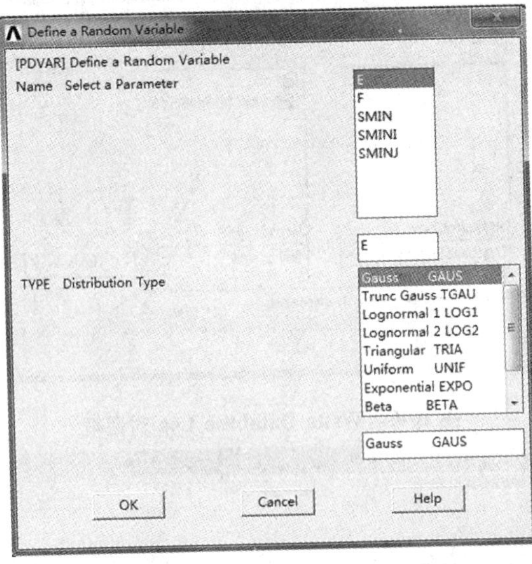

图 10-9 **Define a Random Variable 对话框**

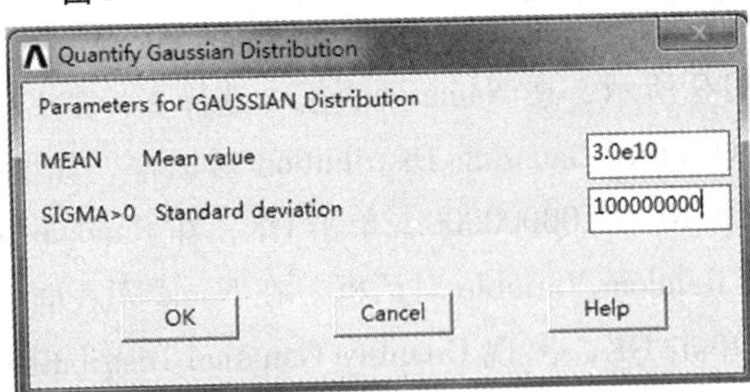

图 10-10 **Quantify Gaussian Distribution 对话框**

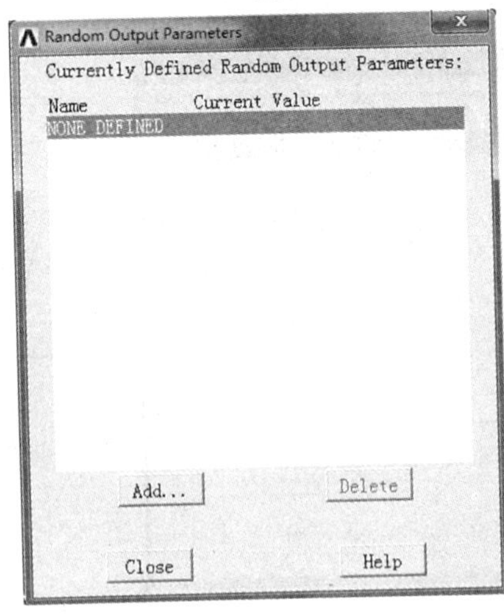

图 10-11 **Random Output Parameters 对话框**

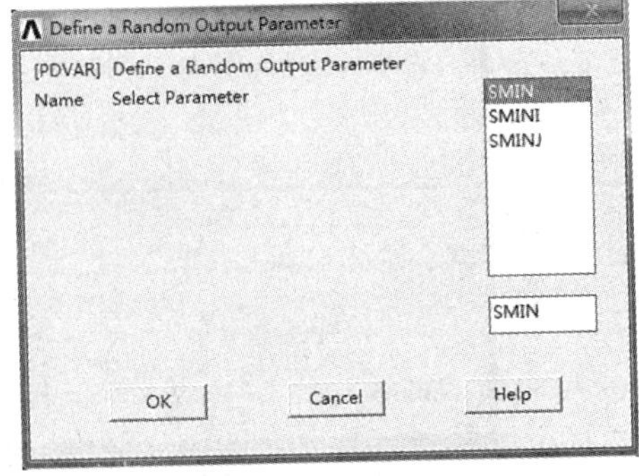

图 10-12 **Define a Random Output Parameter 对话框**

（23）指定蒙特卡洛模拟法

GUI：Main Menu > Prob Design > Prob Method > Monte Carlo Sims

出现 Monte Carlo Simulation 对话框，如图 10-13 所示，在对话框选中 Latin Hypercube，

单击 OK，出现 Options for Latin - Hypercube Sampling 对话框，如图 10-14 所示，无须修改设置按缺省值，单击 OK。

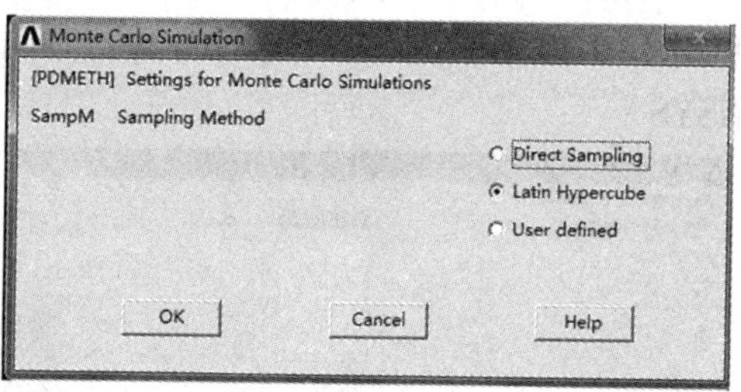

图 10-13　Monte Carlo Simulation 对话框

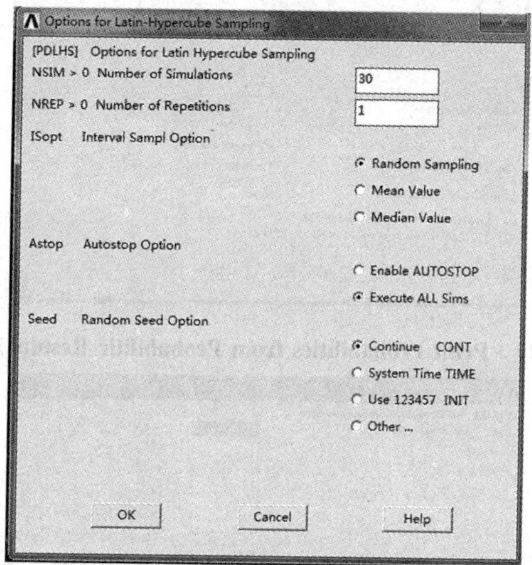

图 10-14　Options for Latin-Hypercube Sampling 对话框

（24）进行可靠度分析

GUI：Main Menu > Prob Design > Run > Exec Serial > Run Serial

出现 Run Probabilistic Analysis 对话框，如图 10-15 所示，单击 OK，出现 Run Monte Carlo Simulations 对话框，如图 10-16 所示。单击 OK，开始可靠度分析。

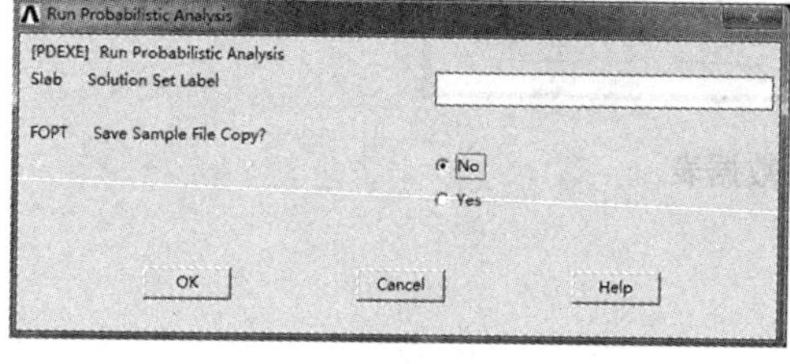

图 10-15　Run Probabilistic Analysis 对话框

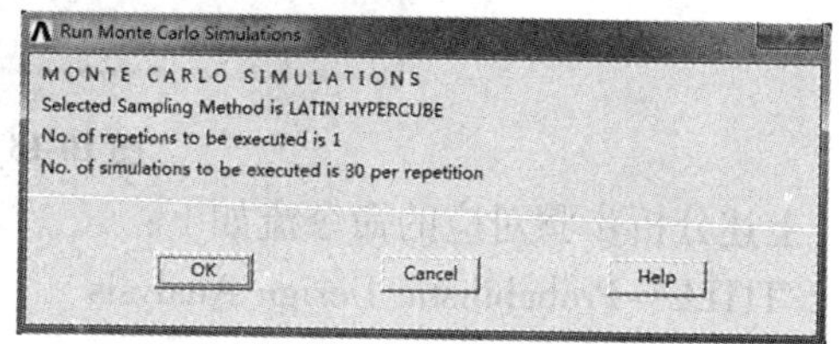

图 10-16　Run Monte Carlo Simulations 对话框

（25）列表显示变量大于某限值的概率

GUI：Main Menu > Prob Design > Prob Results > Statistics > Probabilities

出现 Print Probabilities from Probabilitic Results 对话框，如图 10-17 所示，在 Prob Design Variables 列表框中选择 SMIN，在 Relation Label 中选择 Less than，在 Limit Value 中输入 30000，单击 OK，得到数据表，如图 10-18 所示。

（26）图形显示累计分布函数

GUI：Main Menu > Prob Design > Prob Results > Statistics > CumulativeDF

出现 Plot CDF of a probabilistic variable 对话框，如图 10-19 所示，在 Name 列表框中选择 SMIN，单击 OK，得到如图 10-20 所示的 SMIN 累计分布函数曲线。

（27）存盘，退出 ANSYS

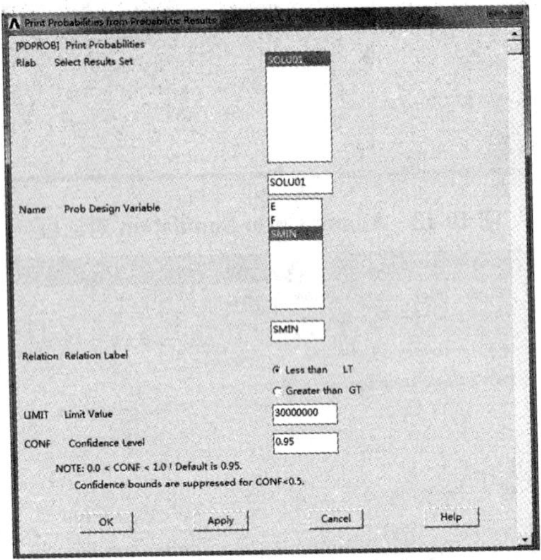

图 10-17　Print Probabilities from Probabilitic Results 对话框

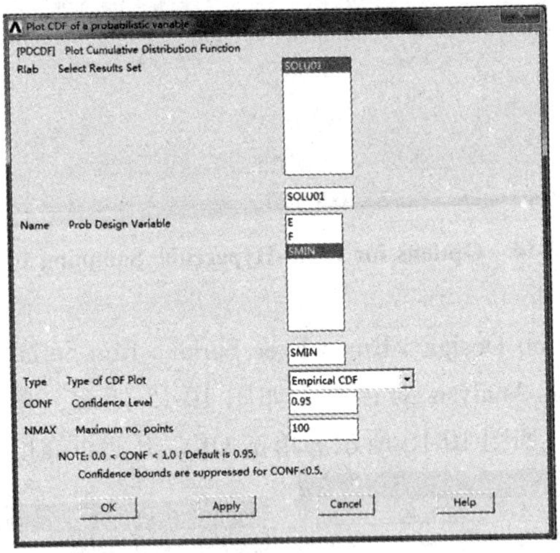

图 10-18　数据表

上述分析步骤对应的命令流如下：

```
/TITLE, Probabilistic Design Analysis
*SET, F, 50000
*SET, E, 3.0e10
/PREP7
ET, 1, BEAM3
R, 1, 0.04, 0.003, 0.2,,,,
```

Plot CDF of a probabilistic variable

[PDCDF] Plot Cumulative Distribution Function

Rlab Select Results Set SOLU01

SOLU01

Name Prob Design Variable E F SMIN

SMIN

Type Type of CDF Plot Empirical CDF

CONF Confidence Level 0.95

NMAX Maximum no. points 100

NOTE: 0.0 < CONF < 1.0 ! Default is 0.95.

Confidence bounds are suppressed for CONF<0.5.

OK Apply Cancel Help

图 10-19 **Plot CDF of a probabilistic variable 对话框**

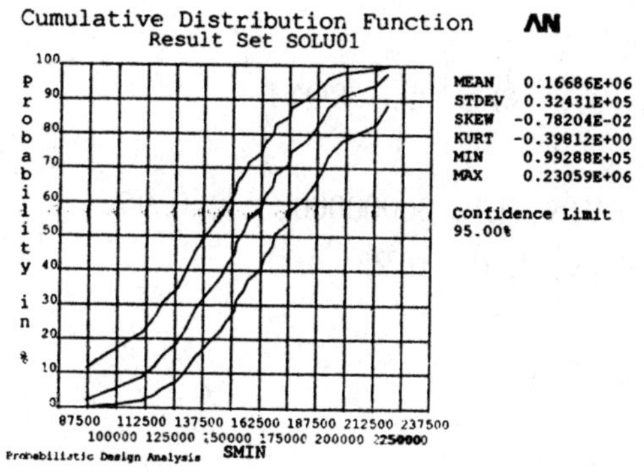

图 10-20 **图形显示累计分布函数**

```
MP, EX, 1, E
MP, PRXY, 1, 0.17
K, 1, 0, 0, 0
K, 2, 2, 0, 0
L, 1, 2
LATT, 1, 1, 1
LESIZE, 1,,, 20
LMESH, 1
FINISH
/SOL
ANTYPE, 0
D, 1, ALL
F, 2, FY, -F
SOLVE
FINISH
/POST1
```

```
ETABLE, SMIN_ I, NMISC, 2
ETABLE, SMIN_ J, NMISC, 4
ESORT, ETAB, SMIN_ I, 0, 1
*GET, SMINI, SORT,, MAX
ESORT, ETAB, SMIN_ J, 0, 1
*GET, SMINJ, SORT,, MAX
*SET, SMIN, ABS (SMINI) -ABS (SMINJ)
! 下面是可靠度分析
FINISH
/PDS
PDANL, 'beam', 'lgw'
PDVAR, E, GAUS, 3.0e10, 100000000, 0, 0
PDVAR, F, GAUS, -50000, 10000, 0, 0
PDVAR, SMIN, RESP
PDMETH, MCS, LHS
PDLHS, 30, 1, RAND,, 'ALL ',,,, CONT
PDEXE,, SER, 0,, 0
PDPROB, SOLU01, SMIN, LT, 30000000, '', 0.95,
PDCDF, SOLU01, SMIN, EMP, 0.95, 100,
FINISH
/EXIT
```

参 考 文 献

[1] 龚曙光．ANSYS 工程应用实例解析［M］．北京：机械工业出版社，2003.

[2] 龚曙光．ANSYS 基础应用范例解析［M］．北京：机械工业出版社，2003.

[3] 叶先磊，史亚杰．ANSYS 工程分析软件应用实例［M］．北京：清华大学出版社，2003.

[4] 谭建国．使用 ANSYS 6.0 进行有限元分析［M］．北京：北京大学出版社，2002.

[5] 刘涛，杨凤鹏，等．精通 ANSYS［M］．北京：清华大学出版社，2002.

[6] 倪栋，段进，徐久成．通用有限元分析 ANSYS 7.0 实例精解［M］．北京：电子工业出版社，2003.

[7] 祝效华，余志祥，等．ANSYS 高级工程有限元分析范例精选［M］．北京：电子工业出版社，2004.

[8] 博嘉科技．有限元分析软件：ANSYS 融会与贯通［M］．北京：水利水电出版社，2002.

[9] Daryl L. Logan. 有限元方法基础教程［M］．伍义生，吴永礼，等译．北京：电子工业出版社，2003.

[10] 王成．有限单元法［M］．北京：清华大学出版社，2003.

[11] 王子才．仿真技术发展与应用［J］．中国工程科学，2003，5（2）：40－44.

[12] 王国强．实用工程数值模拟技术及其在 ANSYS 上的实践［M］．西安：西北工业大学出版社，2000.

[13] 美国 ANSYS 公司北京办事处．动力学分析指南［M］．2000.

[14] 美国 ANSYS 公司北京办事处．热分析指南［M］．2000.

[15] 美国 ANSYS 公司北京办事处．非线性分析指南［M］．2000.

[16] 美国 ANSYS 公司北京办事处．基本过程手册［M］．2000.

[17] 美国 ANSYS 公司北京办事处．高级技术分析指南［M］．2000.

[18] 白葳，喻海良．通用有限元分析 ANSYS 8.0 基础教程［M］．北京：清华大学出版社，2005.

[19] 胡仁喜．ANSYS 8.2 机械设计高级应用实例［M］．北京：机械工业出版社，2005.

[20] 博弈创作室．ANSYS 9.0 经典产品基础教程与实例详解［M］．北京：中国水利水电出版社，2006.

[21] 胡红军，等．ANSYS 10.0 材料工程有限元分析实例教程［M］．北京：电子工业出版社，2008.

[22] 王金龙，等．ANSYS 12.0 有限元分析与范例解析［M］．北京：机械工业出版社，2010.

[23] 张朝辉．ANSYS 12.0 结构分析工程应用实例解析［M］．北京：机械工业出版社，2010.

[24] 薛风先，等．ANSYS 12.0 机械与结构有限元分析从入门到精通［M］．北京：机械工业出版社，2010.